AUTOR:

JOSÉ MIGUEL GARCÍA GARCÍA

LOS PRIMEROS MILITARES OLÍMPICOS ESPAÑOLES

Título: LOS PRIMEROS MILITARES OLÍMPICOS ESPAÑOLES

Autor: JOSÉ MIGUEL GARCÍA GARCÍA

Autor de la ilustración de portada: Diego Vera Aguilar

Editorial: WANCEULEN EDITORIAL DEPORTIVA, S.L.
                www.wanceulen.com

ISBN: 978-84-9993-424-2

Dep. Legal:
©Copyright: WANCEULEN EDITORIAL DEPORTIVA, S.L.
Primera Edición: Año 2016
Impreso en España

Obra inscrita con el nº M-004305/2015 en el Registro General de la Propiedad Intelectual

---

Reservados todos los derechos. Queda prohibido reproducir, almacenar en sistemas de recuperación de la información y transmitir parte alguna de esta publicación, cualquiera que sea el medio empleado (electrónico, mecánico, fotocopia, impresión, grabación, etc), sin el permiso de los titulares de los derechos de propiedad intelectual. Cualquier forma de reproducción, distribución, comunicación pública o transformación de esta obra solo puede ser realizada con la autorización de sus titulares, salvo excepción prevista por la ley. Diríjase a CEDRO (Centro Español de Derechos Reprográficos, www.cedro.org) si necesita fotocopiar o escanear algún fragmento de esta obra.

A los que me quieren

AGRADECIMIENTOS

A mi hija Edurne, porque, a pesar de su corta edad, siempre me ha apoyado y ha comprendido (a su manera) la importancia y la magnitud de este proyecto.

Quiero expresar mi agradecimiento al doctor Juan José Salinero Martín, y al doctor Lázaro Mediavilla Saldaña, que confiaron en mí desde el principio, se embarcaron conmigo en esta aventura a ciegas y pulieron esta investigación. También le debo mucho a la catedrática Teresa González Aja, este trabajo tiene un enfoque determinado, gracias a sus recomendaciones.

Asimismo, quiero agradecer a la Escuela de Técnicas Aeronáuticas (Ejército del Aire), que me ha dado todo tipo de facilidades para poder investigar.

Del mismo modo, agradezco a todas (han sido muchas) las personas e instituciones que han participado en este estudio de forma directa o indirecta. Su valiosa y desinteresada colaboración ha hecho posible este trabajo.

Por último, aunque en mi corazón se encuentran en el primer lugar, quiero corresponder con el mismo cariño que me han mostrado los familiares de los biografiados. Con gran generosidad, me han aportado sus vivencias y todo el material que tenían a su disposición para que yo pudiera escribir acerca de estos hombres, proporcionar este recuerdo y honrar sus memorias en un contexto intelectual y científico. Espero haberlo conseguido.

ÍNDICE

PRÓLOGO 15
1. INTRODUCCIÓN 19
2. INGRESO EN LAS FUERZAS ARMADAS HASTA 1910 31
    2.1. Acercamiento a la estructura y organización del Ejército 31
    2.2. La mentalidad militar que absorbe Ignacio Estévez 33
    2.3. Sueldos de los oficiales 37
    2.4. Breve muestra de la vida académica militar de José Bento 39
    2.5. La desagradable experiencia de la guerra de Cuba 43
    2.6. Protagonistas en el atentado contra Alfonso XIII durante su boda 45
    2.7. Participación en la campaña de Melilla de 1909 47
    2.8. Un servicio de control del orden público 52
    2.9. Un ejemplo del injusto servicio militar 54
    2.10. Notas sobre el desarrollo de la vida de un recluta de artillería 58
    2.11. El material de guerra; un ejemplo, el de artillería 61

3. PRIMER CONTACTO CON LA ACTIVIDAD FÍSICO-DEPORTIVA HASTA 1910 64
    3.1. Apoyos y subvenciones a la práctica deportiva del teniente Calvet y obtención del primer campeonato de España 64
    3.2. Introducción de la colombofilia militar y civil 69
    3.3. Breve contacto con los inicios de la aerostación deportiva civil y militar 75
    3.4. Socio fundador del Tiro Nacional 81
    3.5. Luis Calvet y los concursos de tiro infantiles 84
    3.6. La actividad física del cadete Estévez en la enseñanza militar 88
    3.7. La actividad física de los oficiales 97

3.8. Instrucción física de la tropa mientras realiza el servicio militar 98

3.9. La Sociedad Militar de Excursiones y el teniente Bonilla San Martín 108

3.10. El teniente Bento y el asociacionismo deportivo en la provincia de Barcelona 114

3.11. El teniente Estévez y el asociacionismo deportivo en la provincia de Pontevedra 120

3.12. El asociacionismo deportivo en la provincia de Madrid y el militar de clase Pradel 123

4. LA INFLUENCIA DE DISTINTAS ACCIONES MILITARES (1911-1920) 128

4.1. La Unión del Arma de Infantería y el ascenso por méritos de guerra de Luis Calvet 128

4.2. Los inicios de la aviación militar y el teniente José de Figueroa y Alonso Martínez 131

4.3. Acercamiento a las ligeras reformas efectuadas en el Ejército 136

4.4. Participación en la campaña de la zona occidental del Protectorado español de Marruecos 141

4.5. La evaluación militar del cadete Jaime Camps Gordon 147

4.6. El servicio militar de Antonio Moreira en Infantería Marina 151

4.7. Los compromisos con el control del orden público 154

5. LOS VÍNCULOS CON DIFERENTES ACTIVIDADES FÍSICO-DEPORTIVAS (1911-1920) 160

5.1. Posibilidades de participación deportiva de los militares debido a las subvenciones y apoyos 160

5.2. Las actividades físicas en la enseñanza militar de los aspirantes a oficiales 167

5.3. Instrucción física a la tropa 171

5.4. Vivencias y deportes compartidos en los inicios y durante el desarrollo de los Exploradores de España 184

5.5. Las competiciones deportivas como socios del Tiro Nacional 190

5.6. Notas sobre los inicios en España de la práctica deportiva del teniente Figueroa 203

5.7. Aproximación al nacimiento del atletismo en España y al entrenamiento del teniente Jaime Camps 209

5.8. Los campeonatos de España de tiro de los capitanes Calvet, Bento y Estévez en la Ciudad Condal y el asociacionismo deportivo en la provincia de Barcelona 216

5.9. El capitán Bonilla, el militar de clase Pradel y el asociacionismo deportivo en la provincia de Madrid 223

5.10. El asociacionismo deportivo en las provincias de Valladolid y Segovia y los capitanes Estévez, Calvet y el militar de clase Rodríguez Somoza 230

6. PREPARACIÓN, CLASIFICACIÓN Y PARTICIPACIÓN EN LOS JUEGOS OLÍMPICOS DE AMBERES 236

6.1. Breve recorrido histórico del movimiento olímpico en España hasta 1920 y su vinculación familiar con el teniente Figueroa 236

6.2. Preparación, clasificación y participación del teniente Camps Gordon en los Juegos Olímpicos de Amberes 254

6.3. Preparación, clasificación y participación de los tiradores en los Juegos Olímpicos de Amberes 265

6.4. Preparación, clasificación y participación del teniente Figueroa y Alonso Martínez en los Juegos Olímpicos de Amberes 277

7. REFERENCIAS 287

7.1. Documentales 287

7.2. Orales 294

7.3. Bibliográficas 294

7.4. Medios de comunicación escritos 332

8. ANEXOS 339

ANEXO I. TELEGRAMA AUTORIZANDO A VIAJAR A AMBERES AL TENIENTE JAIME CAMPS 339

ANEXO II. AUTORIZACIÓN PARA IR A LOS JUEGOS OLÍMPICOS AL COMANDANTE JOSÉ BENTO, CAPITANES LUIS CALVET, ANTONIO BONILLA E IGNACIO ESTÉVEZ, ALFÉREZ DOMINGO RODRÍGUEZ Y SUBOFICIALES ÁNGEL PRADEL Y LEÓN VILLARÍN 340

ANEXO III. AUTORIZACIÓN PARA QUE EL CABO ANTONIO MOREIRA MONTERO PUEDA ASISTIR A LOS JUEGOS OLÍMPICOS 343

ANEXO IV. SOLICITUD DEL TENIENTE JOSÉ DE FIGUEROA DE DOS MESES DE LICENCIA POR ASUNTOS PROPIOS PARA VIAJAR A FRANCIA Y BÉLGICA 344

ANEXO V. CONCESIÓN AL TENIENTE JOSÉ DE FIGUEROA DE DOS MESES DE LICENCIA POR ASUNTOS PROPIOS PARA VIAJAR A FRANCIA Y BÉLGICA 345

ÍNDICE DE FIGURAS

Figura 1: José Bento (sentado a la derecha), con uniforme militar 33

Figura 2: José Bento López, con uniforme militar de la guerra de Marruecos 51

Figura 3: José de Figueroa, con uniforme militar del Cuerpo de Ingenieros 134

Figura 4: Antonio Bonilla San Martin, con uniforme militar 139

Figura 5: Jaime Camps Gordon, con uniforme del arma de infantería 148

Figura 6: Copa del primer premio de la tirada de honor en el Concurso de Tiro de Guipúzcoa de 1920, donada por S. M. la reina María Cristina 162

Figura 7: De izquierda a derecha, Luis Calvet, José Bento y Julio Castro durante el Campeonato del Mundo de 1912 192

Figura 8: Diana de José Bento con el récord de los campeonatos nacionales 195

Figura 9: Tirada de Luis Calvet en el concurso de Madrid en 1919, donde se proclamó campeón de España 197

Figura 10: José Bento (izquierda) y Luis Calvet (derecha), campeones de pistola y fusil respectivamente en el concurso de Madrid de 1920 197

Figura 11: Entrega de la Copa del Rey a los ganadores de la tirada de equipos militares; el cabo de Infantería de Marina Antonio Moreira Montero recibiendo el trofeo 200

Figura 12: Hermanos Rodríguez Somoza; Domingo, el de la izquierda 201

Figura 13: Galería de tiro para armas largas de Santander, con León Villarín Cano en primer plano 202

Figura 14: Copa de S. M. el Rey correspondiente al campeón de España con fusil en Barcelona en 1921 221

Figura 15: Diploma acreditativo del octavo premio del Campeonato de España, Segovia, 1917 234

Figura 16: Desfile de los atletas españoles en el estadio de Amberes 262

Figura 17: Bastón de Jaime Camps, con puño de plata y la inscripción "Olimpiada 28-8-920" 265

Figura 18: Antonio Bonilla San Martín 266

Figura 19: Entrenamientos para los Juegos Olímpicos de 1920, en el campo de tiro de la Moncloa 268

Figura 20: Campo de tiro en Beverloo. Puesto de tiradores del equipo de Noruega 273

Figura 21: León Villarín Cano con el uniforme en el empleo de suboficial del arma de artillería, la categoría que ostentaba cuando participó en los Juegos Olímpicos de Amberes 275

Figura 22: Partido de polo próximo a los Juegos Olímpicos de Amberes; José de Figueroa, el segundo por la derecha 280

Figura 23: Equipo olímpico español de polo en el partido Estados Unidos-España 283

Figura 24: Equipo olímpico español de polo en el partido Gran Bretaña-España 284

Prólogo

Los estudios sobre Historia del Deporte en nuestro país han evolucionado considerablemente en los últimos años. Un tema que parecía totalmente marginal, ya fuese por quien se ocupaba de él, aficionados o estudiosos locales que tenían a su alcance archivos pero faltos de rigor académico, o algún que otro trabajo realizado por académicos, con mayor o menor fortuna puesto que no era objeto de su trabajo de investigación, o bien por la consideración que el tema tenía en sí mismo como marginal, hicieron que, durante años la presencia de investigadores que lo trabajaban de modo serio y riguroso, pudiese ser calificada de escasa. No obstante los últimos años han supuesto un cambio radical en cuanto a la consideración que la Historia del Deporte ha alcanzado en nuestro país: tesis, proyectos, artículos de revistas, libros, han proliferado, como es lógico con diversa fortuna, pero no hay duda que, en muchos casos, con innegable calidad. Los temas abordados han sido variados, aunque el fútbol, de un modo más académico, y los JJOO de un modo más divulgativo, parecen haber merecido la mayor atención. Sin embargo se hacen necesarios otro tipo de trabajos que saquen a la luz la documentación existente, dispersa y de difícil acceso, no limitándose al estudio de la documentación oficial o de las fuentes impresas, la Historia del Deporte en nuestro país necesita hacer una labor que la historia de otras disciplinas lleva haciendo desde siglos: buscar y reunir las fuentes necesarias a la investigación histórica. Previamente al tratamiento de cualquier tema histórico es preciso saber si hay documentos, cuántos son y dónde están. Soy consciente de la aparente obviedad de estas palabras, pero si me atrevo escribirlas aquí es por un doble motivo. Por un lado porque este es uno de los defectos de los que adolece, en muchas ocasiones, los trabajos de Historia de Deporte, su ausencia de fuentes primarias y, por otro, porque frente a esa deficiencia esta obra constituye una de las importantes excepciones.

Se trata por tanto de una obra que ya, por ese mérito merece ser leída atentamente, pero además debemos de añadir su modernidad en el método en cuanto a que no se limita a conocer los hechos a través de los documentos, es decir de forma indirecta, sino que se ha apoyado, siguiendo los nuevos rumbos de la Historia que se ha abierto a las Ciencias Sociales, es decir a las ciencias de la observación directa. Si a esto le sumamos la pasión con la que se ha llevado a cabo este trabajo, se entenderá el porqué me produce un auténtico placer el escribir este prólogo. Es un libro riguroso y lleno de entusiasmo. El que Jose Miguel García García, que proviene del mundo que analiza, haya podido llevar a cabo una visión tan "desde dentro" se debe no a su postura académica, sino a su pasión.

Recuerdo cuando le conocí, se presentó acompañado de uno de sus directores de tesis doctoral, el Dr. Lázaro Mediavilla, sospeché que me lo presentaba en parte para que aplacase su entusiasmo y le pusiese límites a su ambicioso proyecto, ya que todos los que hemos hecho o dirigido una tesis alguna vez somos conscientes del peligro que el entusiasmo inicial lleva aparejado si no va bien encauzado. Y eso intenté, pero lejos de conseguirlo, lo único que logré es que aceptase mis retos y profundizase aún más en su investigación. De ahí, de esa tesis doctoral, surge este libro que, partiendo de fuentes de archivo trata de integrar conocimientos nuevos en un marco conceptual amplio. Aborda además una etapa de la que no abundan los trabajos de Historia del Deporte, si bien la época franquista ha despertado el interés de numerosos estudiosos, los años previos no han merecido semejante atención, siendo no obstante un periodo decisivo para la implantación del deporte en nuestro país ya que constituye sus inicios y el momento en el que se estructura, y donde el papel de los militares, con el polémico rey/soldado/deportista, Alfonso XIII a la cabeza, es fundamental. El primer tercio del siglo XX coincide, aproximadamente, con su reinado. En él se produjeron cambios importantísimos en la política y en la sociedad españolas: se modificó el marco institucional, se produjo un crecimiento económico y se desarrolló el sindicalismo. La incidencia del deporte, como actividad o como espectáculo era mínima, o en todo caso apenas desbordaba el mundo social de algunos miembros de la nobleza, ya que existía una concepción aristocrática del deporte, como exponente de las virtudes físicas y mentales de un estilo caballeresco de vida en franca decadencia. No obstante a principios de 1900 podemos ver como se producen síntomas de cambio, tal vez por la llegada de Eugenia de Battemberg y sus costumbres británicas entre las cuales destacaba, naturalmente, la práctica del nuevo "Sport". España vivió durante este primer tercio de siglo un proceso de modernización en todos los terrenos, pero fue un proceso de modernización fallida, lamentablemente también en lo que a deporte se refiere, aunque esa es otra historia.

Jose Miguel García se centra en ese periodo inicial del siglo XX y en su obra lleva a cabo una aproximación a los JJOO de 1920 en círculos concéntricos, desde la situación social en la que se encontraba España a la situación de los militares, y desde ahí profundiza en la situación de los militares objeto de su estudio, no limitándose a los aspectos deportivos de los personajes, en sus biografías desciende hasta el detalle de su vida cotidiana y profesional gracias a la utilización de documentación inédita, tal como los expedientes militares personales y así nos introduce en el día a día de estos hombres, sus costumbres, su situación social, cultural, sus penurias, su vida deportiva... y lo hace, en ocasiones, con enorme ternura. La aproximación biográfica a cada uno de ellos le sirve de eje alrededor del cual giran los diversos problemas sociales, económicos, pero sobre todo militares deportivos, de la época. El diferente estatus social de los protagonistas de la historia nos permiten conocer el mundo militar desde diversos puntos de vista y comprender el papel jugado por los diferentes deportes en cada uno de ellos.

El resultado final es una mezcla equilibrada que permite al lector aproximarse a una realidad que va más allá de la vida de los personajes tratados que nos permite tener una visión panorámica de la situación del deporte en nuestro país y su importante vinculación inicial con los Militares, además de clarificar aspectos esenciales en relación con la participación española en los Juegos de Amberes de los que, a título de ejemplo, se desmiente la creencia generalizada de la participación de Rafael Fernández de Henestrosa y Salabert, duque de Santo Mauro, ya que, como afirma, estaba enfermo.

El resultado final de este libro, es un texto equilibrado, ameno y basado en fuentes documentales que le confieren rigor. Nos introduce en un mundo que para muchos de nosotros es cerrado y nos lleva de la mano a través de la vida de los protagonistas hacia una realidad "deportivo-militar" apasionante.

Concluimos porque nos vienen a la mente las palabras de Quevedo "Dios te libre, lector, de prólogos largos y de malos epítetos", así que, siguiendo su sabio consejo, aquí le ponemos fin a éste con el deseo de que el lector disfrute con la lectura de lo que importa: el libro.

Teresa González Aja
Catedrática de Historia
y Política del Deporte

1. Introducción

Las razones de por qué penetramos en esta aventura intelectual parten de lo más profundo de nuestro interior, sumándole a ello nuestras vivencias, nuestras experiencias y nuestro afán de superación y mejora personal, que expreso en primera persona.

Mi genética marca que procedo de una escala social baja y humilde, con abuelos maternos y paternos prácticamente analfabetos, con oficios diversos, como peón caminero o zapatero, complementados con la agricultura y la ganadería de subsistencia. Posteriormente, mis padres, que contaban con estudios primarios, emigran a Cataluña debido al crecimiento económico en España durante los años sesenta del siglo pasado. Así que yo nazco en una familia situada en un barrio del extrarradio de Badalona, en la que tres hermanos viven de una carpintería pequeña que, sin embargo, nos permite acceder a estudios superiores. Todas estas vicisitudes me empujan a romper barreras que generaciones anteriores no pudieron romper y a mostrar a las generaciones venideras otros ejemplos donde mirar.

Mis vivencias y experiencias más placenteras siempre han estado relacionadas con los deportes y la educación física; de niño me apasionaban, de joven me ayudaban a evadirme de mis problemas y, en la madurez, me han posibilitado trabajar en ello.

Siempre recordaré la clase de Gimnasia, a finales de los setenta, en el colegio entonces llamado Martínez Anido, y posteriormente, con la democracia, Lola Anglada, perteneciente al barrio de Canyadó, en Badalona (Barcelona). Eran unas clases donde todavía se trabajaba la gimnasia sueca, y para aprobar la asignatura había que, entre otras cosas, saltar el potro y el plinto. Los partidos de fútbol en el barrio, durante los fines de semana, eran un clásico que nunca faltaba, y en ellos todos emulábamos a nuestros héroes futbolísticos.

Siguiendo la recomendación del médico que trataba mis problemas leves de espalda, empecé muy joven a realizar natación, inicialmente con un cursillo de aprendizaje y después como federado en el Club Natació Badalona, donde realizaba entrenamientos cada día, hasta entrar en el instituto con catorce años. La natación me dio una visión diferente del deporte, pues, hasta entonces, yo siempre lo había enfocado desde el punto de vista lúdico; el deporte acuático me enseñó lo que era la competición.

Al llegar al instituto, tuve por primera vez un profesor de Educación Física procedente del INEF (Instituto Nacional de Educación Física); todo me asombraba de él: nos daba clases teóricas y realizábamos exámenes teóricos (hasta entonces jamás los habíamos hecho) y nos enseñaba la teoría y la práctica de deportes tan diversos como el baloncesto o el bádminton.

Allí, en el instituto, también comenzó mi atracción por la historia gracias a un profesor llamado Paulino, que transmitía su pasión por dicha asignatura. Para mí, él fue un referente y me determinó a tener una inquietud, que llega hasta el día de hoy, hacia los hechos ocurridos en el pasado.

También influyó mi ingreso en la carrera militar, el curso militar en la Escuela Central de Educación Física de Toledo y mi posterior trabajo como profesor de Educación Física, la licenciatura y el máster sobre Ciencias de la Actividad Física y el Deporte. Todo esto, conseguido en los últimos quince años, ha contribuido a completar todas las experiencias y vivencias de la infancia y la juventud anteriormente descritas.

Para finalizar, mi afán de superación y mejora personal, es afín a alcanzar los objetivos marcados en este estudio, pues el conocimiento histórico de las características deportivo-militares de nuestros personajes, junto a la época y el entorno en el que vivieron, me ayudará a mejorar en mi trabajo de profesor de Educación Física en el presente, al saber cómo fueron sus inicios y su desarrollo deportivo y militar hasta alcanzar la mayor competición deportiva de la época, como ya era en 1920 acudir a unos Juegos Olímpicos. Ahí radica una de las utilidades de la historia; este estudio nos enseña lo que el hombre ha hecho y, en ese sentido, lo que el hombre es[1]. Al fin y al cabo, como expresa el profesor Eric Hobsbawm, "la misión del historiador es averiguar de dónde venimos y adónde vamos"[2].

---

[1] Collingwood, 1946, citado en Tuñón de Lara, 1985; Tuñón de Lara, M. (1985). *Por qué la Historia*. Barcelona: Aula Abierta Salvat.
[2] Hobsbawm, E. J. (2002). *Sobre la historia*. Barcelona: Crítica, 68.

Estos razonamientos y argumentaciones explicados y descritos son las causas que justifican por qué emprendemos esta aventura y también forman parte de la justificación del tema elegido.

Lanzarse a la búsqueda de los militares españoles que fueron olímpicos en los Juegos de 1920, y estudiar sus características deportivas y militares, me hubiera resultado difícil si no fuera miembro de las Fuerzas Armadas. El solo hecho de pertenecer a la milicia nos ha permitido conocer mejor la estructura organizativa del pasado y hallar con mayor rapidez las fuentes. Asimismo, tampoco tendríamos la voluntad sin una inquietud y una curiosidad por la historia del deporte.

Precisamente mis lecturas personales sobre la historia del deporte fueron el origen del tema elegido. Siempre he devorado cualquier libro relacionado con los Juegos Olímpicos, los atletas y su historia. Me interesaba cualquier obra que explicase las trayectorias de los grandes atletas internacionales, como Paavo Nurmi, Emil Zátopek, Abebe Bikila, o de los españoles, como Fermín Cacho; pero no solo sus historias personales, sino también sus modelos de entrenamiento, su preparación y su alimentación, particularidades para nosotros más interesantes y a la vez más difíciles de encontrar.

La necesidad de conocer estos aspectos de forma rigurosa unida a nuestras dudas nos fueron llevando hacia el tema de este estudio. Nuestra intención era empezar por la primera participación oficial de España en unos Juegos Olímpicos y circunscribirnos al ámbito militar por las razones que ya hemos justificado. Para resolver estas dudas comenzamos a formularnos muchas preguntas: ¿cuándo empezó la participación oficial española en unos Juegos Olímpicos?, ¿había militares entre los atletas que fueron a los Juegos?, ¿a qué Ejército pertenecían?, ¿eran solo oficiales?, ¿cómo viajaron?, ¿entrenaron?, ¿tuvieron facilidades para viajar?, ¿en qué contexto histórico se encontraba el deporte en esa época?, ¿en qué situación estaba la actividad físico-deportiva militar?

Y a partir de ese momento empezamos la revisión de la historiografía del deporte militar de España para, inicialmente, buscar la respuesta a la siguiente pregunta: ¿algún investigador ha identificado a los militares españoles que participaron en los Juegos Olímpicos de 1920 y ha analizado sus características deportivo-militares?

La historiografía es una introspección poco utilizada en las publicaciones de historia del deporte de España.

Con facilidad podríamos encontrar una justificación a este escaso número de estudios historiográficos, y es que las investigaciones sobre las Ciencias de la Actividad Física y el Deporte son recientes en España. El primer centro universitario se inauguró en Madrid en 1961 y el acceso al tercer ciclo universitario se produjo en 1990[3].

En el análisis de dicha revisión historiográfica sólo hay una investigación realizada, que nosotros tengamos constancia, sobre los militares olímpicos españoles. Se trata del artículo de Aguilera y Rosell[4] sobre la biografía del general Fabián Vicente del Valle, militar perteneciente al Ejército del Aire y seleccionado en boxeo para ir a los Juegos Olímpicos de 1936, algo que no pudo culminar al no asistir la delegación española por estallar la Guerra Civil. Años después, fue miembro del equipo olímpico como seleccionador de boxeo y abanderado en los Juegos de 1948, celebrados en Londres. Como podemos observar, es un bagaje científico muy pobre el relacionado con la historia de los militares olímpicos españoles, es un campo inédito, no abordado anteriormente y que nosotros, desde este humilde trabajo, intentaremos aumentar.

El objetivo general de este estudio es analizar las características deportivo-militares de los miembros de las Fuerzas Armadas españolas en activo que participaron en los Juegos Olímpicos de 1920.

Como indica nuestro primer propósito, solo nos centraremos en los militares pertenecientes a las Fuerzas Armadas, que no son otros que los vinculados al Ejército de Tierra, la Armada y el Ejército del Aire, según el artículo 8 de la Constitución española[5]. Sin embargo, debemos aclarar que entre 1898 y 1920 los militares pertenecientes a las Fuerzas Armadas solo estaban vinculados al Ejército (hoy llamado Ejército de Tierra) y a la Marina. El Ejército del Aire no nace hasta octubre de 1939

---

[3] Ley 10/1990 de 15 de octubre, del Deporte. (1990, 17 de octubre). *Boletín Oficial del Estado, 249*, 30397-30411; Ley 77/1961, de 23 de diciembre, sobre Educación Física. (1961, 27 de diciembre). *Boletín Oficial del Estado, 309*, 18125-18129.
[4] Aguilera González, J. L. y Rosell Pradas, J. (2009). Fabián Vicente del Valle: estudio histórico sobre un olímpico cabal del siglo XX. *Citius, altius, fortius: humanismo, sociedad y deporte: investigaciones y ensayos, 2* (2), 46-69.
[5] Constitución Española de 27 de diciembre de 1978. (1978, 29 de diciembre). *Boletín Oficial del Estado, 311*, 29315-29339.

y desde este momento se sitúa de forma independiente y al mismo nivel orgánico que el Ejército de Tierra y la Marina[6].

Consideramos que un deportista participa en unos Juegos Olímpicos cuando viaja y concurre a la competición, independientemente de si interviene en ella o es suplente, ya que los condicionantes previos a la competición, es decir, las facilidades o las dificultades para compaginar el trabajo en el cuartel con los entrenamientos, la clasificación, los viajes y el alojamiento fueron los mismos para todos los deportistas, con independencia de que el militar compitiera o fuera suplente. Y solo estudiamos a los militares que están en activo[7] por la dificultad y el mérito que conlleva compatibilizar la vida militar y la clasificación, preparación y participación en unos Juegos Olímpicos.

Por estar en la reserva[8] en 1920, han sido descartados de este estudio, los militares olímpicos, Leopoldo Sainz de la Maza y Gutiérrez-Solana y Gómez de la Puente, conde de la Maza; Antonio Vázquez de Aldana Fernández; y Álvaro de Figueroa y Alonso Martínez, marqués de Villabrágima[9].

Algunos medios de comunicación escritos, como *ABC*, *La Acción* y *La Información*, afirmaban que el oficial de la Armada, Rafael Fernández de Henestrosa y Salabert, duque de Santo Mauro, pertenecía al equipo de polo, representando a España en los Juegos Olímpicos de 1920. Sin embargo, nosotros hemos descubierto, que se encontraba con una licencia por enfermo, tras una operación, en las fechas en las que se celebró el torneo de polo en Bélgica. Motivo por el que no pudo asistir a

---

[6] Ley de 7 de octubre de 1939 fijando las normas para la organización y funcionamiento del Ejército del Aire. (1939, 19 de octubre). *Boletín Oficial del Estado, 292*, 5832.

[7] La profesora Cristina Borreguero expone en su diccionario que *activo* es el calificativo que se aplica al personal del Ejército de primera línea. Ver, Borreguero Beltrán, C. (2000). *Diccionario de historia militar. Desde los reinos medievales hasta nuestros días*. Barcelona: Ariel.

[8] En la situación de reserva, se percibían las retribuciones que marcaba la legislación, permanecían en su domicilio y sus obligaciones militares se limitaban a ser llamado a filas en caso de guerra. Ver, Borreguero Beltrán, C. (2000). *Diccionario de historia militar. Desde los reinos medievales hasta nuestros días*. Barcelona: Ariel.

[9] Archivo General Militar de Segovia. Legajo B-1159, expediente 0. Expediente personal militar de Antonio Vázquez de Aldana Fernández; Archivo General Militar de Segovia. Legajo GU/F-73, expediente 13. Expediente personal militar de Álvaro de Figueroa y Alonso Martínez; Archivo General Militar de Segovia. Legajo S-218, expediente 0. Expediente personal militar de Leopoldo Sainz de la Maza y Gutiérrez-Solana y Gómez de la Puente, conde de la Maza; Ley de Bases para la Reorganización del Ejército de 29 de junio de 1918. (1918, 1 de julio). *Diario Oficial del Ministerio de la Guerra, 145*, 3-19; Ley de reclutamiento y reemplazo del ejército de 19 de enero de 1912. (1912a, 20 de enero). *Diario Oficial del Ministerio de la Guerra, 15*, 179-208; Organización. (1919, 2 de julio). *Diario Oficial del Ministerio de la Guerra, 146*, 27-29.

los Juegos y razón por la que es suprimido de este trabajo[10].

Los límites cronológicos que adoptamos para esta investigación se sitúan en la horquilla temporal que va desde 1898 hasta 1920, porque es la época cuando se producen unas circunstancias especiales, tanto en el plano profesional como en el deportivo, para que nuestros biografiados puedan ser olímpicos. También en ese espacio temporal en España se dan una serie de factores históricos de carácter socio-político, militar y físico-deportivo que afectarán a la sociedad española, y a nuestros personajes lógicamente como miembros de esa sociedad. Por supuesto, acogemos este periodo con flexibilidad, pues nos veríamos hipotecados a la hora de acudir a los antecedentes y a las consecuencias, relacionados con el trabajo. Así, se incluyeron algunos documentos anteriores o posteriores a esta horquilla temporal por ser causa o estar derivados de los hechos acontecidos dentro de los años que constituyen nuestro objeto de estudio.

Como objetivos específicos, se presenta el contexto militar que vivieron entre 1898 y 1920. En el terreno profesional, desde 1898 nuestros protagonistas ingresan y desarrollan sus primeros años en la carrera de las armas. Son los años de formación en la academia o centro de reclutamiento militar y de sus primeros destinos.

A continuación, se pretende explicar la situación existente que encontraron sobre la actividad físico-deportiva militar (1898-1920). De la misma manera, se busca profundizar en las transformaciones que se observaron a nivel deportivo entre 1898 y 1920.

Desde el punto de vista deportivo, a partir de 1898 nuestros personajes se inician y se desarrollan en su deporte. Se encuentran una sociedad que se incorpora al deporte moderno siguiendo, entre otras razones, la corriente regeneracionista[11].

---

[10] Archivo Central Cuartel General de la Armada. Legajo 347. Expediente personal militar de Rafael Fernández de Henestrosa y Salabert; Atletismo. Polo. (1920, 27 de julio). *La Acción, 1575,* 2; Comité Belge de la VII Olympiade. (1920a). *Polo à Cheval*. Anvers: Comité Belge de la VII Olympiade; España ante la Olimpiada de Amberes. (1920a, 28 de julio). *La Información, 1.987,* 5; Noticias deportivas. Ante la Olimpiada. (1920, 27 de julio). *ABC,* 14.
[11] El regeneracionismo estaba preocupado por renovar la idiosincrasia de la población española y la solución a este problema estaba en el control educativo y el fomento de la cultura y el deporte para poder alcanzar el nivel de otros países europeos. Ver, González Aja, T. (2011a, september). Sport, Nationalism and Militarism-Alfonso XIII: Sportsman, Soldier, King. *The International Journal of the History of Sport,14,* 1987-2030.

Finalmente, este estudio trata de aportar un mayor conocimiento sobre las acciones y gestiones emprendidas durante la preparación de los Juegos Olímpicos de Amberes y la posterior clasificación y participación de nuestros personajes en la VII Olimpiada. Aunque esa participación olímpica no fue fácil de conseguir, porque en 1920 en España existían muchos problemas a todos los niveles, sociales, políticos y militares.

Así pues, a través de los estudios biográficos entre 1898 y 1920, se pretende conocer estos aspectos, junto con las características deportivo-militares que se dieron y las condiciones que se crearon para que estos individuos consiguieran asistir a los primeros Juegos Olímpicos en los que participaba España de forma oficial.

Los personajes pueden ser poco significativos para la crítica; sin embargo, somos de la misma opinión que Fuster[12], quien, aludiendo a Azorín, creía que la vida de toda persona merece ser tenida en consideración como materia histórica, y pensamos que hay que restarle importancia a esta circunstancia, porque ello no nos impedirá contribuir a una mayor comprensión de los hechos históricos que estudiamos. Así lo expresa el historiador británico Peter Burke[13]:

> Se podría comenzar con la acusación de que los historiadores micro trivializan la historia mediante el estudio de las biografías de las personas poco importantes... Sin embargo, el objetivo del historiador micro es generalmente intelectualmente más ambicioso que eso [...] estos historiadores afirman sacar conclusiones generales a partir de datos locales[14].

Como todos los historiadores, somos conscientes de que nos hemos tenido que enfrentar a un problema de interpretación en el presente de hechos ocurridos en el pasado[15], pero consideramos que, colectivamente, los personajes forman parte de un conjunto de experiencias que nos permitirán comprender y acercarnos a los cambios que se produjeron al relacionar dichos estilos de vida, unos con otros y a la vez con su contexto histórico. Porque, como afirma Tuñón

---

[12] Fuster García, F. (2012). *Azorín ¿Qué es la historia?* Madrid: Fórcola.
[13] Llama microhistorias a los estudios históricos a pequeña escala. Ver, Burke, P. (1992). *History and Social Theory, Ithaca*. New York: Cornell University Press.
[14] Burke, P. (1992). *History and Social Theory, Ithaca*. New York: Cornell University Press, 41.
[15] Ruiz Torres, P. (1993). Los discursos del método histórico. *Ayer, 12,* 47-77.

de Lara, la historia, "tiene que conocer las causas del cambio, sus factores, sus impulsiones y sus frenos"[16]. Y como expresa el catedrático Demetrio Castro, el historiador debe "registrar los cambios que las diferentes manifestaciones de la actividad humana experimentan con el paso del tiempo, así como por analizar las causas de esos cambios, qué puede motivarlos y cuáles puedan ser sus consecuencias"[17].

Nuestra intención es la reconstrucción del contexto histórico deportivo militar en el que se desarrollan los acontecimientos para entender lo que parece confuso o inexplicable al principio, a la luz de las vicisitudes de unas biografías colectivas. Las razones del uso del género biográfico radican en las respuestas que nos va a proporcionar, al estar este interesado en "... la especie humana, sus formas de vida, motivaciones, relaciones, formas de organización, creencias, valores, intereses y roles..."[18].

Este tipo de biografía histórica, que es la que nosotros utilizamos, ubicada a principios del siglo XXI, en nuestro tiempo nos trae nuevos aires, nuevos enfoques y renovadas metodologías[19]. Nosotros la presentamos como un camino para, desde una óptica personificada e incluyendo en ella a las clases humildes y al hombre común, comprender y entender un contexto histórico deportivo-militar. Es una de las novedades de esta biografía: la revalorización y la recuperación del individuo que no pertenece a las clases poderosas y del cual podemos aprender[20].

Nosotros relacionamos en el desarrollo de las biografías los acontecimientos particulares del entorno próximo de nuestros personajes con las estructuras generales y los procesos histórico-deportivo-militares de la época.

Esta fórmula de trabajo nos permitirá revelar, desde la perspectiva de los sujetos, qué aspectos definían a los militares que practicaban

---

[16] Tuñón de Lara, M. (2009). *Metodología de la historia social de España*. Madrid: Siglo XXI de España, 71.
[17] Castro Alfin, D. (1997). Historia general e historia del Ejército. Esbozo de algunos estudios de caso desde una perspectiva no especialista. *Revista Cultural Militar, 9,* 49.
[18] López-Barajas Zayas, E. (1998). *Las historias de vida y la investigación biográfica*. Madrid: Universidad Nacional de Educación a Distancia, 216.
[19] Caine, B. (2010). *Biography and history*. New York: Palgrave Macmillan.
[20] Ruiz Torres, P. (2010). Biografía e historia. *II Reunión de la Red Europea sobre Teoría y Práctica de la Biografía: Le singulier et le collectif à l'épreuve de la biographie, 9-10 de febrero, 1-16*. Recuperado de www.uv.es; Salvatore, N. (2005). Biography and Social History: An Intimate Relationship. *Labour History, 87,* 187-192.

deporte. Y comprender, desde enclaves individuales y supuestamente aislados, situaciones más íntegras y globales[21]. Así lo expresa la catedrática María de los Ángeles Pérez Samper:

> ... en la biografía el personaje actúa como nudo de la compleja red de la historia y hace posible así, que a través de él se encuentren y se anuden los más variados aspectos [...], abarcando desde los grandes acontecimientos a los actos cotidianos...[22]

Utilizamos este enfoque biográfico porque nos ayudará a comprender el proceso vivido por nuestros personajes durante su etapa militar y deportiva hasta llegar a los Juegos Olímpicos de Amberes.

El objeto de estudio nos ha encaminado hacia la utilización de biografías colectivas y no debemos considerarlo una desventaja, a pesar de las dificultades manifiestas que nos ha planteado, porque, como explican Thomas Keller y Freddy Raphaël en el coloquio *Biographies au pluriel*[23], el proceso de unión entre dos o más biografías proporciona, por "las conexiones, tensiones, contrastes, similitudes, superposiciones y semejanzas que poseen varios itinerarios"[24], mayores complejidades, pero también mayores relevancias, jugosas interpretaciones y es la mejor forma de conectar la biografía con la historia[25].

En este trabajo hemos decidido no exponer la totalidad de las biografías y focalizar el estudio en un periodo concreto de la vida de nuestros investigados por considerar que alcanzamos nuestros objetivos reflejando las vivencias desarrolladas por nuestros personajes desde que

---

[21] Piqueras Arenas, J. A. (1994). De la biografía tradicional a la historia individual, grupal y masiva. En Carasa Soto, P. (ed.), *Elites, prosopografía contemporánea* (pp. 53-62). Valladolid: Universidad de Valladolid.
[22] Pérez Samper, M. A. (2011). De historia, de biografías, de validos y de validos de validos. *Cuadernos de Historia Moderna, 36*, 197.
[23] *Biografías en plural*.
[24] Keller, T. et Raphaël, F. (2001). Le projet de recherche "Biographies interculturelles". En Keller, T. et Raphaël, F. (comps.). *Biographies au pluriel* (pp. 7-12). Strasbourg: Presses Universitaires Strasbourg, 8.
[25] Burdiel Bueno, I. (2014). Presentación. *Ayer, 93*, 13-18; Caine, B. (2010). *Biography and history*. New York: Palgrave Macmillan; Engelberg, E. and Schleier, H. (1992). The contribution made by historical biographies of the 19th and 20th century towards deepening historical biography. En Benito Ruano, E. y Espadas Burgos, M. (coord.), *Metodología: la biografía histórica* (pp. 1105-1109). Actas 17º Congreso de Ciencias Históricas, tomo II. Madrid: Comité International des sciences historiques; Keller, T. et Raphaël, F. (2001). Le projet de recherche "Biographies interculturelles". En Keller, T. et Raphaël, F. (comps.). *Biographies au pluriel* (pp. 7-12). Strasbourg: Presses Universitaires Strasbourg.

ingresan en la milicia hasta tener contacto con el máximo exponente deportivo de la época, los Juegos Olímpicos.

Hemos trazado las vidas de nuestros personajes desde el punto de vista público al no estar dentro de nuestras posibilidades obtener evidencias para ofrecer otra visión, porque, como explica Núñez Pérez[26], la biografía histórica debe ser un relato a partir de datos comprobados y verificados.

Este estudio se ha desarrollado desde el punto de vista del paradigma interpretativo, siguiendo las metodologías historiográfica y oral y utilizando el método biográfico histórico fundamentado en la hermenéutica.

El uso de dos metodologías nos permite realizar un estudio con un mayor enriquecimiento para alcanzar y comprender nuestros objetivos, porque en este trabajo incluimos a otros protagonistas, además de las élites, y nos permite construir el razonamiento histórico de una forma más completa y, por tanto, intentar alcanzar un mayor acercamiento a la realidad, teniendo, al mismo tiempo, más elementos de contraste; nos aproximamos así al profesor estadounidense David Hackett Fischer: "... un historiador no debe limitarse a contar verdades, sino que debe demostrar su veracidad también. Es juzgado no solo por su veracidad, sino por su habilidad en la verificación"[27].

Nos proponemos abordar nuestro análisis de las características deportivo-militares de nuestros personajes hasta llegar a los Juegos Olímpicos de 1920 a través de sus biografías, de una manera histórica y situándolos en su época. Por este motivo existe la necesidad de realizar un estudio diacrónico de acuerdo con la idiosincrasia de una biografía de carácter continuo en el tiempo, pero será el estudio sincrónico el que nos facilitará el conocimiento entre nuestros biografiados y su contexto vivencial.

En nuestro compromiso inicial, siempre estuvo el propósito de alcanzar nuestros objetivos desde un procedimiento histórico, utilizando como fuentes primarias las fuentes documentales no impresas y las fuentes orales. Pero, a pesar de los avances alcanzados en el estudio

---

[26] Núñez Pérez, M. G. (1997). La biografía en la actual historiografía contemporánea española. *Espacio, Tiempo y Forma, tomo 10*, 407-439.
[27] Fischer, D. H. (1970). *Historians' fallacies: toward a logic of historical thought*. London: Routledge & Kegan Paul, 40.

gracias a las fuentes orales[28], las dificultades encontradas en ambas fuentes, nos han obligado a acudir a otras fuentes, como la bibliografía especializada y los medios de comunicación escritos.

Finalmente, las evidencias de esta investigación fueron obtenidas a través de las fuentes documentales no impresas, de las fuentes orales, de la bibliografía especializada y de los medios de comunicación escritos.

Este trabajo está compuesto de ocho apartados. En el primero correspondiente con la introducción explicamos la elección y justificación del tema elegido, hacemos un análisis de las investigaciones en la historia del deporte militar de España en las últimas décadas. Planteamos nuestra investigación y hacemos una reflexión sobre las características de los militares en activo que participaron en los Juegos Olímpicos de 1920 en Amberes, qué exclusiones hemos efectuado y por qué se han realizado estos descartes. Seguidamente explicamos las características del método empleado y mostramos cómo hemos alcanzado nuestro objeto de estudio y con qué materiales. Terminamos este primer apartado con la estructura del trabajo.

Los cinco apartados siguientes se corresponden con las biografías deportivo-militares de nuestros protagonistas, contextualizadas con su época. El segundo apartado está relacionado con el ingreso de nuestros personajes en las Fuerzas Armadas hasta 1910; el tercero con el primer contacto que tienen con la actividad físico-deportiva hasta 1910. Los dos siguientes hacen referencia a las acciones militares que tienen influencia sobre ellos y las relaciones que se establecen con las diferentes actividades físico-deportivas entre 1911 y 1920. El sexto punto concierne a la preparación, clasificación e intervención en los Juegos Olímpicos de Amberes.

El séptimo apartado recoge las referencias, divididas en documentales donde se muestran todos los documentos no publicados extraídos de los archivos y bibliotecas. Orales lugar en donde emergen las personas que han sido entrevistadas. Las bibliográficas revelan las obras y textos editados que hemos utilizado; aquí se incluyen los boletines históricos de sociedades, revistas de carácter técnico y la

---

[28] Esta fuente oral se creó utilizando la entrevista publicada por Lázaro Mediavilla y José Miguel García. Ver, Mediavilla Saldaña, L. y García García, J. M. (2013). Diseño, creación y validación de una entrevista para obtener datos biográficos, de carácter deportivo-militar, de los militares que participaron en unos juegos olímpicos. *Journal of Sport and Health* Research. 5, (2), 157-166.

normativa usada. Para finalizar, los medios de comunicación escritos, donde aparecen los artículos de prensa y revistas manejados.

En el último apartado se incluyen los anexos. El primero es la autorización a Jaime Camps Gordon para que pueda tomar parte en los Juegos Olímpicos. El segundo es el escrito que otorga permiso a los tiradores para ir a la VII Olimpiada. En el siguiente mostramos el consentimiento, mediante Real Orden, a Antonio Moreira Montero para viajar y participar en los Juegos. Los dos últimos anexos recogen la solicitud y posterior concesión de la licencia de asuntos propios concedida a José de Figueroa y Alonso Martínez para ir a Francia y Bélgica.

2. Ingreso en las Fuerzas Armadas hasta 1910

2.1. Acercamiento a la estructura y organización del Ejército

La Constitución de 1876, la Ley Constitutiva del Ejército de 1878 y una adicional de 1889 delimitaban las funciones de la estructura militar. En dicha estructura se integró en 1896 José Bento López, nacido en la Cuba española de 1882 y miembro de una familia numerosa de seis hermanos. Muchas de esas funciones estaban dirigidas a vigilar e impedir la intrusión castrense en los asuntos políticos a través de conspiraciones y pronunciamientos, característicos del siglo XIX. Se estableció que la misión del Ejército era mantener la defensa de la patria contra enemigos exteriores e interiores. Se militarizó la Corona siguiendo el modelo prusiano de rey soldado y se le dio poderes para ejercer el mando directo en campaña y tener el control total sobre las designaciones de los jefes militares; de esta forma se acababan las disputas internas por la jefatura militar. Se respetó una cierta autonomía administrativa militar, como el control de los restos coloniales. Y se permitió la participación en la política, integrándose en los partidos y siendo senadores los capitanes generales del Ejército y el almirante de la Armada[29].

José Bento López juró bandera en la Academia de Infantería (Figura 1) con catorce años. En estos momentos, la estructura del Ejército estaba dividida en las armas[30] de infantería[31], caballería[32] y

---

[29] Archivo General Militar de Segovia. Legajo B-1811, expediente 0. Expediente personal militar de José Bento López; Bru Sánchez-Fortún, A. (2006). Padrino y patrón. Alfonso XIII y sus oficiales (1902-1923). *HISPANIA NOVA. Revista de Historia Contemporánea, 6*, (sin paginar); comunicación personal con Elena Ortueta Bento, 6 de marzo de 2011; Gómez-Martínez, R. (2010). *Constitución y fuerza military (1808-1978)*. Granada: Universidad de Granada; Martínez-Vasseur, P. (2003). *L'armée espagnole (XIXe et XXe siècles)*. Paris: Ellipses; Vanaclocha Bellver, F. J. (1988). The Military Press of the Restoration: Political Thought, Ideology, and Attitudes. En Bañón Martínez, R. and Barker, T. M. (ed.), *Armed forces and society in Spain: past and present* (pp. 177-212). Boulder: Social Science Monographs.

[30] Arma es cada uno de los institutos combatientes de una fuerza militar. Ver, Borreguero Beltrán, C. (2000). *Diccionario de historia militar. Desde los reinos medievales hasta nuestros días*. Barcelona: Ariel; en el Ejército de principios de siglo XX son la caballería, la artillería y la infantería. Ver, Puell de la Villa, F. (2009). *Historia del ejército en España*. Madrid: Alianza.

[31] Las misiones de la infantería según reglamento son "marchar, practicar el servicio de seguridad y exploración, y acantonarse, vivaquear o acampar. Ha de conquistar y conservar el terreno, arrojando al enemigo de sus posiciones y destruyéndolo". Ver, Ministerio de la Guerra. (1909).

artillería[33] y en los cuerpos de ingenieros[34], estado mayor[35], administración[36], jurídico militar[37], sanidad militar[38] y eclesiástico[39]. Existían otros cuerpos, como el de alabarderos, guardia civil y carabineros, que tenían solo dependencia administrativa. La Península estaba dividida en tres distritos coloniales y siete regiones militares, en las que el capitán general era el responsable del control, adiestramiento y movilización de los reservistas de su jurisdicción. El Ejército se componía de 177 regimientos[40] y 35 batallones[41][42].

Reglamento provisional para la instrucción táctica de de las tropas de infantería. Madrid: Talleres del Depósito de la Guerra, 9.

[32] Las misiones de la caballería a principios del siglo XX eran las siguientes: pasar las fronteras enemigas, destruir sus puentes, vías férreas y telégrafos, ocupar puntos estratégicos y tácticos mientras se protege el avance, o la retirada, estudiar la movilización enemiga, impidiéndola o dificultándola cuanto le sea posible. Ver, Ministerio de la Guerra. (1915). *Reglamento provisional para la instrucción táctica de las tropas de caballería.* Madrid: Talleres del Depósito de la Guerra.

[33] Rama del Ejército que opera con armas de fuego de calibre superior a 40 milímetros. Ver, Borreguero Beltrán, C. (2000). *Diccionario de historia militar. Desde los reinos medievales hasta nuestros días.* Barcelona: Ariel.

[34] Cuerpo que facilita las actividades del combate mediante la construcción de estructuras: puentes, caminos, etc. Ver, Quesada Gómez, A. (1997). *Historia del arma de ingenieros: abriendo camino.* Vol. 3. Madrid: Ministerio de Defensa.

[35] Cuerpo con la función de organizar la preparación para la guerra y dirigir la enseñanza superior del Ejército. Ver, Baldovín Ruiz, E. (2001). *Historia del Cuerpo y Servicio de Estado Mayor.* Madrid: Instituto de Historia y Cultura Militar.

[36] Rama del Ejército que atiende a las necesidades materiales de la milicia. Ver, Borreguero Beltrán, C. (2000). *Diccionario de historia militar. Desde los reinos medievales hasta nuestros días.* Barcelona: Ariel.

[37] Cuerpo encargado de la administración de justicia y del asesoramiento jurídico. Ver, González Deleito Domínguez, N. (1989). Bosquejo histórico-legislativo del cuerpo jurídico militar. *Revista Española de Derecho Militar, 54,* 249-257.

[38] Cuerpo formado por médicos, farmacéuticos y veterinarios militares. Ver, Gómez Ruiz, M. y Alonso Juanola, V. (2009). *El Ejército de los Borbones.* Tomo VIII. Madrid: Ministerio de Defensa.

[39] Cuerpo encargado de la función evangélica y moral. Ver, Reglamento orgánico del cuerpo eclesiástico del Ejército. (1889, 18 de abril). *Diario Oficial del Ministerio de la Guerra, 88,* 193-200.

[40] Unidad orgánica y administrativa al mando de un coronel formada por tres batallones. Ver, Hernández del Pozo, L. (1983). La Infantería. En Aguilar Olivencia, M. y Cepeda Gómez, J. (coords.), *Historia de las Fuerzas Armadas* (pp. 15-55). Tomo II. Zaragoza: Palafox.

[41] Unidad táctica a cargo de un teniente coronel formada por cuatro compañías. Ver, Hernández del Pozo, L. (1983). La Infantería. En Aguilar Olivencia, M. y Cepeda Gómez, J. (coords.), *Historia de las Fuerzas Armadas* (pp. 15-55). Tomo II. Zaragoza: Palafox.

[42] Archivo General Militar de Segovia. Legajo B-1811, expediente 0. Expediente personal militar de José Bento López; Pérez Frías, P. L. (2006). Malagueños en la élite militar de poder durante el reinado de Alfonso XIII. *Ámbitos. Revista de estudios de ciencias sociales y humanidades, 15,* 11-23; Puell de la Villa, F. (2009). *Historia del ejército en España.* Madrid: Alianza.

Figura 1: José Bento (sentado a la derecha), con uniforme militar[43]

En España, uno de los problemas estructurales del Ministerio de la Guerra era el exceso de oficiales[44]; tras el Tratado de París se produce la incorporación de los oficiales de Cuba y Filipinas, y el problema se agrandó considerablemente; el Estado lo gestionó disminuyendo las partidas presupuestarias destinadas a los gastos de personal y reduciendo los llamamientos del servicio militar[45].

2.2. La mentalidad militar que absorbe Ignacio Estévez

Cuando en 1904 el gallego Ignacio Estévez Estévez, hijo de médico militar, se incorporó al Ejército, tenía ante sí una milicia encerrada en sí misma, intolerante con las críticas de la prensa, recelosa y desconfiada ante el poder político y con un único aliado, aunque muy poderoso, el monarca Alfonso XIII. Con el poder político, las distancias empezaron a agrandarse tras su decisión de economizar en los presupuestos del Ministerio de la Guerra a partir de 1888. Las Fuerzas Armadas estaban descontentas con el conflicto de Melilla (1893) por saldarse el honor de España y la dignidad del Ejército con un resultado diplomático y una indemnización. En 1895 un grupo de oficiales atacó las redacciones de

---

[43] Archivo familiar Bento.
[44] Al final de la segunda década del siglo XX, solo existían en las Fuerzas Armadas dos categorías, la de oficial y las clases de tropa, ambas constituidas por personal masculino, ya que la mujer no se incorporó a las Fuerzas Armadas hasta finales de la centuria.
[45] Fernández Bastarreche, F. (2006). El Ejército en la Restauración. En Ministerio de Defensa (ed.), *Aproximación a la historia militar de España* (pp. 511-535). Madrid: Ministerio de Defensa; Puell de la Villa, F. (2009). *Historia del ejército en España*. Madrid: Alianza.

los periódicos *El Resumen* y *El Globo*, ambos en Madrid, al considerar que se habían escrito ciertos artículos sobre la rebelión de Cuba en los que se ofendía el honor del Ejército. Y tras el desastre ultramarino en 1898, las críticas por parte del sector político fueron muy duras, descargando en la oficialidad toda la responsabilidad[46]. Ejemplo de estas críticas es la intervención en el Senado del conde de las Almenas, en la que dirigió un saludo a las tropas[47] que regresaban de Cuba, pero no así a los jefes que no habían sabido llevarles a la victoria, ni tampoco caer con dignidad, debiéndose extraer responsabilidades "... para arrancar de los pechos muchas cruces y subir muchos fajines de la cintura al cuello..."[48].

Esta desilusión profesional que sintió la corporación donde estaba ingresando Ignacio y la crispación hacia los partidos, el régimen parlamentario y los políticos en general se vio agravada por la falta de reconocimiento público y por el aumento del antimilitarismo. Se produjo una disminución de prestigio social, vinculada a la imposibilidad de alcanzar un desarrollo profesional, a las malas perspectivas económicas, a ser culpados por la opinión pública de la pérdida de las

---

[46] Alonso Baquer, M. (1999). El fin de la guerra hispano-cubano-norteamericana. Consecuencias para el ejército español. En *El Ejército y la Armada en 1898: Cuba, Puerto Rico y Filipinas*. Congreso Internacional de Historia Militar (pp. 387-397). Madrid: Ministerio de Defensa; Archivo General Militar de Segovia. Legajo E-1563, expediente 0. Expediente personal militar de Ignacio Estévez Estévez; Bru Sánchez-Fortún, A. (2006). Padrino y patrón. Alfonso XIII y sus oficiales (1902-1923). *HISPANIA NOVA. Revista de Historia Contemporánea*, 6, (sin paginar); comunicación personal con Carlos Estévez Eguiagaray, 1 de julio de 2011; Bachoud, A. (2004). L'armée d'Afrique. Composition. Actions et réactions. En Elisabeth Delrue (ed.), *Autour de l'armée espagnole, 1808-1939* (pp. 61-87). Paris: Indigo; González Velilla, M. C. y González-Loureiro, M. B. (1996). La crisis de Melilla de 1893-1894. En Fusi Aizpurúa, J. P. y Niño Rodríguez, A. (eds.), *Antes del "desastre": orígenes y antecedentes de la crisis del 98* (pp. 323-336). Madrid: Universidad Complutense de Madrid; Puell de la Villa, F. (2009). *Historia del ejército en España*. Madrid: Alianza; Vanaclocha Bellver, F. J. (1988). The Military Press of the Restoration: Political Thought, Ideology, and Attitudes. En Bañón Martínez, R. and Barker, T. M. (ed.), *Armed forces and society in Spain: past and present* (pp. 177-212). Boulder: Social Science Monographs.

[47] En el Ejército, las clases de tropa incluían los empleos de soldado, soldado de primera, cabo, sargento, brigada y suboficial. En la Armada, según el código penal de la marina de guerra en vigor, las clases de marinería y tropa comprendían los guardia marina que no tenían graduación de oficial, los aspirantes o alumnos de las academias o escuelas de oficiales, así como los contramaestres, los condestables, cabos de mar de puerto, cabos y artilleros de mar, marineros, fogoneros, aprendices de marineros, sargentos, cabos, soldados, cornetas, músicos o soldados jóvenes de Infantería de Marina. En los empleos de las clases de tropa estaba el personal de reemplazo. Ver, Ley de 15 de julio de 1912. (1912, 18 de julio). *Diario Oficial del Ministerio de la Guerra*, 160, 149-151; Ministerio de la Marina. (1888). *Código Penal de la Marina de Guerra*. Madrid: Imprenta del Cuerpo de Infantería de Marina.

[48] Fernández Almagro, M. (1970). *Historia política de la España contemporánea*. Volumen III. Madrid:Alianza, 160.

últimas colonias y a ser utilizados para reprimir a la población en los conflictos sociales[49].

En lo formativo, el Ejército poseía una vocación europea, principalmente alemana, admirada por la cúpula militar[50]; pero también era centralista, nacionalista y conservador, posiciones consolidadas a raíz de la lucha en las guerras carlistas, contra los sublevados cantonales más tarde, contra los insurrectos cubanos y filipinos a final de siglo y contra la expansión del pacifismo[51].

Mientras el cadete Estévez recibía, en la Academia de Infantería, una educación espartana, de sentido elitista y con ideales espirituales basados en las glorias del Siglo de Oro, el Ejército sufría un divorcio con la sociedad civil, porque atentaba contra su honor; además, se unió el crecimiento de los regionalismos, que amenazaban sus posiciones centralistas y nacionalistas. Estas situaciones provocaron en la milicia una profunda crispación y elevaron la sensibilidad. Por ello, tras los artículos con críticas hacia la institución militar que se publicaron en algunos medios de la prensa catalana en 1905, se produjo el asalto de un grupo de oficiales a las redacciones del semanario *¡Cu-Cut!* y del diario *La Veu de Catalunya*, provocando una crisis que llevó al Gobierno a la dimisión. Ante las consiguientes presiones, se buscaba doblegar el poder civil y favoreció que las Cortes aprobasen la Ley para la Represión de los Delitos contra la Patria y el Ejército en marzo de 1906. Dicha ley, también conocida como Ley de Jurisdicciones, permitía juzgar en los tribunales militares opiniones vertidas en la prensa contra el Ejército y el Estado[52].

---

[49] Guereña, J. L. (2004). Violence militaire, violence d'État. L'armée et l'ordre public en Espagne (1820 1923). En Delrue, E. (ed.), *Autour de l'armée espagnole, 1808-1939* (pp. 37-59). Paris: Indigo; Fernández Bastarreche, F. (1988). The Spanish Military from the Age of Disasters to the Civil War. En Bañón Martínez, R. and Barker, T. M. (eds.), *Armed forces and society in Spain: past and present* (pp. 213-247). Boulder: Social Science Monographs; Martínez-Vasseur, P. (2003). *L'armée espagnole (XIXe et XXe siècles)*. Paris: Ellipses.
[50] Un ejemplo de ello es la obra *La educación militar*, con continuas alusiones al Ejército germano. Ver, Ibáñez Marín, J. (1899). *La educación militar*. Madrid: El Trabajo.
[51] Alonso Baquer, M. (1971). *El ejército en la sociedad española*. Madrid: Movimiento; Alonso Baquer,
M. (1999). El fin de la guerra hispano-cubano-norteamericana. Consecuencias para el ejército español. En *El Ejército y la Armada en 1898: Cuba, Puerto Rico y Filipinas*. Congreso Internacional de Historia Militar (pp. 387-397). Madrid: Ministerio de Defensa; Bru Sánchez-Fortún, A. (2006). Padrino y patrón. Alfonso XIII y sus oficiales (1902-1923). *HISPANIA NOVA. Revista de Historia Contemporánea*, 6, (sin paginar); Cardona Escanero, G. (1983). *El poder militar en la España contemporánea hasta la Guerra civil*. Madrid: Siglo XXI España.
[52] Archivo General Militar de Segovia. Legajo E-1563, expediente 0. Expediente personal militar de

Dentro de la oficialidad, los empleos superiores se habían emparentado con familias aristocráticas y de alta burguesía y se mostraron más recelosos ante las amenazas contra el orden económico y social. Sin embargo, el oficial de baja o mediana graduación no participaba de las conductas de la jerarquía militar y, aunque se oponía a las rebeliones, al ser un oficial que procedía de la clase media, le resultaba espinoso equipararse con los potentados en la lucha de clases[53]. Efectivamente, así lo veía el capitán de infantería León Fernández cuando explicaba las funciones a las que se tendría que enfrentar el joven oficial al salir de la academia: "Piquetes [...] viajes a determinadas localidades para reducir al orden a los obreros que protestan de modo violento, cuando son explotados inhumanamente por egoístas patronos llenos de dinero..."[54].

> Algunos militares sostenían que tenían una misión social porque el oficial fue acostumbrado, a realizar tareas subsidiarias de la sociedad civil, cuando ésta fracasaba. Si los reclutas llegaban analfabetos al cuartel, el Ejército debía instruirlos. Si la policía resultaba impotente para mantener el orden público, el Ejército era encargado de restablecerlo. Cuando los obreros en huelga abandonaban los servicios esenciales, les sustituían los soldados[55].

Todos estos argumentos confirman la evidencia de los militares de efectuar una función intervencionista no solo en la esfera política, sino también en la social, ante la certeza de que "el Ejército es la sociedad menos imperfecta de la sociedad humana"[56].

Ignacio Estévez Estévez; Cardona Escanero, G. (1983). *El poder militar en la España contemporánea hasta la Guerra civil*. Madrid: Siglo XXI España; Figueroa y Torres Sotomayor, A., conde de Romanones (1929). *Notas de una vida: 1901-1912*. Madrid: Renacimiento; González-Pola de la Granja, P. (2003). *La configuración de la mentalidad militar contemporánea (1868-1909)*. Madrid: Ministerio de Defensa; Guereña, J. L. (2003). *Armée, société et politique dans l'Espagne contemporaine (1808-1939)*. Nantes (France): Éditions du temps.

[53] Payne, S. G. (1986). *Los militares y la política en la España contemporánea*. Madrid: Sarpe.

[54] Fernández Fernández, L. (1906, 1 de diciembre). De la enseñanza militar. *Revista Técnica de Infantería y Caballería, 11*, 507.

[55] Cardona Escanero, G. (1983). *El poder militar en la España contemporánea hasta la Guerra civil*. Madrid: Siglo XXI España, 23.

[56] Patiño Iglesias, M. (1905, enero-junio). La sociedad y el Ejército. *Revista de Caballería, tomo 6*, 454.

2.3. Sueldos de los oficiales

Como hemos señalado, el presupuesto del Ministerio de la Guerra era cada vez más bajo desde finales del siglo XIX, pero tras el desastre colonial hubo una restricción presupuestaria con el fin de reducir la deuda contraída durante las guerras de ultramar y también para contrarrestar el exceso de oficiales, que se llevaba cerca del 70% del presupuesto en 1900[57].

Pero, a pesar de destinarse colectivamente una gran porción de dinero a los sueldos de los oficiales en la partida presupuestaria, lo cierto es que, a nivel individual, y sobre todo en los empleos inferiores de los oficiales, tenían la paga congelada desde la década de los setenta del siglo XIX. Cuando Ignacio estaba de alumno en la academia, su pensión era de 45 pesetas al mes por ser hijo de oficial[58].

Aunque no existe un índice oficial de precios al consumo en esta época, sí sabemos que durante los primeros años del siglo XX un oficial necesitaba completar su paga con otros trabajos y/o dejar de pagar facturas en muchas ocasiones. Era tan notoria y conocida la escasez de dinero por parte de los oficiales españoles que se escribían anuncios en la prensa ofreciéndoles préstamos[59].

El testimonio de 1889 que, sobre este asunto, nos ha dejado Mario de Yveja nos sirve porque el sueldo de capitán no se modificó hasta 1907, como veremos a continuación, y los precios tampoco aumentaron significativamente hasta 1913. Las 250 pesetas al mes que cobraba un capitán a finales de siglo XIX debían ser empleadas de la siguiente forma, teniendo en cuenta que estaba casado, tenía cuatro hijos y además debía mantener a una criada que ayudaba a coser, lavar y cuidar los niños: alquiler de casa, un tercer piso, 40 pesetas; sueldo de una criada, 15

---

[57] Payne, S. G. (1986). *Los militares y la política en la España contemporánea*. Madrid: Sarpe.
[58] Academias. (1893, 28 de febrero). *Diario Oficial del Ministerio de la Guerra, 44*, 505-509; Archivo General Militar de Segovia. Legajo E-1563, expediente 0. Expediente personal militar de Ignacio Estévez Estévez; Archivo General Militar de Segovia. Legajo 1551. Contabilidad (sueldos). Sueldos en general (1858-1932); Fernández Bastarreche, F. (2006). El Ejército en la Restauración. En Ministerio de Defensa (ed.), *Aproximación a la historia militar de España* (pp. 511-535). Madrid: Ministerio de Defensa.
[59] Espadas Burgos, M. (1996). Ejército y "cuestión social" en la España de fin de siglo. *Torre de los Lujanes, 31*, 57-64; Maluquer de Motes, J. (2005). Consumo y precios. En Carreras de Odriozola, A. y Tafunell, X. (cords.). *Estadísticas históricas de España siglos XIX y XX* (pp. 1247-1296). Madrid: Fundación BBVA; Fernández Bastarreche, F. (2006). El Ejército en la Restauración. En Ministerio de Defensa (ed.), *Aproximación a la historia militar de España* (pp. 511-535). Madrid: Ministerio de Defensa.

pesetas; comida de la familia, a 26 reales diarios, 201,50 pesetas; tabaco, fósforos y periódico diario, 7,43 pesetas; cuerpo de guardia y asociación benéfica, 6 pesetas. Es decir, que nuestro capitán, gastando al mes 269,93 pesetas, generaba un déficit de 19,93 pesetas, sin contar con imprevistos, como calzado, ropa, barbero, botica, etc., que subían algo más de 40 pesetas, lo que muy a menudo elevaba el descubierto a más 50 pesetas mensuales[60].

Como entre 1898 y 1910 el dispendio familiar más elevado eran, según Maluquer de Motes[61], los alimentos, las bebidas y el tabaco, que rondaba el 65% del gasto total, el Centro del Ejército y la Armada fundó en 1902 la Asociación Cooperativa Militar con la intención de poder adquirir los productos básicos (carbón, pan, carne y leche) a unos precios más bajos[62].

En los presupuestos generales del estado de 1907 se subieron algunos sueldos que no se tocaban desde hacía 43 años[63]. Ese año Ignacio Estévez salió de la academia y le subieron 165 pesetas anuales en su haber, quedándole un sueldo de 2.115 pesetas al año; además de a su empleo, segundo teniente, también subieron los sueldos a los dos empleos inmediatamente superiores, primeros tenientes y capitanes, a 2.500 pesetas y 3.500 pesetas al año. Estos eran los empleos a los que, como hemos visto anteriormente, costaba cubrir con dignidad sus necesidades vitales[64].

Este aumento no fue motivo de satisfacción, pues en ese mismo año continuaron las quejas en relación a los sueldos dentro de la

---

[60] Maluquer de Motes, J. (2005). Consumo y precios. En Carreras de Odriozola, A. y Tafunell, X. (cords.). *Estadísticas históricas de España siglos XIX y XX* (pp. 1247-1296). Madrid: Fundación BBVA; Yveja, M. (1889). *La milicia y sus excesos: cuadros de costumbres militares contemporáneas*. Valladolid: Mariano del Olmo.
[61] Maluquer de Motes, J. (2005). Consumo y precios. En Carreras de Odriozola, A. y Tafunell, X. (cords.). *Estadísticas históricas de España siglos XIX y XX* (pp. 1247-1296). Madrid: Fundación BBVA.
[62] González-Pola de la Granja, P. (2006). La incidencia de Madrid desde la historia social militar (1813-1931). En Fernández Vargas, V. (dir.), *El Madrid Militar. Tomo II. El Ejército en Madrid y su territorio (1813-1931)* (pp. 103-133). Madrid: Ministerio de Defensa.
[63] Es el caso del sueldo de capitán. Ver, Archivo General Militar de Segovia. Legajo 1551. Contabilidad (sueldos). Sueldos en general (1858-1932).
[64] Archivo General Militar de Segovia. Legajo E-1563, expediente 0. Expediente personal militar de Ignacio Estévez Estévez; Archivo General Militar de Segovia. Legajo 1551. Contabilidad (sueldos). Sueldos en general (1858-1932); Fernández Bastarreche, F. (2006). El Ejército en la Restauración. En Ministerio de Defensa (ed.), *Aproximación a la historia militar de España* (pp. 511-535). Madrid: Ministerio de Defensa; Ley de presupuestos. Real Orden de 31 de diciembre de 1906. (1906, 1 de enero). *Gaceta de Madrid*, 1, 1-2.

institución armada, esta vez por parte de un militar[65] que años después marcaría la historia de este país: "... nunca *derrochó* España su dinero en pagar a los que tienen el deber y el orgullo de derramar su sangre y dar la vida por ella"[66].

2.4. Breve muestra de la vida académica militar de José Bento

La enseñanza militar de los alumnos aspirantes a oficial el año en que ingresó José Bento se impartía en las academias de infantería, caballería, artillería, ingenieros y administración militar, tras la desaparición de la Academia General Militar en 1893[67].

Los aspirantes a oficial que querían preparar su oposición en la última década del siglo XIX solo podían hacerlo a través de centros de enseñanza particulares, que se habían creado tras la desaparición, por disposición del ministro López Domínguez, de los colegios preparatorios militares, que impartían la segunda enseñanza hasta Bachiller y preparaban el ingreso en la Academia General Militar[68].

Las academias de artillería y de ingenieros eran consideradas carreras muy técnicas y sus planes de estudios extensos abarcaban cinco años. En el resto de academias, los planes de estudios tenían una duración de tres años, incluida la Academia de Infantería donde ingresa el adolescente José Bento. El curso escolar empezaba en septiembre y

---

[65] El militar era el oficial de caballería Gonzalo Queipo del Llano, que en 1936, junto a Emilio Mola Vidal y José Sanjurjo Sacanell, encabezaría la sublevación contra el Gobierno de la II República. Ver, Quevedo y Queipo del Llano, A. (2001). *Queipo del Llano. Gloria e infortunio de un general*. Barcelona: Planeta.
[66] Queipo de Llano y Sierra, G. (1907, enero-junio). El aumento de sueldos y el Arma de Caballería. *Revista de Caballería, tomo 10*, 149.
[67] Archivo General Militar de Segovia. Legajo B-1811, expediente 0. Expediente personal militar de José Bento López; Organización. Instrucción militar. Escuelas. Academias. Colegios. (1893, 8 de febrero). *Colección Legislativa del Ejército, 33*, 105-120; Ortiz de Zárate y Ortiz de Zárate, J. R. y Aparicio Cámara, A. (2003). Antecedentes históricos de la enseñanza general militar en España (2.ª parte). En Congreso de Historia Militar (ed.), *La enseñanza militar en España: 75 años de la Academia General Militar en Zaragoza* (pp. 56-68). Madrid: Ministerio de Defensa.
[68] Organización. Instrucción militar. Escuelas. Academias. Colegios. (1893, 8 de febrero). *Colección Legislativa del Ejército, 33*, 105-120; Ortiz de Zárate y Ortiz de Zárate, J. R. y Aparicio Cámara, A. (2003). Antecedentes históricos de la enseñanza general militar en España (2.ª parte). En Congreso de Historia Militar (ed.), *La enseñanza militar en España: 75 años de la Academia General Militar en Zaragoza* (pp. 56-68). Madrid: Ministerio de Defensa.

finalizaba a finales de junio; las prácticas se realizaban en el mes de mayo en el campo de los Alijares[69].

Pero, cuatro meses antes de ingresar Bento López en la academia que dirigía el coronel Juan Ostenero y Velasco, se aprobó una disposición por la que los alumnos que se incorporasen el 1 de julio de ese año 1896 solo realizarían un curso escolar y alcanzarían el empleo de segundos tenientes en junio de 1897. Con esta disposición, José Bento no cumplía la normativa que exigía tener 17 años para ejercer de oficial efectivo; sin embargo, nuestro protagonista ingresó en la academia y alcanzó el empleo de segundo teniente con 15 años; por esta razón, en la siguiente promoción se establecieron disposiciones que impidieran estos supuestos[70].

Por ejemplo, en agosto de 1898, el alcarreño Antonio Bonilla San Martín ingresó en el Ejército, en el arma de infantería, con 16 años; a consecuencia de la reestructuración que se realizó en la enseñanza de formación por la guerra de Cuba, solo permaneció dos años en la academia y obtuvo su primer empleo como segundo teniente en abril de 1900, incorporándose ese mismo año a su primer destino, el Regimiento de Infantería Ceriñola n.º 42 en Madrid, con 18 años[71].

El plan de estudios reducido que desarrolla el alumno José Bento es el siguiente:

- Primer curso (seis meses): Clases teóricas: ordenanzas hasta el capitán y órdenes generales; descripción de los fusiles reglamentarios; táctica hasta compañía[72] inclusive; reglamento de tiro; educación moral del soldado; código de justicia militar; planos acotados; topografía; tratamiento y honores;

---

[69] Academias. (1893, 28 de febrero). *Diario Oficial del Ministerio de la Guerra*, 44, 505-509; ArchivoGeneral Militar de Segovia. Legajo B-1811, expediente 0. Expediente personal militar de José Bento López; González González, H. (1925). *Resumen histórico de la academia de infantería*. Toledo: Imprenta-Escuela Tipografía del Colegio de M.ª Cristina para Huérfanos de la Infantería.

[70] Archivo General Militar de Segovia. Legajo B-1811, expediente 0. Expediente personal militar de José Bento López; Isabel Sánchez, J. L. (1991). *La Academia de Infantería de Toledo*. Toledo: Academia de Infantería.

[71] Archivo General Militar de Segovia. Legajo GU/B-489, expediente 18. Expediente personal militar de Antonio Bonilla San Martín; González González, H. (1925). *Resumen histórico de la academia de infantería*. Toledo: Imprenta-Escuela Tipografía del Colegio de M.ª Cristina para Huérfanos de la Infantería.

[72] Unidad básica de la infantería, mandada por un capitán, formada por 250 hombres con los elementos necesarios para vivir y combatir. Ver, Hernández del Pozo, L. (1983). La Infantería. En Aguilar Olivencia, M. y Cepeda Gómez, J. (coords.), *Historia de las Fuerzas Armadas* (pp. 15-55). Tomo II. Zaragoza: Palafox.

reglamento de campaña; geografía militar de España y sus colonias: francés. Clases teórico-prácticas: detall[73] y servicio interior; descripción y manejo de algunos fusiles extranjeros; descripción del material de artillería; manejo de aparatos topográficos; servicio de guarnición; gimnasia; dibujo. Clases prácticas: instrucción táctica; tiro al blanco y fuegos tácticos; construcción de trincheras-abrigos; prácticas generales durante quince días[74].

- Segundo curso (seis meses): Clases teóricas: táctica de batallón y brigada[75]; armas portátiles; organización militar de España; marchas, reposo, exploración y seguridad; combates; guerras irregulares; táctica de las tres armas y reconocimientos; ordenanzas desde comandante a coronel inclusive; reglamento interior de los cuerpos; fortificación; pólvoras y explosivos; telegrafía y ferrocarriles; detall y contabilidad; historia militar; prácticas de procedimientos; prácticas de detall y contabilidad. Clases prácticas: manejo de algunos fusiles extranjeros; manejo y montaje de aparatos telegráficos de campaña; manejo de aparatos ópticos; ferrocarriles y manejo del material fijo y móvil; manejo de las piezas de artillería; esgrima; equitación; dibujo topográfico; instrucción táctica de orden cerrado y abierto que servirá para práctica del mando a los alumnos de segundo curso; tiro al blanco y fuegos tácticos; prácticas generales durante quince días: servicio de guarnición y compañía; ejercicios de combate; construcción de puentes ligeros y revestimientos de fortificaciones; trazado de obras de fortificación; prácticas de topografía; reconocimientos tácticos y logísticos; prácticas de castrametación; conducción de convoyes; marchas de maniobras[76].

---

[73] Supresión realizada a la palabra *detalle*. Era la descripción de la particularidad de la cuenta y razón de las unidades militares. Ver, Borreguero Beltrán, C. (2000). *Diccionario de historia militar. Desde los reinos medievales hasta nuestros días*. Barcelona: Ariel.
[74] González González, H. (1925). *Resumen histórico de la academia de infantería*. Toledo: Imprenta Escuela Tipografía del Colegio de M.ª Cristina para Huérfanos de la Infantería.
[75] Unidad superior compuesta por dos o tres regimientos a cargo de un general. Ver, Hernández del Pozo, L. (1983). La Infantería. En Aguilar Olivencia, M. y Cepeda Gómez, J. (coords.), *Historia de las Fuerzas Armadas* (pp. 15-55). Tomo II. Zaragoza: Palafox.
[76] González González, H. (1925). *Resumen histórico de la academia de infantería*. Toledo: Imprenta Escuela Tipografía del Colegio de M.ª Cristina para Huérfanos de la Infantería.

El motivo de esta reducción temporal en el plan de estudios es la necesidad de mandar oficiales a la guerra de Cuba. Cuando estaba en el campamento en los meses de abril y mayo, el propio José Bento, con sus compañeros de promoción, cantaba una canción que decía:

> En junio somos tenientes,
> eso ya nadie lo duda,
> porque hacen falta valientes,
> para defender a Cuba[77].

Cuando aprobó la oposición, tuvo que comprar todos los uniformes en una de las muchas sastrerías de Toledo, que los vendían a 325 pesetas. Los uniformes incluían una guerrera de gala, una guerrera gris de invierno, una guerrera gris de verano, un capote de cuero negro, dos pantalones satén grancé, un par de polainas, ros completo con todos los accesorios, teresiana, gorro de cuartel, cinturón con tirante, funda para el sable y portaguantes[78].

Durante su permanencia como alumno, el cadete[79] Bento tenía asignada una pensión de 1,50 pesetas al día por ser hijo de oficial. Otros compañeros hijos de generales cobraban una peseta al día y los cadetes hijos de militares o marinos muertos cobraban dos pesetas al día, y además tenían plazas ilimitadas. Este dinero que cobraba nuestro protagonista era escaso. El sueldo diario medio de un jornalero en 1897 era superior, de 1,67 pesetas; y si nos vamos a una ciudad como Barcelona en 1898, el sueldo medio estaba por encima de las tres pesetas[80].

Las instalaciones de la academia se fueron normalizando tras el incendio ocurrido en el Alcázar de Toledo en 1887, pero la promoción de Bento, compuesta de 497 alumnos, todavía tenía los dormitorios en los edificios de Santa Cruz y Santiago y las aulas entre el Alcázar y la Casa de

---

[77] Isabel Sánchez, J. L. (1991). *La Academia de Infantería de Toledo*. Toledo: Academia de Infantería, 217.
[78] Isabel Sánchez, J. L. (1991). *La Academia de Infantería de Toledo*. Toledo: Academia de Infantería.
[79] Alumno de una academia militar. Ver, Borreguero Beltrán, C. (2000). *Diccionario de historia militar. Desde los reinos medievales hasta nuestros días*. Barcelona: Ariel.
[80] Academias. (1893, 28 de febrero). *Diario Oficial del Ministerio de la Guerra, 44*, 505-509; Archivo General Militar de Segovia. Legajo B-1811, expediente 0. Expediente personal militar de José Bento López; Maluquer de Motes, J. y Llonch, M. (2005). Trabajo y relaciones laborales. En Carreras de Odriozola, A. y Tafunell, X. (cords.), *Estadísticas históricas de España: siglos XIX y XX* (pp. 1155-1245). Madrid: Fundación BBVA.

Caridad, lugar este donde disfrutó el alumno José Bento de una biblioteca de más de 7000 volúmenes[81].

De las maniobras realizadas en los Alijares entre los días 26 de abril y 11 de mayo de 1897, tenemos el testimonio del compañero de Bento López, el cadete Pablo Bilbao Sevilla. El día a día se desarrollaba de la siguiente forma: dormían en tiendas, comenzaba la jornada a las cinco de la mañana, diez minutos para asearse y a desayunar, normalmente migas; después, prácticas de fortificación, de telegrafía, etc., y a las doce a comer: sopa de fideos, huevos fritos con tomate, carne con patatas, fruta y café; de una a tres, siesta; estudio desde las tres y cuarto hasta las cuatro y media, hora de empezar la instrucción, hasta las siete; a las siete y media, cena: carne guisada con patatas, bisté, ensalada y pastas; a continuación, retreta y poco después silencio. Solo se cambiaba esta rutina el domingo, ya que por la mañana tenían misa de campaña y por la tarde, en el campamento, podían disfrutar de la compañía de sus seres queridos[82].

2.5. La desagradable experiencia de la guerra de Cuba

Tras solo once meses de academia militar, en junio de 1897 José Bento fue destinado al Ejército de Cuba. La mayoría de los oficiales efectivos que sirvieron en la isla, excepto los que salían de las academias, eran voluntarios, porque el ministerio no quería enviar oficiales a Cuba de forma forzosa. En julio nuestro protagonista embarcó desde el puerto de A Coruña en el vapor Reina María Cristina en dirección La Habana[83].

La Cuba que se encontró José Bento estaba en guerra contra España desde 1895; los cubanos se rebelaron contra la metrópoli y luchaban por su independencia. España mantuvo en la isla tropas compuestas por unos 200.000 hombres, que no lograron controlar a los

---

[81] Archivo General Militar de Segovia. Legajo B-1811, expediente 0. Expediente personal militar de José Bento López; Isabel Sánchez, J. L. (1991). *La Academia de Infantería de Toledo*. Toledo: Academia de Infantería; Ortiz de Zárate y Ortiz de Zárate, J. R. y Aparicio Cámara, A. (2003). Antecedentes históricos de la enseñanza general militar en España (2.ª parte). En Congreso de Historia Militar (ed.), *La enseñanza militar en España: 75 años de la Academia General Militar en Zaragoza* (pp. 56-68). Madrid: Ministerio de Defensa.
[82] Isabel Sánchez, J. L. (1991). *La Academia de Infantería de Toledo*. Toledo: Academia de Infantería.
[83] Archivo General Militar de Segovia. Legajo B-1811, expediente 0. Expediente personal militar de José Bento López; Fernández Bastarreche, F. (2006). El Ejército en la Restauración. En Ministerio de Defensa (ed.), *Aproximación a la historia militar de España* (pp. 511-535). Madrid: Ministerio de Defensa; Payne, S. G. (1986). *Los militares y la política en la España contemporánea*. Madrid: Sarpe.

insurgentes, entre otras razones porque fueron arrasadas por las enfermedades, responsables de veinticinco muertos por cada uno de los fallecidos en combate[84]. Y eso a pesar de que, en el verano de 1897, el general Weyler mantuvo cierto control de la isla gracias a la dureza empleada en su política de guerra. Pero en agosto de ese mismo año, el presidente Cánovas del Castillo fue asesinado y el gobierno pasó a Mateo Sagasta, que destituyó al general Weyler por la propaganda que, en su contra, llegaba desde parte de la prensa española y, sobre todo, desde organizaciones cubanas ubicadas en Estados Unidos, que pudieron provocar la intervención de dicho país. El general Blanco, sustituto de Weyler, cambió la política seguida por su antecesor y concedió la autonomía a Cuba en enero de 1898; en estos momentos la intervención estadounidense se estaba materializando y la autonomía llegaba tarde[85].

Desde su desembarco en la isla, el joven oficial José Bento tuvo varios enfrentamientos con los sublevados; y posteriormente, a partir del 22 de abril de 1898, por la declaración de guerra de Estados Unidos, se mantuvo en La Habana. En un enfrentamiento desigual de la Armada española contra la estadounidense, con buques comprados de forma improvisada, alguno sin estar armado de forma completa y con mala calidad del carbón, la capitulación española fue inexorable[86].

Tras la derrota española el 20 de diciembre, el teniente Bento fue repatriado y embarcó hacia la Península en el vapor Ciudad de Cádiz. Dicha evacuación por parte de las autoridades españolas fue precipitada y terrible[87] y, como indica la profesora Yolanda Díaz, respondió a la presión de los americanos para que dejaran la isla lo antes posible[88].

---

[84] Leer artículo "Enfermedad y guerra colonial en Cuba y Puerto Rico", para profundizar en este asunto. Herrera Rodríguez, F. (1998). Enfermedad y guerra colonial en Cuba y Puerto Rico. *El Médico, 683*, 82 88.

[85] Cardona Escanero, G. (1983). *El poder militar en la España contemporánea hasta la guerra civil.* Madrid: Siglo XXI España; Cierva y Hoces, R. (1984). *Historia militar de España.* Tomo VIII. Madrid: Planeta; Payne, S. G. (1986). *Los militares y la política en la España contemporánea.* Madrid: Sarpe.

[86] Archivo General Militar de Segovia. Legajo B-1811, expediente 0. Expediente personal militar de José Bento López; Condeminas Mascaró, F. (1930). *La Marina militar española.* Barcelona: Tipografía La Académica de Herederos de Serra y Rusell.

[87] Siguiendo con el artículo del actual catedrático Francisco Herrera Rodríguez, podemos ver como se organizó la repatriación desde el punto de vista sanitario y la magnitud de la tragedia. Ver, Herrera Rodríguez, F. (1998). Enfermedad y guerra colonial en Cuba y Puerto Rico. *El Médico, 683*, 82-88.

[88] Archivo General Militar de Segovia. Legajo B-1811, expediente 0. Expediente personal militar de José Bento López; Díaz Martínez, Y. (1996). Un episodio español poco conocido. La evacuación militar de Cuba en 1898. En Fusi Aizpurúa, J. P. y Niño Rodríguez, A. (eds.). *Antes del "desastre":*

Al llegar el oficial Bento a España, encontró un pueblo y un Gobierno que los consideraban culpables de la derrota. En las calles de Valladolid se apaleaban recíprocamente cadetes y estudiantes[89]. "La clase política y la sociedad española nunca les agradeció el sacrificio que habían hecho..."[90]. Así lo expresaba, particularizando en la Armada, el profesor de la Escuela Especial de Náutica de Barcelona: "los americanos reconocieron y apreciaron desde el primer momento el heroísmo y sacrificio de nuestros marinos [...] Nuestro gobierno y el mismo pueblo español fueron quienes no lo reconocieron hasta mucho tiempo después"[91].

Por parte del Ejército se asumieron pocas responsabilidades ante los Tribunales de Honor y Consejos de Guerra que se formaron y predominó una afluencia de victimismo entre la milicia flagelándose por la ingratitud del poder político[92].

2.6. Protagonistas en el atentado contra Alfonso XIII durante su boda

Luis Calvet Sandoz aprobó las oposiciones y con 15 años entró en la academia militar, concretamente en infantería, en agosto de 1903. Poco antes de obtener su primer empleo, a finales de mayo de 1906, junto a compañeros de su promoción recibió la orden de cubrir la carrera del enlace de S. M. el rey Alfonso XIII y S. M. la reina Victoria Eugenia de Battenberg en Madrid[93].

Luis Calvet Sandoz nació en Castellón de la Plana el 17 de marzo de 1888. Era muy alto para la época, 1,78 metros, y siempre destacaba por arriba en las fotografías. Pertenecía a una familia numerosa, era el quinto de siete hermanos, y de tradición militar; su padre, Jaime Calvet

---

orígenes y antecedentes de la crisis del 98 (pp. 143-150). Madrid: Universidad Complutense de Madrid.
[89] Salas Larrazábal, R. (1988). Las últimas guerras coloniales. En Congreso de Historia Militar (ed.), *Temas de historia militar* (pp. 569-612). Madrid: EME.
[90] Togores Sánchez, L. E. (2006). Guerra en Cuba y Filipinas (1895-1898). En Ministerio de Defensa (ed.), *Aproximación a la historia militar de España* (pp. 563-581). Madrid: Ministerio de Defensa, 571.
[91] Condeminas Mascaró, F. (1930). *La Marina militar española*. Barcelona: Tipografía La Académica de Herederos de Serra y Rusell, 323.
[92] Núñez Florencio, R. (1997). *El ejército español en el desastre de 1898*. Madrid: Arco Libros.
[93] Archivo General Militar de Segovia. Legajo C-432, expediente 0. Expediente personal militar de Luis Calvet Sandoz; comunicación personal con Francisco Calvet Bazán, 27 de abril de 2010.

Puig Domenech, era comandante[94] y falleció prematuramente en 1900, con lo que la situación económica, con tantos hijos, era casi insostenible; sin embargo, su mujer Carlota y su familia fueron acogidos por su hermana María Sandoz, la tía María, casada con el general Julio Andreu[95].

Existían rumores fundados de un atentado contra los reyes durante la celebración de su boda, pero el conde de Romanones, ministro de la Gobernación[96], explicaba que, si un año antes en París, con mejor Policía, no se había impedido un atentado frustrado contra el rey Alfonso XIII, era difícil impedirlo en España, a pesar de venir agentes expertos de Francia, Alemania, Italia e Inglaterra para intentar ayudar a una Policía española sin medios y con una organización deficiente[97].

Con 16 años, en agosto de 1898, Antonio Bonilla ingresó en el Ejército en el arma de infantería. A consecuencia de la reestructuración que se realizó en la enseñanza de formación por la guerra de Cuba, solo permaneció dos años en la academia y obtuvo su primer empleo, segundo teniente, en abril de 1900, incorporándose ese mismo año a su primer destino en el Regimiento de Infantería Ceriñola n.º 42, en Madrid[98].

El teniente Bonilla, tras pasar por diferentes destinos fuera de la capital, regresó a Madrid y en 1906, estando destinado en el Regimiento de Infantería Wad Ras nº 50, también asistió a los actos celebrados el 31 de mayo con motivo de la boda real. Mientras el regimiento de Antonio desfilaba a la cabeza de la formación, el anarquista catalán Mateo Morral Roca trató de asesinar a los reyes lanzando una bomba oculta en un ramo de flores desde la habitación que había alquilado en la calle Mayor. En su intento mató a 23 personas, quince civiles y ocho militares, y dejó un reguero de 117 heridos. Tres días después, en una venta del término municipal de San Fernando, un guarda lo descubrió y quiso llevarlo ante la Guardia Civil; Morral lo mató y después se suicidó. Las investigaciones

---

[94] Archivo General Militar de Segovia. Legajo C-432, expediente 0. Expediente personal militar de Luis Calvet Sandoz; comunicación personal con Francisco Calvet Bazán, 27 de abril de 2010.
[95] Comunicación personal con Francisco Calvet Bazán, 27 de abril de 2010.
[96] En la actualidad es el Ministerio del Interior.
[97] Figueroa y Torres Sotomayor, A., conde de Romanones (1929). *Notas de una vida: 1901-1912*. Madrid: Renacimiento.
[98] Archivo General Militar de Segovia. Legajo GU/B-489, expediente 18. Expediente personal militar de Antonio Bonilla San Martín; González González, H. (1925). *Resumen histórico de la academia de infantería*. Toledo: Imprenta Escuela Tipografía del Colegio de M.ª Cristina para Huérfanos de la Infantería.

actuales muestran que no fue el acto de un anarquista solitario, sino que tras él había una amplia connivencia que buscaba favorecer el estallido de una sublevación[99].

Afortunadamente, tanto Luis Calvet como Antonio Bonilla sufrieron el atentado sin consecuencias. El rey le concedió a Antonio Bonilla una mención honorífica por su comportamiento y serenidad en el atentado; meses después, en julio, el cadete Calvet ascendió a segundo teniente y fue destinado al Batallón de Cazadores de Figueras n.º 6 en Leganés[100].

2.7. Participación en la campaña de Melilla de 1909

La intervención del colonialismo español en Marruecos vino impuesta por los intereses geoestratégicos y económicos que tenía el país, además de contrarrestar el avance expansivo que en la región estaba teniendo principalmente Francia. En muchas zonas del territorio, las tribus no aceptaron la soberanía del sultán, máxima autoridad en Marruecos, y este no podía controlarlos, por lo que la situación en la zona justificó la protección de Marruecos por parte de países occidentales. A España, tras la Conferencia de Algeciras de 1906, le correspondió ejercer el protectorado en la zona norte de Marruecos, con la región del Rif, de difícil control por las características bélicas de su población tribal. Hasta entonces, España no tenía más intención que ocupar las plazas estratégicas de la costa. A partir de estos momentos, Marruecos se convirtió, para muchos militares[101], en la tabla de salvación del honor y el reencuentro con el colonialismo perdido. Todos los altos cargos orgánicos del protectorado estaban en manos militares, las tres comandancias militares de las ciudades de Ceuta, Larache y

---

[99] Avilés Farré, J. (2008). Contra Alfonso XIII: atentados frustrados y conspiración revolucionaria. En Avilés Farré, J. y Herrerín López, A. (eds.), *El nacimiento del terrorismo en Occidente: anarquía, nihilismo y violencia revolucionaria* (pp.141-158). Madrid: Siglo XXI.
[100] Archivo General Militar de Segovia. Legajo C-432, expediente 0. Expediente personal militar de Luis Calvet Sandoz; Archivo General Militar de Segovia. Legajo GU/B-489, expediente 18. Expediente personal militar de Antonio Bonilla San Martín; comunicación personal con Francisco Calvet Bazán, 27 de abril de 2010; Fernández de la Reguera, R. (1998). *La boda de Alfonso XIII*. Barcelona: Planeta.
[101] Incluso para el monarca, que se consideraba un militar más. Al menos desde 1901, es consciente de que España necesita unas Fuerzas Armadas fuertes para no ser un títere en la escena internacional y poder hacer frente a las amenazas de los países dominantes de la época. Ver, Castillo Puche, J. L. (1960). *Diario íntimo de Alfonso XIII*. Madrid: Biblioteca Nueva.

Melilla y, por encima de todos ellos, el Alto Comisario, quien dirigía la política dictada desde Madrid[102].

Inicialmente, la política española pretendía ser pacífica y proporcionar sanidad, educación y comunicaciones a los rifeños para mejorar su calidad de vida, aunque esta pretensión era difícil de llevar a la práctica por el escaso presupuesto invertido en ello y la militarización de la zona. España también se beneficiaba económicamente de las concesiones realizadas a empresas españolas para la explotación de sus minas. Muchas cabilas de la zona cercana a Melilla estaban controladas por el Roghi, un jefe tribal pretendiente al trono de Marruecos y en conflicto con el sultán. El Roghi fue capturado por el sultán, y su desaparición provocó la anarquía en la zona, que un día sí y otro también sufría incursiones por parte de los rifeños en territorio de soberanía española[103].

El detonante de la intervención militar española fue el asesinato, a manos de los rifeños rebeldes, de unos trabajadores en el ferrocarril de la mina en las cercanías de Melilla, el 9 de julio de 1909[104]. Sin embargo, Puell de la Villa[105] afirma que ya desde junio el Gobierno de Maura tenía preparado un crédito extraordinario para la campaña, había dado orden a la comandancia militar de Melilla de reanudar los trabajos en el ferrocarril de las minas y había prevenido al capitán general de Cataluña para organizar una brigada mixta de cazadores compuesta en su mayoría por reservistas.

La llamada de estos reservistas fue una medida impopular porque estos hombres, en su mayoría, tenían responsabilidades familiares. Si bien el Gobierno otorgó una pensión de 50 céntimos por cada día de ausencia a las esposas y huérfanos de madre de los reservistas llamados a filas, lo cierto es que, si estos morían en acto de servicio, sus mujeres

---

[102] Bachoud, A. (2004). L'armée d'Afrique. Composition. Actions et réactions. En Elisabeth Delrue (ed.), *Autour de l'armée espagnole, 1808-1939* (pp. 61-87). Paris: Indigo; Macías Fernández, D. (2013). Las campañas de Marruecos (1909-1927). *Revista Universitaria de Historia Militar, 3*, 58-71; Caballero Echevarría, F. (2013). *Intervencionismo español en Marruecos (1898-1928): Análisis de factores que confluyen en un desastre, "Annual"*. (Tesis doctoral inédita). Madrid: Universidad Complutense de Madrid.
[103] Fernández López, J. (2003). *Militares contra el Estado. España: siglos XIX y XX*. Madrid: Taurus; Payne, S. G. (1986). *Los militares y la política en la España contemporánea*. Madrid: Sarpe.
[104] Caballero Echevarría, F. (2013). *Intervencionismo español en Marruecos (1898-1928): Análisis de factores que confluyen en un desastre, "Annual"*. (Tesis doctoral inédita). Madrid: Universidad Complutense de Madrid.
[105] Puell de la Villa, F. (2009). *Historia del ejército en España*. Madrid: Alianza.

no recibían ninguna pensión. Los movilizados, que hacía años que habían dejado los fusiles, se encontraron con la orden de salir de sus hogares y de sus trabajos para luchar en Melilla, en una guerra que no entendían y con un Ejército poco preparado y maltrecho que no les inspiraba ninguna confianza[106].

Trece días después de que los rifeños rebeldes asesinaran a los obreros de las minas, el teniente Luis Calvet recibió la orden de embarcar en el vapor Almirante Lobo junto con su batallón rumbo a Melilla, ciudad que se encontraba en situación de guerra y donde el general Linares, ministro de la Guerra, sumaba unas tropas españolas de 24.000 hombres; aunque las tropas de los rifeños que las hostigaban eran una tercera parte, tenían la ventaja de que luchaban por el sistema de guerrillas en una tierra que conocían perfectamente y frente a soldados españoles pésimamente armados y mal equipados. El mando español que en esos momentos preparó la ofensiva contra el monte Gurugú (se produjo el 23 de julio) carecía incluso de un alzado topográfico de la región. El resultado de toda esta mala gestión desembocó en el llamado "desastre del Barranco del Lobo", que se saldó con un balance de centenares de bajas[107].

Durante la retirada de dicho combate, y mientras comían un rancho frío, el Batallón de Cazadores Figueras n.º 6 sufrió una emboscada en la que murió su jefe, el teniente coronel José Ibáñez Marín; nuestro protagonista quedó herido en el tercio superior del muslo izquierdo por una bala de Remington u otra de similar calibre. El teniente Calvet Sandoz, siendo tan excelente tirador, estaba dejando muchas víctimas en el bando enemigo y los moros reaccionaron efectuando una descarga cerrada que lo hirió. Luis fue ingresado en el hospital militar de Melilla y, en esta situación conoció a Alfonso XIII, cuando este visitó la ciudad de Melilla y a los heridos de guerra en el hospital. Fue la primera visita a posesiones españolas en África de un

---

[106] Caballero Echevarría, F. (2013). *Intervencionismo español en Marruecos (1898-1928): Análisis de factores que confluyen en un desastre, "Annual"*. (Tesis doctoral inédita). Madrid: Universidad Complutense de Madrid; Concesión de pensiones de 50 céntimos de peseta diarios a las esposas e hijos huérfanos de madre de los reservistas llamados a filas. (1909, 23 de julio). *Gaceta de Madrid, 204*, 199 200; Payne, S. G. (1986). *Los militares y la política en la España contemporánea*. Madrid: Sarpe.
[107] Archivo General Militar de Segovia. Legajo C-432, expediente 0. Expediente personal militar de Luis Calvet Sandoz; Fernández Bastarreche, F. (2006). El Ejército en la Restauración. En Ministerio de Defensa (ed.), *Aproximación a la historia militar de España* (pp. 511-535). Madrid: Ministerio de Defensa; Madariaga Álvarez-Prida, M. R. (2011). *En el barranco del lobo*. Madrid: Alianza.

monarca desde tiempos de Carlos V, por lo que recibió el sobrenombre en el Senado de Alfonso XIII el Africano[108].

Llegaron a Barcelona las primeras noticias sobre las numerosas bajas ocurridas en los primeros enfrentamientos dentro de la tropa y, ante la necesidad de continuar enviando más reservistas, se declaró una huelga general el 26 de julio que derivó en violentos enfrentamientos populares conocidos como la Semana Trágica. Se declaró el estado de guerra en Barcelona y los combates se recrudecieron; se produjeron incendios, barricadas y saqueos, y el Ejército y la Guardia Civil intervinieron contra los manifestantes. Estos gritaban, principalmente, contra la injusticia del servicio militar, al que los ricos no iban, y contra el marqués de Comillas, que tenía intereses personales en las minas del Rif y era propietario de los barcos en los que navegaban las tropas. Los enfrentamientos terminaron con un balance superior a los 100 muertos, hubo 5 ejecuciones y más de 1.500 detenidos[109]. Durante estos sucesos, la tropa se planteó por primera vez quebrantar la disciplina militar y no obedecer las órdenes de cargar contra los manifestantes; las autoridades políticas comenzaron a barajar su sustitución por la Guardia Civil[110].

El teniente Calvet fue trasladado semanas después al hospital militar de Madrid, donde le dieron el alta hospitalaria el 7 de septiembre, dejándole de recuerdo ciertos dolores "que aumentaban con el cambio de luna"[111].

Tras esta inicial caída, la campaña continuó. De hecho, a José Bento le ordenaron embarcar en Cartagena, junto con su batallón, en dirección a Barcelona, donde llegó el 2 de agosto de 1909; se alistó a nuevas tropas y el capitán Bento[112] salió en el vapor Villareal hacia Melilla, donde arribó el 9 de agosto. Días después, fue el teniente

---

[108] Archivo General Militar de Segovia. Legajo C-432, expediente 0. Expediente personal militar de Luis Calvet Sandoz; Bachoud, A. (2004). L'armée d'Afrique. Composition. Actions et réactions. En Elisabeth Delrue (ed.), *Autour de l'armée espagnole, 1808-1939* (pp. 61-87). Paris: Indigo; Don Luis Calvet, campeón de tiro. (1911). *Caza y Pesca, 15*, 8-9; El tiro de pichón. (1912, 16 de marzo) *ABC*, 14; Fernández Aceytuno Gavarrón, F. (2009). Cien años del combate del Barranco del Lobo. *Ejército de tierra español, 818*, 114-119; Ministerio del Ejército. (1951). *Historia de las campañas de Marruecos*. Tomo II. Madrid: Servicio Histórico Militar.
[109] Ballbé Mallol, M. (1985). *Orden público y militarismo en la España constitucional (1812-1983)*. Madrid: Alianza; Cardona Escanero, G. (1990). *El problema militar en España*. Madrid: Historia 16; Madariaga Álvarez-Prida, M. R. (2011). *En el barranco del lobo*. Madrid: Alianza.
[110] Cierva y Peñafiel, J. (1955). *Notas de mi vida*. Madrid: Reus.
[111] Archivo General Militar de Segovia. Legajo C-432, expediente 0. Expediente personal militar de Luis Calvet Sandoz; comunicación personal con Francisco Calvet Bazán, 27 de abril de 2010.
[112] Empleo al que asciende a finales de 1906. Ver, Archivo General Militar de Segovia. Legajo B-1811, expediente 0. Expediente personal militar de José Bento López.

Antonio Bonilla quien embarcó con su sección de ametralladoras en el vapor Cataluña para reforzar los efectivos militares, atracando el mismo día que el capitán Bento y coincidiendo ambos en el fuerte de Rostrogordo[113].

Ambos a las órdenes del coronel Miguel Primo de Rivera[114], estuvieron de campaña desde principios de septiembre hasta finales de noviembre de 1909, momento en que se recuperó el control militar sobre el monte Gurugú y sus proximidades. Bento López escribía sobre dicha campaña y la imagen que proyectaba en la Figura 2: "en la guerra muchos trotes, con traje de rayadillo tengo aspecto seriecillo y también buenos bigotes". A partir de las consecuencias extraídas en la campaña de 1909 se diseñó la acción que España desarrollaría en Marruecos. Desde este momento se determinó que las fuerzas destinadas en Melilla contaran de forma permanente con 20.500 hombres y se crearon fuerzas de Policía indígena, utilizadas para luchar en vanguardia durante la campaña[115].

Figura 2: José Bento López, con uniforme militar de la guerra de Marruecos[116]

---

[113] Archivo General Militar de Segovia. Legajo B-1811, expediente 0. Expediente personal militar de José Bento López; Archivo General Militar de Segovia. Legajo GU/B-489, expediente 18. Expediente personal militar de Antonio Bonilla San Martín.

[114] Miguel Primo de Rivera y Orbaneja nació en Jerez de la Frontera (Cádiz) en 1870, ingresó en el Ejército como alumno de la Academia General Militar en 1884. El 13 de septiembre de 1923 se alzó contra el Gobierno y el Parlamento, legalmente constituidos. Encabezó un Directorio Militar con el beneplácito del rey Alfonso XIII y los sectores conservadores del país. Falleció en París, con el empleo de teniente general, en 1930. Ver, Archivo General Militar de Segovia. Legajo célebre, caja 138, expediente 3. Expediente personal militar de Miguel Primo de Rivera y Orbaneja; Tamames Gómez, R. y Casals Messeguer, X. (2004). *Miguel Primo de Rivera*. Barcelona: Ediciones B.

[115] Archivo General Militar de Segovia. Legajo B-1811, expediente 0. Expediente personal militar de José Bento López; Archivo General Militar de Segovia. Legajo GU/B-489, expediente 18. Expediente personal militar de Antonio Bonilla San Martín; Bachoud, A. (2004). L'armée d'Afrique. Composition. Actions et réactions. En Elisabeth Delrue (ed.), *Autour de l'armée espagnole, 1808-1939* (pp. 61-87). Paris: Indigo; comunicación personal con Elena Ortueta Bento, 6 de marzo de 2011; Muñoz Bolaños, R. (2006). Las campañas de Marruecos. En Ministerio de Defensa (ed.), *Aproximación a la historia militar de España* (pp. 599-613). Madrid: Ministerio de Defensa.

[116] Archivo familiar Bento.

La política emprendida por el Gobierno y la actuación del Ejército con la población civil durante esta crisis alimentó el anticolonialismo, el antimilitarismo y no supuso una contrapartida real para recuperar el prestigio perdido en 1898[117].

2.8. Un servicio de control del orden público

Una de las misiones que tenía encomendadas el Ejército era el control del orden público. El vallisoletano Domingo Rodríguez Somoza nació el 4 de agosto de 1885 en una familia humilde de cinco hijos. En marzo de 1907 ingresó en el Ejército como soldado en el Regimiento de Infantería Isabel II n.º 32, situado en Valladolid, perteneciente al arma de infantería, y se vio implicado en una de esas misiones[118].

Desde hacía algunos años, los mineros vizcaínos condenaban el incumplimiento, por parte de la patronal, de los pactos establecidos en 1890 en relación a la jornada laboral. A mediados de 1910 la Federación de Obreros Mineros de Vizcaya acordó reclamar la reducción de la jornada de trabajo. En el mismo mes de marzo, se inició una huelga, primero solo en algunas minas, pero que se fue extendiendo hasta que el 16 de julio se declaró la huelga de forma generalizada. Los mineros demandaban una jornada laboral de nueve horas durante todo el año. Los patronos no cedían porque tenían la convicción de que, si transigían con las peticiones de los mineros, se plantearían nuevas reclamaciones.

El Gobierno de Canalejas presentaba inestabilidades y conocía las consecuencias de la Semana Trágica de Barcelona, que provocó la caída del Gobierno de Maura; por eso no quería que el conflicto se extendiese a otras zonas de España y que pudiera existir el peligro de una huelga general; además, tenía la convicción inicial de que se trataba de una huelga política y revolucionaria; por estos motivos mandó tropas al lugar. Como hemos indicado anteriormente, el Ejército era utilizado

---

[117] Seco Serrano, C. (1984). *Militarismo y civilismo en la España contemporánea*. Madrid: Instituto de Estudios Económicos.

[118] Archivo General Militar de Segovia. Legajo R-1792, expediente 0. Expediente personal militar de Domingo Rodríguez Somoza; comunicación personal con José Rodríguez Martín, 17 de enero de 2011.

para controlar el orden público en la resolución de los conflictos en el interior del país[119].

El 23 de julio, y por causa de dicha huelga minera, el cabo Rodríguez Somoza marchó por ferrocarril a Bilbao con un batallón. Su función era garantizar que los mineros que quisieran trabajar pudieran hacerlo sin temor a piquetes violentos. El conflicto se alargó. Se produjo la intermediación del Gobierno, pero las posiciones estaban enconadas. La patronal se quejó de que el Ejército no disolviera a los mineros que impedían el acceso al trabajo y contrataron a esquiroles para reanudar el trabajo en las minas.

El 1 de septiembre de 1910 se suspendieron las garantías constitucionales y se declaró el estado de guerra en la provincia de Vizcaya. A partir de este momento, dirige el conflicto el general Aguilar, Capitán General de la Región[120].

Un prestigioso miembro de la patronal, José Martínez Rivas, de forma particular y al margen de la postura oficial representada por la Asociación de Patronos Mineros, cedió a las pretensiones laborales de los mineros. Esta actitud rompió el hermetismo de los patronos y provocó disensiones en su interior. Finalmente, el general Aguilar, con la autorización del Gobierno, planteó una solución que fue aceptada por las partes y que puso fin al conflicto. El presidente Canalejas dio las gracias al general Aguilar por su mediación y por no haber derramado una gota de sangre.

---

[119] Guereña, J. L. (2004). Violence militaire, violence d'État. L'armée et l'ordre public en Espagne (1820-1923). En Delrue, E. (ed.), *Autour de l'armée espagnole, 1808-1939* (pp. 37-59). Paris: Indigo; Olábarri Gortázar, I. (1989). Canalejas ante la conflictividad laboral: la huelga minera de Vizcaya de 1910. En Facultad de Ciencias de la Información y Facultad de Geografía e Historia (ed.), *Haciendo historia: homenaje al profesor Carlos Seco* (pp. 449-456). Madrid: Universidad Complutense; Leseduarte Gil, P. (1988). *La conflictividad laboral en torno a la jornada de trabajo en las minas de Vizcaya: la huelga de 1910, dimensiones sociales y políticas*. Congreso de Historia de Euskal Herria, volumen 6, 121-132; Leseduarte Gil, P. (2006). *Los pueblos mineros. Conflictividad social y política municipal en la cuenca minera vizcaína*. Bilbao: Beta.

[120] Archivo General Militar de Segovia. Legajo R-1792, expediente 0. Expediente personal militar de Domingo Rodríguez Somoza; comunicación personal con José Rodríguez Martín, 17 de enero de 2011; Ballbé Mallol, M. (1985). *Orden público y militarismo en la España constitucional (1812-1983)*. Madrid: Alianza; Leseduarte Gil, P. (1988). *La conflictividad laboral en torno a la jornada de trabajo en las minas de Vizcaya: la huelga de 1910, dimensiones sociales y políticas*. Congreso de Historia de Euskal Herria, volumen 6, 121-132; Leseduarte Gil, P. (2006). *Los pueblos mineros. Conflictividad social y política municipal en la cuenca minera vizcaína*. Bilbao: Beta; Olábarri Gortázar, I. (1989). Canalejas ante la conflictividad laboral: la huelga minera de Vizcaya de 1910. En Facultad de Ciencias de la Información y Facultad de Geografía e Historia (ed.), *Haciendo historia: homenaje al profesor Carlos Seco* (pp. 449-456). Madrid: Universidad Complutense.

Esta situación de vuelta a la normalidad provocó la retirada del Ejército de las minas vizcaínas y el regreso, el 28 de septiembre, del cabo Domingo a su destino en Valladolid. El 27 de diciembre se dictó una ley que fijaba una jornada diaria máxima de trabajo de nueve horas en todas las minas españolas[121].

2.9. Un ejemplo del injusto servicio militar

El servicio militar que tuvo que realizar Ángel Pradel Cid comprendía un periodo total de doce años, tres de los cuales eran de servicio activo en el cuartel. Muchos de sus compañeros de quinta, al finalizar estos tres años, pasaron a la situación de reserva activa, es decir, que en tiempo de paz permanecían en su domicilio durante tres años, y después pasaron a la segunda reserva, también en su domicilio, hasta finalizar los doce años[122].

Ángel Pradel nació el 1 de octubre de 1879; su padre era un modesto labrador llamado Bernardo Pradel Giménez. Ingresó en el Ejército en 1902 para cumplir el servicio militar[123].

El servicio militar en la primera década del siglo XX era una injusticia social, pues solo iban los pobres. Ángel Pradel era hijo de campesino, es decir, se ajustaba al perfil de la mayoría de los quintos de su época. En los tiempos en los que ingresó el recluta Pradel, los ricos eludían su compromiso con la milicia pagando una redención a metálico de 1.500 pesetas, según lo establecía la legalidad vigente de 1885. La

---

[121] Archivo General Militar de Segovia. Legajo R-1792, expediente 0. Expediente personal militar de Domingo Rodríguez Somoza; Leseduarte Gil, P. (1988). *La conflictividad laboral en torno a la jornada de trabajo en las minas de Vizcaya: la huelga de 1910, dimensiones sociales y políticas.* Congreso de Historia de Euskal Herria, volumen 6, 121-132; Leseduarte Gil, P. (2006). *Los pueblos mineros. Conflictividad social y política municipal en la cuenca minera vizcaína.* Bilbao: Beta; Ley sobre la jornada máxima en las minas. (1910, 31 de diciembre). *Gaceta de Madrid, 365,* 795-796; Olábarri Gortázar, I. (1989). Canalejas ante la conflictividad laboral: la huelga minera de Vizcaya de 1910. En Facultad de Ciencias de la Información y Facultad de Geografía e Historia (ed.), *Haciendo historia: homenaje al profesor Carlos Seco* (pp. 449-456). Madrid: Universidad Complutense.
[122] Archivo General Militar de Segovia. Legajo P-2670, expediente 0. Expediente personal militar de Ángel Pradel Cid; Masó Garcés, V. y Escrig Tirado, E. (1896). *Manual práctico de quintas.* Castellón: Imp. y lib. de G. Amengot.
[123] Archivo General Militar de Segovia. Legajo P-2670, expediente 0. Expediente personal militar de Ángel Pradel Cid; comunicación personal con Benito Pradel Alfaro, 30 de junio de 2011.

mayoría de trabajadores en la España de 1902, tanto urbanos como, por supuesto, rurales, no ganaba ese dinero en un año[124].

Este servicio indigno, donde las exenciones eran múltiples, fue protegido durante décadas por el sector político conservador, lógicamente por la posición social que defendía. Así, fracasaron los intentos de reforma de esta ley propuestos por el general Cassola en 1887 y el general Polavieja en 1898 y se hicieron oídos sordos a las publicaciones de otros militares desde fuera del ámbito político en las que exponían que estas excepciones (la redención a metálico y las sustituciones) "... falsean por su base el principio de la igualdad absoluta..."[125], comprendiendo que este sistema afectaba negativamente a la moral de la tropa y les alejaba de la sociedad[126].

En estos primeros años del siglo XX, momento en que fue reclutado Ángel, los presupuestos del Ministerio de la Guerra estaban tan ajustados, como hemos indicado, que solo se admitía a la mitad de los 80.000 hombres que, de media, conformaban cada reemplazo[127]. Lo confirma un oficial indicando que el panorama era desolador, "no hay fuerza en los batallones"[128].

Pero la escasez de soldados no repercutió en unas mejores condiciones de vida; el vestuario se reutilizaba, pasaban hambre por tener una dieta escasa[129] y poco variada, hacían vida[130], comían y

---

[124] comunicación personal con Benito Pradel Alfaro, 30 de junio de 2011; Masó Garcés, V. y Escrig Tirado, E. (1896). *Manual práctico de quintas*. Castellón: Imp. y lib. de G. Amengot; Puell de la Villa, F. (1996). *El soldado desconocido: de la leva a la mili: (1700-1912)*. Madrid: Biblioteca Nueva.
[125] Ruiz Fornells, E. y Melgar Mata, A. (1904). *Organización militar de España*. Toledo: Gómez Menor, 6.
[126] González-Pola de la Granja, P. (1997). Polavieja: un general para una crisis. El polaviejismo en torno a 1898. *Revista de Historia Militar, 83*, 161-200; Puell de la Villa, F. (1978). El general Cassola, reformista militar de la Restauración. *Revista de Historia Militar, 45*, 173-196; Rabaté, J. C. (2004). Service militaire et culture populaire dans l'Espagne de la Restauration. En Delrue, E. (ed.), *Autour de l'armée espagnole, 1808-1939* (pp. 9-36). Paris: Indigo.
[127] Archivo General Militar de Segovia. Legajo P-2670, expediente 0. Expediente personal militar de Ángel Pradel Cid; Fernández Fernández, L. (1906, 1 de diciembre). De la enseñanza militar. *Revista Técnica de Infantería y Caballería, 11*, 495-508; Payne, S. G. (1986). *Los militares y la política en la España contemporánea*. Madrid: Sarpe.
[128] Fernández Fernández, L. (1906, 1 de diciembre). De la enseñanza militar. *Revista Técnica de Infantería y Caballería, 11*, 507.
[129] El médico militar Ángel Larra y Cerezo escribe una breve reseña sobre la investigación efectuada por la Academia Médico-Militar donde se demuestra que las raciones dadas a los soldados de las unidades ubicadas en Madrid son escasas debido a la falta de presupuesto. Ver, Larra y Cerezo, A. (1901). La alimentación del soldado en los cuerpos de la guarnición de Madrid. *La Medicina Militar Española, 136*, 12-14.
[130] Recibían la instrucción teórica, pasaban revista y, si estaban enfermos y no iban al hospital, el dormitorio era su sanatorio. Ver, Larra y Cerezo, A. (1909). El Hogar del soldado. En Cabeza Pereiro, A. (dir.), *Higiene militar* (pp. 123-246). Guadalajara: Taller Tipográfico del Colegio de Huérfanos de

dormían muchas personas hacinadas en habitaciones pequeñas, con polvo y sin ventilación, porque los cuarteles, por lo general, eran viejos conventos adaptados[131]. Los soldados perdían su tiempo blanqueando paredes y limpiando el suelo "tiempo precioso que debería emplearse en trabajos útiles para la profesión militar"[132].

Mientras realizaba el servicio militar, el Estado pagaba por Ángel Pradel 22,4 pesetas al mes, de las cuales 12,6 pesetas eran para sus comidas y 5,3 pesetas se destinaban para el fondo de material. El soldado Pradel Cid solo cobraba 4,5 pesetas al mes y, prácticamente en su totalidad, las gastaba en lavandería, tabaco, jabón y en la cantina. La cantina era el lugar de socialización donde iba a complementar su escasa alimentación[133].

En el cuartel no disponían de agua corriente ni de alcantarillado y tenían una palangana por cada cuatro o cinco soldados, donde se lavaban la cara, las manos, los pies y las prendas interiores. Todas estas circunstancias eran fuentes de enfermedades[134] que provocaron que, en esta década, más del tres por ciento muriera estando en el cuartel y que otro dos por ciento quedara incapacitado para trabajar[135] [136].

---

la Guerra.
[131] Clavero Benitoa, J. (1909). Aseo personal. En Cabeza Pereiro, A. (dir.). *Higiene militar* (pp. 309-320). Guadalajara: Taller Tipográfico del Colegio de Huérfanos de la Guerra; González Deleito, F. (1909). Alimentación del soldado. En Cabeza Pereiro, A. (dir.), *Higiene militar* (pp. 247-308). Guadalajara: Taller Tipográfico del Colegio de Huérfanos de la Guerra; Herrero y Díez Ulzurrum, V. F. (1909). Vestuario y equipo. En Cabeza Pereiro, A. (dir.), *Higiene militar* (pp. 321-429). Guadalajara: Taller Tipográfico del Colegio de Huérfanos de la Guerra; Larra y Cerezo, A. (1909). El Hogar del soldado. En Cabeza Pereiro, A. (dir.), *Higiene militar* (pp. 123-246). Guadalajara: Taller Tipográfico del Colegio de Huérfanos de la Guerra.
[132] Fernández Fernández, L. (1906, 1 de diciembre). De la enseñanza militar. *Revista Técnica de Infantería y Caballería, 11*, 507.
[133] González Deleito, F. (1903). *Apuntes de higiene social en el ejército*. Madrid: Imprenta de Administración Militar; Puell de la Villa, F. (1996). *El soldado desconocido: de la leva a la mili: (1700 1912)*. Madrid: Biblioteca Nueva; Tamarit y Llopis, L. (1903). *Cartilla de instrucción militar para el soldado de infantería*. (Manuscrito). Figueras.
[134] Ver artículo del médico militar José Martí Ventosa sobre las causas de las infecciones en los cuarteles. Martí Ventosa, J. (1901). A propósito de las infecciones en los cuarteles. *La Medicina Militar Española, 124*, 217-219.
[135] Ver artículos de González Deleito y Bartolomé sobre la tuberculosis, una de las enfermedades contagiosas que más mortalidad y morbilidad causaba en los cuarteles. González Deleito, F. (1901). Algunas reflexiones sobre el problema de los tuberculosos en los ejércitos. *La Medicina Militar Española, 135*, 430-432; Bartolomé y Relimpio, J. (1902a). La tuberculosis en el ejército. Sanatorios militares para tuberculosos. *La Medicina Militar Española, 146*, 183-186; Bartolomé y Relimpio, J. (1902b). La tuberculosis en el ejército. Sanatorios militares para tuberculosos. *La Medicina Militar Española, 147*, 197-199; Bartolomé y Relimpio, J. (1902c). La tuberculosis en el ejército. Sanatorios militares para tuberculosos. *La Medicina Militar Española, 150*, 262-265; Bartolomé y Relimpio, J. (1902d). La tuberculosis en el ejército. Sanatorios militares para tuberculosos. *La Medicina Militar Española, 153*, 309; Bartolomé y Relimpio, J. (1902e). La tuberculosis en el ejército. Sanatorios

Estas condiciones de vida provocaron que higienistas y médicos militares impulsaran proyectos[137] para mejorar la alimentación, edificar nuevos cuarteles, instalar cuartos de aseo con váteres individuales, colocar lavaderos mecánicos y para que la ropa del soldado y la de cama fuera individual. También promovieron acciones como prohibir escupir al suelo, para lo cual se instalaron escupideras, y se comenzaron a dar charlas higiénicas de forma trimestral para concienciar a la tropa de los peligros que determinadas conductas podían producir[138].

Estas conferencias trimestrales sobre higiene, que debían impartir los médicos militares al cabo Pradel[139], versaban sobre asuntos como la alimentación, el alojamiento, el vestuario, los ejercicios físicos[140], el aseo personal, las bebidas alcohólicas, la prostitución, el juego, las enfermedades infecto-contagiosas y la gimnasia[141].

En uno de esos parlamentos celebrados en Madrid, ciudad donde estaba destinado Ángel Pradel, en septiembre de 1904 el médico primero Venancio Plaza Blanco señalaba que la gimnasia es "un medio para robustecer al organismo y cortar deformidades y defectos físicos" y añadía que "es la educadora de los músculos"[142] [143].

---

militares para tuberculosos. *La Medicina Militar Española, 155,* 337-339.

[136] González Deleito, F. (1903). *Apuntes de higiene social en el ejército*. Madrid: Imprenta de Administración Militar; Puell de la Villa, F. (1996). *El soldado desconocido: de la leva a la mili: (1700 1912)*. Madrid: Biblioteca Nueva.

[137] Entre estos proyectos estaban los artículos de concienciación, como los escritos por los médicos castrenses Martín Salazar y García Sierra. Ver, Martín Salazar, M. (1900). La desinfección en los cuarteles. *La Medicina Militar Española, 100,* 206-209; García Sierra, E. A. (1901). Las prácticas higiénicas en los cuarteles. *La Medicina Militar Española, 131,* 362-364.

[138] Conferencias. (1903, 6 de julio). *Colección Legislativa del Ejército, 109,* 142.

[139] Alcanzó el empleo de cabo en junio de 1903. Ver, Archivo General Militar de Segovia. Legajo P-2670, expediente 0. Expediente personal militar de Ángel Pradel Cid.

[140] Estos cuatro factores iniciales (la alimentación, el vestido, el alojamiento y el ejercicio físico) deben guardar un equilibrio para conservar la salud. Afirmación expuesta por el médico militar Ángel de Larra Cerezo, en el discurso, *Grandes problemas higiénicos y sociales en relación con las Instituciones armadas*, efectuado para ingresar en la Real Academia de Medicina. Ver, Larra y Cerezo, A. (1902). *Discursos leídos en la Real Academia de Medicina para la recepción pública del académico electo D. Ángel de Larra y Cerezo el día 9 de noviembre de 1902*. Madrid: Imprenta de la sucesora de M. Minuesa de los Ríos.

[141] Archivo General Militar de Segovia. Legajo 35b. Higiene. Higiene (1903-); Archivo General Militar de Segovia. Legajo 38. Higiene. Higiene (1905-1905); Archivo General Militar de Segovia. Legajo 40. Higiene. Higiene (1906-1907). Archivo General Militar de Segovia. Legajo 212. Concursos.

[142] Vemos dos exposiciones más; la primera, celebrada en Málaga en septiembre de 1903 a cargo del médico primero Germán Sorní Peset, establecía las normas a seguir tras realizar ejercicios físicos: "si estás sudando no debes quitarte la ropa hasta que la transpiración haya cerrado"; "la mejor bebida higiénica después de los ejercicios y durante ellos es el café mezclado con agua azucarada"; como medio de distracción y en los ratos de ocio "practicar juegos que vigorizan el organismo como el juego de la pelota, barra, bolos y otros similares". Ver, Archivo General Militar

Ángel pretendía seguir en el Ejército, por lo que, tras los tres primeros años de servicio militar, solicitó su continuidad. Desde principios de octubre de 1904, año en que ascendió a sargento, recibía una escasa paga anual de 573 pesetas. Con el visto bueno del General Jefe de la Segunda Dirección del Ministerio de la Guerra, continúa en servicio por cuatro periodos de tres años[144], seis años[145], cinco años[146] y uno final de cuatro años[147]. Posteriormente, sin más compromisos, podrá continuar en las filas del Ejército hasta la edad de retiro, establecida a los 45 años, con una pensión máxima igual a la del sueldo de capitán; en 1904 el sueldo de capitán estaba en 3.000 pesetas al año[148].

2.10. Notas sobre el desarrollo de la vida de un recluta de artillería

León Villarín Cano nació en Zarza la Mayor (Cáceres) y encajaba en el perfil de la mayoría de soldados rurales que nutrían el Ejército, es decir, escasa educación, básicamente leer y escribir en el mejor de los casos, principios morales adquiridos casi siempre a través de la Iglesia y un estado físico marcado por la rigidez y la falta de flexibilidad, consecuencia de su dedicación a las labores del campo. Con un carácter desconfiado y egoísta, llegó el recluta Villarín al arma de artillería en

---

de Segovia. Legajo 35b. Higiene. Higiene (1903-). La segunda, en A Coruña, fue presentada en septiembre de 1904 por el médico primero Joaquín Aller y Auge, que exponía las ventajas que tenía la gimnasia: "regulariza el desarrollo y funcionamiento del aparato locomotor"; y establecía una clasificación en gimnasia con aparatos "para desarrollar la fuerza" y gimnasia sin aparatos "que obra de modo sucesivo en todos los músculos y órganos". Ver, Archivo General Militar de Segovia. Legajo 38. Higiene. Higiene (1905-1905).

[143] Archivo General Militar de Segovia. Legajo 38. Higiene. Higiene (1905-1905).

[144] Durante este periodo tienen un plus 15 pesetas mensuales respecto a la paga anual. Ver, Organización. Sargentos. Clases de tropa. Reenganches. Ascensos. Clasificaciones. Retiros. Jubilaciones. Matrimonios. (1889, 17 de octubre). *Colección Legislativa del Ejército*, 497, 743-757.

[145] Durante este periodo tienen un plus 30 pesetas mensuales respecto a la paga anual. Ver, Organización. Sargentos. Clases de tropa. Reenganches. Ascensos. Clasificaciones. Retiros. Jubilaciones. Matrimonios. (1889, 17 de octubre). *Colección Legislativa del Ejército*, 497, 743-757.

[146] Durante este periodo tienen un plus 40 pesetas mensuales respecto a la paga anual. Ver, Organización. Sargentos. Clases de tropa. Reenganches. Ascensos. Clasificaciones. Retiros. Jubilaciones. Matrimonios. (1889, 17 de octubre). *Colección Legislativa del Ejército*, 497, 743-757.

[147] Durante este periodo tienen un plus 50 pesetas mensuales respecto a la paga anual. Ver, Organización. Sargentos. Clases de tropa. Reenganches. Ascensos. Clasificaciones. Retiros. Jubilaciones. Matrimonios. (1889, 17 de octubre). *Colección Legislativa del Ejército*, 497, 743-757.

[148] Archivo General Militar de Segovia. Legajo P-2670, expediente 0. Expediente personal militar de Ángel Pradel Cid; Organización. Sargentos. Clases de tropa. Reenganches. Ascensos. Clasificaciones. Retiros. Jubilaciones. Matrimonios. (1889, 17 de octubre). *Colección Legislativa del Ejército*, 497, 743 757.

marzo de 1907 sumiso y obediente, lleno de incertidumbres ante la opinión desfavorable que gravitaba sobre el servicio militar[149].

En los primeros días, el recluta Villarín cambió su identidad por el "rigor del Reglamento que convierte al hombre en número..."[150]. Le dieron vestuario, lo vacunaron y comenzó a realizar la instrucción, inicialmente sin armas, después con ellas, y finalizó con el orden abierto, momento en que realizó la instrucción física, siempre de modo progresivo, primero de manera individual y luego de forma colectiva. La instrucción, sin armas y con ellas, comprendía los movimientos rígidos con la cadencia que marcaba la norma[151], realizados con desinterés y apatía cuando son prolongados en el tiempo y se convierten en algo repetitivo, "... no es ese el modo mejor de que se acredite el amor al oficio: a quien se tiene algunas horas en posición rígida, agarrotado, girando como un huso [...] lo lógico es que reniegue de tamaño fastidio y tome cada día mayor repugnancia a la faena..."[152]. Y un comentario de otro oficial de la época, en la misma línea, afirmaba: "... cuando veo un pelotón de reclutas en línea que gira a un costado, inclina la cabeza y mueve la mano derecha, *uno...*, siento una especie de tristeza infinita"[153].

Explicamos algunos de estos movimientos que aprendió el recluta León Villarín en la instrucción sin armas: primero a pie firme, le enseñaron la posición militar, descanso en su lugar, firmes, giros a pie firme, saludos; y segundo en marcha, aprendió a establecer la formación, deshacer la formación, el paso ordinario. En la instrucción con armas se mantenía la misma progresión didáctica: primero a pie firme, le enseñaron posición de pie, descanso en su lugar, firmes, saludos, arma sobre el hombro, deshacer la formación; y segundo en marcha, donde aprendió los giros y a alinearse en las formaciones[154].

---

[149] Archivo General Militar de Segovia. Legajo B-2780, expediente 0. Expediente personal militar de León Villarín Cano; comunicación personal con Ramón Villarín Aladro, 25 de febrero de 2011; Rodríguez García, L. (1902). *Pedagogía militar*. Vitoria: Imprenta de los Hijos de Pujol; Ruiz Fornells, E. (1918). *La educación moral del soldado*. Toledo: Imprenta, Librería y Encuadernación de Rafael Gómez-Menor.
[150] Ibáñez Marín, J. (1899). *La educación militar*. Madrid: El Trabajo, 66.
[151] Rodríguez García, L. (1902). *Pedagogía militar*. Vitoria: Imprenta de los Hijos de Pujol.
[152] Ibáñez Marín, J. (1899). *La educación militar*. Madrid: El Trabajo, 66.
[153] Fernández Fernández, L. (1906, 1 de diciembre). De la enseñanza militar. *Revista Técnica de Infantería y Caballería, 11*, 507.
[154] Ministerio de la Guerra. (1902). *Reglamento para la instrucción táctica de las tropas de artillería*. Tomo I. Madrid: Imprenta y Litografía del Depósito de la Guerra.

Dentro del orden abierto, los reclutas artilleros como León Villarín debieron complementar su formación con el manejo de las piezas, el montaje en batería y el transporte de los proyectiles que son muy pesados[155].

Esta instrucción práctica se complementaba con una instrucción teórica, donde el recluta Villarín recibía conferencias para mejorar su formación militar. Las charlas trataban de las obligaciones y derechos de los soldados, el conocimiento de las partes de un fusil y su limpieza, las leyes penales, la memorización del nombre de las autoridades con su correspondiente cargo, insignias, presentaciones y despedidas, tratamientos y los servicios a realizar[156]. Existían objeciones a esta instrucción teórica, a la que le sobraban nombres y le faltaba más cultura:

> En la instrucción teórica, se le abruma con nombres y relaciones inútiles, un día y otro día, sin que se le hable de la patria jamás, sin que ni un rudimento de historia y de geografía venga a enardecer su alma [...] Resultado final: el tedio para el espíritu, y para el cuerpo de muchos la adquisición de enfermedades y de vicios que seguramente no obtendrían sí, con nuevos sistemas, se les hiciese amena la fatigosa vida militar...[157]

Esta instrucción teórica y práctica que seguía León Villarín estaba distribuida en un horario que debía ser equilibrado para no cansar al recluta; empezaba a las ocho de la mañana con una revista de policía; a continuación, varias charlas teóricas hasta las once y media, instante en que comenzaban las horas de instrucción práctica, que se extendían hasta las cuatro y media, momento en que se paraba para comer. Finalizada la comida, podrían disfrutar de paseo hasta el toque de retreta, cuando debían regresar para dormir en el cuartel[158]. Este horario tipo tenía sus detractores, como podemos ver en esta cita: "... el soldado

---

[155] Navarra Contreras, A. (1893). *Reglamento higiénico-militar para las grandes maniobras.* Barcelona: Imprenta Militar de Calzada e Hijo.
[156] García Pérez, J. y Palacios Domingo, M. (1904). *Manual de las clases e individuos de tropa.* (Manuscrito). Segovia; Ministerio de la Guerra. (1902). *Reglamento para la instrucción táctica de las tropas de artillería.* Tomo I. Madrid: Imprenta y Litografía del Depósito de la Guerra.
[157] Ibáñez Marín, J. (1899). *La educación militar.* Madrid: El Trabajo, 71.
[158] Rodríguez García, L. (1902). *Pedagogía militar.* Vitoria: Imprenta de los Hijos de Pujol.

español es, en Europa, el que más horas pasea y el que corporal e intelectualmente trabaja menos..."[159].

Tras este periodo inicial, el recluta Villarín se convirtió en soldado al jurar bandera en el mes de abril de 1907; fue promovido al empleo de cabo en agosto del mismo año, conservando su destino en la Comandancia de Artillería de Cádiz[160]. Esta era una de las trece comandancias establecidas en España que concentraba todos los servicios artilleros al mando de un coronel; estaba repartida en seis baterías[161] y disponía de un Parque Regional con una sección de veintitrés obreros de distintos oficios[162].

El cabo Villarín pasó a la situación de reserva en 1910, pero el tedio no invadió su espíritu y el cuartel no le desencantó, posiblemente por la iniciativa de un jefe que tenía gimnasios bien provistos de aparatos, escuelas amplias, dotadas y dirigidas con discreción, buenos comedores, cuartos de recreo, con sencilla biblioteca, duchas, agua, limpieza, higiene; y además, instrucción teórica con explicación oral por parte del oficial y posibilidad de tratar temas variados y algo más espirituales y útiles que los reglamentarios[163]. Por esa razón solicitó continuar en situación activa, petición que le fue concedida[164].

2.11. El material de guerra; un ejemplo, el de artillería

La situación material de la artillería, arma donde ingresó León, era complicada porque, desde la pérdida de las colonias, los gastos de personal absorbían los presupuestos debido al exceso de oficiales en la plantilla del Ministerio de la Guerra. Una comisión de servicio a las fábricas de artillería de Alemania y Francia emitió un informe en 1905 que indicaba que era necesario unificar los calibres de la artillería de

---

[159] Ibáñez Marín, J. (1899). *La educación militar*. Madrid: El Trabajo, 70.
[160] Archivo General Militar de Segovia. Legajo B-2780, expediente 0. Expediente personal militar de León Villarín Cano.
[161] Una batería es la unidad táctica de artillería terrestre y naval. La integran las bocas de fuego, las direcciones de tiro y la dotación humana que los mantiene, dispara y sirve. Ver, Borreguero Beltrán, C. (2000). *Diccionario de historia militar. Desde los reinos medievales hasta nuestros días*. Barcelona: Ariel.
[162] Archivo General Militar de Segovia. Legajo B-2780, expediente 0. Expediente personal militar de León Villarín Cano; Gómez Ruiz, M. y Alonso Juanola, V. (2009). *El Ejército de los Borbones*. Tomo VIII. Madrid: Ministerio de Defensa.
[163] Ibáñez Marín, J. (1899). *La educación militar*. Madrid: El Trabajo, 70.
[164] Archivo General Militar de Segovia. Legajo B-2780, expediente 0. Expediente personal militar de León Villarín Cano.

campaña y mejorar su movilidad para que fuera posible su arrastre por tres parejas de caballos o mulas; también recomendaba comprar el cañón de tiro rápido[165].

La Comisión de Experiencias[166] del Arma de Artillería tenía la misión de estudiar la aplicación militar del naciente automovilismo pesado. Para ello creó una escuela de conductores, mecánicos y montadores y se formó la Brigada Automovilista de Artillería, con un maestro de fábrica, tres obreros aventajados, un cabo y cuatro artilleros[167]. La utilización con éxito de estos medios de transporte en 1909 en la campaña de Melilla provocó que se asignara definitivamente al arma de artillería el servicio militar de transporte y que se crearan otras tres brigadas en 1910, en las comandancias de Ceuta y Melilla y la tercera en la Escuela de Automovilistas perteneciente a la Comisión de Experiencias[168].

A partir del año en que León ingresó en el Ejército, se produjo un pequeño aumento presupuestario que permitió, teniendo en cuenta la sugerencia efectuada por la comisión de servicio antes citada, ir sustituyendo las antiguas piezas por cañones de tiro rápido Schneider de 75 mm, pieza fundamental en los regimientos ligeros. En 1907 se dispuso que se aceptasen las piezas cedidas por la Marina, un cañón de acero de tiro rápido de 150 mm Armstrong modelo 1883 y un cañón de tiro rápido García Lomas de 100 mm, que se utilizaron para artillar algunas baterías de costa. Sin embargo, la situación del material de artillería no mejoró sustancialmente[169]. De hecho, ese mismo año 1907,

---

[165] Archivo General Militar de Segovia. Legajo B-2780, expediente 0. Expediente personal militar de León Villarín Cano; Fernández Bastarreche, F. (2006). El Ejército en la Restauración. En Ministerio de Defensa (ed.), *Aproximación a la historia militar de España* (pp. 511-535). Madrid: Ministerio de Defensa; Gómez Ruiz, M. y Alonso Juanola, V. (2009). *El Ejército de los Borbones*. Tomo VIII. Madrid: Ministerio de Defensa.

[166] Estos centros eran los responsables de la introducción, control y seguimiento del empleo de las tecnologías emergentes del momento; en el caso del arma de artillería, referidas a la fabricación, el mantenimiento y el uso de los sistemas de armas. Ver, Torrón Durán, R. (2006). El Taller de Precisión y Centro Electrotécnico de Artillería. En Fernández Vargas, V. (dir.), *El Madrid Militar. Tomo II. El Ejército en Madrid y su territorio (1813-1931)* (pp. 217-237). Madrid: Ministerio de Defensa.

[167] Brigada automovilista de artillería. Organización. (1909, 16 de febrero). *Colección Legislativa del Ejército, 41*, 76.

[168] Organización. (1910, 29 de octubre). *Diario Oficial del Ministerio de la Guerra, 162*, 312-313.

[169] Archivo General Militar de Segovia. Legajo B-2780, expediente 0. Expediente personal militar de León Villarín Cano; Cardona Escanero, G. (1990). *El problema militar en España*. Madrid: Historia 16; Gómez Ruiz, M. y Alonso Juanola, V. (2009). *El Ejército de los Borbones*. Tomo VIII. Madrid: Ministerio de Defensa; Payne, S. G. (1986). *Los militares y la política en la España contemporánea*. Madrid: Sarpe.

el ex ministro de Marina Eduardo Cobián expresó: "... no tenemos artillería, ni de costa ni de sitio..."[170]. Las fábricas de guerra en España, controladas por la artillería, producían modelos extranjeros bajo licencia y solo tenían capacidad regular para el armamento ligero y sus municiones[171]. Nuevamente Cobián lo ratifica: "... nuestras industrias militares están sumamente atrasadas..."[172].

Esto da una idea de la escasa inquietud hacia los recursos materiales en el Ministerio de la Guerra por parte de los responsables gubernamentales. Lo señala el historiador Stanley Payne: "entre 1906 y 1920 se dedicó una media de solo tres días y medio al año a debatir las finanzas militares en las Cortes, y ello aunque el presupuesto militar constituyera la partida más importante del presupuesto del Estado"[173].

---

[170] Soldevilla y Ruiz, F. (1907). *El año político*. Madrid: Imprenta de Enrique Fernández de Rojas, 511.
[171] Cardona Escanero, G. (1990). *El problema militar en España*. Madrid: Historia 16; Payne, S. G. (1986). *Los militares y la política en la España contemporánea*. Madrid: Sarpe.
[172] Soldevilla y Ruiz, F. (1907). *El año político*. Madrid: Imprenta de Enrique Fernández de Rojas, 511.
[173] Payne, S. G. (1986). *Los militares y la política en la España contemporánea*. Madrid: Sarpe, 116.

3. Primer contacto con la actividad físico-deportiva hasta 1910

3.1. Apoyos y subvenciones a la práctica deportiva del teniente Calvet y obtención del primer campeonato de España

A nivel deportivo, el joven Calvet comenzó a disparar muy pronto. En una entrevista afirmaba bromeando "mi afición al tiro puede decirse que nació conmigo"[174]. Pero, según su hijo, Luis ganó su primer concurso de tiro siendo cadete, y no existían precedentes de familiares aficionados al tiro[175]. Cuando salió de la academia se hizo socio de la sociedad el Tiro Nacional. Dicha institución, desde sus comienzos en 1900, recibe un apoyo muy fuerte de la corona, de las autoridades políticas y de las autoridades militares.

En 1903, el rey regaló a la representación del Tiro Nacional en Madrid un blanco eléctrico, ideado por el comandante de la Guardia Civil Juan Urrutia, y que tenía un valor de 3.737,93 pesetas. Según Intendencia General de la Real Casa y Patrimonio, la Casa Real, entre 1900 y 1910 (ambos años inclusive) donó como premios al Tiro Nacional artículos de regalo por un valor de 4.855 pesetas. Por ejemplo, una cadena de oro valorada en 625 pesetas, comprada en la joyería Mexia Herrero y Cía. de Madrid, para el concurso de tiro de Alicante de 1905; una copa de plata con alas valorada en 320 pesetas, adquirida en la platería inglesa Gethen, situada en la madrileña Carrera de San Jerónimo, para el concurso de tiro de Valladolid de 1908; una copa de plata con la corona real esmaltada y valorada en 300 pesetas para el concurso de tiro de 1910 celebrado en Guadalajara[176].

Por parte de la clase política, se aprobó una cesión de terrenos en usufructo en Moncloa (Madrid) a la representación provincial de Madrid del Tiro Nacional[177]. Ocho años después, a la junta directiva del Tiro

---

[174] Benito, R. de (1932, 7 de julio). Nuestros tiradores van a Los Ángeles. *As: Revista semanal deportiva*, 21.
[175] Comunicación personal con Francisco Calvet Bazán, 27 de abril de 2010.
[176] Archivo General de Palacio. Fondo: Alfonso XIII. Sección: Reinados. Donativos y Permisos. Caja 16256. Expediente 2.
[177] Dictamen de la Comisión sobre la proposición de ley autorizando la cesión en usufructo de

Nacional se le cedieron otros terrenos, también en usufructo, en la misma zona de Madrid para que pudiera realizar ejercicios de tiro[178]; y la sociedad recibía una subvención de forma anual incluida en los presupuestos generales del Estado, con cargo al Ministerio de la Guerra; en 1901 fue de 5.000 pesetas, pero a partir de 1902 y hasta el final de la primera década del siglo XX se multiplicó por 10, recibiendo un montante de 50.000 pesetas[179]. Tenemos constancia de una sola queja por esta subvención tan elevada en el trámite parlamentario de los presupuestos generales del Estado en esta primera década del siglo XX; fue en 1907, por parte de un diputado catalán que decía que "... para la adquisición de obras y cuadros en museos y bibliotecas se consigna cantidad inferior a la subvención del Tiro Nacional..."[180].

Las autoridades militares daban este dinero a la sociedad Tiro Nacional en forma de cartuchos, fusiles y premios para los concursos y además se dictaban instrucciones para que la seguridad de esas armas y municiones fuera llevada a cabo por la Guardia Civil o Carabineros[181]. En 1900 el Ministerio de la Guerra estableció recomendaciones en las que se convenía que todo oficial debía publicar o haber publicado obras sobre esta rama del arte militar, el tiro[182]. Y así, coincidió que un año más tarde el teniente coronel José Villalba Riquelme[183] publicó *La*

---

terrenos de la granja central del Instituto del Alfonso XII a la representación provincial en Madrid de la Sociedad "Tiro Nacional". (1900, 19 de diciembre). *Diario de las Sesiones de las Cortes, 25*, apéndice 3º, 1.

[178] Ley cediendo en usufructo por término de diez años a la Junta directiva Central del Tiro Nacional los terrenos del Estado en la Moncloa para ejercicios de tiro de 13 de marzo de 1908. (1908, 14 de marzo). *Gaceta de Madrid, 74*, 1082.

[179] Ministerio de Hacienda. (1902). *Presupuestos Generales del Estado para el año económico de 1902*. Madrid: Establecimiento tipográfico de los hijos de J. A. García; Ministerio de Hacienda. (1904). *Presupuestos Generales del Estado para el año económico de 1904*. Madrid: Establecimiento tipográfico de los hijos de J.A. García; Ministerio de Hacienda. (1906). *Presupuestos Generales del Estado para el año económico de 1906*. Madrid: Establecimiento tipográfico de los hijos de J.A. García; Ministerio de Hacienda. (1907). *Presupuestos Generales del Estado para el año económico de 1907*. Madrid: Establecimiento tipográfico de los hijos de J.A. García; Ministerio de Hacienda. (1908). *Presupuestos Generales del Estado para el año económico de 1908*. Madrid: Establecimiento tipográfico de los hijos de J.A. García; Ministerio de Hacienda. (1909). *Presupuestos Generales del Estado para el año económico de 1909*. Madrid: Establecimiento tipográfico de los hijos de J.A. García; Proyecto de ley de presupuestos generales del Estado de gastos e ingresos para el año 1901, presentado por el Sr. Ministro de Hacienda. (1900, 22 de noviembre). *Diario de las Sesiones de las Cortes, 3*, apéndice 45º, 1-147.

[180] Intervención en contra de los presupuestos generales del Estado de 1908. (1907, 12 de noviembre). Diario de Sesiones de las Cortes, 91, 2463.

[181] Archivo General Militar de Segovia. Legajo 220. Concursos. Concursos de tiro en el extranjero (1909-).

[182] Archivo General Militar de Segovia. Legajo 220. Concursos. Concursos de tiro en el extranjero (1909-).

[183] José Villalba Riquelme nació en Cádiz en 1856, ingresó en el Ejército como cadete de infantería

cartilla del tirador, en la cual, entre otras cosas, daba instrucciones sobre cómo realizar puntería con el fusil Máuser, exponiendo que primero había que dirigir la visual, segundo encararlo y por último disparar[184].

Esta sociedad de tiro también promovía y alcanzaba trascendencia social instando a los socios civiles y militares a participar en el primer concurso hípico en España, a primeros de mayo de 1901, con el fin de recaudar dinero para la construcción de una galería de tiro, fomentar la equitación en España y formar una asociación hípica en el futuro[185]. Según Monte-Vinart[186], los reyes asistieron para apoyar el evento. Este concurso hípico fue una gran ayuda, pues un mes y medio después, el 22 de junio de 1901, en Madrid se fundó la Sociedad Hípica Española[187], de la que salió elegido secretario el teniente coronel de caballería Juan Valdés Rubio[188] [189].

Luis Calvet ganó su primera competición de tiro, fuera de la academia, con 20 años, en 1908 en Valladolid, en la tirada de jefes y oficiales con fusil de guerra. En mayo de 1909 participó en el concurso de tiro en Madrid, donde coincidió con su gran amigo José Bento, que también participó en dicha competición de tiro. Luis acabó primero en la tirada con escopeta de caza y consiguió una medalla de oro; con fusil a 200 metros quedó en segundo puesto y tuvo como premio una medalla de plata[190].

Durante esta primera década del siglo XX, las ayudas y el fomento del tiro al blanco fueron evidentes. Así quedó demostrado en 1904, cuando solo se autorizó al Tiro Nacional practicar el tiro con arma de

---

en 1870; pasó a la reserva, con el empleo de general de división, en 1922. Ver, Archivo General Militar de Segovia. Legajo célebre, caja 172, expediente 1. Expediente personal militar de José Villalba Riquelme.
[184] Bibliografía. (1901, 12 de mayo). *La Nación Militar, 124*, 143; Villalba Riquelme, J. (1901). *Tiro Nacional. Cartilla del tirador*. Toledo: Imprenta, librería y encuadernación de Rafael Gómez Menor.
[185] Crónica. (1901, 31 de marzo). *La Nación Militar, 118*, 95.
[186] Monte-Vinart. (1901, 9 de junio). *La Nación Militar, 128*, 175-176.
[187] En 1908 el rey le concede el titulo de Real. Ver, Archivo General de Palacio. Fondo: Alfonso XIII. Sección: Reinados. Reales Deportivos. Caja 8801. Expediente 11.
[188] Juan Valdés Rubio nació en Illescas (Toledo) en 1858, ingresó en el Ejército como soldado voluntario de caballería en 1870; falleció, con el empleo de teniente coronel, en Madrid en 1914. Ver, Archivo General Militar de Segovia. Legajo B-208, expediente 0. Expediente personal militar de Juan Valdés Rubio.
[189] Real Sociedad Hípica Española Club de Campo. (2011, 22 de enero). *Historia*. Recuperado de http://www.rshecc.es
[190] Comunicación personal con Francisco Calvet Bazán, 27 de abril de 2010; Concurso preparatorio provincial. (1909a, 8 de mayo). *La Nación Militar, 541*, 141; Concurso preparatorio provincial. (1909b, 10 de julio). *La Nación Militar, 550*, 213; Benito, R. de (1932, 7 de julio). Nuestros tiradores van a Los Ángeles. *As: Revista semanal deportiva*, 21.

guerra y organizar concursos[191]. Pero sus apoyos no se centraron únicamente en este deporte, también la hípica recibió concesiones. El alcalde de Turín, a través del embajador de España en Italia, realizó una invitación para que algún oficial participase en un concurso hípico que tendría lugar en esa ciudad con motivo de la Exposición Internacional de 1902. Ante esta invitación, en abril y mayo se celebró un concurso hípico para seleccionar a los oficiales, pero el nivel mostrado por los equinos no reunió las condiciones necesarias para asistir al concurso en Turín. Así, se respondió al alcalde de Turín que se enviaría a un oficial para estudiar estas fiestas hípicas, con el fin de facilitar en el futuro la asistencia de oficiales españoles a posteriores concursos; el seleccionado fue el teniente coronel Juan Valdés Rubio[192].

Quizá los equinos no estaban preparados en esos momentos para asistir a una competición internacional, pero se dieron facilidades en las competiciones nacionales, y en marzo de 1902 el Ministerio de la Guerra autorizó que los jefes de las unidades permitiesen a los jefes y oficiales participantes en concursos hípicos cambiar sus caballos para estar en las mejores condiciones posibles en la competición[193].

La creación de las citadas sociedades deportivas y la participación de los militares en los concursos que se organizaban obligó a legislar a la cúpula militar. Así, en febrero de 1905, surgió el reglamento de los concursos hípicos, que dictaba las normas para la concurrencia de los jefes, oficiales, clases e individuos de tropa del Ejército a dichos certámenes por la importancia que tienen para evaluar las aptitudes en equitación del personal. Se estableció que los gastos de personal para dichas competiciones serían por cuenta del Estado, así como los premios que pudiesen obtener los militares[194]. Posteriormente, la circular de concursos de tiro, de junio de 1905, estimulaba la participación en el tiro de forma individual, siendo necesario establecer normas para evitar fricciones en los certámenes en que tomase parte el Ejército[195].

Otro deporte que recibía apoyos eran las regatas. En septiembre de 1910, desde el Ministerio de la Guerra se entregó de forma gratuita el

---
[191] Peypoch Perera, L. (1930). *Tiro*. Barcelona: Sintes.
[192] Archivo General Militar de Segovia. Legajo 212. Concursos.
[193] Archivo General Militar de Segovia. Legajo 212. Concursos.
[194] Concursos hípicos. Reglamentos. (1905, 22 de febrero). *Colección Legislativa del Ejército, 33*, 2-51.
[195] Concursos de tiro. (1905, 30 de junio). *Diario Oficial del Ministerio de la Guerra, 144*, 22.

cañón Hotchkiss de 42 mm al Real Club Náutico de San Sebastián para hacer señales de preparación y salida durante las regatas. Además, en 1907 el Ministerio de Marina concedió el uso de la bandera al Real Sporting Club de Bilbao y también otorgó el uso de la bandera con distintivo especial[196] a la Federación Española de los Clubs Náuticos en 1909, año en que se creó dicha institución federativa en la ciudad de Málaga[197].

Sin embargo, este apoyo que recibieron las regatas, la hípica y el tiro no se vio trasladado a otro deporte típicamente militar como la esgrima. La sociedad de la época no veía con buenos ojos los duelos que todavía se realizaban para saldar las deudas de honor y esto influía negativamente en la práctica de la esgrima. Algún militar lo exponía a finales del siglo XIX: "hay personas que creen que ese noble arte (en referencia a la esgrima) solo debe aprenderse para batirse en duelo"[198]. Un gran maestro de esgrima, profesor en el Centro del Ejército y de la Armada en Madrid, ya lo veía en los últimos años del siglo decimonónico, afirmando que cada vez existía mayor indiferencia en España hacia la esgrima, y en el Ejército, un lamentable abandono[199]. Un ejemplo de esta relación directa nos la dio el periodista Ruiz Ferry[200] como consecuencia de una serie de duelos a esgrima que tuvieron lugar en Madrid a principios de 1910. Las salas de esgrima se llenaron buscando aprender cuatro movimientos para poder defenderse. La realidad se impuso y lo cierto es que la práctica de la esgrima decayó en España a partir del momento en que los duelos no fueron bien acogidos por la sociedad española[201].

---

[196] Dicho distintivo especial consistía en un ancla de color azul situada diagonalmente en el ángulo superior derecho. Ver, Banderas de embarcaciones de recreo. Federación Española de los Clubs Náuticos. (1909, 21 de junio). *Colección Legislativa de la Armada, 187*, 374.
[197] Archivo General Militar de Segovia. Legajo 84. Armamento. Entrega de armas a los Cuerpos, Centros y Dependencias; a unidades, a entidades y a particulares (1910-1911); Banderas. Insignias. Sporting Club. Bandera Nacional. (1907, 17 de abril). *Colección Legislativa de la Armada, 163*, 355-356; Banderas de embarcaciones de recreo. Federación Española de los Clubs Náuticos. (1909, 21 de junio). *Colección Legislativa de la Armada, 187*, 374.
[198] Álvarez García, A. (1889). *Manual de gimnasia militar*. Granada: Imprenta y librería de Paulino V. Sabatel, 53.
[199] Broutin, Claudio L. (1893). *El arte de la esgrima*. Madrid: Tipografía Ricardo Fé.
[200] Ruiz Ferry, R. (1910, 30 de noviembre). La esgrima y el duelo. *España Automóvil, 22*, (sin paginar).
[201] Gómez Plana, B. (1909, 1 de diciembre). El ejercicio en los niños. *Boletín Oficial de la Unión Velocipédica Española-Touring Club Nacional, 144*, 269-270; Lorca-Díez, R. (1915). *La esgrima de florete, espada y sable*. Barcelona: B. Bouza; Saint-Aubin, A. (1911, 15 de enero). La esgrima y el duelo. *España Automóvil, 1*, suplemento España Deportiva (sin paginar).

Estos argumentos justificaron que no se legislase nada en su sostén, una postura sorprendente teniendo en cuenta la afición española a la esgrima. Tampoco se autorizaron, en esta época, participaciones de los militares en competiciones internacionales de esgrima. De esta forma, cuando el ministro belga cursó una invitación para que en julio de 1908 se permitiese participar a oficiales del Ejército español en un torneo internacional militar de esgrima en Ostende (Bélgica), la propuesta, remitida al Ministerio de la Guerra por parte de Pío Suárez Inclán, miembro del Estado Mayor y futuro integrante del Comité Olímpico Español, fue rechazada al no existir en España un centro específico de dicho deporte. No obstante, se indicó que se había distribuido su programa, por si hubiera alguien que, a título individual y por su cuenta, quisiera acudir[202].

En la primavera del año 1910, Luis Calvet sorprendió al proclamarse campeón de España de tiro, con fusil Máuser a 200 metros, en Guadalajara con solo 22 años. Era el tirador más joven en conseguir dicho galardón. El premio, una medalla de oro y 500 pesetas[203].

Ese mismo año, y para igualar las condiciones con que se celebraban los concursos hípicos, se publicó un reglamento de los concursos de tiro donde se especificaban las normas que limitaban el número de asistentes a cada concurso por unidad. Los interesados que deseaban asistir debían solicitarlo por escrito. Se efectuarían pruebas eliminatorias previas para no autorizar la asistencia a quien no estuviese preparado, todos los asistentes viajarían por cuenta del Estado y recibirían las dietas correspondientes[204].

3.2. Introducción de la colombofilia militar y civil

Tres años antes del nacimiento de Antonio Bonilla San Martín, en Guadalajara, donde está ubicada la Academia de Ingenieros, se creó el Palomar Central Militar. Antonio Bonilla nació en la propia capital

---

[202] Archivo General Militar de Segovia. Legajo 216. Concursos. Concursos de esgrima (1903-1912).
[203] Archivo General Militar de Segovia. Legajo C-432, expediente 0. Expediente personal militar de Luis Calvet Sandoz; Programa del concurso provincial y 13º Concurso Nacional que ha de celebrarse en la Representación de Guadalajara. (1910, 9 de abril). *La Nación Militar, 589*, 117-118.
[204] Concursos de tiro. (1910, 19 de octubre). *Diario Oficial del Ministerio de la Guerra, 231*, 201.

alcarreña el 6 de diciembre de 1882, dentro de una familia militar. Su padre, Saturnino Bonilla Sevilla, era coronel de caballería[205].

El Palomar Central Militar tiene sus orígenes en las conversaciones que el belga, afincado en Francia, Víctor de la Pierre de Roo mantuvo con el embajador español en París y con Mariano de la Paz Graells y Agüera, comisionado por el Ministerio de Marina, para ver la posibilidad de establecer en nuestro país una red de palomares militares, como había hecho en Francia. A su regreso, el senador Graells dio dos conferencias en el Ateneo del Ejército y Armada sobre la utilidad de las palomas y los palomares de guerra, conferencias que se publicaron en 1873. Tras una comisión realizada por un grupo de oficiales para estudiar la red completa de comunicaciones a través de palomares que se había dispuesto en Francia, se instaló en Guadalajara, con la ayuda de Mariano de la Paz, un palomar provisional dotado de palomas procedentes de Bélgica[206].

Antonio Bonilla pertenecía a una familia culta. Su madre, Clementa San Martin Arrieta, era sobrina de Emilio Arrieta, gran compositor español de zarzuelas del siglo XIX y padrino de Adolfo, único hermano de Antonio, gran escritor español y catedrático de filosofía, que murió a los 51 años sin descendencia[207].

En España, un año después de que Emilio Arrieta, el tío abuelo de Antonio Bonilla, estrenara su ópera más famosa, *Marina*, el pionero en utilizar palomas mensajeras fue Nilo María Fabra, director de la agencia telegráfica Fabra, que por 1872 tropezaba con las dificultades de las comunicaciones debidas a la guerra que había en nuestro país. Impulsado por estos motivos, se fue a conocer el servicio de despachos por palomas que en París había dispuesto la agencia Havas. Aprendió cómo cuidar y educar a las palomas y compró veinticuatro pares en

---

[205] Archivo General Militar de Segovia. Legajo GU/B-489, expediente 18. Expediente personal militar de Antonio Bonilla San Martín; Palomas mensajeras. (1879, 17 de enero). *Colección Legislativa del Ejército, 25*, 47.
[206] Cano y León, M. (1879). Palomas correos. *Revista científico-militar, 16*, 245-247; Castelló y Carreras, S. (1894). *Colombofilia. Estudio completo de las palomas mensajeras*. Barcelona: Durán y Compañía; Graells y Agüera, M. P. (1873). *Aplicaciones de la historia natural al arte militar*. Madrid: Carlos Bailly Baillere; Marín y Foronda, J. (1903). *Memoria general sobre la importancia de la colombofilia en sus aplicaciones al Ejército*. (Manuscrito); Palomas mensajeras. (1879, 17 de enero). *Colección Legislativa del Ejército, 25*, 47.
[207] Archivo General Militar de Segovia. Legajo GU/B-489, expediente 18. Expediente personal militar de Antonio Bonilla San Martín; comunicación personal con María Aurora Martín Sbarbi, 24 de octubre de 2010.

Bélgica, país donde se encontraba la mejor raza, para llevarlos a Barcelona. Marina, la protagonista de la ópera del tío abuelo de Antonio Bonilla, esperaba a su amado Jorge en Lloret de Mar y, muy cerca de allí, a la altura de Tordera, se produjo la primera suelta de palomas, efectuada por Nilo en 1875 desde el vapor Jaime II. En esta suelta se avisaba de la llegada de otra persona también esperada en España, en este caso desde el exilio: el futuro rey Alfonso XII[208].

Tras la creación del Palomar Central en 1879, siete años después se aprobó el *Reglamento para el servicio de los palomares*, donde se establecía una red de dieciocho palomares distribuidos por la geografía española, todos bajo la dirección del Cuerpo de Ingenieros militares. Se consignaba qué personal era el encargado de este servicio y cómo efectuar las propuestas para crear nuevos palomares. Se expresaba la voluntad de las autoridades del Ejército de realizar competiciones militares indicando los palomares que iban a concurrir, el día de la suelta, el modo de clasificar la velocidad y los premios a distribuir. El resultado de los concursos se publicaría en el *Memorial de Ingenieros* y se entregaría un diploma al palomar ganador[209].

En Barcelona, el 12 de mayo de 1890, un grupo de aficionados a las palomas mensajeras legalizaron la Sociedad Colombófila de Cataluña, eligiendo de presidente a Diego de la Llave y García. La sociedad fue inscrita en el libro de registro de asociaciones del Gobierno Civil[210] de Barcelona el 23 de noviembre de 1895. Fue la primera sociedad colombófila española y se colocó bajo el patronato del Ministerio de la Guerra, gracias a lo cual consiguió un rápido desarrollo. En sus estatutos se señalaban como socios natos al general jefe de la sección de

---

[208] Castelló y Carreras, S. (1894). *Colombofilia. Estudio completo de las palomas mensajeras*. Barcelona: Durán y Compañía; Marín y Foronda, J. (1903). *Memoria general sobre la importancia de la colombofilia en sus aplicaciones al Ejército*. (Manuscrito); Prieto Marugán, J. (2007, marzo). Marina. *Opusmúsica, 13*, (sin paginar).
[209] Ministerio de la Guerra. (1886). *Reglamento para el servicio de los palomares*. Guadalajara: Imprenta Encuadernación Provincial.
[210] Todas las asociaciones, incluidas las deportivas, tenían la obligación de presentar sus estatutos en el Gobierno Civil ubicado en la capital de su provincia para que fueran legalizadas. Estas sociedades, una vez refrendadas con la firma del gobernador civil, eran inscritas en el libro de registro de asociaciones que existía al efecto. Ver, Ley del derecho de asociación de 30 de junio. (1887, 12 de julio). *Gaceta de Madrid, 193*, 105-106; Terol Gómez, R. (2004). La intervención pública sobre el asociacionismo deportivo en España. 1869-1978. *Revista Jurídica del Deporte, 11*, 27-44. En este estudio solo consideraremos oficiales las fechas de inscripción de las sociedades deportivas efectuadas en los registros de los gobiernos civiles, que en ocasiones no se corresponden con las fechas de presentación de los documentos, ni con las fechas de constitución de las sociedades deportivas, ni con la fecha de fundación de las sociedades deportivas.

comunicaciones militares y a los jefes de los palomares militares. Estos socios podrían disfrutar de los beneficios que proporcionaba la sociedad y estaban exentos de pagos de cuota. Entre sus fines figuraban la propaganda de la afición a las palomas mensajeras en todo el territorio español y el desarrollo de su especie; facilitar frecuentes viajes a las palomas para educarlas en largas distancias; y poder ofrecer al Estado, en caso de guerra, un servicio completo de palomas educadas para viajar por toda la Península[211].

Al año siguiente, se publicó la revista mensual *La Paloma Mensajera*, órgano de difusión de la sociedad, dirigida por Diego de la Llave. La junta general de la sociedad aprobó ese mismo año por unanimidad la designación de los miembros de la comisión de concursos y el reglamento de concursos[212].

El Ministerio de la Guerra rápidamente valoró la importancia de esta sociedad deportiva, y todas las de este tipo que en el futuro pudieran crearse, ante la posibilidad de tener un auxilio en la comunicación alada fuera de los palomares militares establecidos. Por ello, subvencionó parte de los gastos de las sociedades; un ejemplo es la subvención fija establecida en 5.000 pesetas a la Real Sociedad Colombófila de Madrid entre 1907 y 1909, presidida por el comandante de Infantería de Marina Francisco Javier de Beranger y Carrera. También subvencionó concursos con premios, como el de 250 pesetas en metálico que concedía anualmente al concurso nacional organizado por la Real Federación Colombófila Española desde 1895 hasta 1910. Además, cooperó en los viajes de educación de las palomas que los globos aerostáticos militares emprendían, según manifestó el oficial Pedro Vives[213] con motivo de la inauguración del Real Aero Club de España. Se proporcionaron los reglamentos oficiales que existían en el Ejército

---

[211] Archivo General de la Subdelegación del Gobierno en Barcelona. Fondo: Asociaciones; Libros: Registro de Asociaciones; Tomo 1, 154; Castelló y Carreras, S. (1894). *Colombofilia. Estudio completo de las palomas mensajeras*. Barcelona: Durán y Compañía; Sociedad Colombófila de Cataluña. (1890). *Estatutos de la Sociedad Colombófila de Cataluña de palomas mensajeras: fundada el 16 de febrero de 1890 bajo el patronato del Ministerio de la Guerra*. Barcelona: Imprenta Hormiga de oro.
[212] Castelló y Carreras, S. (1894). Colombofilia. Estudio completo de las palomas mensajeras. Barcelona: Durán y Compañía; Navarro, E. (1916). Álbum histórico de las sociedades deportivas en Barcelona. Barcelona: José Ortega.
[213] Pedro Vives y Vich nació en Igualada (Barcelona) en 1858, ingresó en el Ejército como alumno en la Academia de Ingenieros en 1874; falleció, con el empleo de general de brigada, en Madrid en 1938. Ver, Archivo General Militar de Segovia. Legajo B-2292, expediente 0. Expediente personal militar de Pedro Vives y Vich.

para el establecimiento de palomares militares y para la educación de las palomas mensajeras. Se facilitó su intervención en maniobras, como las efectuadas en octubre de 1892 en Aragón o las de Carmona en 1903. Se establecieron colaboraciones con el Ministerio de la Marina y se dieron órdenes a la Guardia Civil para proteger a las palomas mensajeras de los cazadores, como la promulgación de la Real Orden de 30 de marzo de 1895[214].

Esta situación provocó que en 1908 existieran trece sociedades colombófilas en España, cada una con su programa anual de concursos y con un contingente total de 18.000 palomas[215].

Inicialmente, la Sociedad Colombófila de Cataluña admitía personas de otras provincias españolas, pero en 1893, a través de su presidente, instó a esos socios a crear sus sociedades independientes para posteriormente poder fundar una federación española que las agrupase a todas. Esta acción fue apoyada desde el Ministerio de la Guerra, que sabía que las relaciones futuras con sociedades aisladas eran más difíciles que dirigiéndose a una federación como representante de todas[216].

La Federación Colombófila Española se fundó en Málaga el 9 de julio de 1894, y su presidente fue el comandante Pedro Vives y Vich. Las

---

[214] Archivo General Militar de Segovia. Legajo 18. Asuntos Generales. Asociaciones. Sociedades colombófilas; Archivo General Militar de Segovia. Legajo 295. Organización. Palomas mensajeras; Archivo General Militar de Segovia. Legajo 296. Organización. Palomas mensajeras; Castelló y Carreras, S. (1892). La Sociedad Colombófila de Cataluña en las maniobras militares de Aragón. *La Paloma Mensajera, 23*, 2-4; Castelló y Carreras, S. (1894). *Colombofilia. Estudio completo de las palomas mensajeras.* Barcelona: Durán y Compañía; Comunicaciones militares. Palomas mensajeras. (1899, 12 de julio). *Colección Legislativa del Ejército, 144*. Apéndice n.º 5; Ministerio de Hacienda. (1907). *Presupuestos Generales del Estado para el año económico de 1907.* Madrid: Establecimiento tipográfico de los hijos de J. A. García; Ministerio de Hacienda. (1908). *Presupuestos Generales del Estado para el año económico de 1908.* Madrid: Establecimiento tipográfico de los hijos de J.A. García; Real Orden de 30 de marzo de 1895 sobre palomas mensajeras. (1895, 2 de abril). *Diario Oficial del Ministerio de la Guerra, 73*, 3; Sociedad Colombófila de Cataluña. (1890). *Estatutos de la Sociedad Colombófila de Cataluña de palomas mensajeras: fundada el 16 de febrero de 1890 bajo el patronato del Ministerio de la Guerra.* Barcelona: Imprenta Hormiga de oro; Tejera y Magnín, L. (1890). *Las palomas mensajeras y los palomares militares.* Barcelona: Redacción y Administración de la Revista Científica-Militar y Biblioteca Militar; Valera, E. (1903, julio-diciembre). Empleo de las mensajeras en las maniobras de Carmona. *Revista de Caballería, tomo 3*, 470-471; Vives y Vich, P. (1905). El Real Aéreo-Club de España. *Memorial de Ingenieros, 5*, 129-137; Vives y Vich, P. (1908). *Instalación y régimen de los palomares de mensajeras.* Barcelona: La Paloma Mensajera.
[215] Vives y Vich, P. (1908). *Instalación y régimen de los palomares de mensajeras.* Barcelona: La Paloma Mensajera.
[216] Archivo General Militar de Segovia. Legajo 295. Organización. Palomas mensajeras; Archivo General Militar de Segovia. Legajo 18. Asuntos Generales. Asociaciones. Sociedades colombófilas; Castelló y Carreras, S. (1894). *Colombofilia. Estudio completo de las palomas mensajeras.* Barcelona: Durán y Compañía.

sociedades que la formaban eran la Sociedad Colombófila de Cataluña, La Paloma Mensajera de Valencia, la Sociedad Colombófila de Murcia y el Correo Colombófilo de Valencia, con un total de 248 socios de pago y 1.000-1.200 palomas. *La Paloma Mensajera* se convirtió en el órgano de difusión oficial de dicha federación[217]. Ese mismo año, el presidente de dicha federación solicitó al Ministerio de la Guerra seis pichones del palomar central de Guadalajara para que sirvieran de estímulo a los socios en el siguiente concurso. Esta solicitud se autorizó en agosto de 1894[218] y, según Cullen[219], dichos pichones, que estaban seleccionados, fueron muy buscados por los aficionados.

En 1902, cuando Antonio Bonilla permanecía en su destino de Madrid, participó en la jura de bandera y coronación de Alfonso XIII. Unos días después, dedicado a la reciente coronación del rey, se celebró en el Retiro el primer congreso internacional colombófilo y la primera exposición internacional de avicultura y colombofilia. Durante su clausura, primer acto oficial de Alfonso XIII, concedió el título de Real a la Federación Colombófila Española y a todas las sociedades colombófilas fundadoras[220].

En 1904 se aprobó el reglamento de la Real Federación Colombófila Española, que unía a diez sociedades de toda España y establecía que solo miembros del Ministerio de la Guerra ocuparían los cargos de presidente y secretario-tesorero e intervendría mediante delegados militares en las sociedades, considerándose como vocales natos de las juntas directivas con voz y voto[221].

El entrenamiento de las palomas para enseñarles a volver a su palomar fue iniciado por los colombófilos belgas y era efectuado de forma progresiva y con descansos, principios comunes estos, la progresión y el

---

[217] Archivo General Militar de Segovia. Legajo 18. Asuntos Generales. Asociaciones. Sociedades colombófilas; Federación Colombófila Española. (1894, junio y julio). *La Paloma Mensajera, 42 y 43*, 45.
[218] Archivo General Militar de Segovia. Legajo 18. Asuntos Generales. Asociaciones. Sociedades colombófilas; Vives y Vich, P. (1894). Federación Colombófila Española. Premios para los concursos de pichones. *La Paloma Mensajera, 46*, 72.
[219] Cullen y Verdugo, S. (1900). *Nociones de colombofilia y estudio de telegrafía alada: aplicaciones a las Islas Canarias*. Las Palmas: Martínez y Franchy.
[220] Archivo General Militar de Segovia. Legajo GU/B-489, expediente 18. Expediente personal militar de Antonio Bonilla San Martín; Archivo General Militar de Segovia. Legajo 18. Asuntos Generales. Asociaciones. Sociedades colombófilas; González Barrés, E. (2010). *La columbofilia catalana a través del temps*. Barcelona: Graficas Rimont.
[221] Reglamento de la Real Federación Colombófila Española. (1904, 8 de junio). *Colección Legislativa del Ejército, 87*, apéndice nº 3.

descanso, que debe tener todo entrenamiento, también en la actualidad. Cuando una paloma tenía tres o cuatro meses, en un día despejado, antes de amanecer y de que hubiera comido, se la alejaba un kilómetro del palomar y se la dejaba descansar un día; luego se la distanciaba cinco kilómetros y se la dejaba descansar dos días; posteriormente, se la soltaba a quince kilómetros, descansaba tres días y así sucesivamente, cada vez a mayores distancias y con mayores descansos, llegando las mejores razas a alcanzar, con un buen entrenamiento, distancias de más de novecientos kilómetros en menos de doce horas[222].

3.3. Breve contacto con los inicios de la aerostación deportiva civil y militar

En Guadalajara, en 1896, se formó el Servicio Aerostático militar, como unidad independiente separada del Batallón de Telégrafos al que estaba vinculada desde 1884, año de su creación[223]. Tres meses después se estableció una nueva organización, creando por un lado el Parque Aerostático, un organismo de carácter estable que se dedicaba a la construcción y reparación del material y a la producción y comprensión del hidrógeno[224]; y por otro lado, la Compañía de Aerostación, esencialmente móvil y formada por una o más unidades de tropas; y todo dentro del Establecimiento Central de Ingenieros[225].

---

[222] Graells y Agüera, M. P. (1873). *Aplicaciones de la historia natural al arte militar*. Madrid: Carlos Bailly-Baillere; Tejera y Magnín, L. (1890). *Las palomas mensajeras y los palomares militares*. Barcelona: Redacción y Administración de la Revista Científica-Militar y Biblioteca Militar; Vives y Vich, P. (1892). Máximas distancias recorridas por palomas mensajeras. *La Paloma Mensajera, 14*, 3-5; Vives y Vich, P. (1908). *Instalación y régimen de los palomares de mensajeras*. Barcelona: La Paloma Mensajera.

[223] Atienza Rivero, E. (1994). *El general Herrera: aeronáutica, milicia y política en la España contemporánea*. Madrid: AENA; Fernández de la Torre, R. (1985, noviembre). Los globos en la conquista del aire. Notas para la historia de la Aerostación en España. *Aeroplano. Revista de Historia Aeronáutica, 3*, 18-29; Ingenieros. Organización. (1884, 15 de diciembre). *Colección Legislativa del Ejército, 413*, 726-746; Organización. (1896, 4 de octubre). *Diario Oficial del Ministerio de la Guerra, 222*, 78; Quirós Linares, F. y Fernández García, F. (1996). Los orígenes de la fotografía aérea en España. El Servicio de Aerostación Militar (1896-1913). *Ería, 41*, 173-188; Salas Larrazábal, R. (1983). Los primeros tiempos de nuestra aviación. Aeroplano. *Revista de Historia Aeronáutica, 1*, 14-33.

[224] Gas que se utilizaba para llenar los globos aerostáticos desde el siglo XVIII; posteriormente fue sustituido por el helio, que no es inflamable. Ver, Fernández de la Torre, R. (1985, noviembre). Los globos en la conquista del aire. Notas para la historia de la Aerostación en España. *Aeroplano. Revista de Historia Aeronáutica, 3*, 18-29.

[225] Aerostación Militar. Establecimiento Central de Ingenieros. Ingenieros. Organización. (1896, 17 de diciembre). *Colección Legislativa del Ejército, 355*, 572-575; Atienza Rivero, E. (1994). *El general Herrera: aeronáutica, milicia y política en la España contemporánea*. Madrid: AENA; Quirós Linares,

También en Guadalajara, concretamente en Ventosa, nació Ángel Pradel Cid, dentro de una familia humilde de tres hermanos[226].

En 1899 se nombró una comisión de servicio al extranjero, compuesta por el comandante Pedro Vives y Vich y el capitán Lorenzo de la Tejera y Magnin, para estudiar los servicios de aerostación de los países de nuestro entorno; en su informe llegaron a las conclusiones siguientes: a) El globo cometa supone un progreso sobre el esférico porque se pueden realizar ascensiones con vientos más fuertes. b) La aerostación libre tiene cada vez más importancia, sobre todo en las ciudades sitiadas. c) Para ser útil, este servicio necesita estar bien organizado tanto en el aspecto material como en el aspecto personal; mantenerlo de una forma deficiente es un gasto inútil y perjudicial. d) Que el actual material utilizado por la compañía de aerostación y parque aerostático necesita una radical transformación[227].

En 1902, siguiendo las conclusiones del informe, se reforzó el parque y la compañía, aumentando los recursos humanos de forma fija donde no llegaba el personal de tropa y los recursos económicos para mejorar, entre otras cosas, el servicio meteorológico y el estudio de la duración en el aire de los globos, incluidos los dirigibles[228].

Ángel Pradel ingresó en el Ejército como recluta para cumplir con su servicio militar. Juró bandera en 1902; en ese mismo año se consiguió que los tenientes Fajardo, Pruneda y el capitán Jiménez Millas, en un vuelo inédito, cruzaran la sierra de Guadarrama, a pesar de las dificultades en el manejo y control de dichos globos. Hay que recordar que el primer vuelo en globo libre tripulado de la aerostación militar en España se había realizado en diciembre de 1900, siendo sus pilotos el comandante Vives y el capitán Emilio Jiménez Millas[229].

F. y Fernández García, F. (1996). Los orígenes de la fotografía aérea en España. El Servicio de Aerostación Militar (1896-1913). *Ería, 41*, 173-188; Salas Larrazábal, R. (1983). Los primeros tiempos de nuestra aviación. Aeroplano. *Revista de Historia Aeronáutica, 1*, 14-33.

[226] Archivo General Militar de Segovia. Legajo P-2670, expediente 0. Expediente personal militar de Ángel Pradel Cid; comunicación personal con Benito Pradel Alfaro, 30 de junio de 2011.

[227] Archivo General Militar de Segovia. Legajo 39. Aerostación. Aerostación militar; Atienza Rivero, E. (1994). *El general Herrera: aeronáutica, milicia y política en la España contemporánea*. Madrid: AENA.

[228] Aerostación militar. (1902, 30 de octubre). *Diario Oficial del Ministerio de la Guerra, 244*, 316; Gomá Orduña, J. (1946). *Historia de la aeronáutica española*. Madrid: Imprenta Prensa Española.

[229] Archivo General Militar de Segovia. Legajo P-2670, expediente 0. Expediente personal militar de Ángel Pradel Cid; Atienza Rivero, E. (1994). *El general Herrera: aeronáutica, milicia y política en la España contemporánea*. Madrid: AENA; Gomá Orduña, J. (1946). *Historia de la aeronáutica española*.

Intentando mejorar los conocimientos y el material disponible en el parque aerostático, su jefe, el teniente coronel Pedro Vives y Vich, se desplazó en 1904 a Rusia para asistir a la Conferencia Internacional de Aerostación Científica y a París para comprar material aerostático[230].

Al soldado Ángel Pradel le dieron su primer destino en el segundo regimiento de zapadores minadores, perteneciente al Cuerpo de Ingenieros[231]. La tropa perteneciente a este regimiento proporcionaba las ayudas para realizar las maniobras de salida de los globos aerostáticos[232].

En 1905 se creó la Federación Aeronáutica Internacional para regular dicho deporte y homologar los récords que la aerostación iba logrando. En España, el 7 de abril de 1905, Jesús Fernández Duro, piloto del Aero Club de Francia, fundó en Madrid el Real Aero Club de España, siendo su principal fin el fomento y desarrollo de la locomoción aérea, para lo que organizará exposiciones, conferencias, congresos y concursos. Según sus estatutos, tres individuos de la directiva deberán ser militares. La presidencia cayó en José de Saavedra y Salamanca, marqués de Viana y capitán de artillería; la vicepresidencia la ocupó el capitán de ingenieros Alfredo Kindelán[233]; y uno de los vocales fue el teniente García Pruneda. La inauguración oficial del aeroclub tuvo lugar el 18 de mayo, y en ella se hicieron cuatro ascensiones libres en presencia de los reyes y otras autoridades[234].

El teniente coronel jefe del parque y compañía de aerostación, Pedro Vives y Vich, fue la persona que facilitó las gestiones para que se pudiese firmar el *Reglamento para las relaciones entre el Ministerio de la*

Madrid: Imprenta Prensa Española; Quirós Linares, F. y Fernández García, F. (1996). Los orígenes de la fotografía aérea en España. El Servicio de Aerostación Militar (1896-1913). *Ería, 41*, 173-188.

[230] Archivo General Militar de Segovia. Legajo 215. Concursos. Concursos de aerostación; Gómez Santos, M. (1983). De la aerostación a la aeronáutica. Entrevista con el teniente general Vives. *Aeroplano. Revista de Historia Aeronáutica, 1*, 4-13.

[231] Archivo General Militar de Segovia. Legajo P-2670, expediente 0. Expediente personal militar de Ángel Pradel Cid.

[232] Vives y Vich, P. (1905). El Real Aéreo-Club de España. *Memorial de Ingenieros, 5*, 129-137.

[233] Alfredo Kindelán y Duany nació en Santiago de Cuba (Cuba) en 1879, ingresó en el Ejército como alumno en la Academia de Ingenieros en 1893; falleció, con el empleo de teniente general, en Madrid en 1962. Ver, Archivo General Militar de Segovia. Legajo Q-95, expediente 0. Expediente personal militar de Alfredo Kindelán y Duany.

[234] Archivo General de la Administración. Signatura 36/3106 (1905-1912). Fondo 8 Sección 30. Libro de registro de asociaciones del Gobierno Civil en Madrid; Atienza Rivero, E. (1994). *El general Herrera: aeronáutica, milicia y política en la España contemporánea*. Madrid: AENA; Herrera Linares, E. (2009). *Ciencia aeronáutica*. Madrid: Fundación Aena; Vives y Vich, P. (1905). El Real Aéreo-Club de España. *Memorial de Ingenieros, 5*, 129-137.

Guerra y el Real Aero Club de España[235]. En el articulado de dicho reglamento se estableció que el Real Aero Club de España se considerase la reserva natural del parque de aerostación militar, poniendo a disposición del Ministerio de la Guerra todo su material en tiempo de guerra y aquel material y personal que voluntariamente quisiera participar en maniobras o ensayos durante el tiempo de paz. Además, el Real Aero Club de España fomentaría la afición a la aeronáutica procurando que se establecieran más sociedades para formar una federación aeronáutica en la que todas estuvieran representadas. Para prevenir accidentes y evitar la animadversión de la población hacia los globos, se trataría con el Ministerio de Gobernación con el propósito de que se dictasen las medidas necesarias para evitar que ningún globo se elevase sin que el piloto acreditase su capacidad y competencia. Los jefes y oficiales del servicio de aerostación militar serían socios natos del Real Aero Club de España, lo que facilitaría el uso de su material y, al abandonar el servicio de aerostación militar, podrían seguir siendo socios de número de dicho aeroclub sin tener que pagar cuota de entrada. Los jefes, oficiales y tropa del servicio de aerostación facilitarían los concursos de aerostación, y el Ministerio de la Guerra, la concesión de premios y las subvenciones[236].

Desde marzo de 1908 la revista quincenal *España Automóvil* fue el órgano oficial de difusión del Real Aero Club de España. La revista fue fundada en 1907, su director fue José García Benítez y su secretario, el comandante de ingenieros José María Samaniego Gonzalo[237], automovilista y aerostero en su forma deportiva. A finales de ese mismo año de 1908 se redactaron los estatutos del Real Aero Club de España y se fijó su sede en la calle de Alcalá de Madrid. La sociedad se postuló con un carácter federativo a nivel nacional y alquilaba los globos a sus miembros, que debían pagar una cuota de entrada de 125 pesetas y una mensualidad de 5 pesetas si residían en Madrid y de 2,5 pesetas si lo hacían fuera de Madrid. A partir de 1909 se le concedió al Real Aero Club

---

[235] Reglamentos. Reglamento para las relaciones entre el ministerio de la Guerra y el Real Aero-Club de España. (1906, 4 de octubre). *Diario Oficial del Ministerio de la Guerra, 214*, 18.
[236] Ministerio de la Guerra. (1906b). *Reglamento para las relaciones entre el Ministerio de la Guerra y el Real Aero-Club de España*. Madrid: Talleres del Depósito de la Guerra.
[237] José María Samaniego Gonzalo nació en Valladolid en 1880, ingresó en el Ejército como alumno de ingenieros en 1897; pasó al retiro con el empleo de teniente coronel en 1931. Ver, Archivo General Militar de Segovia. Legajo S-564, expediente 03. Expediente personal militar de José María Samaniego Gonzalo.

de España una subvención anual de 2.000 pesetas con cargo al presupuesto del Ministerio de la Guerra[238].

Como observamos, la aerostación, por su indudable interés militar, fue otro de los deportes que protegió el Ministerio de la Guerra, que facilitó la creación del Real Aero Club de España y que sus miembros participasen en competiciones deportivas. Así, en octubre de 1905 el oficial Emilio Herrera Linares[239] compitió junto a Jesús Fernández Duro, propietario de El Cierzo, único globo español participante, en el Grand Prix del Aero Club de Francia, ganando el segundo premio para el recorrido en ascensión libre en globo tripulado. Salió de París y, tras permanecer trece horas en el aire, descendió en Lindenau (Moravia), haciendo un recorrido de 1.180 kilómetros. Por ello recibió, junto a su compañero, la distinción gala de Caballero de la Legión de Honor y numerosos homenajes a su regreso a Madrid.

Un año después, Emilio Herrera y Jesús Fernández, de nuevo, intentaron batir el récord mundial de distancia, saliendo de Barcelona en dirección nordeste; ingeniaron un dispositivo con dos cuerdas de fibra de coco para deslizarse sobre el agua a baja altura, proyecto autorizado por el Ministerio de la Guerra. Partieron de Barcelona y, tras mantenerse diez horas sobre el mar, tomaron tierra en Salces (Francia). No consiguieron su récord pero el Aero Club de Berlín les otorgó su máxima distinción por el empleo de sus estabilizadores de fibra de coco.

Ese mismo año, el teniente Herrera, junto al coronel Ortiz Echagüe, con su globo Ay, Ay, Ay, y el capitán Alfredo Kindelán y M. de la Horga, con su globo Montañez, participaron en la primera edición de la Copa Gordon Bennet, competición deportiva que se sigue celebrando en la actualidad de forma anual. James Gordon Bennet, editor y propietario del *New York Herald*, creó este trofeo para estimular el desarrollo de la aeronáutica. La copa es concedida al globo libre que recorre una mayor

---

[238] García Benítez, J. (1908, 15 de marzo). Editorial. *España Automóvil, 5,* 49; González Redondo, F. A. (2013). La contribución de Leonardo Torres Quevedo a la historia mundial de la Aeronáutica. *Aeroplano. Revista de Historia Aeronáutica, 31,* 22-37; Kindelán Duani, A. (1908). Real Aero-Club de España. Estatutos. *España Automóvil, 21,* 245-246; Ministerio de Hacienda. (1909). *Presupuestos Generales del Estado para el año económico de 1909*. Madrid: Establecimiento tipográfico de los hijos de J. A. García.
[239] Emilio Herrera Linares nació en Granada en 1879, ingresó en el Ejército como alumno de la Academia de Ingenieros en 1896; falleció, con el empleo de general, en Ginebra en 1967. Ver, Archivo General Militar de Segovia. Legajo E-953, expediente 0. Expediente personal militar de Emilio Herrera Linares; Atienza Rivero, E. (1994). *El general Herrera: aeronáutica, milicia y política en la España contemporánea*. Madrid: AENA.

distancia en línea recta en cualquier dirección. La actuación de los españoles fue aceptable, salieron de París y, aunque Emilio Herrera no cruzó el canal de la Mancha, sí lo hizo Alfredo Kindelán, que obtuvo un quinto puesto. El triunfo lo obtuvo el americano Lahm, que recorrió 647 kilómetros[240].

En 1907, el oficial de ingenieros Alfredo Kindelán sufrió un naufragio que a punto estuvo de costarle la vida mientras participaba en el Concurso Nacional de Globos Libres celebrado en Valencia a bordo del globo María Teresa, propiedad de Esteban Salamanca. En 1908, el teniente Emilio Herrera participó en una competición en Barcelona para conmemorar el inicio de la guerra de la Independencia; lo hizo con el globo Gerifalte, del Real Aero Club, y consiguió elevarse a 6.000 metros de altura, estableciendo con ello un nuevo récord nacional de altura. En agosto de ese mismo año y en representación del Ministerio de la Guerra, volvió a participar en la Copa Gordon Bennet, en su tercera edición, saliendo de Berlín con el globo Montañez. Tuvo un accidente y todo el gas del globo salió fuera, provocando un rápido descenso cuando solo había recorrido 120 kilómetros. En 1909, el Real Aero Club de España organizó por primera vez la Copa del Rey, con asistencia de siete globos, uno pilotado por el capitán Kindelán y dos del Parque de Aerostación militar de Guadalajara[241].

Coincidimos con las investigaciones recientes del doctor Xavier Torrebadella cuando, a buena parte de este periodo de la aerostación española, lo llama de "indagación científica, militar y deportiva"[242].

---

[240] Archivo General Militar de Segovia. Legajo E-953, expediente 0. Expediente personal militar de Emilio Herrera Linares; Archivo General Militar de Segovia. Legajo Q-95, expediente 0. Expediente personal militar de Alfredo Kindelán y Duany; Atienza Rivero, E. (1994). *El general Herrera: aeronáutica, milicia y política en la España contemporánea*. Madrid: AENA; Herrera Linares, E. (2009). *Ciencia aeronáutica*. Madrid: Fundación Aena; Real Aero Club de España. (1918). Homenaje al Comandante Herrera. *Boletín Oficial Real Aero Club de España, diciembre*, 29; Santaló Sors, L. A. (1946). *Historia de la aeronáutica*. Buenos Aires: Espasa Calpe.
[241] Archivo General Militar de Segovia. Legajo E-953, expediente 0. Expediente personal militar de Emilio Herrera Linares; Atienza Rivero, E. (1994). *El general Herrera: aeronáutica, milicia y política en la España contemporánea*. Madrid: AENA; De sports. (1909a, 15 de junio). *España Automóvil, 11*, 4; Kindelán Duani, A. (1907). Un viaje aero-marítimo. *Memorial de Ingenieros, 7*, 264-273; Real Aero Club de España. (1918). Homenaje al Comandante Herrera. *Boletín Oficial Real Aero Club de España, diciembre*, 29.
[242] Torrebadella i Flix, X. (2014b). Aventura, espectáculo y deporte en los inicios de la aerostación en España (1784-1905). *Recorde: Revista de História do Esporte, 1*, 3.

3.4. Socio fundador del Tiro Nacional

En el aspecto deportivo, Antonio Bonilla fue un niño al que su padre, un incansable cazador, le inculcó las primeras nociones sobre el tiro y ya con nueve o diez años cazaba codornices. Tras ingresar en la Academia de Infantería, su inclinación por este deporte quedó afianzada y cualquier ocasión era buena para practicarlo[243].

Un mes antes de salir de la academia y obtener su primer empleo, asistió en la sala de armas de Claude Léon Broutin[244] a la reunión convocada por el comandante Díaz Benzo para explicar y estudiar la posibilidad de abordar la creación de una sociedad de tiro, petición propuesta por el periodista español, afincado en Argentina, Villar. Junto a él estaban importantes miembros militares, aristócratas y periodistas. Entre los militares se encontraba el comandante José Ibáñez Marín[245], con quien impulsará otra iniciativa asociativa deportivo-militar que veremos más adelante. En dicho encuentro, el oficial Benzo, director de la revista *La Nación Militar*, expresó que dicho deporte era saludable y que adiestraba en el tiro a todos los ciudadanos sin distinción de clases, siendo este un factor muy importante para la defensa de la patria[246].

Finalmente, con la promoción y el apoyo de toda la alta sociedad española, incluida la reina, y tras varias reuniones para crear los estatutos de la sociedad de tiro y elegir una junta directiva, dicha asociación presentó su documentación el 10 de julio de 1900 en el Gobierno Civil y catorce días después se aprobó su constitución. Entre los miembros de la junta directiva figuraban un gran número de militares, siendo el más destacado el vicepresidente, general Julián Suárez Inclán, pero estaban otros como el propio comandante Antonio Díaz Benzo como secretario primero, el teniente coronel Joaquín de la Llave y García[247] como segundo secretario y el comandante José Ibáñez

---

[243] Santos Díaz, E. (1928a, 1 de mayo). Nuestra encuesta de maestros tiradores. *Armas y Deportes*, 87, 4- 5.
[244] Francés emigrado a España que daba clases de esgrima en la Academia de Estado Mayor del Ejército. Ver, Neva Editions. (2012, 26 de marzo). *La saga franco-espagnole des 3 maîtres d'armes BROUTIN*. Recuperado de http://www.emmanuelbroutin.e-monsite.com.
[245] Archivo General Militar de Segovia. Legajo GU/B-489, expediente 18. Expediente personal militar de Antonio Bonilla San Martín; Díaz Benzo, A. (1900a, 1 de abril). El Tiro Nacional. *La Nación Militar*, 66, 528-529.
[246] Hernández Vázquez, M. y Ruiz Vicente, D. B. (2006). Tiro Nacional: preparación para la Guerra. En Aquesolo Vegas, J. A. (coord.), *Sport and violence*. Actas del X Congreso de Historia del Deporte (pp. 56-62). Sevilla: CESH-Universidad Pablo de Olavide.
[247] Joaquín de la Llave y García nació en Barcelona en 1853, ingresó en el Ejército como cadete de ingenieros en 1868; falleció, con el empleo de general de brigada, en Madrid en 1915 (Archivo

Marín como vocal. El presidente de la asociación fue el duque de Rivas, su domicilio social se ubicó en la calle Preciados de Madrid y la revista *La Nación Militar* pasó a ser su órgano de difusión oficial; su finalidad se centró en el fomento de la afición al tiro. Antonio Bonilla San Martin fue uno de sus 1.702 socios fundadores[248].

La sociedad el Tiro Nacional, con un alto apoyo institucional, con sus ideales regeneracionistas en defensa de la patria y en pro de que el mayor número de personas supieran manejar un arma, se extendió por toda España rápidamente[249], y también lo hizo el deporte del tiro al blanco a través de las asociaciones de dicha sociedad inscritas en los registros de los gobiernos civiles en las provincias de Madrid, Pontevedra, Zaragoza, Cádiz, Murcia, Logroño, Valencia y Barcelona. Eran, en total, catorce representaciones, sin contar la sociedad matriz, todas fundadas, menos una, en el primer lustro, como respuesta a ese fuerte impulso inicial que dio la institución.

El Tiro Nacional fue la asociación deportiva que más creció y se difundió en esta primera década del siglo XX, en la mayoría de provincias españolas, según nuestros datos[250][251].

General Militar de Segovia, legajo LL-7).

[248] Archivo General de la Administración. Signatura 36/3105 (1895-1905). Fondo 8 Sección 30. Libro de registro de asociaciones del Gobierno Civil en Madrid; Ruiz Vicente, D. (2007). La Sociedad de Tiro Nacional (I). *Tiro Olímpico, 65*, 20-22; Ruiz Vicente, D. (2008-2009). La Sociedad de Tiro Nacional (IV). *Tiro Olímpico, 68*, 34-36; Ruiz Vicente, D. (2008a). La Sociedad de Tiro Nacional (II). *Tiro Olímpico, 66*, 24-26; Ruiz Vicente, D. (2008b). La Sociedad de Tiro Nacional (III). *Tiro Olímpico, 67*, 14-17.

[249] Fuente elaborada por el autor, según las inscripciones en los registros de los libros de asociaciones de los Gobiernos Civiles encontrados en los archivos de 28 provincias españolas de las 52 estudiadas. Los archivos de las 28 provincias son: Archivo General de la Subdelegación del Gobierno en Barcelona, Archivo Histórico Provincial de Girona, Archivo del Reino de Galicia en A Coruña, Archivo Histórico Provincial de Pontevedra, Archivo Histórico de Asturias en Oviedo, Archivo Histórico Provincial de Guipúzcoa en Oñati (Guipúzcoa), Archivo Histórico Provincial de Álava en Vitoria, Archivo Histórico Provincial de Zaragoza, Archivo Histórico Provincial de León, Archivo Histórico Provincial de Zamora, Archivo Histórico Provincial de Salamanca, Archivo Histórico Provincial de Valladolid, Archivo Histórico Provincial de Soria, Archivo Histórico Provincial de Segovia, Archivo Histórico Provincial de Ávila, Archivo Histórico Provincial de La Rioja en Logroño, Archivo General de la Administración en Alcalá de Henares (Madrid), Archivo Histórico Provincial de Cuenca, Archivo Histórico Provincial de Guadalajara, Archivo Histórico Provincial de Ciudad Real, Archivo del Reino de Valencia, Archivo Histórico Provincial de Cáceres, Archivo Histórico Provincial de Murcia, Archivo Histórico Provincial de Almería, Archivo de la Delegación del Gobierno en Andalucía en Sevilla, Archivo Histórico Provincial de Cádiz, Archivo Histórico Provincial de Huelva, Archivo Histórico Provincial de Santa Cruz de Tenerife.

[250] Fuente elaborada por el autor, según las inscripciones en los registros de los libros de asociaciones de los Gobiernos Civiles encontrados en los archivos de 28 provincias españolas de las 52 estudiadas. Los archivos de las 28 provincias son: Archivo General de la Subdelegación del Gobierno en Barcelona, Archivo Histórico Provincial de Girona, Archivo del Reino de Galicia en A Coruña, Archivo Histórico Provincial de Pontevedra, Archivo Histórico de Asturias en Oviedo,

Tras fundarse la sociedad del Tiro Nacional, la representación de Zaragoza organizó, con motivo de las fiestas del Pilar, la primera competición en la capital aragonesa en octubre de 1900. Las matrículas para las tiradas de obreros, jornaleros y trabajadores del campo eran gratuitas y el primer premio tenía una cantidad de 900 pesetas; las matrículas para las tiradas de estudiantes eran de una peseta y el primer premio se llevaba una cigarrera de bronce, una medalla de plata y un diploma; las matrículas para los oficiales valían cinco pesetas y el primer premio se llevaba un revolver Máuser, medalla de oro y diploma[252].

El propio Antonio Bonilla, uno de sus socios fundadores como hemos visto, participó en la segunda competición del Tiro Nacional, primer concurso organizado por la representación de Madrid, en diciembre de 1900, y ganó el segundo premio en la tirada de jefes y oficiales con Máuser a 400 metros; los premios obtenidos fueron dos sables de asalto, medalla de plata y diploma[253]. Un año después, en junio de 1901, también participó en el segundo concurso de tiro organizado por la representación de Madrid y quedó en primer lugar con fusil, con

---

Archivo Histórico Provincial de Guipúzcoa en Oñati (Guipúzcoa), Archivo Histórico Provincial de Álava en Vitoria, Archivo Histórico Provincial de Zaragoza, Archivo Histórico Provincial de León, Archivo Histórico Provincial de Zamora, Archivo Histórico Provincial de Salamanca, Archivo Histórico Provincial de Valladolid, Archivo Histórico Provincial de Soria, Archivo Histórico Provincial de Segovia, Archivo Histórico Provincial de Ávila, Archivo Histórico Provincial de La Rioja en Logroño, Archivo General de la Administración en Alcalá de Henares (Madrid), Archivo Histórico Provincial de Cuenca, Archivo Histórico Provincial de Guadalajara, Archivo Histórico Provincial de Ciudad Real, Archivo del Reino de Valencia, Archivo Histórico Provincial de Cáceres, Archivo Histórico Provincial de Murcia, Archivo Histórico Provincial de Almería, Archivo de la Delegación del Gobierno en Andalucía en Sevilla, Archivo Histórico Provincial de Cádiz, Archivo Histórico Provincial de Huelva, Archivo Histórico Provincial de Santa Cruz de Tenerife.
[251] Archivo General de la Administración. Signatura 36/3105 (1895-1905). Fondo 8 Sección 30. Libro de registro de asociaciones del Gobierno Civil en Madrid; Archivo General de la Subdelegación del Gobierno en Barcelona. Fondo: Asociaciones; Libros: Registro de Asociaciones; Tomo 2, 189; Archivo Histórico Provincial de Cádiz. Sección: Gobierno Civil. Libro 474 (1898-1933); Archivo Histórico Provincial de La Rioja. Fondo: Gobierno Civil. Sig: GC-Libros/35/3, (1888-1934); Archivo Histórico Provincial de Murcia. Fondo: Gobierno Civil de Murcia; Serie: Asociaciones y orden público. Registro de asociaciones (188-1927), signatura: GOB, 6580; Archivo Histórico Provincial de Pontevedra. SecciónHacienda, libro L 10052; Archivo Histórico Provincial de Zaragoza. Fondo: Gobierno Civil; Sección: Registro de Asociaciones; Signatura: A 16182 (Tomo I) (1878-1937); Archivo del Reino de Valencia. Fondo: Delegación del Gobierno. Sección: Libro de Asociaciones. Sig: Libro 1 (1887-1911); Hernández Vázquez, M. y Ruiz Vicente, D. B. (2006). Tiro Nacional: preparación para la Guerra. En Aquesolo Vegas, J. A. (coord.), *Sport and violence*. Actas del X Congreso de Historia del Deporte (pp. 56-62). Sevilla: CESH-Universidad Pablo de Olavide; Ruiz Vicente, D. (2007). La Sociedad de Tiro Nacional (I). *Tiro Olímpico*, 65, 20-22.
[252] Ruiz Vicente, D. (2009). 1º Concurso Nacional de Tiro: Zaragoza 1900. *Tiro Olímpico*, 69, 16-18.
[253] El Tiro Nacional de Madrid. (1900, 16 de diciembre). *Los Deportes, 50*, 791-794; Tiro Nacional. (1900, 25 de noviembre). Programa oficial del segundo concurso Nacional de Tiro. *La Nación Militar, 100*, p. 813; Ruiz Vicente, D. (2009-2010). El II Concurso Nacional (I parte). *Tiro Olímpico, 72*, 4-7; Ruiz Vicente, D. (2010). El II Concurso Nacional (II parte). *Tiro Olímpico, 73*, 4-7; Santos Díaz, E. (1928a, 1 de mayo). Nuestra encuesta de maestros tiradores. *Armas y Deportes, 87*, 4-5.

dos impactos en la tirada de jefes y oficiales[254]. Con este inicio tan prometedor, pronto se dio cuenta de sus cualidades, a pesar de que, como afirma el propio Antonio Bonilla, "se ganaban los premios tan sólo apretando el gatillo"[255]. Al año siguiente volvió a competir en Madrid y quedó en segundo lugar en la misma tirada de jefes y oficiales, con cuatro impactos y cincuenta y un puntos[256].

3.5. Luis Calvet y los concursos de tiro infantiles

En estos años, Luis Calvet se encargaba de la organización de los concursos de tiro infantiles[257]. Estas pruebas estaban destinadas a los niños menores de 14 años que fueran hijos o hermanos de los socios del Tiro Nacional, o que formasen cualquier batallón infantil[258].

Los batallones infantiles o escolares llegaron a España a finales del siglo XIX, recogiendo las influencias de otros países europeos que habían emprendido antes la organización de los citados batallones, como en el caso de Francia[259].

En Francia, entre las políticas emprendidas tras la derrota sufrida frente a Prusia en 1870, se incluyó la creación de los batallones escolares dirigidos por ex militares y se instituyeron oficialmente en 1882. Consideraban que la preparación militar debía tener su primera etapa en la escuela, donde la gimnasia y el tiro tenían que ser obligatorios para los muchachos. Esta precoz instrucción militar facilitaría su adiestramiento al llegar a la milicia. A los niños se les equipaba con uniformes, insignias, armas y realizaban desfiles y demostraciones del entrenamiento alcanzado[260]. La falta de apoyo por parte de la sociedad

---

[254] Primer concurso provincial de la representación de Madrid. (1901, 23 de junio). *La Nación Militar, 130*, 191.
[255] Santos Díaz, E. (1928a, 1 de mayo). Nuestra encuesta de maestros tiradores. *Armas y Deportes, 87*, 4.
[256] Tiro Nacional. (1902, 27 de julio). Tiro Nacional. Madrid. *La Nación Militar, 187*, 326.
[257] Crónica. Madrid. (1911a, 22 de abril). *La Nación Militar, 643*, 118; Crónica. Madrid. (1911b, 22 de julio). *La Nación Militar, 656*, 219.
[258] Programa del concurso provincial de tiro que ha de celebrarse en el Campo de la Moncloa durante el mes de octubre de 1911. (1911, 9 de septiembre). *La Nación Militar, 663*, 276.
[259] Torrebadella i Flix, X. (2013). Cuerpos abandonados y rescatados. La educación física en los orfanatos españoles del siglo XIX. *Cabás. Patrimonio Histórico Educativo, 10*, 11-28.
[260] Arnaud, P. (1995). La trama i l'ordit. La xarxa de societats gimnàstiques d'instrucció militar a França (1870-1890). *Acàcia, 4*, 11-46; Humbert, H. et Terret, T. (2002). *Entre France et Italie: l'échec des bataillons scolaires de Nice (1880-1890)*. Actas V Congreso de Historia del Deporte en Europa. Madrid 15-19 noviembre de 2000. Madrid: Universidad Politécnica de Madrid; Spivak, M. (1990). La preparación militar en Francia, un fracaso del régimen republicano. En González Aja, T. y

francesa y la irrupción de otras sociedades deportivas provocaron su ocaso alrededor de 1890[261].

En España, los inicios de los batallones escolares se debieron al padre Andrés Manjón, que los creó en las escuelas de Granada en 1896, en plena guerra contra Cuba[262]. Sus explicaciones estaban basadas en que la sociedad iba hacia una militarización, por lo tanto toda persona alguna vez será militar:

> No hay más remedio; es el siglo de los soldados, y hay que hacerlos. Es un mal gravísimo pero inevitable y en crecimiento. Si algún paso más se da en este sentido, será para tener más soldados, para convertir a todo ciudadano útil en militar obligado por algún tiempo, a fin de que el día del peligro sepa defender la Patria. Así están los Estados y los pueblos, y así los han de encontrar nuestros niños; preparémoslos para lo que les espera. Un gran favor se les hará con ayudarlos a aprender la instrucción militar...[263]

La extensión de estos batallones escolares provocó que se abriera el debate sobre su utilidad, y no prosperaron debido a la falta de apoyos en ciertos sectores de la sociedad española, como la Institución Libre de Enseñanza[264], que mostró su frontal rechazo a los ejercicios militares y a la creación de los batallones escolares en la escuela. Esta institución llegó a indicar que:

Hernández Vázquez, J. L. (comps.), *Seminario Francisco Amorós: su obra entre dos culturas: Madrid, 20-21 de octubre de 1988* (pp. 175-206). Madrid: Instituto Nacional de Educación Física; Zorrilla Sanz, P. P. (2002). School Battalions in Spain. En González Aja, T.; Irureta-Goyena, P.; Ruehl, J. K.; Teja, A. y Terret, T. (eds.), Actas V Congreso de Historia del Deporte en Europa. Madrid 15-19 noviembre 2000 (pp. 605-614). Madrid: Universidad Politécnica de Madrid.

[261] Almeida Aguiar, A. S. (1999). Intento de establecer un batallón escolar en Las Palmas de Gran Canaria a principios del siglo XX. *Boletín Millares Carlo, 18*, 73-86; Arnaud, P. (1995). La trama i l'ordit. La xarxa de societats gimnàstiques d'instrucció militar a França (1870-1890). *Acàcia, 4*, 11-46.

[262] Lázaro Lorente, L. M. (1983). *Crisis del 98 y regeneracionismo conservador: los batallones escolares en Valencia 1904-1910*. Valencia: Rubio Esteban.

[263] Gálvez Carmona, G. (1940). *El Padre Manjón. Antología*. Madrid: Magisterio Español, 250-251.

[264] La Institución Libre de Enseñanza (1876-1936) era una entidad educativa privada, ubicada en Madrid e inspirada en la filosofía krausista. Creada por Francisco Giner de los Ríos, ejerció una fuerte influencia en la sociedad intelectual de la época. Ver, López Serra, F. (1998). *Historia de la educación física de 1876 a 1898. La Institución Libre de Enseñanza*. Madrid: Gymnos. "Impulsó una reforma de los métodos y los contenidos pedagógicos, con especial atención a las actividades corporales". Martínez Gorroño, M. E. y Hernández Álvarez, J. L. (2014). La Institución Libre de Enseñanza y Pierre de Coubertin: la educación física para una formación en libertad. *Revista Internacional de Medicina y Ciencias de la Actividad Física y el Deporte, 54*, 245.

> ... la introducción de los ejercicios militares en el programa de la escuela primaria repugna al sentido y al espíritu [...] hay reacción entre los pedagogos modernos contra los ejercicios militares (el Congreso pedagógico de París de 1887 se ha pronunciado contra ellos) [...] y a favor del juego libre[265].

Posteriormente, dentro del ámbito institucional, fueron suprimidas dichas organizaciones paramilitares infantiles en 1894. El director general de Instrucción Pública, Eduardo Vicenti, argumentaba su postura diciendo que:

> Los ejercicios militares no tienen justificación alguna en la Escuela primaria; insuficiente y limitadísima su esfera de acción para el desarrollo corporal; de carácter exclusivo, contrario al principio de integridad, que es la regla de toda enseñanza educativa; opuesto esencialmente por un forzoso mecanismo a la libertad que el niño necesita en sus juegos; hijos legítimos de un insano *militarismo* político, ajeno por completo a la pedagogía, y que nadie estimará sensato fomentar consciente o inconscientemente en la Escuela[266].

Tras la pérdida de las colonias de ultramar, volvieron a resurgir los batallones escolares y nuevamente hubo voces contrarias, como la de el entonces maestro de escuela pública de Valls (Tarragona), y posteriormente inspector de Primera Enseñanza, Agustín Nogués y Sardá, que afirmaba que debido a la deshonra nacional sufrida por España se iba a iniciar una deriva hacia la gimnasia militar en la escuela y hacia la formación de batallones escolares que no tenía justificación. Exponía que "... es una negación del ideal pedagógico contemporáneo, que tiende preferentemente a provocar, para su cultivo, las energías del educando, libre de toda medida que represente dureza y coacción..."[267]. Y en los mismos términos se interpretaron, dentro del Ejército, las palabras el médico segundo del cuerpo de sanidad militar, Federico González Deleito[268], quien decía que "se intenta enseñar instrucción militar en la escuela [...] la escuela convertida en cuartel y el maestro

---

[265] Bartolomé Cossío, M. (1888). Contra la introducción de los ejercicios militares y batallones escolares. *Boletín de la Institución Libre de Enseñanza, 272*, 145-146.
[266] Circular de la Dirección General de Instrucción Pública. (1894, 15 de julio). *Gaceta de Instrucción Pública, 188*, 1399.
[267] Nogués Sardá, A. (1899). La educación militar en la escuela. *La escuela moderna, 94*, 36-37.
[268] No aparece su expediente personal militar (comunicación personal con Mar González Gilarranz, directora técnica del Archivo General Militar de Segovia, 23 de octubre de 2014).

instruyendo a los niños en las evoluciones militares, trae a la mente la idea de una nación militarista"[269]. Y añadía: "... cuantas veces se ha intentado la formación de los batallones escolares ha ido seguida de un tremendo fracaso [...] razones de oportunidad bélica han vuelto a plantear el problema de su formación"[270].

Luis formaba parte de la Junta Provincial de Tiro de Madrid como segundo secretario, y en el concurso infantil de 1910 consiguieron la asistencia de más de 96 niños del batallón infantil del asilo de María Cristina[271].

Como vemos, y a pesar de las oposiciones señaladas, los batallones escolares fueron apadrinados y consentidos a principios del siglo XX por el poder eclesiástico y real[272] y cabe añadir que, a partir de 1914, se facultó a los capitanes generales de cada región para que decidieran a favor o en contra de las solicitudes propuestas, tanto por autoridades como por particulares, para organizar batallones infantiles[273]. En esta época, además de este ejemplo de Madrid, tenemos los ejemplos de Valencia, Las Palmas de Gran Canaria[274] y Murcia[275] y, como señala Eugenio Otero[276], frecuentes en aquellas corporaciones institucionales que actuaban con propósitos de beneficencia, especialmente en orfanatos y en las congregaciones religiosas dedicadas a la educación de la infancia más desamparada. Anota Otero[277] que la iniciativa tenía como

---

[269] González Deleito, F. (1903). *Apuntes de higiene social en el ejército*. Madrid: Imprenta de Administración Militar, VI.
[270] González Deleito, F. (1903). *Apuntes de higiene social en el ejército*. Madrid: Imprenta de Administración Militar, 88.
[271] Crónica. Madrid. (1911a, 22 de abril). *La Nación Militar, 643*, 118.
[272] Torrebadella i Flix, X. (2013). Cuerpos abandonados y rescatados. La educación física en los orfanatos españoles del siglo XIX. *Cabás. Patrimonio Histórico Educativo, 10*, 11-28.
[273] Autorizaciones. Batallones infantiles. (1914, 20 de noviembre). *Colección Legislativa del Ejército, 215*, 224.
[274] Ver, para el caso de Valencia, la obra de Lázaro Lorente, Luis Miguel (1983). *Crisis del 98 y regeneracionismo conservador: los batallones escolares en Valencia 1904-1910*. Valencia: Rubio Esteban. Ver, para el caso de Las Palmas de Gran Canaria, el artículo de Almeida Aguiar, Antonio S. (1999). Intento de establecer un batallón escolar en Las Palmas de Gran Canaria a principios del siglo XX. *Boletín Millares Carlo, 18*, pp. 73-86.
[275] En el caso de Murcia se legalizó el Batallón Militar Infantil inscribiéndolo en el registro de asociaciones del Gobierno Civil de Murcia en 1904; su fin era la defensa del Batallón Infantil. Ver, Archivo Histórico Provincial de Murcia. Fondo: Gobierno Civil de Murcia; Serie: Asociaciones y orden público. Registro de asociaciones (188-1927), signatura: GOB, 6580.
[276] Otero Urtaza, E. M. (1998). Batallones escolares, sentimientos patrióticos y educación en el siglo XIX. En Belenguer Calpe, E. J. (coord.), *Educación popular* (pp. 361-376). VIII Coloquio Nacional Historia de la Educación.
[277] Otero Urtaza, E. M. (1998). Batallones escolares, sentimientos patrióticos y educación en el siglo XIX. En Belenguer Calpe, E. J. (coord.), *Educación popular* (pp. 361-376). VIII Coloquio Nacional Historia de la Educación.

objetivo el adiestrar una futura juventud en la disciplina al esfuerzo para acortar su prestación militar en el cuartel y rápidamente ser absorbidos por el sistema productivo.

Así, con esta función de adiestramiento premilitar, estos niños pertenecientes al asilo de María Cristina participaron en el concurso infantil de tiro, celebrado en el campo de la Moncloa en Madrid. Para la siguiente participación infantil se tenía previsto que cada niño realizase diez disparos de pie, con carabina, a un blanco preparado a veinte metros de distancia. Los premios que se entregaron eran medallas para los tres primeros, de plata, níquel y bronce y, del cuarto al octavo, un premio de veinticinco pesetas para cada uno. Además, los tres primeros recibieron dos relojes y un balón de fútbol, este donado por Calvet, que realizaría dicho obsequio para los pequeños de forma anual[278].

3.6. La actividad física del cadete Estévez en la enseñanza militar

Arsenio Linares, ministro de la Guerra en 1904, ante la evidente falta de condición física de los futuros alumnos, planteó un proyecto en el que los aspirantes a oficial debían realizar, entre otros ejercicios y como requisito previo, una prueba de gimnasia. Ignacio Estévez pertenecía a una familia con tres hermanos más, Carmiña, Maruja y Manolo; en agosto de 1904, ingresó por vocación en la Academia de Infantería y no realizó ningún examen de gimnasia porque el proyecto de Linares no llegó a ver la luz ya que fue sustituido en el ministerio. Sin embargo, sí se examinó junto a 938 aspirantes más entre los meses de mayo y junio. Realizó un primer ejercicio, que se basaba en efectuar un examen de dibujo y otro de francés, y obtuvo en ambos un aprobado; a continuación el segundo ejercicio, que consistía en hacer un examen de aritmética y otro de álgebra, y sacó un siete en ambos; y, por último, un tercer ejercicio, con un examen de geometría y otro de trigonometría, en los que sacó un siete en el primero y un ocho en el segundo. Otros compañeros debían examinarse por no poseer el grado de Bachiller o certificado que acreditara la aprobación de las materias de segunda

---

[278] Programa del concurso provincial de tiro que ha de celebrarse en el Campo de la Moncloa durante el mes de octubre de 1911. (1911, 9 de septiembre). *La Nación Militar, 663*, 276.

enseñanza, que comprendía las asignaturas de Física, Historia de España, Historia Universal y Geografía[279].

Juró bandera en 1905 y durante los dos primeros años de permanencia en la Academia de Infantería coincidió como compañero de promoción con Emilio Mola Vidal; en su condición de alumno, se vio sometido a las disposiciones legales que marcaba el plan de estudios de 1893, el Reglamento Orgánico para las Academias Militares de 1897 y el Reglamento para el Régimen Interior y Servicio de la Academia de Infantería de 1899, donde se establecía que sus clases prácticas eran la gimnasia, la esgrima y la equitación, materias, por otro lado, no evaluables[280]. Al aprobarse un nuevo plan de estudios en 1906, las clases prácticas aumentaron y en la Academia de Infantería se introdujeron en las clases prácticas, por primera vez en el Ejército, la velocipedia y los juegos deportivos, además de la gimnasia, la equitación y la esgrima[281].

La equitación en la academia de los infantes seguía los dictados del profesor Agapito Melgar Ortega. La esgrima estaba a cargo de un maestro de esgrima civil y, a partir de 1904, debía basarse en el método propuesto en la obra *Teoría y práctica de la esgrima*, escrita por Pedro Carbonell y Bueno, maestro de armas del rey Alfonso XIII. El contenido figuraba en un programa según el cual, en segundo curso se daba esgrima de florete en nueve lecciones[282] y en tercero se impartía esgrima de sable en ocho lecciones[283 284].

---

[279] Academias. (1893, 28 de febrero). *Diario Oficial del Ministerio de la Guerra, 44*, 505-509; Archivo Biblioteca de la Academia de Infantería. Manuscrito. Jefatura de estudios. Exámenes. Curso 1904-1905. Tomo I; Archivo General Militar de Segovia. Legajo E-1563, expediente 0. Expediente personal militar de Ignacio Estévez Estévez; Comunicación personal, con Carlos Estévez Eguiagaray, el 1 de julio de 2011; Ferrer Sequera, J. (1985). *La Academia General Militar*. Barcelona: Plaza & Janés; González González, H. (1925). *Resumen histórico de la academia de infantería*. Toledo: Imprenta-Escuela Tipografía del Colegio de M.ª Cristina para Huérfanos de la Infantería; Instrucción militar. (1903, 22 de febrero). *Diario Oficial del Ministerio de la Guerra, 41*, 450-453.

[280] Academias. (1893, 28 de febrero). *Diario Oficial del Ministerio de la Guerra, 44*, 505-509; Academias. Reglamentos. (1897, 27 de octubre). *Colección Legislativa del Ejército, 281*, 367-368; Archivo Biblioteca de la Academia de Infantería. Manuscrito. Jefatura de estudios. Exámenes. Curso 1904-1905. Tomo II; Archivo General Militar de Segovia. Legajo E-1563, expediente 0. Expediente personal militar de Ignacio Estévez Estévez; Ferrer Sequera, J. (1985). *La Academia General Militar*. Barcelona: Plaza & Janés; González González, H. (1925). *Resumen histórico de la academia de infantería*. Toledo: Imprenta-Escuela Tipografía del Colegio de M.ª Cristina para Huérfanos de la Infantería; *Reglamento para el régimen interior y servicio de la academia de infantería* (1910). Toledo: Rafael G. Menor.

[281] Archivo General Militar de Segovia. Legajo 480. Planes de enseñanza y de estudio. Planes de estudio; González González, H. (1925). *Resumen histórico de la academia de infantería*. Toledo: Imprenta Escuela Tipografía del Colegio de M.ª Cristina para Huérfanos de la Infantería.

[282] Las lecciones de esgrima de florete eran nueve. Primera: manera de empuñarlo, primera posición, saludo; segunda: guardias, llamadas, fondo, descanso; tercera: marchas, salidas de línea,

La gimnasia impartida a Ignacio Estévez tenía las reminiscencias amorosianas propias del libro *Instrucción para la enseñanza de la gimnástica en los cuerpos y establecimientos militares*, declarado, desde 1885, texto de utilidad para la enseñanza de la gimnástica y la natación[285].

Esta obra fue publicada en 1852 por el oficial valenciano José Aparici y Biedma[286] mientras dirigía el gimnasio del Cuerpo de Ingenieros en Guadalajara. Era la traducción de un libro de instrucción gimnástica utilizado por el Ejército de Francia, país donde estuvo comisionado, junto al sargento segundo Manuel Hernández y los zapadores Pedro Pérez y Manuel Milia, desde enero hasta octubre de 1845 para estudiar "el espíritu y mecanismo de los ejercicios gimnásticos"[287]. Allí conoció al oficial Francisco Amorós, cuyo método gimnástico[288] era un referente en España, y aprendió la gimnástica en el Establecimiento Normal de dicho coronel[289].

---

líneas que presenta el tirador, conocimiento de distancias; cuarta: agreciones, digiteo, cambio, fingimientos; quinta: golpes sencillos y compuestos; sexta: ataques al hierro; séptima: paradas sencillas y compuestas, modo de ejecutarlas; octava: respuesta, contrarrespuesta, modo de hacerse; novena: falso ataque, ausencia de hierro, ataque sobre preparación, ataque marchando. Ver, Archivo General Militar de Segovia. Legajo 480. Planes de enseñanza y de estudio. Planes de estudio.

[283] Las lecciones de esgrima de sable eran ocho. Primera: modo de empuñarlo, primera posición, saludo, guardia, fondo, descanso; segunda: marchas, salidas de línea, líneas y planos que presenta el tirador, molinetes, cortes, reveses, contrafilo, modo de herir con el filo o contrafilo; tercera: agregaciones, cambio de agregación, fingimientos, golpes sencillos y compuestos, ataques al hierro; cuarta: paradas sencillas y compuestas, respuestas y contrarrespuesta; quinta: tirar a golpe parado, falso ataque, ataque sobre preparación, ataque marchando, reposición de mano, redoble, golpe de tiempo y arresto; sexta: condiciones de un tirador, ejercicios que deben practicarse antes de empezar a tirar, asaltos y reglas que deben observarse; séptima: consejos para el asalto y manera de contrarrestar el juego de los zurdos; octava: murallas de florete, muralla de sable, prendas y armas convenientes para tirar a la espada o al sable, deberes y derechos del que pierde un asalto. Ver, Archivo General Militar de Segovia. Legajo 480. Planes de enseñanza y de estudio. Planes de estudio.

[284] Academias. Esgrima. Obras de textos. (1904, 2 de enero). *Colección Legislativa del Ejército, 5*, 57-59; Archivo General Militar de Segovia. Legajo 480. Planes de enseñanza y de estudio. Planes de estudio; Ibáñez Marín, J. y Angulo Escobar, L. (1903). *Los cadetes*. Madrid: El Trabajo. Impacto. (1924, septiembre). El Concurso Nacional de Santander. *Armas y Deportes, 3*, 8-9.

[285] Archivo General Militar de Segovia. Legajo E-1563, expediente 0. Expediente personal militar de Ignacio Estévez Estévez; Gimnasios. Obras de textos. (1885, 16 de diciembre). *Colección Legislativa del Ejército, 483*, 269-271.

[286] José Aparici Biedma nació en Valencia en 1824, ingresó en el Ejército como cadete en 1836; pasó a la reserva, con el empleo de general de división, en 1892. Ver, Archivo General Militar de Segovia. Legajo A-1925, expediente 0. Expediente personal militar de José Aparici Biedma.

[287] Archivo General Militar de Segovia. Legajo A-1925, expediente 0. Expediente personal militar de José Aparici Biedma, 4.

[288] El método gimnástico de Amorós era popular; debía emplear dos procedimientos: uno preparatorio y otro definitivo; su sistema de enseñanza y procedimientos eran comunes para todos, aunque existían procedimientos personalizados para casos particulares; podía dirigir y corregir los defectos de tipo moral. Ver, Fernández Sirvent, R. (2005). *Francisco Amorós y los inicios de la*

Al regresar, ante la necesidad de realizar un manual, inexistente en España, que tuviese los ejercicios gimnásticos más adecuados a los militares, publicó *Instrucción para la enseñanza de la gimnástica en los cuerpos y establecimientos militares*[290].

Por la importancia que tuvo dicha publicación, estudiaremos su contenido. Aparici Biedma[291] divide la obra en tres títulos; el primero nos explica las reglas generales y la división de la instrucción; en el segundo, los ejercicios elementales, que así se consideraban los de ganar equilibrio, agilidad, fuerza muscular, luchas y ejercicios de canto; y en el tercer título, los ejercicios de aplicación, donde entraba la escalada, las carreras, los volteos y los saltos de fosos y barrancos, teniendo al final un índice particular de natación, extraído de una obra del Ejército italiano.

Respecto a los juegos deportivos, el alumno Estévez tuvo la fortuna de practicarlos y con ello disponer de una formación física más completa gracias a la inclusión del deporte en el Ejército español, elemento ya utilizado en otros Ejércitos[292]. Así en la Marina de Guerra francesa el deporte fue introducido a partir de 1870[293] y se tienen evidencias de que el Ejército inglés jugaba al polo a partir de 1850[294]. La falta de estas prácticas deportivas en las Fuerzas Armadas españolas había sido objeto de crítica en Francia, imputando la derrota de 1898 a esta debilidad frente a los norteamericanos[295].

---

educación física moderna: biografía de un funcionario al servicio de España y Francia. Alicante: Universidad de Alicante.
[289] Archivo General Militar de Segovia. Legajo A-1925, expediente 0. Expediente personal militar de José Aparici Biedma; Aparici Biedma, J. M. (1852). *Instrucción para la enseñanza de la gimnástica en los cuerpos y establecimientos militares*. Madrid: M. Rivadeneyra; Torrebadella i Flix, X. (2012). Antecedentes en la institucionalización de la gimnástica militar española (1800-1852). *Revista de Historia Militar, 111*, 185-244.
[290] Aparici Biedma; Aparici Biedma, J. M. (1852). *Instrucción para la enseñanza de la gimnástica en los cuerpos y establecimientos militares*. Madrid: M. Rivadeneyra.
[291] Aparici Biedma; Aparici Biedma, J. M. (1852). *Instrucción para la enseñanza de la gimnástica en los cuerpos y establecimientos militares*. Madrid: M. Rivadeneyra.
[292] Archivo General Militar de Segovia. Legajo E-1563, expediente 0. Expediente personal militar de Ignacio Estévez Estévez; Archivo General Militar de Segovia. Legajo 480. Planes de enseñanza y de estudio. Planes de estudio; González González, H. (1925). *Resumen histórico de la academia de infantería*. Toledo: Imprenta Escuela Tipografía del Colegio de M.ª Cristina para Huérfanos de la Infantería.
[293] Cochard, N. (2012). Le sport et la marine française (fin du XIX siècle-début XX siècle). En Robène, L. (dir.), *Le Sport et la Guerre XIX-XX siècles* (pp. 73-80). Rennes: Presses Universitaires de Rennes.
[294] Mason, T. and Riedi, E. (2010). *Sport and the military*. Cambridge (United Kingdom): Cambridge University Press.
[295] D'Hurcourt, L., baron d'Hurcourt. (1899). La guerre et les sports. En Leudet, M. (dir.). *L'Almanach des sports*. (pp. 31-37). Paris: Librairie Paul Ollendorff.

Por último, si hablamos de la velocipedia, podemos decir que es un deporte cuya aplicación militar en España se introdujo en la última década del siglo XIX, como servicio de estafeta (transmisión de órdenes y reseñas), al igual que ya se había incluido en otros Ejércitos europeos, como el italiano, que incorporó el ciclismo militar tras unos primeros ensayos en 1875 para asegurar el servicio de correspondencia entre el cuartel general y los jefes de cuerpo. Y como el francés, que tras los resultados de las maniobras de Grenoble en 1886, donde tomaron parte algunos particulares con bicicletas personales, al año siguiente implantó la idea de adoptar el servicio ciclista[296].

La sección ciclista se creó en 1890, por vía de ensayo, vinculada al Batallón de Ferrocarriles. Se compraron inicialmente cuatro velocípedos, con los que desarrollaron todos los estudios técnicos[297]. Un ejemplo de este servicio fue un ensayo realizado con distintas marcas de bicicletas en 1899 en el recorrido Madrid, Valencia, Guadalajara, Teruel, Madrid, de 792 kilómetros, donde se decidió que la máquina tipo Triumph de 13 kilos era la más adecuada para dotar a la infantería. El servicio especial de velocípedos se generalizó y así, en enero de 1892, se asignaron seis velocípedos y quince personas de tropa a tres regimientos de infantería ubicados en Madrid para emplearlos en la transmisión de órdenes, marchas, grandes maniobras, servicio de correos y transporte de municiones de fusil[298].

En el periodo anterior a 1906, el servicio ciclista en España puede considerarse como de tanteo y ensayo, pero en este año se aprobó el *Reglamento provisional para el servicio e instrucción del ciclismo en el ejército*, que supuso un paso hacia la organización del ciclismo militar en el país[299], y que lógicamente tuvo que estudiar Ignacio. En él se señalaba que era un servicio de comunicaciones en el que la bicicleta tenía que estar preparada en todo momento y que el ciclista no debía emprender la marcha en ayunas, ni marchar fumando o haber ingerido

---

[296] Quintana Palacios, C. (1911). *El ciclismo militar en Italia y Francia/Estudio sobre la organización de los batallones ciclistas en España*. (Manuscrito). Burgos.
[297] Real Orden de 3 de diciembre sobre organización del uso del velocípedo y sus aplicaciones en el Ejército. (1890, 5 de diciembre). *Diario Oficial del Ministerio de la Guerra, 272*, 2757.
[298] Real Orden de 7 de enero sobre aumentar el servicio del velocípedo en el Ejército. (1892, 9 de enero). *Diario Oficial del Ministerio de la Guerra, 4*, 34-35.
[299] Ciclismo. Reglamento provisional para el servicio e instrucción del ciclismo en el ejército. (1906, 16 de noviembre). *Diario Oficial del Ministerio de la Guerra, 249*, 362-363; Rio Joan, F. (1912). *Ciclismo militar: aportaciones para un reglamento de campaña*. Madrid: Revista Técnica de Infantería y Caballería.

previamente bebidas alcohólicas; deberá marchar aumentando progresivamente la velocidad y no circulará rápido en el interior de las poblaciones. También señalaba dicha norma que la tropa encargada de este servicio debía disponer de una aptitud física especial[300]. A esta aptitud física adecuada también aludía Macedo[301] y se podía adquirir a través de ejercicios de velocidad, de resistencia y de obstáculos y estimular dicha condición física por medio de competiciones regionales.

Estas afirmaciones de Modesto Macedo sobre la asistencia a competiciones por parte de los ciclistas militares eran instigadas y llevadas a la práctica por las autoridades militares[302]. Durante estos años iniciales del siglo XX se concedieron autorizaciones para que asistieran ciclistas militares que reuniesen unas condiciones mínimas. Así se hizo, por ejemplo, en respuesta a la invitación efectuada por Miguel Muñoz, presidente de la sociedad El Pedal Madrileño (ubicada en la calle Alcalá, número 89), quien mediante instancia al ministro de la Guerra solicitó que pudieran participar los ciclistas militares en la carrera de 100 km que se organizó el 11 de mayo de 1902[303].

También se autorizó la asistencia, previo informe de idoneidad y si las necesidades del servicio lo permitían, a carreras y campeonatos ciclistas que organizaba la Unión Velocipédica Española. Son ejemplos las autorizaciones concedidas tras la instancia presentada de forma particular por el soldado de ingenieros Rafael Sans Sastre en julio de 1909 o tras las instancias del sargento Miguel Esteba Ribero y del soldado Antonio Ruiz, del Centro Electrotécnico y de Comunicaciones, en mayo de 1910[304].

Tanto en el plan de estudios antiguo como en el nuevo, el cadete Estévez recibió clases teóricas y prácticas de tiro[305] según el *Reglamento*

---

[300] Ministerio de la Guerra. (1906a). *Reglamento provisional para el servicio e instrucción del ciclismo en el ejército*. Madrid: Talleres del Depósito de la Guerra.
[301] Macedo y Cotrina, M. (1904). *Velocipedia militar*. (Manuscrito). Figueras.
[302] Archivo General Militar de Segovia. Legajo 316. Velocipedismo. Bicicletas (1901-1907).
[303] Archivo General Militar de Segovia. Legajo 317. Velocipedismo. Ciclistas (1902-1907); Concursos. (1902, 26 de abril). *Diario Oficial del Ministerio de la Guerra, 92*, 326.
[304] Archivo General Militar de Segovia. Legajo 317. Velocipedismo. Ciclistas (1902-1907).
[305] Academias. Reglamentos. (1897, 27 de octubre). *Colección Legislativa del Ejército, 281*, 367-368; Archivo General Militar de Segovia. Legajo E-1563, expediente 0. Expediente personal militar de Ignacio Estévez Estévez; Archivo General Militar de Segovia. Legajo 480. Planes de enseñanza y de estudio. Planes de estudio; González González, H. (1925). *Resumen histórico de la academia de infantería*. Toledo: Imprenta Escuela Tipografía del Colegio de M.ª Cristina para Huérfanos de la Infantería.

para la instrucción de tiro con fusil o carabina[306]. En dichas prácticas de tiro eran habituales las competiciones y la concesión de premios en metálico; era el momento en el que los alumnos tomaban conciencia del nivel de puntería que tenían tanto con arma corta, con la pistola Bergmann, como con arma larga, el fusil Máuser, armas reglamentarias en el Ejército español a principios del siglo XX[307].

Esta era la enseñanza militar desde el punto de vista físico a nivel teórico, pero de la enseñanza militar a nivel real, mientras el cadete Estévez estaba en la academia[308], nos hablaba el oficial de infantería León Fernández, quien afirmaba que en las academias la equitación, la gimnasia y el tiro se practicaban poco y en malas condiciones y que actividades tan importantes para un militar como la natación se hallaban suprimidas de los planes de estudios, y sentencia, "lo peor es que el mal parece incurable"[309].

Como hemos visto, los ejercicios de gimnasia que debía realizar el cadete Estévez planteados en los reglamentos oficiales, como indica González Deleito[310], eran un complemento de la educación gimnástico-atlética porque, como decía el galeno militar Castillo Domper[311], tendían al fortalecimiento y desarrollo del sistema muscular activando la fuerza general del organismo[312] [313].

Sin embargo, las nuevas corrientes desechaban esta gimnasia reglamentaria porque contraía el cuerpo, agrandando excesivamente los músculos de los hombros y la espalda, algo considerado caduco e innecesario[314]. Y defendían los estudios fisiológicos que surgían

---

[306] Reglamento para la instrucción de tiro con fusil o carabina. (1905a, 12 de septiembre). *Diario Oficial del Ministerio de la Guerra, 200*, 603-604.

[307] Armamento. Carabina Máuser española. (1896, 7 de mayo). *Colección Legislativa del Ejército, 117*, 177; Armamento y municiones. (1905, 7 de septiembre). *Diario Oficial del Ministerio de la Guerra, 197*, 622; Reglamento para la instrucción de tiro con fusil o carabina. (1905b, 9 de septiembre). *Colección Legislativa del Ejército, 182*, apéndice nº 7.

[308] Archivo General Militar de Segovia. Legajo E-1563, expediente 0. Expediente personal militar de Ignacio Estévez Estévez.

[309] Fernández Fernández, L. (1906, 1 de diciembre). De la enseñanza militar. *Revista Técnica de Infantería y Caballería, 11*, 503.

[310] González Deleito, F. (1903). *Apuntes de higiene social en el ejército*. Madrid: Imprenta de Administración Militar.

[311] Castillo Domper, J. (1909). Educación física del soldado. En Cabeza Pereiro, A. (dir.). *Higiene militar* (pp. 431-471). Guadalajara: Taller Tipográfico del Colegio de Huérfanos de la Guerra.

[312] Según Torrebadella (2014c), este interés de la medicina por la gimnástica se inició en España a partir de los años sesenta del siglo XIX.

[313] Archivo General Militar de Segovia. Legajo E-1563, expediente 0. Expediente personal militar de Ignacio Estévez Estévez.

[314] Bartolomé Relimpio, J. (1909b, 1 de mayo). La instrucción gimnástica militar: crítica de sus

afirmando que "el mayor aumento en el volumen de los músculos no mejora el estado de salud" y esta gimnasia atlética "empieza a ceder paso a la educación física racional y científica que busca la resistencia a la fatiga"[315] y "el desarrollo de los músculos extensores, del tronco principalmente"[316], porque uno de los esfuerzos principales que se le exigían al cadete Estévez era marchar con su mochila[317].

Esta educación física tan efectiva de la que nos hablaba el médico militar Federico González Deleito procedía de Suecia y era defendida por todos los fisiólogos, pero en España tenía detractores entre los profesionales de la gimnasia que no querían desprenderse de sus aparatos caros y peligrosos, utilizados como un fin, no como un medio, y de sus voces de mando perjudiciales y tediosas[318]. Lo confirmaba también Julio del Castillo[319] al señalar que el campo de la gimnástica en España se lo disputaban dos sistemas de enseñanza, el de Amorós frente al de Ling[320]. Autores actuales ponen de manifiesto que la pérdida de confianza en la gimnasia de Amorós surge a partir de la divulgación de la obra del médico sueco Gustavo Zander, discípulo de Ling, que en España tuvo lugar en las últimas décadas del siglo XIX. Se pasa lentamente de Amorós, a través de Aparici, a los métodos suecos[321].

Estas circunstancias motivan la preocupación por estudiar la gimnasia más adecuada para aplicar en el Ejército. Por esa razón, cuando el médico militar Federico González Deleito estaba destinado en la Academia de Infantería, siendo director de la misma el coronel José

---

procedimientos y método que debe seguirse. *Revista de Sanidad Militar y la Medicina Militar Española, 9*, 269-279.
[315] González Deleito, F. (1903). *Apuntes de higiene social en el ejército*. Madrid: Imprenta de Administración Militar, 88.
[316] González Deleito, F. (1903). *Apuntes de higiene social en el ejército*. Madrid: Imprenta de Administración Militar, 95.
[317] González Deleito, F. (1903). *Apuntes de higiene social en el ejército*. Madrid: Imprenta de Administración Militar.
[318] González Deleito, F. (1903). *Apuntes de higiene social en el ejército*. Madrid: Imprenta de Administración Militar; Rodríguez Ruiz, R. (1902). *Estudio de la gimnástica desde el punto de vista de la higiene pública*. (Tesis doctoral). Barcelona: Tipográfica La Académica.
[319] Castillo Domper, J. (1909). Educación física del soldado. En Cabeza Pereiro, A. (dir.). *Higiene militar* (pp. 431-471). Guadalajara: Taller Tipográfico del Colegio de Huérfanos de la Guerra.
[320] Este debate, según Fernández Sirvent (2005), estaba interesado en desacreditar el método de Amorós, a favor del método sueco. Ver también el artículo del mismo autor, del año 2007, Memoria y olvido de Francisco Amorós y de su modelo educativo gimnástico y moral. *Revista Internacional de Ciencias del Deporte, 6*, 24-51.
[321] Pastor Pradillo, J. L. (1997). *El espacio profesional de la Educación Física en España: génesis y formación (1883-1961)*. Alcalá de Henares (Madrid): Universidad de Alcalá; Torrebadella i Flix, X. (2014c). La influencia de la profesión médica en la educación física española del siglo xix y principios del xx: análisis social del Manual popular de gimnasia de sala médica e higiénica del Dr. Schreber. *Cultura_Ciencia_Deporte, 26*, 163-176.

Villalba Riquelme, se abrió este debate y se intentó solucionar. En junio de 1909, el director de la Academia de Infantería solicitó al Ministerio de la Guerra el envío a Estocolmo y París de una comisión formada por un profesor y un médico para estudiar el nuevo sistema gimnástico durante cuatro meses. Sus argumentos, los ya señalados: a) los procedimientos de gimnasia reglamentarios no obedecen a principios científicos que permitan razonar sus efectos y tienen poco en cuenta determinados grupos musculares que conviene desarrollar, por ejemplo, la cavidad torácica. b) La gimnasia debe introducirse desde el primer día en la academia porque los cadetes presentan una falta de preparación física para soportar el régimen de vida militar, lo que, al exigirles cualquier esfuerzo, provoca bajas[322].

Pero no fue hasta un año después, en julio de 1910, cuando se autorizó dicha comisión, nombrando a los capitanes Federico González Deleito y Federico Gómez de Salazar y Orduña[323], destinados en la Academia de Infantería, para realizarla en el Instituto Central de Gimnasia de Estocolmo (Suecia) y en la escuela de gimnasia de Joinville de Pont (Francia)[324]. Dicha comisión, inicialmente de dos meses, se prorrogó hasta fin de año ante la insistencia de los interesados y la presión ejercida mediante carta del embajador español en Suecia para que la comisión continuase y "poder hacer algo de provecho"[325].

Ignacio salió de la Academia de Infantería en julio de 1907 tras alcanzar su primer empleo, segundo teniente[326]. Unos meses después de ese mismo año, seguían las preocupaciones que tenía el ministro Linares tres años antes por los aspirantes a oficial y su falta de condición física, concretamente Julián Suárez Inclán[327] [328], general de división del

---

[322] Archivo General Militar de Segovia. Legajo 55. Asuntos generales. Asociaciones. Comisiones al extranjero.
[323] Federico Gómez de Salazar y Orduña nació en Logroño en 1882, ingresó en el Ejército como cadete de infantería en 1896; falleció, con el empleo de comandante, en Madrid en 1922. Ver, Archivo General Militar de Segovia. Legajo G-2351, expediente 03. Expediente personal militar de Federico Gómez de Salazar y Orduña.
[324] Viajes de instrucción. (1910, 2 de agosto). *Diario Oficial del Ministerio de la Guerra, 165*, 360.
[325] Archivo General Militar de Segovia. Legajo 55. Asuntos generales. Asociaciones. Comisiones al Extranjero; Comisiones. (1910, 8 de noviembre). *Diario Oficial del Ministerio de la Guerra, 244*, 354.
[326] Archivo General Militar de Segovia. Legajo E-1563, expediente 0. Expediente personal militar de Ignacio Estévez Estévez.
[327] Julián Suárez Inclán y González nació en Avilés (Asturias) en 1848, ingresó en el Ejército como alumno en la Escuela de Estado Mayor en 1862; falleció, con el empleo de general de división, en Madrid en 1909 (Archivo General Militar de Segovia, legajo S-3558).
[328] Suárez Inclán, J. (1907, 21 de septiembre). Preparación física y moral. *La Nación Militar, 456*, 310-312.

Ejército, exponía en un artículo su opinión al respecto, diciendo que el ingreso en las academias militares por parte de dichos aspirantes era lamentable respecto a su desarrollo físico, influyendo, sin lugar a dudas, la nula importancia que se le daba a la práctica de los ejercicios corporales en la nación. Cuando un alumno ingresaba en el Ejército, apenas tenía una idea de lo que era un aparato de gimnasia o los ejercicios al aire libre.

Y continuaba, manifestando que los reconocimientos a que se sometía a los aspirantes no eran los adecuados, puesto que no se efectuaban pruebas para seleccionar a los que no estaban en una condición física aceptable. Y cuando se encuentran dentro de las academias, el plan de estudios apenas les deja dedicarse a la actividad física y los deportes, llegando posteriormente a ser oficiales con debilidad corporal de por vida. Por eso, el general abogaba por algo obvio: realizar evaluaciones en los reconocimientos de la condición física a los aspirantes a oficial y también organizar escuelas premilitares donde se adquiriesen los hábitos y ejercicios militares y se concediese la importancia debida al desarrollo físico.

3.7. La actividad física de los oficiales

Las preocupaciones por el estado de la instrucción física no se ceñían solo a los alumnos de las academias. Dentro de la institución también existía un desinterés absoluto por la condición física de los profesionales, es decir, por los oficiales que componían el grueso de los recursos humanos que de manera permanente constituían el Ejército. Esta precariedad se reflejaba en los dos toques de atención efectuados por el ministro Luque mediante publicaciones en el *Diario Oficial del Ministerio de la Guerra*. El primero fue en mayo de 1906 y en él invitaba a reflexionar a los generales, jefes y oficiales sobre la armonía que debía existir entre las aptitudes físicas y las necesidades del servicio. Ante el escaso efecto que surtió la invitación para la reflexión, en noviembre del mismo año dictó un Real Decreto en el que ordenaba abrir expediente para llevar a la reserva o al retiro a todo aquel que no cumpliese con los requisitos físicos adecuados para desempeñar cualquier servicio activo[329].

Un año después, a través de un artículo, un capitán de infantería también invitaba a reaccionar contra la tendencia perniciosa del oficial a pasar las horas muertas en el casino y el cafetín e incitaba a las autoridades militares a impulsar y estimular la realización de toda clase de ejercicios físicos[330].

Las investigaciones actuales muestran que el control sobre el mantenimiento de una adecuada aptitud física en la oficialidad no se materializó en el Ejército de Tierra hasta la llegada de la actual democracia, setenta y cinco años después[331].

3.8. Instrucción física de la tropa mientras realiza el servicio militar

En la instrucción físico-militar que debía recibir un recluta como León Villarín en 1907, dentro del orden abierto, se incluía aprender a realizar marchas[332]. La ejecución de las marchas debía ser progresiva para que nuestro protagonista fuera adquiriendo una mayor resistencia a la fatiga. "No es infrecuente que a quintos dados de alta se les obligue de primera intención a caminar 15 o 20 kilómetros diarios, con lo que salen perjudicados individuo y ejército"[333].

Es sabido que cuando la marcha se intensifica, estas personas que no están preparadas sienten calor acompañado de sudor, la cara se

---

[329] Abrir expediente para quien no mantenga una adecuada aptitud física. (1906, 20 de noviembre). *Diario Oficial del Ministerio de la Guerra, 252*, 393-394; Armonía entre las aptitudes físicas y las necesidades del servicio. (1906, 17 de mayo). *Diario Oficial del Ministerio de la Guerra, 105*, 369.

[330] B. (1907, 1 de enero). La instrucción física en el Ejército. *Revista Técnica de Infantería y Caballería, 1*, 41-44.

[331] García García, J. M. (2012a, mayo-junio). Análisis de la evolución histórica de la evaluación de la aptitud física en el Ejército de Tierra español. *Emásf, revista digital de educación física, 16*, 46-54.

[332] Se da mucha importancia a este tipo de actividad física porque se considera que un Ejército con capacidad de realizar largas y rápidas caminatas tiene muchas más posibilidades de victoria. Ver, Villalba Riquelme, J. (1909). *Elementos de logística*. Toledo: Imprenta, librería y encuadernación de Rafael Gómez Menor; Navarra Contreras, A. (1893). *Reglamento higiénico-militar para las grandes maniobras*. Barcelona: Imprenta Militar de Calzada e Hijo; Ruiz Fornells, E. (1918). *La educación moral del soldado*. Toledo: Imprenta, Librería y Encuadernación de Rafael Gómez-Menor.

[333] González Deleito, F. (1903). *Apuntes de higiene social en el ejército*. Madrid: Imprenta de Administración Militar, 98-99.

enrojece y, si se prolonga el esfuerzo, llega la fatiga que causa acopio de materiales residuales entre los que predomina el ácido láctico[334].

Entre reclutas, como Villarín Cano, también son peligrosas las insolaciones. Los hombres llevan el capote, la manta, la mochila, el uniforme ajustado y el arma; pasan calor, sudan, apenas levantan los pies del suelo, los arrastran, tropiezan con pequeños obstáculos, acortan el paso y encorvan el cuerpo[335].

Estas circunstancias hacen aconsejable que las marchas las encabecen los más débiles. El paso de esa cabeza debe ser moderado porque, normalmente, la cola aprovecha menos los descansos y experimenta más fatiga. Se considera una marcha ordinaria media, con una temperatura adecuada y un terreno suave, ir a un paso de cuatro kilómetros a la hora en una jornada de siete horas, dando en cada hora de marcha un descanso de diez minutos, que será de una hora y media a dos horas a mitad de trayecto para comer y descansar[336].

Las tropas deben estar dispuestas a marchar a cualquier hora, pero, siempre que las circunstancias lo permitan, no lo harán antes del amanecer y conviene llegar al punto de destino una hora antes del anochecer. Una longitud de paso y una frecuencia común varían en función del estado físico y moral de las tropas (jornadas muy continuas y largas, sin descansos, tropas poco disciplinadas o que han sufrido reveses), del terreno (grandes pendientes o rampas retrasan la marcha cuatro o seis minutos por kilómetro; en altas montañas, el espacio recorrido en una hora no supera los 4.000 metros), calidad y estado de los caminos (un arenal retrasa la marcha dos o tres minutos por kilómetro). Las marchas se clasifican en: ordinarias, aquellas que van de veintidós a veinticinco kilómetros y se realizan en seis u ocho horas; de resistencia, aquellas que tienen cincuenta kilómetros y se realizan en catorce horas; y de velocidad, aquellas que tienen cincuenta kilómetros y se realizan en diez horas. Las marchas por carreteras realizadas por el arma del recluta Villarín eran en columna de piezas o compuestas de dos

---

[334] A. Q. (1893, 15 de agosto). La marcha bajo el punto de vista higiénico-militar. *Revista de Sanidad Militar, 148*, 254-256.
[335] Castillo Domper, J. (1909). Educación física del soldado. En Cabeza Pereiro, A. (dir.). *Higiene militar* (pp. 431-471). Guadalajara: Taller Tipográfico del Colegio de Huérfanos de la Guerra; Pita Espelosín, F. (1909). *Manual de precauciones en las marchas*. Barcelona: Avilés-Castillo.
[336] González Deleito, F. (1903). *Apuntes de higiene social en el ejército*. Madrid: Imprenta de Administración Militar; Navarra Contreras, A. (1893). *Reglamento higiénico-militar para las grandes maniobras*. Barcelona: Imprenta Militar de Calzada e Hijo.

piezas y la distancia de la columna entre batería y batería era de veinte metros. Si el desplazamiento era sobre nieve, nuestro protagonista debía llevar las piezas de artillería sobre rastras formadas de troncos de árboles[337].

Al recluta Villarín le aconsejan no comer durante la marcha y comer poco en las paradas cortas, a ser posible azúcar, ya que las investigaciones del momento[338] han reflejado cómo favorece este alimento el trabajo muscular, acompañado de la rapidez con que se asimila. Le advierten que no debe beber agua encontrada por el camino si no está purificada y esterilizada, no ingerir bebidas alcohólicas y, en cambio, sí le recomiendan tomar té y café[339].

A otro recluta llamado por la milicia, como Rodríguez Somoza, vecino de Castromonte (Valladolid), por su condición de tropa se le aplicaba el apéndice de gimnasia contenido en el *Reglamento para la instrucción táctica de las tropas de infantería*. En dicho apéndice se mostraba qué instrucción física se desarrollaba, con unas advertencias generales y ejercicios de movimientos de extremidades que debían realizar los reclutas; y ejercicios de carrera y saltos, ejercicios con aparatos y, para finalizar, ejercicios de natación que debían realizar los soldados[340].

La existencia de este apéndice denota la preocupación de la milicia por la condición física de la tropa y por el tipo de ejercicios más adecuados. Nos lo confirma Julio del Castillo Domper, médico de sanidad militar, "la educación física del soldado abarca diferentes ejercicios, indispensables unos, útiles y convenientes otros"; figuran dentro de los

---

[337] Pita Espelosín, F. (1909). *Manual de precauciones en las marchas*. Barcelona: Avilés-Castillo; Villalba Riquelme, J. (1909). *Elementos de logística*. Toledo: Imprenta, librería y encuadernación de Rafael Gómez Menor.

[338] El médico militar Emilio Pérez Noguera explica en varios artículos como se encuentran las investigaciones en aquellos momentos sobre la alimentación del soldado. Ver, Pérez Noguera, E. (1901a). La alimentación del soldado. *La Medicina Militar Española, 104*, 287-290; Pérez Noguera, E. (1901b). La alimentación del soldado. *La Medicina Militar Española, 106*, 321; Pérez Noguera, E. (1901c). La alimentación del soldado. *La Medicina Militar Española, 112*, 11-12; Pérez Noguera, E. (1901d). La alimentación del soldado. *La Medicina Militar Española, 117*, 94-97; Pérez Noguera, E. (1901e). La alimentación del soldado. *La Medicina Militar Española, 122*, 181-186.

[339] A. Q. (1893, 15 de agosto). La marcha bajo el punto de vista higiénico-militar. *Revista de Sanidad Militar, 148*, 254-256; Castillo Domper, J. (1909). Educación física del soldado. En Cabeza Pereiro, A. (dir.). *Higiene militar* (pp. 431-471). Guadalajara: Taller Tipográfico del Colegio de Huérfanos de la Guerra.

[340] Ministerio de la Guerra (1899). *Reglamento para la instrucción táctica de las tropas de infantería*. Madrid: Depósito de la Guerra.

imprescindibles y de recomendable práctica "la marcha, la carrera, el salto, la gimnástica..."[341].

Al analizar la información de las advertencias generales, vemos qué objetivos se pretendía alcanzar y qué conocimientos se tenían sobre la educación física. Así, mediante la gimnasia buscaban perfeccionar el organismo en los aspectos de fuerza, agilidad, flexibilidad y salud[342].

Las recomendaciones médicas militares aconsejaban realizar el ejercicio al aire libre porque era más beneficioso para el aparato respiratorio, ya que, al aumentar su capacidad respiratoria, aumentaba su absorción de oxígeno. La hemoglobina puede llevar más oxígeno a los tejidos y estos estarán más nutridos[343]. Sin embargo, la realidad muestra que la gimnasia se hacía siempre en local cerrado[344].

El recluta Domingo debía realizar los movimientos sin ningún peso, alternando ejercicios de mayor dificultad con otros de dificultad menor, sin realizar el mismo ejercicio de forma repetitiva, porque produce fatiga y enojo. Posteriormente se introducirá el armamento y el equipo[345].

El instructor, cuando tenía que explicar un movimiento al recluta Rodríguez, le mandaba firmes para no tenerlo en una posición violenta durante la explicación. Sin embargo, Julio del Castillo ya empezaba a juzgar, en esos momentos, que esta posición de "descanso" es solo aparente, porque esta inmovilidad a la que se veía sometido Domingo le provocaba realizar una contracción muscular invisible y producía una fatiga muy pronunciada en el organismo[346].

---

[341] Castillo Domper, J. (1909). Educación física del soldado. En Cabeza Pereiro, A. (dir.). *Higiene militar* (pp. 431-471). Guadalajara: Taller Tipográfico del Colegio de Huérfanos de la Guerra, 432.
[342] Ministerio de la Guerra (1899). *Reglamento para la instrucción táctica de las tropas de infantería*. Madrid: Depósito de la Guerra.
[343] Castillo Domper, J. (1909). Educación física del soldado. En Cabeza Pereiro, A. (dir.). *Higiene militar* (pp. 431-471). Guadalajara: Taller Tipográfico del Colegio de Huérfanos de la Guerra.
[344] González Deleito, F. (1903). *Apuntes de higiene social en el ejército*. Madrid: Imprenta de Administración Militar.
[345] Ministerio de la Guerra (1899). *Reglamento para la instrucción táctica de las tropas de infantería*. Madrid: Depósito de la Guerra.
[346] Castillo Domper, J. (1909). Educación física del soldado. En Cabeza Pereiro, A. (dir.). *Higiene militar* (pp. 431-471). Guadalajara: Taller Tipográfico del Colegio de Huérfanos de la Guerra; Ministerio de la Guerra (1899). *Reglamento para la instrucción táctica de las tropas de infantería*. Madrid: Depósito de la Guerra.

Dentro de los ejercicios de movimientos de extremidades, nuestro protagonista debía realizar movimientos de cabeza; flexiones, extensiones, rotaciones y elevaciones de manos y brazos; flexiones, extensiones y elevaciones de pies y piernas; flexiones, extensiones y rotaciones de cintura; y sentarse y levantarse con las piernas cruzadas[347].

Los ejercicios que debía practicar el soldado[348] Domingo tenían que ser los saltos, de altura, de anchura y de profundidad, y la carrera, con una longitud de paso de noventa centímetros y una velocidad de doscientos pasos por minuto, que realizará progresivamente, empezando por un minuto para, al llegar a tres, aumentar gradualmente el peso, introduciendo el fusil y posteriormente el equipo[349].

El cabo Rodríguez Somoza, empleo al que ascendió en agosto de 1907, también tenía que realizar ejercicios con aparatos, concretamente movimientos de cinco a diez repeticiones, de flexión, extensión de brazos con pesas de tres a cinco kilos en cada mano; movimientos por parejas de flexo-extensión de tronco, de cinco a diez repeticiones, con picas de dos metros de longitud; desplazamientos por las paralelas con las manos y hacer equilibrios sobre ellas; y realizar ascensos de muros con una cuerda no inferior a cuatro metros. Como complemento a todos estos ejercicios, era necesario que el soldado aprendiera a nadar, aunque no se daba ningún sistema de aprendizaje, simplemente, los soldados que sabían el ejercicio enseñaban al resto, cuidando de evitar desgracias. Por último, el día 20 de cada mes, a Domingo le medían el pecho, el brazo, el muslo y el gemelo con una cinta métrica y, con un dinamómetro, valoraban la fuerza ejercida con cada mano[350].

La natación no se practicaba, ya que se necesitaba que los cuarteles dispusieran de una zona de agua adecuada para así evitar ahogamientos y personal con los conocimientos apropiados; y no había.

---

[347] Ministerio de la Guerra (1899). *Reglamento para la instrucción táctica de las tropas de infantería*. Madrid: Depósito de la Guerra.
[348] Es soldado a partir del 25 de abril de 1907, cuando jura bandera. Ver, Archivo General Militar de Segovia. Legajo R-1792, expediente 0. Expediente personal militar de Domingo Rodríguez Somoza.
[349] Ministerio de la Guerra (1899). *Reglamento para la instrucción táctica de las tropas de infantería*. Madrid: Depósito de la Guerra.
[350] Archivo General Militar de Segovia. Legajo R-1792, expediente 0. Expediente personal militar de Domingo Rodríguez Somoza; Ministerio de la Guerra (1899). *Reglamento para la instrucción táctica de las tropas de infantería*. Madrid: Depósito de la Guerra.

Solo se manifestaba la esperanza de que algún día dicha "instrucción en las tropas, llegue a tomar realidad en nuestro país"[351].

En el cuartel de Valladolid, como en todas las unidades del Ejército, se seguía un régimen interior en el que el Ministerio de la Guerra daba las pautas a cada unidad orgánica sobre el modo de dirigir y mandar a la tropa, sobre las funciones de todo el personal de la unidad y sobre las instalaciones y el material que debía existir; entre este material que debía haber había un gimnasio, una sala de esgrima y una sala de tiro de pistola[352].

Al incorporarse el soldado Domingo Rodríguez al Regimiento de Infantería Isabel II nº 32, vio en su cuartel el gimnasio, destinado al entretenimiento y adiestramiento de la tropa; se encargaban de él dos oficiales instructores que enseñaban la gimnasia siguiendo el método adoptado en la disposición de 1885, que, como ya hemos visto, se basaba en la obra *Instrucción para la enseñanza de la gimnástica en los cuerpos y establecimientos militares*. Durante los días y las horas que tenían asignada la utilización del gimnasio no podían coincidir con los oficiales. En el cuartel, los oficiales disponían de la sala de esgrima y la sala de tiro de pistola para su uso en exclusividad[353].

Sin embargo, la existencia real de gimnasio, su uso y las prácticas de actividades físicas por parte de la tropa de una forma constante estaban bajo la autoridad del jefe de cada unidad; así lo indicaba el Ministerio de la Guerra en 1904 en respuesta a la solicitud de dinero de un regimiento en Palma para crear una sala de esgrima y de tiro de pistola, exponiendo que era desestimada su solicitud, pero que podía utilizar los fondos del regimiento para dichos gastos[354].

Y la realidad mostraba que la autoridad militar veía que la finalidad del servicio militar era alcanzar la instrucción necesaria para que el soldado estuviera preparado para las grandes revistas y paradas militares[355]. De esta forma, con un horario apretado, haciendo

---

[351] P. (1902, 15 de agosto). La natación en el Ejército. *Revista Técnica de Infantería y Caballería, 4*, 185.
[352] Durán Arriaza, A. (1896). *Reglamento provisional para el detall y régimen interior de los cuerpos del ejército*. Madrid: Talleres del Depósito de la Guerra.
[353] Archivo General Militar de Segovia. Legajo R-1792, expediente 0. Expediente personal militar de Domingo Rodríguez Somoza; Detall y régimen interior de los cuerpos. Reglamentos. (1896, 1 de julio). *Colección Legislativa del Ejército, 154*, 222-223.
[354] Archivo General Militar de Segovia. Legajo 35a. Academias. Academias de esgrima.
[355] Paz Sabugo, S. (1910, 30 de noviembre). El Ejército francés y los deportes. *España Automóvil, 22*,

instrucción y multitud de servicios, "algunos de ellos inútiles y perjudiciales"[356], se argumentaba que no existía hueco para la gimnasia, incluso había cuarteles que no tenían gimnasio[357]. Estas aseveraciones fueron confirmadas por médicos militares en la época, "algunos cuarteles se hallan desprovistos de gimnasios"[358]; "la educación física actual en el Ejército es muy deficiente..."[359]; la educación física en el Ejército "está completamente descuidada [...] no se le concede ninguna importancia..."[360];

> ... en los cuarteles la gimnasia brilla por su ausencia, los conceptos de ejercicios gimnásticos quedan reducidos a las nociones ligeras dadas en el periodo de instrucción de quintos, y esto con brevedad y acomodaticio siempre, más que a la necesidad al capricho, relegándose, una vez que son dados de alta los reclutas, al más completo olvido...[361]

Y ratificadas por investigaciones actuales donde se manifiesta que "entre 1909 y 1912 la tropa tiene mala preparación física y pésima instrucción"[362] y "la educación física en las unidades, aunque estimulada desde instancias oficiales, dependió más del impulso que quisieron darle sus mandos que de una normativa o programa a seguir"[363].

Por este motivo se creó una comisión para estudiar la instrucción física de la tropa y actualizar el reglamento de gimnasia existente en España; esta comisión se formó en junio de 1909 y estaba compuesta

---

264.
[356] González Deleito, F. (1903). *Apuntes de higiene social en el ejército*. Madrid: Imprenta de Administración Militar, 107.
[357] Fernández Fernández, L. (1906, 1 de diciembre). De la enseñanza militar. *Revista Técnica de Infantería y Caballería, 11*, 495-508; González de Segovia, M. (1903). Prólogo. En Lacoste y Sicre, L. (ed.), *Educación física militar* (pp. I-VII). Sin ciudad: sin editor.
[358] Suárez Torres, E. (1902). *Estudio sobre la gimnasia cívico-militar*. (Manuscrito). Sevilla, 144.
[359] Jáudenes de la Cavada, J. (1903). Opiniones médicas. En Lacoste y Sicre, L. (ed.), *Educación física militar* (pp. 71-81). Sin ciudad: sin editor, 77.
[360] Blanco Paradela, I. (1903). Opiniones médicas. En Lacoste y Sicre, L. (ed.), *Educación física militar* (pp. 71-81). Sin ciudad: sin editor.
[361] Bartolomé Relimpio, J. (1909a, 15 de mayo). La instrucción gimnástica militar: crítica de sus procedimientos y método que debe seguirse. *Revista de Sanidad Militar y la Medicina Militar Española, 10*, 297.
[362] Fernández Bastarreche, F. (2006). El Ejército en la Restauración. En Ministerio de Defensa (ed.), *Aproximación a la historia militar de España* (pp. 511-535). Madrid: Ministerio de Defensa, 530.
[363] González Aja, T. (1990). El deporte militar en España (1878-1914). En Teja, A. e Tolleneer, J. (coord.), *Lo sport in uniforme cinquant'anni di storia in Europa (1870-1914)*. Atti del Convegno Internazionale di Studi sulla Storia dello sport militare, Roma, Salone d'Onore del CONI, 7-8 novembre 1997 (pp. 36-43). Roma: Minisiero della Difesa e Comitato Olimpico Nazionale Italiano, 40.

por los oficiales Carlos de Borbón y de Borbón[364], Joaquín Agulla Ramos[365], Luis Carniago Martínez[366], Adolfo Díez Enríquez[367], Emilio González y Pérez Villamil[368], Emilio March y López del Castillo[369], Jesús de Bartolomé Relimpio[370] y Enrique Ruiz Fornells[371] [372].

Mientras esta comisión trabajaba, se hacía campaña para que el deporte entrase oficialmente en el Ejército español, porque los soldados, en la última campaña de Melilla, habían demostrado falta de entrenamiento ante la fatiga. Además, en otros Ejércitos como el francés, con soldados fuertes y entrenados, se jugaba al fútbol, al rugby..., y se disputaban campeonatos de deportes atléticos[373].

De hecho, la evolución de la bibliografía sobre la enseñanza de la gimnasia en los cuarteles apunta en la dirección de introducir el deporte en el Ejército. Durante los años de estudio que abarcan este apartado, se publican manuales y proyectos de gimnasia militar para intentar innovar en su enseñanza. Por orden cronológico, algunos de estos

---

[364] Carlos de Borbón y de Borbón nació en Gries (Austria) en 1870, ingresó en el Ejército como alférez de artillería en 1889; renuncia al cargo de capitán general del Ejército en abril de 1931. Ver, Archivo General Militar de Segovia. Legajo célebre, caja 20, expediente 13. Expediente personal militar de Carlos de Borbón y Borbón.
[365] Joaquín Agulla Ramos nació en Gracia (Barcelona) en 1858, ingresó en el Ejército como cadete de infantería en 1874; falleció, con el empleo de general de brigada, en Melilla en 1913. Ver, Archivo General Militar de Segovia. Legajo A-474, expediente 0. Expediente personal militar de Joaquín Agulla Ramos.
[366] Luis Carniago Martínez nació en Vitoria (Álava) en 1860, ingresó en el Ejército como alumno de infantería en 1876; con el empleo de general de brigada, alcanza la reserva en 1926. Ver, Archivo General Militar de Segovia. Legajo C-1417, expediente 0. Expediente personal militar de Luis Carniago Martínez.
[367] Ver breve biografía en García García, J. M. (2013b). *Acta de constitución oficial y miembros del Comité Olímpico Español de 1912*. Sevilla: Punto Rojo.
[368] Emilio González y Pérez Villamil nació en Madrid en 1879, ingresó en el Ejército como alumno de infantería en 1896; en 1936, participa en la Guerra Civil con el empleo de teniente coronel. Ver, Archivo General Militar de Segovia. Legajo G-2963, expediente 0. Expediente personal militar de Emilio González y Pérez Villamil.
[369] Emilio March y López del Castillo nació en Santiago de Cuba en 1878, ingresó en el Ejército como alumno de infantería en 1896; con el empleo de coronel, alcanza el retiro en 1940. Ver, Archivo General Militar de Segovia. Legajo M-62, expediente 19. Expediente personal militar de Emilio March y López del Castillo.
[370] Jesús de Bartolomé Relimpio nació en Almagro (Ciudad Real) en 1876, ingresó en el Ejército como alumno en la academia de sanidad militar en 1899; con el empleo de comandante médico, alcanza el retiro en 1940. Ver, Archivo General Militar de Segovia. Legajo B-184, expediente 20. Expediente personal militar de Jesús de Bartolomé Relimpio.
[371] Enrique Ruiz Fornells nació en Albacete en 1868, ingresó en el Ejército como alumno de infantería en 1884; con el empleo de general de brigada, alcanza la reserva en 1932. Ver, Archivo General Militar de Segovia. Legajo R-3459, expediente 0. Expediente personal militar de Enrique Ruiz Fornells.
[372] Recompensas. (1913, 8 de febrero). *Diario Oficial del Ministerio de la Guerra, 30*, 385-388.
[373] Paz Sabugo, S. (1910, 30 de noviembre). El Ejército francés y los deportes. *España Automóvil, 22*, 264.

ejemplos son: *Manual de gimnástica militar,* de 1889, cuya aportación más importante es la inclusión de la práctica de un deporte tan novedoso como el velocípedo[374]; *Proyecto de ejercicios gimnásticos para las tres armas,* de 1891, obra publicada de carácter oficial que no aporta ningún avance respecto a la obra de Aparici[375]; *Educación física militar,* de 1903, manuscrito que nos señala cómo se está desarrollando, de forma ejemplar, la gimnasia militar en algunos cuarteles españoles y, aunque indica que esta no es la generalidad, su aportación más importante es la introducción, por primera vez (dentro de nuestro conocimiento), de los juegos deportivos (columpios, barra, carreras de obstáculos, pelota, fútbol, etc.) para que el soldado practique la gimnasia de una forma recreativa[376]; *Manual de gimnasia militar,* de 1909, que reitera la aportación sobre los juegos deportivos (en este caso los llama juegos gimnásticos), incluyendo algún juego diferente a los propuestos anteriormente, como el juego de fuerza de cuerda[377].

El soldado Rodríguez Somoza se vio sometido al *Reglamento para la instrucción de tiro con fusil o carabina.* El tiro había adquirido tal importancia que se necesitaba encontrar buenos tiradores en el menor tiempo posible y consumiendo la menor cantidad de municiones posibles[378].

Domingo era consciente de sus habilidades en el deporte del tiro cuando, como parte de su formación militar, realizó una de las escasas prácticas de tiro en uno de los pocos campos de tiro de los que disponía el Ejército en España, en este caso el de Valladolid, que era arrendado[379].

El fusil reglamentario en el Ejército era el Máuser, modelo 1895, y con dicha arma el militar Rodríguez Somoza realizaba la instrucción de tiro, que consistía en una instrucción preparatoria inicial donde le

---

[374] Álvarez García, A. (1889). *Manual de gimnasia militar.* Granada: Imprenta y librería de Paulino V. Sabatel.
[375] Ministerio de la Guerra. (1891). *Proyecto de ejercicios gimnásticos para las tres armas.* Madrid: Depósito de la Guerra.
[376] Lacoste y Sicre, L. (1903). *Educación física militar.* (Manuscrito).
[377] Requena Martínez, C. (1909). *Manual de gimnasia militar.* Barcelona: Imprenta Revista Científico Militar.
[378] Archivo General Militar de Segovia. Legajo R-1792, expediente 0. Expediente personal militar de Domingo Rodríguez Somoza; Reglamento para la instrucción de tiro con fusil o carabina. (1905a, 12 de septiembre). *Diario Oficial del Ministerio de la Guerra, 200,* 603-604.
[379] Comunicación personal con José Rodríguez Martín, 17 de enero de 2011; Fernández Fernández, L. (1906, 1 de diciembre). De la enseñanza militar. *Revista Técnica de Infantería y Caballería, 11,* 495-508; Puell de la Villa, F. (1996). *El soldado desconocido: de la leva a la mili: (1700-1912).* Madrid: Biblioteca Nueva.

enseñaban las partes del fusil, del cartucho, el funcionamiento de su mecanismo y hacía tiradas de forma progresiva en el campo de tiro hasta seiscientos metros con cartuchos de fogueo. Luego realizaba el tiro de polígono, que consistía en hacer un máximo de ochenta disparos, en tiradas de forma progresiva hasta seiscientos metros, con cartuchos de guerra. Y a continuación, el tiro de combate, donde efectuaba disparos de forma colectiva llevando a término supuestos tácticos. Por último, participaba en los concursos de tiro que se organizaban entre los regimientos; solo accedían los mejores y había premios en metálico y licencias[380].

La instrucción de tiro es considerada por la sanidad militar un ejercicio saludable porque se realiza al aire libre, se trabajan músculos variados y complejos, el sistema nervioso se estimula y se aumenta la agudeza visual[381].

En la instrucción preparatoria, el soldado Somoza también practicaba ejercicios de apreciación de distancias, cuyo objetivo consistía en calcular la distancia entre la posición del tiro y el blanco. Le dieron unas recomendaciones a tener en cuenta: a cien metros se distinguen todos los detalles del uniforme, como botones, correaje, hombreras y se perciben los ojos; a doscientos metros se distinguen todos los colores y se puede discernir las diferentes partes del cuerpo, aunque resultan borrosas las facciones; a trescientos metros se ve perfectamente la silueta del hombre, la cabeza, pero quedan de una forma difusa las manos. Además, a Domingo lo prepararon en ejercicios de puntería, que consistían en dar al arma la dirección y elevación[382] correspondiente, según la distancia a que se encontrase el objeto a que se disparaba; le indicaron que era preciso que el tirador sostuviera el arma con firmeza y sin violencia todo el tiempo necesario para asegurar

---

[380] Archivo General Militar de Segovia. Legajo R-1792, expediente 0. Expediente personal militar de Domingo Rodríguez Somoza; Armamento. Carabina Máuser española. (1896, 7 de mayo). *Colección Legislativa del Ejército, 117*, 177; Reglamento para la instrucción de tiro con fusil o carabina. (1905b, 9 de septiembre). *Colección Legislativa del Ejército, 182*, apéndice nº 7; Saro y Marín, L. (1900b, 15 de diciembre). La instrucción de tiro en la infantería. *Revista Técnica de Infantería y Caballería, 13*, 557 560.
[381] Castillo Domper, J. (1909). Educación física del soldado. En Cabeza Pereiro, A. (dir.). *Higiene militar* (pp. 431-471). Guadalajara: Taller Tipográfico del Colegio de Huérfanos de la Guerra.
[382] El comandante de infantería José Génova, nos explica que esta elevación se consigue por los elementos de puntería, que "consiste en un resalte colocado cerca de la boca de cañón (punto de mira) y una regla o chapa graduada (alza) próxima a la recámara. En dicha regla están grabadas las indicaciones para los diferentes alcances". Ver, Génova e Iturbe, J. (1901). *Armas de guerra*. Barcelona: Manuel Soler, 18-19.

la puntería y efectuar el disparo; que este debía sorprenderle y ser resultado de una tensión progresiva ejercida sobre el disparador, pues si se hacía de golpe, con una pequeña contracción podía variar mucho la dirección del cañón; y le mostraron unas reglas que le podían ser muy útiles para ejercitar la puntería: si se hacía fuego a cien metros, se debía apuntar a las rodillas del hombre; a doscientos metros, a la cintura; a doscientos cincuenta metros, al pecho; y a trescientos metros, a la cabeza[383].

3.9. La Sociedad Militar de Excursiones y el teniente Bonilla San Martín

A partir de 1904, Antonio dejó de competir en tiro durante algún tiempo; mientras tanto, en estos primeros años del siglo XX, participó en las excursiones organizadas por la Sociedad Militar de Excursiones[384], sociedad que se funda en 1900 y en la que figura como socio de honor el futuro rey Alfonso XIII. Es una asociación concebida como "consagrada al estudio de la España militar mediante excursiones a sus cordilleras, nudos de montañas, fábricas, museos, escuelas y, en suma, a cuantos elementos tienen relación con la cultura profesional"[385].

Los inicios del asociacionismo excursionista en España se presentan inscritos en el año 1878 con la Asociación de Excursiones Catalanas, en Barcelona, y con un fin científico, como indica en su actividad. La ubicación de esta primera asociación y sus objetivos coinciden con las investigaciones realizadas por Subirats[386] y Roma[387], quienes señalan que el excursionismo catalán nace a consecuencia de unas nuevas formas de sociabilidad producidas por la sociedad urbana industrial, inéditas en esos momentos en otras zonas de España; inicialmente sus actividades estaban encaminadas al estudio de la

---

[383] Archivo General Militar de Segovia. Legajo R-1792, expediente 0. Expediente personal militar de Domingo Rodríguez Somoza; Reglamento para la instrucción de tiro con fusil o carabina. (1905b, 9 de septiembre). *Colección Legislativa del Ejército, 182*, apéndice nº 7; Tamarit y Llopis, L. (1903). *Cartilla de instrucción militar para el soldado de infantería*. (Manuscrito). Figueras.
[384] Archivo General Militar de Segovia. Legajo GU/B-489, expediente 18. Expediente personal militar de Antonio Bonilla San Martín.
[385] Saro y Marín, L. (1900a, 1 de diciembre). Excursiones militares. *Revista Técnica de Infantería y Caballería, 11*, 517.
[386] Subirats i Torredabell, O. (2004). Modernitat i Renaixença. Els orígens de l'excursionisme català. *Afers, 49*, 623-640.
[387] Roma i Casanovas, F. (1996). *Història social de l'excursionisme català: dels orígens a 1936*. Barcelona: Oiko-Tau.

naturaleza o al trabajo arqueológico o histórico, para posteriormente, como hizo la Asociación de Excursiones Catalanas, exponer su trabajo en la Exposición Universal de Barcelona en 1888 y así realizar propaganda de su obra y acercar la montaña a la población.

Este tipo de sociedades excursionistas científicas son las primeras que se van a desarrollar también fuera de Cataluña; tenemos los ejemplos de la Sociedad Española de Excursiones, inscrita en el registro de asociaciones en Madrid en 1893[388], que publica la conferencia pronunciada en el Ateneo de Madrid en 1899 sobre sus excursiones de carácter arqueológico, en la provincia de Burgos[389], y el Ateneo y Sociedad de Excursiones, cuyo asiento consta en el libro registro de asociaciones de Sevilla en 1894 y entre cuyos fines están las excursiones con fines arqueológicos[390].

De esta naturaleza, con sus connotaciones militares, es la Sociedad Militar de Excursiones. Así lo refleja su reglamento, donde manifiesta que tiene un carácter profesional y que sus fines son el estudio de España mediante las excursiones, singularmente en los aspectos militar, topográfico, científico e histórico. Su sede estará en Madrid, sus socios serán limitados y sus miembros solo podrán ser jefes y oficiales de todas las armas e institutos. Anualmente publicará una memoria con el estudio de las expediciones. La primera expedición que organizan se realiza del 18 al 23 de noviembre de 1900, entre los puertos de Guadarrama y del Reventón[391].

El presidente de la Sociedad Militar de Excursiones era el comandante José Ibáñez Marín, un militar intelectual de su época, director de *Revista Técnica de Infantería y Caballería* y verdadero impulsor de dicha sociedad deportivo-militar. El comandante Ibáñez pretendía que el territorio que se visitara fuera una alegoría a la historia militar. Así lo expresan Canosa y Mollá: "el paisaje se convierte para los excursionistas militares en expresión simbólica de la historia militar del

---

[388] Archivo General de la Administración. Signatura 36/3104 (1887-1895). Fondo 8 Sección 30. Libro de registro de asociaciones del Gobierno Civil en Madrid.
[389] García de Quevedo, E. (1899). *Excursiones por la provincia de Burgos: conferencia de la serie organizada por la Sociedad Española de Excursiones dada en el Ateneo de Madrid el 17 de marzo de 1899*. Madrid: San Francisco de Sales.
[390] Archivo Delegación del Gobierno en Andalucía. Libro de registro de asociaciones (1887-1930).
[391] Saro y Marín, L. (1900a, 1 de diciembre). Excursiones militares. *Revista Técnica de Infantería y Caballería, 11*, 517-520.

país"[392]. El presidente de la sociedad quería contribuir, en su proyecto regeneracionista, a la mejora profesional de los jefes y oficiales mediante las excursiones enfocadas y dirigidas de esa forma[393].

La primera vinculación de la que tenemos constancia entre el teniente Antonio Bonilla y la Sociedad Militar de Excursiones es de 1906, cuando formaba parte de su junta directiva ejerciendo el cargo de vicesecretario[394].

Como ocurre en la mayoría de las sociedades deportivas de la época, los gestores no se limitaban a ejercer una función pasiva en la organización deportiva, sino que participaban de forma activa. Así, el teniente Bonilla participó de forma voluntaria, con el permiso del ministerio, en las excursiones que esta organizaba, como la desarrollada por Granada, Sierra Nevada y la Alpujarra durante siete jornadas en 1907. Como jefe de expedición fue el comandante Ibáñez Marín y el resto de la expedición estaba compuesta por los capitanes Saro, Avilés, Saliquet, Berenguer, Mayoral, los tenientes García, Pelayo, Peña, Segura y nuestro protagonista Bonilla, junto a dos ordenanzas. El primer día, 5 de agosto, salieron de Granada; la segunda jornada subieron al Veleta; la tercera recorrieron algunos pueblos de la Alpujarra; el cuarto día, lo cubrieron aproximándose al Mulhacén; la quinta jornada, tocó levantarse a las seis de la mañana para llegar una hora más tarde al pico más alto de la Península, donde algún expedicionario sintió el mal de altura; en la sexta y séptima jornadas fueron en dirección a Almería, donde finalizó la excursión, y se dirigieron en ferrocarril a Madrid[395].

También en ese mismo año, hizo con varios oficiales de su regimiento una marcha de resistencia de veintitrés horas a La Granja y regresó en cuatro jornadas haciendo excursiones por el puerto del

---

[392] Canosa Zamora, E. y Mollá Ruiz-Gómez, M. (2009). Otras valoraciones del paisaje: el excursionismo militar. En Martínez de Pisón, E. y Ortega Cantero, N. (eds.), *Los valores del paisaje* (pp. 167-198). Madrid: Universidad Autónoma de Madrid / Fundación Duques de Soria, 167.
[393] Canosa Zamora, E. y Mollá Ruiz-Gómez, M. (2009). Otras valoraciones del paisaje: el excursionismo militar. En Martínez de Pisón, E. y Ortega Cantero, N. (eds.), *Los valores del paisaje* (pp. 167-198). Madrid: Universidad Autónoma de Madrid / Fundación Duques de Soria.
[394] Canosa Zamora, E. y Mollá Ruiz-Gómez, M. (2009). Otras valoraciones del paisaje: el excursionismo militar. En Martínez de Pisón, E. y Ortega Cantero, N. (eds.), *Los valores del paisaje* (pp. 167-198). Madrid: Universidad Autónoma de Madrid / Fundación Duques de Soria.
[395] Saro y Marín, L. (1907). *Excursiones militares. Granada, Sierra Nevada y la Alpujarra*. Madrid: Estudio Tipográfico "El Trabajo".

Reventón, Peñalara, puerto de la Morcuera y Pedrizas del Manzanares, siendo felicitado por ello[396].

Al año siguiente, participó en la expedición conmemorativa que la Sociedad Militar de Excursiones hizo de la campaña del mariscal francés Soult en Portugal en 1809. Componían la expedición el teniente coronel Ibáñez Marín, el comisario de guerra Pérez del Camino, los capitanes Federico y Fernando Berenguer, Izarduy, Rodríguez de Rivera, los primeros tenientes Valera, Hernández, Romero, Aspiazu y nuestro personaje Antonio Bonilla, que se encargó de realizar las fotografías durante la excursión. Salieron de Verín, en Orense, y acabaron en Oporto (Portugal)[397].

El 16 de abril de 1909, los expedicionarios cogieron el tren en la estación Norte de Madrid a las 17:55 horas y llegaron a Orense veintiuna horas después. El 18 de abril salieron en automóvil público de Orense en dirección a Verín, desde donde emprendieron la marcha a pie, finalizando en Chaves (Portugal), tras realizar una jornada de 24 kilómetros. La segunda jornada se quedaron en Chaves; la tercera jornada partieron de Chaves, realizaron 45 kilómetros y pernoctaron en las Alturas del Barroso. La cuarta jornada caminaron 47 kilómetros con fuerte lluvia de forma intermitente hasta llegar a Penedo. Por la noche recibieron la visita del agregado militar de España en Lisboa y del vicecónsul de España en Braga. El día 22 de abril salieron de Penedo y a mediodía alcanzaron Braga, donde fueron recibidos por las autoridades militares de la ciudad con un banquete en su honor. La sexta jornada se mantuvieron en Braga hasta las 16:30, hora en la que salieron para realizar 24 kilómetros y llegar para dormir en Villanova de Famalicao a las 20:00 horas. La séptima jornada emprendieron la marcha a las 7:30 y llegaron a Oporto a las 17:30, tras una jornada de 30 kilómetros, y fueron recibidos por las autoridades militares de la ciudad. Al día siguiente se mantuvieron de visita en Oporto y salieron el día 26 de abril hacia España en tren[398].

---

[396] Archivo General Militar de Segovia. Legajo GU/B-489, expediente 18. Expediente personal militar de Antonio Bonilla San Martín.
[397] Ibáñez Marín, J. (1909). *El mariscal Soult en Portugal*. Madrid: Imprenta Revista Técnica de Infantería y Caballería.
[398] Ibáñez Marín, J. (1909). *El mariscal Soult en Portugal*. Madrid: Imprenta Revista Técnica de Infantería y Caballería.

Desde el final del siglo XIX y hasta 1910, en los registros de asociaciones de los Gobiernos Civiles en la mayoría de provincias españolas se inscriben veintiséis asociaciones excursionistas, de las cuales dieciséis nacen en Cataluña y cuatro en Madrid. El resto, de forma unitaria, se reparten por la geografía española de norte a sur y de este a oeste a lo largo de la década[399].

El perfil inicial de estas asociaciones excursionistas tiene un carácter científico, defendido por el positivismo del redescubrimiento de la naturaleza, pero, una vez cubierto ese ámbito, las nuevas sociedades excursionistas que van surgiendo tienen un perfil más recreativo-deportivo[400]. Este argumento se ejemplifica en el Club Alpino Español, inscrito en el registro del Gobierno Civil de Madrid en 1908, que tiene un fin deportivo; y en Juventud Excursionista Avant, asentada en el registro del Gobierno Civil de Barcelona en 1909, que tiene un fin recreativo[401].

---

[399] Fuente elaborada por el autor, según las inscripciones en los registros de los libros de asociaciones de los Gobiernos Civiles encontrados en los archivos de 28 provincias españolas de las 52 estudiadas. Los archivos de las 28 provincias son: Archivo General de la subdelegación del Gobierno en Barcelona, Archivo Histórico Provincial de Girona, Archivo del Reino de Galicia en A Coruña, Archivo Histórico Provincial de Pontevedra, Archivo Histórico de Asturias en Oviedo, Archivo Histórico Provincial de Guipúzcoa en Oñati (Guipúzcoa), Archivo Histórico Provincial de Álava en Vitoria, Archivo Histórico Provincial de Zaragoza, Archivo Histórico Provincial de León, Archivo Histórico Provincial de Zamora, Archivo Histórico Provincial de Salamanca, Archivo Histórico Provincial de Valladolid, Archivo Histórico Provincial de Soria, Archivo Histórico Provincial de Segovia, Archivo Histórico Provincial de Ávila, Archivo Histórico Provincial de La Rioja en Logroño, Archivo General de la Administración en Alcalá de Henares (Madrid), Archivo Histórico Provincial de Cuenca, Archivo Histórico Provincial de Guadalajara, Archivo Histórico Provincial de Ciudad Real, Archivo del Reino de Valencia, Archivo Histórico Provincial de Cáceres, Archivo Histórico Provincial de Murcia, Archivo Histórico Provincial de Almería, Archivo de la Delegación del Gobierno en Andalucía en Sevilla, Archivo Histórico Provincial de Cádiz, Archivo Histórico Provincial de Huelva, Archivo Histórico Provincial de Santa Cruz de Tenerife.

[400] Fuente elaborada por el autor, según las inscripciones en los registros de los libros de asociaciones de los Gobiernos Civiles encontrados en los archivos de 28 provincias españolas de las 52 estudiadas. Los archivos de las 28 provincias son: Archivo General de la subdelegación del Gobierno en Barcelona, Archivo Histórico Provincial de Girona, Archivo del Reino de Galicia en A Coruña, Archivo Histórico Provincial de Pontevedra, Archivo Histórico de Asturias en Oviedo, Archivo Histórico Provincial de Guipúzcoa en Oñati (Guipúzcoa), Archivo Histórico Provincial de Álava en Vitoria, Archivo Histórico Provincial de Zaragoza, Archivo Histórico Provincial de León, Archivo Histórico Provincial de Zamora, Archivo Histórico Provincial de Salamanca, Archivo Histórico Provincial de Valladolid, Archivo Histórico Provincial de Soria, Archivo Histórico Provincial de Segovia, Archivo Histórico Provincial de Ávila, Archivo Histórico Provincial de La Rioja en Logroño, Archivo General de la Administración en Alcalá de Henares (Madrid), Archivo Histórico Provincial de Cuenca, Archivo Histórico Provincial de Guadalajara, Archivo Histórico Provincial de Ciudad Real, Archivo del Reino de Valencia, Archivo Histórico Provincial de Cáceres, Archivo Histórico Provincial de Murcia, Archivo Histórico Provincial de Almería, Archivo de la Delegación del Gobierno en Andalucía en Sevilla, Archivo Histórico Provincial de Cádiz, Archivo Histórico Provincial de Huelva, Archivo Histórico Provincial de Santa Cruz de Tenerife.

[401] Archivo General de la Administración. Signatura 36/3106 (1905-1912). Fondo 8 Sección 30. Libro de registro de asociaciones del Gobierno Civil en Madrid; Archivo General de la Subdelegación

Este cambio en las finalidades de las asociaciones excursionistas hacia la recreación y el deporte se produjo gracias al interés por la observación de los paisajes y la naturaleza. A esto contribuyó la construcción de refugios, como el de Ulldeter, en el Pirineo catalán en 1909. Este nuevo hábito se fue imponiendo por el placer de realizar ejercicio físico y se vio estimulado por la organización de competiciones, como la realizada en la montaña del Matagalls, el primer concurso catalán de luges, en 1909. Hay que tener también en cuenta que el acceso a la montaña de un mayor número de personas influyó en la mejora de las infraestructuras. Por ejemplo, en 1910 se consigue que la Compañía de los Ferrocarriles del Norte establezca un servicio especial entre Madrid-Cercedilla, y vuelta, los días festivos[402].

Todas estas circunstancias provocan que, al finalizar esta primera década del siglo XX, el asociacionismo excursionista no sea minoritario, en términos absolutos, en la mayoría de provincias de España; solo en número de asociaciones es superado por la caza, el ciclismo, el fútbol, la colombofilia y las asociaciones náuticas y de regatas[403]. Esto significa que un gran sector de la clase media lo practica; de lo contrario, no podría generar semejante nivel de sociabilidad.

---

del Gobierno en Barcelona. Fondo: Asociaciones; Libros: Registro de Asociaciones; Tomo 4, 16; Bahamonde Magro, A. (2011). La escalada del deporte en España en los orígenes de la sociedad de masas, 1900-1936. En Pujadas, X. (coord.), *Atletas y ciudadanos* (pp. 89-123). Madrid: Alianza; Fernández Truan, J. C. (2011). Génesis del excursionismo en España. En Loudcher, J. F.; Hasse, M. e Neto, C. (eds.), *CESH XVI International Congress: Sport and tourism* (p. 10). Cruz Quebrada (Portugal): Facultade de Motricidade Humana.

[402] G. de Anserna, M. (1910, 30 de diciembre). Club Alpino Español. *España Automóvil, 24*, 295-298; Martí-Henneberg, J. (1996, noviembre). El excursionismo, entre la ciencia y la estética. *Mundo Científico, 173*, 962-969; Pérez de Tudela, C. (otoño, 2009). Deporte y cultura en la Sierra del Guadarrama. *Ilustración de Madrid, 13*, 41-46; Santacana Torres, C. (1999a, setembre-octubre). L'excursionisme entre la ciencia, la cultura, el lleure i l'esport. *Temps de Joc, 23*, 42-44.

[403] Fuente elaborada por el autor, según las inscripciones en los registros de los libros de asociaciones de los Gobiernos Civiles encontrados en los archivos de 28 provincias españolas de las 52 estudiadas. Los archivos de las 28 provincias son: Archivo General de la Subdelegación del Gobierno en Barcelona, Archivo Histórico Provincial de Girona, Archivo del Reino de Galicia en A Coruña, Archivo Histórico Provincial de Pontevedra, Archivo Histórico de Asturias en Oviedo, Archivo Histórico Provincial de Guipúzcoa en Oñati (Guipúzcoa), Archivo Histórico Provincial de Álava en Vitoria, Archivo Histórico Provincial de Zaragoza, Archivo Histórico Provincial de León, Archivo Histórico Provincial de Zamora, Archivo Histórico Provincial de Salamanca, Archivo Histórico Provincial de Valladolid, Archivo Histórico Provincial de Soria, Archivo Histórico Provincial de Segovia, Archivo Histórico Provincial de Ávila, Archivo Histórico Provincial de La Rioja en Logroño, Archivo General de la Administración en Alcalá de Henares (Madrid), Archivo Histórico Provincial de Cuenca, Archivo Histórico Provincial de Guadalajara, Archivo Histórico Provincial de Ciudad Real, Archivo del Reino de Valencia, Archivo Histórico Provincial de Cáceres, Archivo Histórico Provincial de Murcia, Archivo Histórico Provincial de Almería, Archivo de la Delegación del Gobierno en Andalucía en Sevilla, Archivo Histórico Provincial de Cádiz, Archivo Histórico Provincial de Huelva, Archivo Histórico Provincial de Santa Cruz de Tenerife.

3.10. El teniente Bento y el asociacionismo deportivo en la provincia de Barcelona

En octubre de 1902, Bento López fue destinado al Batallón Cazadores de Alfonso XII n.º 15 ubicado en Manresa, en la provincia de Barcelona. El teniente Bento encontró en dicha provincia un nivel asociativo en el plano deportivo muy superior al resto de provincias españolas. Hasta finales de 1902 se hallan inscritas 73 sociedades deportivas en el libro de registro del Gobierno Civil de Barcelona, predominando las sociedades dedicadas al ciclismo; muy por encima de la siguiente provincia, que es Valencia, con 34 sociedades deportivas inscritas o de las 28 que tiene inscritas la provincia de Madrid en 1902 en sus respectivos Gobiernos Civiles[404][405].

Esta circunstancia se deriva del avance industrial existente en dicha provincia catalana respecto al resto de provincias del Estado, lo que provoca un crecimiento asociativo desconocido para el resto. Esta justificación es confirmada por González Aja[406], Santacana y Pujadas[407], Bahamonde[408] y Pujadas[409], que afirman que el mayor desarrollo del

---

[404] Fuente elaborada por el autor, según las inscripciones en los registros de los libros de asociaciones de los Gobiernos Civiles encontrados en los archivos de 28 provincias españolas de las 52 estudiadas. Los archivos de las 28 provincias son: Archivo General de la Subdelegación del Gobierno en Barcelona, Archivo Histórico Provincial de Girona, Archivo del Reino de Galicia en A Coruña, Archivo Histórico Provincial de Pontevedra, Archivo Histórico de Asturias en Oviedo, Archivo Histórico Provincial de Guipúzcoa en Oñati (Guipúzcoa), Archivo Histórico Provincial de Álava en Vitoria, Archivo Histórico Provincial de Zaragoza, Archivo Histórico Provincial de León, Archivo Histórico Provincial de Zamora, Archivo Histórico Provincial de Salamanca, Archivo Histórico Provincial de Valladolid, Archivo Histórico Provincial de Soria, Archivo Histórico Provincial de Segovia, Archivo Histórico Provincial de Ávila, Archivo Histórico Provincial de La Rioja en Logroño, Archivo General de la Administración en Alcalá de Henares (Madrid), Archivo Histórico Provincial de Cuenca, Archivo Histórico Provincial de Guadalajara, Archivo Histórico Provincial de Ciudad Real, Archivo del Reino de Valencia, Archivo Histórico Provincial de Cáceres, Archivo Histórico Provincial de Murcia, Archivo Histórico Provincial de Almería, Archivo de la Delegación del Gobierno en Andalucía en Sevilla, Archivo Histórico Provincial de Cádiz, Archivo Histórico Provincial de Huelva, Archivo Histórico Provincial de Santa Cruz de Tenerife.
[405] Archivo General de la Administración. Signatura 36/3104 (1887-1895). Fondo 8 Sección 30. Libro de registro de asociaciones del Gobierno Civil en Madrid; Archivo General de la Administración. Signatura 36/3105 (1895-1905). Fondo 8 Sección 30. Libro de registro de asociaciones del Gobierno Civil en Madrid; Archivo General Militar de Segovia. Legajo B-1811, expediente 0. Expediente personal militar de José Bento López; Archivo General de la Subdelegación del Gobierno en Barcelona. Fondo: Asociaciones; Libros: Registro de Asociaciones; Tomo 1 y Tomo 2; Archivo del Reino de Valencia. Fondo: Delegación del Gobierno. Sección: Libro de Asociaciones. Sig: Libro 1 (1887-1911).
[406] González Aja, T. (2003). *Introducción del deporte en España. Su repercusión en el arte*. Madrid: Edilupa ediciones.
[407] Santacana Torres, C. i Pujadas i Martí, X. (2006). *L'altra olimpiada. Barcelona'36*. Barcelona: Llibres de l'índex.
[408] Bahamonde Magro, A. (2011). La escalada del deporte en España en los orígenes de la sociedad de masas, 1900-1936. En Pujadas, X. (coord.), *Atletas y ciudadanos* (pp. 89-123). Madrid: Alianza.

deporte[410] aparece ligado a Barcelona porque es donde se ha establecido la actividad industrial, la burguesía y el crecimiento de la sociedad urbana en mayor grado, y que la actividad fabril barcelonesa induce conexiones con otros países europeos; no es equiparable la práctica deportiva con otras zonas de España debido a las diferencias estructurales y socioeconómicas existentes en este principio del siglo XX.

Los motivos que encuentra nuestro protagonista para que el ciclismo esté en boga es su carácter saludable o higiénico, como se expresaba en aquellos momentos, y un afán de emular los signos de modernidad que provienen de fuera de nuestras fronteras al generalizarse el poder disponer de una bicicleta y practicar dicha actividad. La primera evidencia es demostrada por uno de los mejores médicos de la época, miembro de la Real Academia Nacional de Medicina, en su obra *El velocípedo*[411]. *Sus aplicaciones higiénicas y terapéuticas*, donde afirma que terapeutas e higienistas "no pueden quejarse de los excelentes resultados que se pueden obtener de medio tan sencillo (el velocípedo), agradable y entretenido, para robustecer el cuerpo y prevenir y curar gran número de enfermedades"[412]. Un ejemplo de esta prevención se expone en una memoria en el Ateneo de Vitoria en 1895, donde se afirma que produce resultados beneficiosos realizar dos horas diariamente a una velocidad de veinte kilómetros por

---

[409] Pujadas i Martí, X. (2012). Sport, Space and the Social Construction of the Modern City: The Urban Impact of Sports Involvement in Barcelona (1870-1923). *The International Journal of the History of Sport, 14*, 1963-1980.

[410] Entendemos por deporte la actividad física que nace en las clases altas inglesas del siglo XVIII, que se constituye en una práctica laica, organizada, estructurada y sistematizada con y en el tiempo (se establece el principio de récord). La actividad física en que se reglamenta la competición es de una forma análoga y global, creando sus propios clubes y federaciones, haciéndolo de una forma precisa en el uso de la dureza con el adversario. Ver, García Bonafé, M. (1992). Las mujeres y el deporte: del "corsé" al "chándal". *Sistema, 110-111*, 37-53; Lagardera Otero, F. (1995). Historia social del deporte en España. En García Blanco, S. (coord.), *Simposium de Historia de la educación física* (pp. 39-69). Salamanca: Universidad de Salamanca; Lagardera Otero, F. (1995-1996). Notas para una historia social del deporte en España. *Historia de la Educación. Revista Interuniversitaria, 14-15*, 151-172. Para el doctor Recaredo Agulló, en su segunda acepción del término *deporte*, expresa que es la "actividad física individual o colectiva realizada como ejercicio o placer, cuya práctica supone entrenamiento y la sujeción a ciertas reglas generalmente de carácter competitivo". Ver, Agulló Albuixech, R. (2003). *Diccionario de términos deportivos*. Madrid: Espasa, 182. Siguiendo a Dunning, en esta investigación centrada en nuestro análisis del deporte moderno en España vinculado a nuestros biografiados, no incluimos la tauromaquia. Ver, Dunning, E. (2003). *El fenómeno deportivo. Estudios sociológicos en torno al deporte, la violencia y la civilización*. Barcelona: Paidotribo.

[411] Inicialmente se llamó velocípedo a la bicicleta porque las primeras máquinas recibían el impulso con los pies. Ver, Izquierdo Macon, E. y Gómez Alonso, M. T. (2003). Los orígenes del ciclismo en España: la expansión velocipédica de finales del siglo XIX. *Apunts. Educació Física i Esports, 71*, 6-13.

[412] Codina Castellví, J. (1893). *El Velocípedo. Sus aplicaciones higiénicas y terapéuticas*. Madrid: Viuda de Hernando y Compañía, VII.

hora en zona llana y sin circulación, seguido de una sesión de masaje y baño frio[413]. La segunda evidencia nos la aportan los estudios actuales de Izquierdo y Gómez Alonso[414] y de González Aja[415], que exponen que la posesión de la bicicleta supone el deseo de adquirir la última máquina inventada, representando la nueva corriente de vida moderna.

No menos importante es una tercera razón del auge del ciclismo que encuentra el joven teniente Bento López a su llegada a la provincia de Barcelona: la económica. Existe un círculo de intereses, que se retroalimentan mutuamente, entre la industria de la bicicleta, que cada vez fabrica bicicletas más ligeras y más baratas con la intención de que exista mayor número de ciclistas y así ganar más dinero, y la prensa, que vende más organizando eventos y competiciones ciclistas, al generar un mayor movimiento social a través del mundo de la bicicleta[416].

La sociedad decana del ciclismo asentada en el registro de asociaciones en la Ciudad Condal es el Veloz Club, inscrita en 1878. La revista madrileña *El Veloz Sport*, dirigida por Manuel del Campo, y la revista barcelonesa *El Ciclista*, dirigida por Claudio de Rialp, promovieron la labor de crear una corporación ciclista de nivel nacional. Al llegar Bento López, en 1902, dicha agrupación ciclista ya estaba creada. Era la Unión Velocipédica Española, la sociedad ciclista más importante, registrada en 1901 y presidida por Claudio de Rialp. La sociedad se constituyó inicialmente en Madrid y fue presidida por Pedro Sánchez de Neyra, marqués de Casa Alta. La sociedad creció rápidamente y a los pocos meses tenía varios miles de socios. El excesivo entusiasmo provocó una mala gestión y las deudas adquiridas por la entidad nadie las quiso asumir. Esto motivó que la sociedad tuviera que desplazar su sede a la calle Provenza n.º 304 de Barcelona. La Unión Velocipédica nació con un carácter federativo a nivel nacional, con comités regionales repartidos por la Península, siendo una de sus funciones regular el ciclismo de competición.

---

[413] Vega Rey, L. (1895). El velocipedismo. *El Siglo Médico, 2181*, 646-650.
[414] Izquierdo Macon, E. y Gómez Alonso, M. T. (2003). Los orígenes del ciclismo en España: la expansión velocipédica de finales del siglo XIX. *Apunts. Educació Física i Esports, 71*, 6-13.
[415] González Aja, T. (2003). *Introducción del deporte en España. Su repercusión en el arte*. Madrid: Edilupa ediciones.
[416] Lagardera Otero, F. (1992a, noviembre). De la aristócrata gimnástica al deporte de masas: un siglo de deporte en España. *Sistema, 110-111*, 9-36; Pujadas i Martí, X. (1998, juliol-agost,). El Tour de França, la historia d'un negoci a dues rodes. *Temps de joc, 16*, 42-44.

Una de esas competiciones importantes que se celebraron en Barcelona en 1902 fue el Campeonato de España-Gran Premio del Rey, que conmemoraba la coronación del rey Alfonso XIII. Esta competición consistía en una prueba ciclista de fondo de 100 kilómetros, en la carretera de Mollet a Vic[417].

La evolución del ciclismo asociativo en la comarca de Barcelona durante esta primera década del siglo XX sufrió una reducción. Se inscribieron menos sociedades que en la década anterior[418] porque, en 1910, la bicicleta dejó de ser un símbolo de modernidad, en favor de otros medios de locomoción como la motocicleta[419] y el automóvil[420] [421]. Ese ligero descenso de las asociaciones ciclistas se contrapone al auge experimentado por el excursionismo, que le supera en número de sociedades inscritas. También el fútbol, que además surgió de la nada, experimentó un incremento. En el siglo XIX no existían sociedades de dicha actividad anotadas en los repertorios; a finales de 1910, el balompié aún no superaba al ciclismo en número de asociaciones asentadas en el registro del Gobierno Civil barcelonés[422].

---

[417] Archivo General Militar de Segovia. Legajo B-1811, expediente 0. Expediente personal militar de José Bento López; Archivo General de la Subdelegación del Gobierno en Barcelona. Fondo: Asociaciones; Libros: Registro de Asociaciones; Tomo 1, 1; Archivo General de la Subdelegación del Gobierno en Barcelona. Fondo: Asociaciones; Libros: Registro de Asociaciones; Tomo 2, 44; Archivo General de la Administración. Signatura 36/3104 (1887-1895). Fondo 8 Sección 30. Libro de registro de asociaciones del Gobierno Civil en Madrid; Canto y Arroyo, F. (1925?). *Ciclismo*. Barcelona: Librería Sintes; Cepeda, F. (1910, 7 de enero). Actas del XII Congreso de la U.V.E. *Boletín Oficial de la Unión Velocipédica Española-Touring Club Nacional, 145*, 3-10; Izquierdo Macon, E. y Gómez Alonso, M. T. (2003). Los orígenes del ciclismo en España: la expansión velocipédica de finales del siglo XIX. *Apunts. Educació Física i Esports, 71*, 6-13; Navarro, E. (1916). *Álbum histórico de las sociedades deportivas en Barcelona*. Barcelona: José Ortega; Pujadas i Martí, X. i Santacana Torres, C. (1995a). *Història il.lustrada de l'esport a Catalunya*. V. 1 (1870-1932). Barcelona: Diputació de Barcelona i Columna; Santacana Torres, C. i Pujadas i Martí, X. (2006). *L'altra olimpiada. Barcelona'36*. Barcelona: Llibres de l'index; Torrebadella i Flix, X. and Olivera Betrán, J. (2013). The Birth of the Sports Press in Spain Within the Regenerationist Context of the Late Nineteenth Century. *The International Journal of the History of Sport, 18*, 2164-2196.
[418] Fuente elaborada por el autor según las inscripciones en los registros del Gobierno Civil de Barcelona del Archivo General de la Subdelegación del Gobierno en Barcelona, tomo 1 y tomo 2.
[419] La primera motocicleta la fabrica Villabí en Barcelona en 1902 y las primeras carreras de motos se organizan en 1906 en Barcelona. Ver, Pujadas i Martí, X. (1999, novembre-decembre). Motorisme esportiu una historia d'alta velocitat. *Temps de joc, 24*, 42-44; Pujadas i Martí, X. i Santacana Torres, C. (1995a). *Història il.lustrada de l'esport a Catalunya*. V. 1 (1870-1932). Barcelona: Diputació de Barcelona i Columna.
[420] El primer automóvil lo fábrica en Barcelona el oficial de artillería Emilio de la Cuadra en 1898 y la primera carrera de automóviles la organiza en Barcelona *Los Deportes* en diciembre de 1899. Ver, Ciuró, J. (1970). *Historia del automóvil en España* . Barcelona: CEAC.
[421] Pujadas i Martí, X. (1999, novembre-decembre). Motorisme esportiu una historia d'alta velocitat. *Temps de joc, 24*, 42-44; Rivero Herraiz, A. (2005). *Deporte y modernización*. Sevilla: Wanceulen.
[422] Fuente elaborada por el autor según las inscripciones en los registros del Gobierno Civil de Barcelona del Archivo General de la Subdelegación del Gobierno en Barcelona, tomo 1 y tomo 2.

Es significativo el modo como se abre, en esta primera década del siglo XX, el abanico de sociedades deportivas con fines diferentes respecto a la década anterior. Esto permite a la sociedad media y alta barcelonesa poder disfrutar de nuevas distracciones en su tiempo de ocio: fútbol, tenis, polo, automovilismo, tiro de pichón, pelota vasca, atletismo y actividades aéreas[423]. Todas, excepto la pelota vasca, son prácticas importadas. Como señala el profesor Ángel Bahamonde, Barcelona "fue la principal difusora de los nuevos deportes que se importan del exterior"[424].

Otras actividades institucionalizadas que encontró el joven oficial Bento al llegar a la demarcación de Barcelona en 1902, con un número significativo de sociedades deportivas dedicadas a un mismo fin, son las asociaciones náuticas y de regatas[425], deportes caracterizados por la distinción social. Entre las más significativas citamos el Club de Regatas de Barcelona, presidido por José E. de Olano (posteriormente conde de Figols), inscrito en el registro de asociaciones en 1881 y con sede en la calle Fernando VII. Este club recibió el título de Real en 1888. Destacar también el Club Catalán de Regatas, asentado ante la autoridad del Gobierno Civil en 1884. Luego cambió su nombre por Club Náutico, recibió el título de Real también en 1888 y solicitó al Ministerio de Marina, como vicepresidente de honor del club, cambiar su nombre por Real Yacht Club en 1892. El primer club estaba dedicado a la práctica del remo; el segundo, al deporte de la vela. Estas sociedades recibían una subvención estatal. Hay evidencias de este mecenazgo anual desde 1883 hasta 1894. Posteriormente, en los presupuestos del Ministerio de Marina aparece por primera vez en 1906, de forma explícita, un capítulo titulado "Premios para regatas y fomento de asociaciones náuticas", con un importe de 24.000 pesetas. Este patrocinio se mantendría de forma anual hasta el final de esta primera década del siglo XX con un importe de 25.000 pesetas, exceptuando la partida presupuestaria del año 1908, en que fueron 20.000 pesetas[426].

---

[423] Fuente elaborada por el autor según las inscripciones en los registros del Gobierno Civil de Barcelona del Archivo General de la Subdelegación del Gobierno en Barcelona, tomo 1 y tomo 2.
[424] Bahamonde Magro, A. (2011). La escalada del deporte en España en los orígenes de la sociedad de masas, 1900-1936. En Pujadas, X. (coord.), *Atletas y ciudadanos* (pp. 89-123). Madrid: Alianza, 98.
[425] Fuente elaborada por el autor según las inscripciones en los registros del Gobierno Civil de Barcelona del Archivo General de la Subdelegación del Gobierno en Barcelona, tomo 1 y tomo 2.
[426] Archivo General de la Marina Álvaro de Bazán. Sección Deportes, legajo 1142; Archivo General Militar de Segovia. Legajo B-1811, expediente 0. Expediente personal militar de José Bento López;

Entre las actividades marítimas instauradas por el Real Club de Barcelona[427], sociedad surgida en 1902 tras la fusión entre el Real Club de Regatas y el Real Yacht Club, cabe destacar la regata Trofeo Alfonso XIII, instituida con motivo de la visita real en 1904, y que se mantiene en la actualidad. En 1906 la entidad tenía una cifra de seiscientos socios, participaba en competiciones nacionales, como el Campeonato de España en yol de mar a cuatro remeros y timonel, donde consiguió el título en los años 1908, 1909 y 1910. En 1908 se aplicó por primera vez el reglamento de la International Yacht Racing Union, organismo federativo internacional nacido en 1907 con la participación de España, entre otras naciones. En 1909, por divergencias organizativas, se volvió a escindir en dos clubes, el Real Club de Barcelona, presidido por Rafael Morató Sanesteve, y el Real Club Náutico de Barcelona[428], presidido por José E. de Olano. Este último, a finales de 1909, comunicó al ministro de la Marina que la junta directiva había nombrado socios de honor a todos los jefes y oficiales de la Armada[429].

El deporte, en general, fue parte considerable en la transformación del medio urbano de la Ciudad Condal[430]. En concreto, las sociedades

---

Archivo General de Palacio. Fondo: Alfonso XIII. Sección: Reinados. Reales Deportivos. Caja 8801. Expediente 63; Archivo General de la Subdelegación del Gobierno en Barcelona. Fondo: Asociaciones; Libros: Registro de Asociaciones; Tomo 1, 13, 34; Almeida Aguiar, A. S. (2005). *Británicos, deporte y burguesía en una ciudad atlántica (Las Palmas de Gran Canaria, 1880-1914)*. Las Palmas de Gran Canaria: Ayuntamiento de Las Palmas de Gran Canaria-Universidad de Las Palmas de Gran Canaria; Fernández Palacios, J. A. (2001). *Historia de las cuatro marinas españolas. Marina deportiva*. Volumen 4. Madrid: Silex; Ministerio de Hacienda. (1906). *Presupuestos Generales del Estado para el año económico de 1906*. Madrid: Establecimiento tipográfico de los hijos de J.A. García; Ministerio de Hacienda. (1907). *Presupuestos Generales del Estado para el año económico de 1907*. Madrid: Establecimiento tipográfico de los hijos de J.A. García; Ministerio de Hacienda. (1908). *Presupuestos Generales del Estado para el año económico de 1908*. Madrid: Establecimiento tipográfico de los hijos de J. A. García; Ministerio de Hacienda. (1909). *Presupuestos Generales del Estado para el año económico de 1909*. Madrid: Establecimiento tipográfico de los hijos de J. A. García; Navarro, E. (1916). *Álbum histórico de las sociedades deportivas en Barcelona*. Barcelona: José Ortega.
[427] En el libro de registro del Gobierno Civil de Barcelona figura con el nombre de Real Club Marítimo de Barcelona. Ver, Archivo General de la Subdelegación del Gobierno en Barcelona. Fondo: Asociaciones; Libros: Registro de Asociaciones; Tomo 2, 72.
[428] En el libro de registro del Gobierno Civil de Barcelona figura con el nombre de Club Náutico de Barna. Ver, Archivo General de la Subdelegación del Gobierno en Barcelona. Fondo: Asociaciones; Libros: Registro de Asociaciones; Tomo 3, 203.
[429] Amat Cansino, S. (1958, junio). El Real Club Marítimo de Barcelona. *Vela: deporte del mar*, 18, 18 19; Fernández Palacios, J. A. (2001). *Historia de las cuatro marinas españolas. Marina deportiva*. Volumen 4. Madrid: Silex; Margarit y Calvet, A. (1920). *Remo*. Barcelona: Seix Barral; Navarro, E. (1916). *Álbum histórico de las sociedades deportivas en Barcelona*. Barcelona: José Ortega; Pujadas i Martí, X. i Santacana Torres, C. (1995a). *Història il.lustrada de l'esport a Catalunya*. V. 1 (1870-1932). Barcelona: Diputació de Barcelona i Columna; Reales Clubs Náuticos. (1910, 5 de enero). *Colección Legislativa de la Armada*, 3, 10; Sardà i Llorens, R. (1982). *80 anys d'esport a la mar. Reial Club Marítim de Barcelona*. Barcelona: Gea.
[430] Pujadas i Martí, X. (2012). Sport, Space and the Social Construction of the Modern City: The

náuticas y de regatas estaban ubicadas en el puerto de Barcelona conviviendo con las actividades portuarias en un momento de metamorfosis del puerto (se construyó la nueva aduana, se levantó el muelle de España, se modernizó la estructura de carga y descarga y se instaló un embarcadero de pasajeros para recibir a los viajeros). Por esa razón, tenían sus sedes en edificios flotantes que desplazaban según las exigencias del tránsito marítimo. Los motivos de que estas actividades deportivas se desarrollaran tanto durante la primera década del siglo XX es, según la doctora Tatjer Mir, porque "se extendieron a un público más amplio de clases medias"[431].

3.11. El teniente Estévez y el asociacionismo deportivo en la provincia de Pontevedra

El primer destino del teniente Estévez fue el Regimiento Infantería Murcia n.º 37 en Vigo. Regresaba a su Galicia natal, ya que había nacido en Verín (Orense) el 23 de abril de 1887 y descubrió que, en la provincia de Pontevedra, las mayores sociedades deportivas asentadas en el registro hasta 1910, fecha en que abandonó Vigo, se dedicaban al fútbol y a la caza, en este orden. Esta última, practicada con asiduidad por Ignacio Estévez, era una modalidad deportiva muy desarrollada y repartida en la provincia. Existían sociedades desde 1886 en las poblaciones de Villagarcía, Cuntis, Bayona, Moraña, Valga, Cangas, Caldas, Lalín, Sangenjo y Vigo[432]. Este incremento de la sociabilidad en la caza venía favorecido por la propaganda saludable que de esta actividad practicada al aire libre efectuaban los médicos de la época, frente a otro tipo de ejercicios físicos, como la gimnasia y la esgrima que "se

---

Urban Impact of Sports Involvement in Barcelona (1870-1923). *The International Journal of the History of Sport*, 14, 1963-1980.

[431] Tatjer Mir, M. (1996). La construcción del espacio costero, siglos xix-xx. Del mundo portuario al mundo del ocio. El caso del puerto de Barcelona, 1856-1936. En Guimerá Ravina, A. y Romero, D. (eds.), *Puertos y sistema portuarios (siglos xvi - xx)* (pp. 371-391). Actas del Coloquio Internacional El sistema portuario español (Madrid, 19-21 octubre, 1995). Madrid: CEHOPU-Ministerio de Fomento CSIC, 380.

[432] Archivo General Militar de Segovia. Legajo E-1563, expediente 0. Expediente personal militar de Ignacio Estévez Estévez; Archivo Histórico Provincial de Pontevedra. Sección Hacienda, libro L 10052; comunicación personal con Carlos Estévez Eguiagaray, 1 de julio de 2011; Domínguez Almansa, A. (2009). *Historia social do deporte en Galicia: cultura e modernidade, 1850-1920*. Vigo: Galaxia.

practican en habitaciones cerradas, dentro de la atmósfera impura de las capitales"[433].

Esta actividad también era fomentada por otros sectores, como el del abogado y político Miralles[434], que defendían que la caza era un excelente ejercicio físico necesario para regenerar a la sociedad, argumento expuesto en la revista *La Caza Ilustrada*, órgano de difusión de la Asociación General de Cazadores, inscrita en el registro del libro de asociaciones del Gobierno Civil de Madrid en 1903, y presidida en esos momentos por un apasionado de dicha actividad, Álvaro de Figueroa y Torres Sotomayor, conde de Romanones. Esta asociación fue fundada con carácter federativo y su fin era el fomento de la caza y de la pesca, según sus estatutos[435].

También contribuyó al crecimiento de la caza el bajo coste de las cuotas que había que pagar para poder asociarse. Así, la Asociación General de Cazadores cobraba en 1898 una cuota de una peseta al mes a sus socios; la Sociedad Protectora de Caza y Pesca de Santiago (A Coruña) y Cazadores de Órdenes (A Coruña) cobraban cincuenta céntimos al mes en los inicios del siglo XX[436].

La caza fue tradicionalmente una actividad reservada para la aristocracia y practicada casi exclusivamente por sus miembros. Seguía siendo así a principios del siglo XIX, según lo establecía una Real Cédula de 3 de febrero de 1804, que solo permitía cazar con escopeta y perro a los nobles, clérigos y personas honradas, pero no a jornaleros y menestrales; estos solo podían cazar los domingos y días de fiesta[437]. A

---

[433] Escuder, J. M. (1899). Educación Física. En Evero, F. (ed.), *Páginas de caza española y americanas* (pp. 199-203). Madrid: Establecimiento Tipográfico de Ricardo Fé, 199.
[434] Miralles Salabert, M. (1902, 30 de octubre). La caza y el Tiro Nacional. *La Caza Ilustrada, 30*, 467-468.
[435] Archivo General de la Administración. Signatura 36/3105 (1895-1905). Fondo 8 Sección 30. Libro de registro de asociaciones del Gobierno Civil en Madrid; Figueroa y Torres Sotomayor, A., conde de Romanones (1898). Estatutos y reglamento de la Asociación General de Cazadores. En Evero, F. (ed.), *Páginas de caza española y americanas* (pp. 321-322). Madrid: Establecimiento Tipográfico de Ricardo Fé; Figueroa y Torres Sotomayor, A., conde de Romanones (1929). *Notas de una vida: 1901-1912*. Madrid: Renacimiento.
[436] Archivo del Reino de Galicia. Libro Registro General de Asociaciones, signatura L-5125; Figueroa y Torres Sotomayor, A., conde de Romanones (1898). Estatutos y reglamento de la Asociación General de Cazadores. En Evero, F. (ed.), *Páginas de caza española y americanas* (pp. 321-322). Madrid: Establecimiento Tipográfico de Ricardo Fé; Sociedad Protectora de Caza y Pesca de Santiago. (1902 1903). *Memoria anual*. Santiago de Compostela: Sociedad Protectora de Caza y Pesca de Santiago.
[437] Abella y Blave, F. (1903). *Manual del derecho de caza y del uso de armas*. Madrid: El Consultor; Sánchez Gascón, A. (2007). *Leyes históricas de caza: tratado del derecho de caza en las comunidades autónomas*. Madrid: Exlibris Ediciones.

raíz del Decreto de Caza de 1834, de la Ley de Caza de 1879 y, sobre todo, de la Ley de Asociaciones de 1887, fue posible que muchas personas pudieran cazar y que esos cazadores pudieran asociarse, obteniendo un abaratamiento de las licencias de caza y un menor coste de las armas y las municiones, lo que provocó que las armerías se asentaran de forma estable. Así, cada vez hay más cazadores[438], que van adquiriendo su forma deportiva[439], convirtiendo la caza en una actividad más popular.

Para regularizar esta práctica, en 1902 se aprobó la Ley de Caza y en 1903, el posterior reglamento. Entre sus fines estaba poder constituir sociedades para ejercer el derecho de cazar, controlar la caza indiscriminada, por temor al exterminio de esta, y defender la agricultura de los daños que causaba la abundante actividad venatoria. Como consecuencia de ello, aumentó el número de sociedades en la provincia de Pontevedra, algunas de ellas con objeto de proteger la caza[440]. Como indica el doctor Andrés Domínguez, se tomaron medidas para aumentar la vigilancia llegando "la prohibición por el Gobierno Civil de Pontevedra para cazar las hembras de ciervo y similares, así como sancionar la venta de su carne o mostrar piezas"[441].

Por otra parte, también hemos indicado que el fútbol era el deporte con más sociedades inscritas en la provincia de Pontevedra hasta 1910. Todas, menos una, estaban ubicadas en Vigo. La primera asociación inscrita fue el Fortuna Football Club, en 1905, en la ciudad de

---

[438] En la provincia de Pontevedra pasaron de cerca de 600 licencias de caza en 1904 a 1.500 licencias en 1907. Ver, Domínguez Almansa, A. (2009). *Historia social do deporte en Galicia: cultura e modernidade, 1850-1920*. Vigo: Galaxia.

[439] La primera publicación deportiva española estaba dirigida a esta actividad física en exclusiva, se llamaba *La Caza* y empezó a editarse en Madrid en 1865. Ver, Torrebadella i Flix, X. and Olivera Betrán, J. (2013). The Birth of the Sports Press in Spain Within the Regenerationist Context of the Late Nineteenth Century. *The International Journal of the History of Sport, 18*, 2164-2196.

[440] Archivo General Militar de Segovia. Legajo E-1563, expediente 0. Expediente personal militar de Ignacio Estévez Estévez; Archivo Histórico Provincial de Pontevedra. Sección Hacienda, libro L 10052; Conejos, A. (1902, 20 de abril). La nueva ley de caza. *La Caza Ilustrada, 11*, 164-165; Díaz Vallés, L. (1899). Asociación General de Cazadores. Comisión de propaganda. En Evero, F. (ed.), *Páginas de caza española y americanas* (p. 320). Madrid: Establecimiento Tipográfico de Ricardo Fé; Domínguez Almansa, A. (1997). *Civilizar o corpo e modernizar a vida: ximnasia, sport e mentalidades burguesa ua fin dun século. Galicia, 1875-1900*. Santiago de Compostela: Universidad de Santiago de Compostela; Domínguez Almansa, A. (2009). *Historia social do deporte en Galicia: cultura e modernidade, 1850- 1920*. Vigo: Galaxia; Formulando un pregunta al ministro de Agricultura sobre la ley de Caza. (1903, 26 de junio). *Diario de Sesiones de las Cortes, 33*, 567; Ley de caza. (1879, 10 de enero). *Gaceta de Madrid, 13*, 118-119; Ley de caza. (1902, 16 de mayo). *Gaceta de Madrid, 138*, 788-789; Reglamento para la ejecución de la ley de caza. (1903, 9 de julio). *Gaceta de Madrid, 190*, 1411-1414; Sánchez Gascón, A. (2007). *Leyes históricas de caza: tratado del derecho de caza en las comunidades autónomas*. Madrid: Exlibris Ediciones.

[441] Domínguez Almansa, A. (2009). *Historia social do deporte en Galicia: cultura e modernidade, 1850 1920*. Vigo: Galaxia, 319.

Vigo, y dos años después, el Vigo Football Club, su principal rival en la ciudad. Entre las competiciones más importantes que se celebraban en estas fechas estaba la Copa de Galicia, iniciada en 1906, que daba acceso a la Copa de España. En estos momentos la práctica del fútbol entre los jóvenes gallegos estaba instalada en una aureola de novedad, dentro de una concepción cosmopolita[442].

3.12. El asociacionismo deportivo en la provincia de Madrid y el militar de clase Pradel

Ángel Pradel abandonó el mundo de la aerostación, continuó su servicio militar y fue destinado al Regimiento de Infantería de Covadonga n.º 40, en Madrid[443].

En esta primera década del siglo XX, Ángel Pradel desarrolló toda su trayectoria militar en la capital de España. Durante este periodo, en los libros de asociaciones del Gobierno Civil de Madrid se consigna la incorporación de menos sociedades gimnásticas, cuando estas habían tenido el mayor volumen asociativo en las anteriores décadas. Y eso que algunas de ellas, como la Sociedad Gimnástica Española, mantenía precios sumamente bajos, en torno a tres pesetas la mensualidad cuando lo normal era pagar entre veinte y veinticinco pesetas[444].

Precisamente la Sociedad Gimnástica Española era una de las asociaciones más importantes; impulsada por Mariano Marcos Ordax, fue inscrita en el Gobierno Civil de la capital en 1888 y su primer presidente fue Narciso Masferrer. La Sociedad Gimnástica Española, junto a la Asociación de Profesores Oficiales de Gimnástica, la Gimnástica de Tarragona, el Gimnasio de Vigo, el Club de Gimnasia de

---

[442] Archivo Histórico Provincial de Pontevedra. Sección Hacienda, libro L 10052; Domínguez Almansa, A. (2009). *Historia social do deporte en Galicia: cultura e modernidade, 1850-1920*. Vigo: Galaxia; Domínguez Almansa, A. (2011). La práctica de la modernidad: orígenes y consolidación de la cultura deportiva en España, 1870-1914. En Pujadas i Martí, X. (coord.), *Atletas y ciudadanos* (pp. 55-88). Madrid: Alianza.

[443] Archivo General Militar de Segovia. Legajo P-2670, expediente 0. Expediente personal militar de Ángel Pradel Cid.

[444] Archivo General de la Administración. Signatura 36/3104 (1887-1895). Fondo 8 Sección 30. Libro de registro de asociaciones del Gobierno Civil en Madrid; Archivo General de la Administración. Signatura 36/3105 (1895-1905). Fondo 8 Sección 30. Libro de registro de asociaciones del Gobierno Civil en Madrid; Archivo General Militar de Segovia. Legajo P-2670, expediente 0. Expediente personal militar de Ángel Pradel Cid; Blanco Suárez, P. (1894). Los ejercicios y los juegos corporales en España. *Boletín de la Institución Libre de Enseñanza, 413*, 227-234.

Cartagena, la Sociedad de Gimnasia de Orense y la Asociación Catalana de Gimnástica, reunidos en Madrid en 1898, fueron los miembros fundadores de la Confederación Gimnástica Española, una de las primeras federaciones nacionales creadas en España, cuyo órgano oficial de difusión era la revista barcelonesa *Los Deportes*. La Sociedad Gimnástica Española no se centró solo en la gimnasia, sino que en esta primera década del siglo XX popularizó y diversificó sus actividades, introduciendo secciones de fútbol y atletismo; de hecho, en sus comienzos, la gimnasia no fue aceptada por todos los socios, más partidarios de una gimnasia militar e higiénica subvencionada por la Administración Pública[445].

El militar Pradel Cid vio como se pasaba de ese tipo de entidades a las corporaciones de fútbol, que hasta 1910 experimentan un elevado crecimiento, siendo el deporte con más sociedades escritas en los libros de registro del Gobierno Civil de Madrid[446]. El fútbol entra en la corte a través del profesor Manuel Bartolomé Cossío, miembro de la Institución Libre de Enseñanza; este, junto con el profesor Stewart Herbert Capper, lo introduce en España tras uno de sus numerosos viajes a Inglaterra. Esta fue una de las vías de importación del deporte moderno en España. Aunque no fue la única: las clases burguesas extranjeras, principalmente inglesas, existentes en España introdujeron el tenis en Canarias y el fútbol en Huelva; el amarre en puertos españoles de barcos mercantes o de la Armada procedentes de Inglaterra favoreció la incorporación del fútbol en Vigo y Almería.

Como vemos, en Inglaterra surgían los deportes modernos[447] y desde allí se expandían; por supuesto, fue el país donde nacieron y se reglamentaron los primeros clubes de fútbol a finales de 1850[448].

---

[445] Archivo General de la Administración. Signatura 36/3104 (1887-1895). Fondo 8 Sección 30. Libro de registro de asociaciones del Gobierno Civil en Madrid; Lagardera Otero, F. (1992b). Introducción de la *Gimnástica* en el Sistema Educativo Español. En *Education, physical activities and sport in a historical perspective*. International Standing Conference for the History of Education Congress 14 th. (pp. 82-93). Barcelona: Secretaria General de l'Esport; Rivero Herraiz, A. (2012, julio). La Real Sociedad Gimnástica Española. *Revista Internacional de Ciencias del Deporte, 29*, 272-273; Rivero Herraiz, A. and Sánchez García, R. (2011). The British influence in the birth of Spanish sport. *The International Journal of the History of Sport, 13*, 1788-1809; Torrebadella i Flix, X. (2014d). Los apóstoles de la educación física. Trece semblanzas profesionales en la educación física contemporánea. *Revista Española de Educación Física y Deportes, 406*, 57-76.

[446] Fuente elaborada por el autor según las inscripciones en los registros del Gobierno Civil de Madrid del Archivo General de la Administración, signatura 36/3105 y signatura 36/3106.

[447] En general, fue bien recibido en España porque desde el primer momento se consideró el deporte inglés, como indicaba el ministro Albareda, un medio de civilización (Lagardera, 1992a).

La primera sociedad deportiva dedicada al fútbol inscrita en el registro del Gobierno Civil de Madrid fue el Madrid Football Club, en 1902, presidida en esos momentos por Juan Padrós; este club posteriormente se convertiría en el Real Madrid. También en este año hay que destacar la celebración en Madrid de la final del Campeonato de España de fútbol, con motivo de los actos celebrados por la coronación de Alfonso XIII. El apoyo real a dicho evento supuso un enorme espaldarazo para este incipiente deporte. Acudieron unas 2.000 personas, que pagaron por las localidades de asiento[449]. Como observamos, desde su acogida e institucionalización, la comercialización de este deporte en nuestro país fue un hecho, pues como nos indican Pujadas y Santacana "se importó este deporte en plena comercialización y profesionalización en Inglaterra"[450].

A partir de este año, se consiguió que el rey garantizase la competición y concediera un trofeo. Así, de forma consecutiva, hasta 1909 inclusive, se celebró en Madrid el Campeonato de España. Precisamente en ese año de 1909, un antiguo alumno de la Institución Libre de Enseñanza, Manuel Rodríguez Arzuaga, deportista de múltiples modalidades, patrocinó un trofeo futbolístico con su nombre, que se convirtió en una acreditada y codiciada competición anual[451].

---

[448] Almeida Aguiar, A. S. (2005). *Británicos, deporte y burguesía en una ciudad atlántica (Las Palmas de Gran Canaria, 1880-1914)*. Las Palmas de Gran Canaria: Ayuntamiento de Las Palmas de Gran Canaria Universidad de Las Palmas de Gran Canaria; Bahamonde Magro, A. (2002). *El Real Madrid en la historia de España*. Madrid: Taurus; Domínguez Almansa, A. (2009). *Historia social do deporte en Galicia: cultura e modernidade, 1850-1920*. Vigo: Galaxia; Domínguez Almansa, A. (2011). La práctica de la modernidad: orígenes y consolidación de la cultura deportiva en España, 1870-1914. En Pujadas i Martí, X. (coord.), *Atletas y ciudadanos* (pp. 55-88). Madrid: Alianza; Gómez Díaz, D. y Martínez López, J. M. (2001). *El deporte en Almería, 1880-1939*. Almería: Universidad de Almería; Martínez Gorroño, M. E. y Hernández Álvarez, J. L. (2014). La Institución Libre de Enseñanza y Pierre de Coubertin: la educación física para una formación en libertad. *Revista Internacional de Medicina y Ciencias de la Actividad Física y el Deporte, 54*, 243-263; Rubio, R. (1893). Los juegos corporales en la educación. *Boletín de la Institución Libre de Enseñanza, 391*, 145-150; Simón Sanjurjo, J. A. (2011). *La marea del deporte: fútbol y modernización en los orígenes de la sociedad de masas en España, 1900-1936*. (Tesis doctoral inédita). Madrid: Universidad Carlos III.
[449] Archivo General de la Administración. Signatura 36/3105 (1895-1905). Fondo 8 Sección 30. Libro de registro de asociaciones del Gobierno Civil en Madrid; Bahamonde Magro, A. (2002). *El Real Madrid en la historia de España*. Madrid: Taurus; Bahamonde Magro, A. (2011). La escalada del deporte en España en los orígenes de la sociedad de masas, 1900-1936. En Pujadas, X. (coord.), *Atletas y ciudadanos* (pp. 89-123). Madrid: Alianza; Domínguez Almansa, A. (2009). *Historia social do deporte en Galicia: cultura e modernidade, 1850-1920*. Vigo: Galaxia; Domínguez Almansa, A. (2011). La práctica de la modernidad: orígenes y consolidación de la cultura deportiva en España, 1870-1914. En Pujadas i Martí, X. (coord.), *Atletas y ciudadanos* (pp. 55-88). Madrid: Alianza.
[450] Pujadas i Martí, X. y Santacana Torres, C. (2001). La mercantilización del ocio deportivo en España. El caso del fútbol 1900-1928. *Historia Social, 41*, 155.
[451] Bahamonde Magro, A. (2002). *El Real Madrid en la historia de España*. Madrid: Taurus; Bahamonde Magro, A. (2011). La escalada del deporte en España en los orígenes de la sociedad de

El sargento Pradel Cid, con motivo de la visita a Madrid en 1905 del presidente de la república francesa Émile Loubet, realizó maniobras y prácticas de tiro con su regimiento; también en honor a esa visita, se celebró el primer partido internacional de fútbol entre el equipo español Madrid Football Club y el equipo francés Gallia Football Club. Los clubes de fútbol proliferaron por toda España y su seguimiento por parte de los espectadores se fue incrementando, llegando hasta las 2.000 personas en algunas finales del Campeonato de España[452].

Se sintió entonces la necesidad de crear una federación que agrupase a todos los clubes para así establecer reglamentos comunes, organizar las competiciones de forma unificada y velar por la fortaleza financiera de las sociedades. Dicha federación nacional se inscribió en el registro de asociaciones del Gobierno Civil de Madrid en 1909, con el nombre de Federación Española de Clubs de Foot-ball, con el fin de fomentar el fútbol; su primer presidente fue Pedro Sánchez de Neyra, marqués de Casa Alta, y se anexionaron veinticinco clubes a dicha federación. Uno de ellos pertenecía a la Academia de Infantería[453].

Este cambio que experimenta la tendencia mayoritaria del asociacionismo deportivo madrileño entre las últimas décadas del siglo XIX, donde predominaban las sociedades gimnásticas, y la primera década del siglo XX, donde prevalecen las sociedades dedicadas al fútbol, viene justificado por el paulatino abandono del uso de los gimnasios en los locales cerrados y por el creciente interés por realizar actividades físicas al aire libre como nuevo signo de los tiempos que marcan los higienistas

---

masas, 1900-1936. En Pujadas, X. (coord.), *Atletas y ciudadanos* (pp. 89-123). Madrid: Alianza; Simón Sanjurjo, J. A. (2011). *La marea del deporte: fútbol y modernización en los orígenes de la sociedad de masas en España, 1900-1936*. (Tesis doctoral inédita). Madrid: Universidad Carlos III; Soto Barrera, J. (1930). *Historia del fútbol en España*. Madrid: Compañía Iberoamericana.

[452] Según otras fuentes este número era mucho más elevado, unas 5.000 personas en las finales de 1907 y de 1909. Ver, Adán Revilla, T. (1997). Real-Atlético: madrilenys i rivals. *L'Avenç, 211*, 62-65; De sports (1909b, 15 de abril). *España Automóvil, 7*, 83.

[453] Archivo General de la Administración. Signatura 36/3106 (1905-1912). Fondo 8 Sección 30. Libro de registro de asociaciones del Gobierno Civil en Madrid; Archivo General Militar de Segovia. Legajo P 2670, expediente 0. Expediente personal militar de Ángel Pradel Cid; Bahamonde Magro, A. (2002). *El Real Madrid en la historia de España*. Madrid: Taurus; González Aja, T. (2002). La política deportiva en España durante la República y el Franquismo. En González Aja, T. (ed.), *Sport y autoritarismos* (pp. 169 201). Madrid: Alianza editorial; Pujadas i Martí, X. y Santacana Torres, C. (2001). La mercantilización del ocio deportivo en España. El caso del fútbol 1900-1928. *Historia Social, 41*, 147-167; Simón Sanjurjo, J. A. (2011). *La marea del deporte: fútbol y modernización en los orígenes de la sociedad de masas en España, 1900-1936*. (Tesis doctoral inédita). Madrid: Universidad Carlos III; Soto Barrera, J. (1930). *Historia del fútbol en España*. Madrid: Compañía Iberoamericana.

y las corrientes regeneracionistas de la época. Rodríguez Ruiz[454] manifestaba que en los gimnasios, en esos momentos, había que hacer una limpieza, les faltaba luz, les sobraba humedad, la atmosfera estaba repleta del humo del tabaco y la ventilación era deficiente. Y por el contrario, Rivero[455] y Polo[456] exponían que los inéditos vientos modernizadores originarios de la sociedad británica exportaban un fin higiénico y regenerativo, como el fútbol, para ser practicado al aire libre.

Y mientras el asociacionismo deportivo se inclinaba hacia el fútbol, en abril de 1910 Ángel Pradel contrae matrimonio con Hilaria Roa Martínez en la iglesia del convento de las Góngoras de la capital, formando una familia que aumentaría con la llegada de cuatro hijos, Bernardino, Eusebio, Ángela Demetria y Carmen[457].

---

[454] Rodríguez Ruiz, R. (1902). *Estudio de la gimnástica desde el punto de vista de la higiene pública*. (Tesis doctoral). Barcelona: Tipográfica La Académica.
[455] Rivero Herraiz, A. (2004). Los orígenes del deporte español: el desarrollo de un nuevo componente cultural urbano. *Kronos, 6,* 29-33.
[456] Polo del Barrio, J. (1986). El fútbol español hasta la guerra civil. *Revista de Occidente 62-63,* 85-101; Polo del Barrio, J. (1988). Regeneracionismo y deporte. En Zabalza Ramos, R. (coord.), *Orígenes del deporte madrileño* (pp. 47-68). Madrid: Consejería de Educación.
[457] Archivo General Militar de Segovia. Legajo P-2670, expediente 0. Expediente personal militar de Ángel Pradel Cid; comunicación personal con Benito Pradel Alfaro, 30 de junio de 2011.

4. La influencia de distintas acciones militares (1911-1920)

4.1. La Unión del Arma de Infantería y el ascenso por méritos de guerra de Luis Calvet

Los éxitos en el tiro deportivo favorecen que el oficial Luis Calvet alcance como destino la Escuela Central de Tiro, situada en Madrid, a finales de 1910. En estos momentos, en el Ejército se está manifestando una división entre los llamados africanistas y el ejército peninsular; los primeros, caracterizados por la vida colonial, los combates, el riesgo y los ascensos rápidos; los segundos, por la vida sedentaria y la burocracia[458].

En la campaña de 1909 vuelve a entrar en vigor el sistema de ascensos por méritos de guerra. El rey es acusado de no tener la debida honestidad en la concesión de estos ascensos. Ya en 1910 surgen las primeras protestas a consecuencia de este asunto, apareciendo un folleto, firmado por varios militares, en el que censuran al Gobierno y al Ministerio de la Guerra por las recompensas otorgadas como consecuencia de los combates en Melilla de 1909. Un grupo de oficiales, incluso, se manifiesta de forma ilegal frente a *La Correspondencia Militar* para mostrar su apoyo a la acción de dicha publicación contra este sistema de ascensos[459].

Un ejemplo de esta práctica fue el de Luis Calvet, que en 1911 ascendió a capitán por méritos de guerra. Como recordamos, esos méritos fueron obtenidos en julio de 1909 al ser herido en la campaña de Melilla. Este ascenso, según su hijo Francisco, fue causa de muchas discusiones. Cualquier compañero de promoción que, como él, saliera de la academia en 1906, sin ser herido en campaña y ocupando destinos peninsulares, no alcanzaría el empleo de capitán hasta 1913, como le

---

[458] Archivo General Militar de Segovia. Legajo C-432, expediente 0. Expediente personal militar de Luis Calvet Sandoz; comunicación personal con Francisco Calvet Bazán, 27 de abril de 2010; Fernández López, J. (2003). *Militares contra el Estado. España: siglos XIX y XX*. Madrid: Taurus.
[459] Alonso Baquer, M. (1971). *El ejército en la sociedad española*. Madrid: Movimiento; Seco Serrano, C. (1984). *Militarismo y civilismo en la España contemporánea*. Madrid: Instituto de Estudios Económicos.

ocurrió a Ramón Navarro Cáceres; un salto de cuatro años, ni más ni menos[460].

Desde principios de esta segunda década del siglo XX, y por efecto de esta injusticia, en Barcelona se creó, de forma discreta y no legal, la Unión del Arma de Infantería, que organizó las popularmente conocidas como Juntas de Infantería o Juntas de Defensa. En 1914[461], el general Echagüe, ministro de la Guerra, pretendió introducir, entre jefes y oficiales, un filtro para poder ascender consistente en la realización de una serie de pruebas que garantizaran su capacidad física e intelectual. El hartazgo militarista eclosionó en 1916, tras un decreto de enero de ese año firmado por el ministro de la Guerra, el general Luque, donde aprobaba la obligatoriedad para todos los oficiales de hacer las pruebas de aptitud física y de competencia militar. Ya recordamos el interés de este ministro en 1906 por mejorar la precaria condición física de la oficialidad[462].

Las aptitudes físicas y de competencia militar debían desarrollarse al mando de tropas, desplegando cualquier tema táctico señalado. Los generales hicieron presión y quedaron exentos, y una parte de los oficiales, cuerpos facultativos como sanidad e ingenieros también se negaron a realizarlas, siendo su excepción aceptada por el ministro, con lo que la obligatoriedad se reducía únicamente a las armas de infantería y caballería. Las pruebas de aptitud eran más técnicas que físicas y se dejaban en manos de la arbitrariedad de los capitanes generales. Y el de Cataluña, general Felipe Alfau, las llevó a cabo ordenando a unos oficiales de infantería mandar un batallón de forma pública; estos ejecutaron sus pruebas correctamente, pero se convirtieron en el escarnio de los asistentes. Los oficiales de infantería se ofendieron por lo que consideraron una injusticia y una humillación[463].

---

[460] Archivo General Militar de Segovia. Legajo C-432, expediente 0. Expediente personal militar de Luis Calvet Sandoz; comunicación personal con Francisco Calvet Bazán, 27 de abril de 2010; Ministerio de la Guerra. (1913a). *Anuario militar de España*. Madrid: Talleres del Depósito de la Guerra.
[461] Alonso Ibáñez expone en su investigación que fue en 1915. Ver, Alonso Ibáñez, A. I. (2004). *Las Juntas de Defensa Militares (1917-1922)*. Madrid: Ministerio de Defensa.
[462] Caballero Echevarría, F. (2013). *Intervencionismo español en Marruecos (1898-1928): Análisis de factores que confluyen en un desastre, "Annual"*. (Tesis doctoral inédita). Madrid: Universidad Complutense de Madrid; Mola Vidal, E. (1940). *Obras completas*. Valladolid: Librería Santarén; Real Decreto de 4 de enero. (1916, 6 de enero). *Diario Oficial del Ministerio de la Guerra*, 4, 53-54.
[463] Caballero Echevarría, F. (2013). *Intervencionismo español en Marruecos (1898-1928): Análisis de factores que confluyen en un desastre, "Annual"*. (Tesis doctoral inédita). Madrid: Universidad Complutense de Madrid; Cardona Escanero, G. (1990). *El problema militar en España*. Madrid:

Tenemos la opinión, según sus memorias, del teniente coronel de infantería Federico Caballero García, en 1916, sobre cómo veía la oficialidad aquel decreto. Las pruebas eran consideradas "ridículas mojigangas, incapaces de determinar ningún valor militar y sin otra finalidad que la de causar vejaciones y servir de arma a incalificables propósitos, los oficiales sentíanse quemados por la lógica pregunta de, y a ellos ¿Quién los selecciona?"[464].

La respuesta por parte de algunos militares del arma de infantería de Barcelona fue organizarse y redactar un reglamento para hacer visible y dirigir el funcionamiento de la Unión del Arma de Infantería. La organización tenía entre sus funciones trabajar para mejorar los derechos, la situación económica y la equidad de méritos y esfuerzos de los ascensos del arma de infantería. Solo podían ingresar los oficiales desde que salían de la academia hasta el empleo de coronel inclusive[465].

Las Juntas de Defensa se empiezan a extender por toda España a partir de enero de 1917; en este mes se cifran en 4.215 los socios inscritos. Naturalmente, por sus reivindicaciones en las posesiones africanas no tienen mucho seguimiento; en Madrid y Guadalajara también son reacios a alinearse con sus postulados; y a compañeros oficiales como Luis Calvet no los admiten por haber aceptado un ascenso por méritos de guerra[466].

El general Luque, ministro de la Guerra, por decisión de su presidente, el conde de Romanones, dio la orden al capitán general de Cataluña, general Alfau, para que disolviera las Juntas. El general Alfau, tras reunirse con el coronel Benito Márquez Martínez, presidente de la Junta Superior, no las eliminó y consintió sus actividades. En mayo de 1917, el nuevo ministro de la Guerra, general Aguilera, confirmó que la Juntas no se habían disuelto y le exigió al general Alfau la supresión de

---

Historia 16; Mola Vidal, E. (1940). *Obras completas*. Valladolid: Librería Santarén; Real Decreto de 4 de enero. (1916, 6 de enero). *Diario Oficial del Ministerio de la Guerra, 4*, 53-54.
[464] Caballero Echevarría, F. (2013). *Intervencionismo español en Marruecos (1898-1928): Análisis de factores que confluyen en un desastre, "Annual"*. (Tesis doctoral inédita). Madrid: Universidad Complutense de Madrid, 279.
[465] Alonso Ibáñez, A. I. (2004). *Las Juntas de Defensa Militares (1917-1922)*. Madrid: Ministerio de Defensa; Márquez Martínez, B. y Capo Argudo, J. M. (1923). *Las Juntas Militares de Defensa*. Barcelona: Síntesis.
[466] Archivo General Militar de Segovia. Legajo C-432, expediente 0. Expediente personal militar de Luis Calvet Sandoz; Alonso Ibáñez, A. I. (2004). *Las Juntas de Defensa Militares (1917-1922)*. Madrid: Ministerio de Defensa; Márquez Martínez, B. y Capo Argudo, J. M. (1923). *Las Juntas Militares de Defensa*. Barcelona: Síntesis; Puell de la Villa, F. (2009). *Historia del ejército en España*. Madrid: Alianza.

sus actividades. El general Alfau, junto con otros generales, entre ellos el futuro suegro de Luis Calvet, general jefe de Estado Mayor Pedro Bazán y Esteban, se entrevistaron con la Junta Superior para instarlos a que se disolvieran. Ante la negativa del coronel Márquez a disolverse, toda la Junta Superior fue detenida[467].

Esta medida provocó la solidaridad y adhesión de todas las unidades de España con los arrestados, y las dimisiones de los generales Aguilera y Alfau. Se escribió un documento, conocido como el Manifiesto del 1 de junio, donde exponían la situación en la que se encontraba el Ejército y sus soluciones, y exigían al Gobierno que dejase en libertad a los jefes y oficiales que componían la Junta Central en el plazo de doce horas. El Gobierno de García Prieto cedió a dichas pretensiones y dimitió[468].

A partir de estos momentos, las Juntas de Defensa intervinieron de lleno en la política española, como un grupo de presión, hasta 1922, año en que el Gobierno de Sánchez-Guerra las disolvió por el desprestigio que alcanzaron[469].

4.2. Los inicios de la aviación militar y el teniente José de Figueroa y Alonso Martínez

Los capitanes Kindelán y Herrera presenciaron en 1908, por primera vez, el vuelo de un avión; eran los vuelos que realizaban los hermanos Wright en el campo alemán de Aubourg[470]. Esta experiencia les llevó a plantear al coronel Vives, jefe de la Aeronáutica, la necesidad

---

[467] Archivo General Militar de Segovia. Legajo C-432, expediente 0. Expediente personal militar de Luis Calvet Sandoz; Alonso Ibáñez, A. I. (2004). *Las Juntas de Defensa Militares (1917-1922)*. Madrid: Ministerio de Defensa; Figueroa y Torres Sotomayor, A., conde de Romanones (1934). *Notas de una vida*. Madrid: Aguilar; Márquez Martínez, B. y Capo Argudo, J. M. (1923). *Las Juntas Militares de Defensa*. Barcelona: Síntesis.
[468] Alonso Ibáñez, A. I. (2004). *Las Juntas de Defensa Militares (1917-1922)*. Madrid: Ministerio de Defensa; Márquez Martínez, B. y Capo Argudo, J. M. (1923). *Las Juntas Militares de Defensa*. Barcelona: Síntesis.
[469] Gómez-Martínez, R. (2010). *Constitución y fuerza militar (1808-1978)*. Granada: Universidad de Granada.
[470] El expediente personal militar de Alfredo Kindelán sitúa estos vuelos en Meuse (Francia). Ver, Archivo General Militar de Segovia. Legajo Q-95, expediente 0. Expediente personal militar de Alfredo Kindelán y Duany.

de iniciar experiencias con aeroplanos y estudiar sus aplicaciones militares[471].

En 1909 el rey, acompañado del conde de Romanones, jefe del Gobierno, y del coronel Vives, se trasladó al aeródromo de Pau para conocer técnicamente el avión del americano Wright[472].

En una memoria escrita por el coronel Vives y el capitán Kindelán, elevada al Ministerio de la Guerra, se detallaba la situación de la aviación militar en el extranjero y se expresaba la conveniencia de desarrollarla en España[473].

En 1911, el Ministerio de la Guerra designó a la Comisión de Experiencias del Material de Ingenieros para la experimentación del aeroplano más adecuado para el Ejército, a través de la aprobación de un reglamento[474].

En 1910 se había encargado el servicio de aviación al Cuerpo de Ingenieros y ahora, bajo la dirección de la Comisión de Experiencias, serían instruidos los pilotos para que, una vez hubiera aviones y pilotos y se creara un aeródromo militar, pudieran existir unidades de aviación[475].

Durante 1911 se gestionaron diversos trámites encaminados a conseguir este objetivo. En enero se eligió como primer aeródromo militar el de Cuatro Vientos, y su jefe sería el capitán Kindelán. En marzo se compraron dos aviones, un Henry-Farman y un Maurice-Farman y, tras contratar el Ministerio de la Guerra a los instructores franceses Geo Osmont y Louis Dofour, comenzaron las clases de piloto[476]. Los primeros

---

[471] Atienza Rivero, E. (1994). *El general Herrera: aeronáutica, milicia y política en la España contemporánea*. Madrid: AENA.
[472] Archivo General Militar de Segovia. Legajo B-2292, expediente 0. Expediente personal militar de Pedro Vives y Vich; Mexía y Algar, J. I. (2013, julio). Alfonso XIII y los inicios de la aviación española. *Memorial del Arma de Ingenieros, 90*, 112-124.
[473] Resumen de los resultados obtenidos en la rama de aviación, desde los primeros ensayos hasta la fecha. (1914, septiembre). *Memorial de Ingenieros, 9*, 3.
[474] Aerostación Militar. (1911, 9 de marzo). *Diario Oficial del Ministerio de la Guerra, 54*, 640.
[475] Aerostación Militar. (1910, 6 de abril). *Diario Oficial del Ministerio de la Guerra, 73*, 35; Aerostación Militar. (1911, 9 de marzo). *Diario Oficial del Ministerio de la Guerra, 54*, 640.
[476] Los oficiales que aspiraban a ser pilotos debían reunir las siguientes condiciones: a) ser pilotos de esférico del Cuerpo de Ingenieros; b) tener conocimientos teóricos de aviación, y teóricos y prácticos de los motores empleados en ella, debiendo hallarse en condiciones de hacer marchar el motor del aeroplano que tuviera que montar y de atender por sí mismo a su entretenimiento y limpieza; c) estar habituados a conducir automóviles rápidos o motocicletas; d) tener gran serenidad y decisión para vencer los momentos difíciles y, al mismo tiempo, estar dotado de gran prudencia (Aerostación Militar, 1911).

títulos los obtuvieron, durante el segundo semestre de 1911, el capitán Kindelán, el teniente Barrón, el teniente Ortiz Echagüe, el capitán Herrera y el teniente Arrillaga. Los primeros pilotos de aviones españoles con títulos civiles obtenidos en Francia fueron Benito Loygorri Pimentel y el teniente Alfonso de Orleans y Borbón, en agosto y octubre de 1910, respectivamente[477]. En junio de 1912, mientras se efectuaban las pruebas para obtener el título de piloto, tuvo lugar el primer accidente mortal de un militar español. Se trataba del capitán Celestino Bayo, que falleció en el Hospital Militar de Carabanchel el 29 de junio.

Ese mismo año, ingresó en la academia del Cuerpo de Ingenieros el madrileño José de Figueroa y Alonso Martínez (Figura 3), hijo de Álvaro de Figueroa y Torres Sotomayor, conde de Romanones, abogado y político que ocupó varios cargos públicos de relevancia, varias veces ministro, varias veces presidente del Gobierno, presidente del Congreso de los Diputados y presidente del Senado[478].

---

[477] Archivo General Militar de Segovia. Legajo E-953, expediente 0. Expediente personal militar de Emilio Herrera Linares; Archivo General Militar de Segovia. Legajo Q-95, expediente 0. Expediente personal militar de Alfredo Kindelán y Duany; Atienza Rivero, E. (1994). *El general Herrera: aeronáutica, milicia y política en la España contemporánea*. Madrid: AENA; Sánchez Méndez, J. (2002). La aviación militar española: una historia corta pero de gran intensidad. *Arbor: Ciencia, pensamiento y cultura, 674*, 187-216; Yusta Viñas, C. (2011). La aviación militar española, nacimiento y desarrollo inicial. *AEROPLANO. Revista de Historia Aeronáutica, 29*, 18-65.

[478] Archivo General Militar de Segovia. Legajo F-1450, expediente 0. Expediente personal militar de José de Figueroa y Alonso Martínez; comunicación personal con Álvaro de Figueroa Fernández de Liencres, marqués de Villabragima, 7 de mayo de 2010; Figueroa y Torres Sotomayor, A., conde de Romanones (1934). *Notas de una vida*. Madrid: Aguilar; Yusta Viñas, C. (2011). La aviación militar española, nacimiento y desarrollo inicial. *AEROPLANO. Revista de Historia Aeronáutica, 29*, 18-65.

Figura 3: José de Figueroa, con uniforme militar del Cuerpo de Ingenieros[479]

Un año después, una escuadrilla de aviones tomó parte en las maniobras que tuvieron lugar en el puente de San Fernando del Jarama (Madrid), con la misión de explorar mientras se producía un simulacro de combate entre la división mandada por el general Antonio Tovar y las fuerzas a las órdenes del general Carlos Prendergast. En el mismo año, siendo presidente del Gobierno el padre de José de Figueroa, se creó el Servicio de Aeronáutica Militar, cuyo mando recayó en el coronel Pedro Vives, y se aprobó su reglamento. Dicho servicio se dividía en dos ramas, la Aerostación y la Aviación. El personal navegante de Aviación eran pilotos y observadores. Los primeros podrían ser oficiales, individuos de tropa o paisanos que prestasen sus servicios al Ejército; los segundos deberían ser oficiales[480].

El primer aeródromo que se inauguró en el Protectorado español en Marruecos fue en Tetuán, en noviembre de 1913, al mando del capitán Kindelán. Al mes siguiente, España fue el primer país en utilizar

---

[479] Biblioteca de la Real Academia de la Historia. Archivo conde de Romanones. Legajo 64, n.º 11.
[480] Aeronáutica militar. Reglamentos. (1913, 16 de abril). *Colección Legislativa del Ejército, 33*, 66-78; Figueroa y Torres Sotomayor, A., conde de Romanones (1934). *Notas de una vida*. Madrid: Aguilar; Montoto y de Simón, J. (2008). Alfonso XIII y la aviación militar española en 1913 (I). AEROPLANO. *Revista de Historia Aeronáutica, 26*, 4-19; Real Decreto de 28 de febrero. (1913, 1 de marzo). *Diario Oficial del Ministerio de la Guerra, 48*, 642-643.

bombas en una campaña militar desde un avión Lohner, misión llevada a cabo por los capitanes Barrón y Cifuentes. En marzo de 1914 se inauguró el segundo aeródromo en el Protectorado español, en las proximidades de la ciudad de Larache, aterrizando tres aviones a los mandos del capitán Alonso, teniente Pastor y teniente White; y en mayo del mismo año, el capitán Emilio Herrera, como jefe de Escuadrilla, comenzó las acciones militares en el aeródromo de Zeluan, cerca de Melilla, con cuatro aviones Nieuport[481].

En junio de 1919, el alférez alumno José de Figueroa solicitó ser destinado al Servicio de Aeronáutica Militar (rama Aviación) cuando fuera promovido al empleo de teniente; a finales de junio de ese año, ascendió a teniente y a finales de julio se convirtió en uno de los militares destinados en el recién creado Servicio de Aeronáutica Militar en Cuatro Vientos, donde se incorporó en septiembre y prestó sus servicios en la 1.ª Unidad de Aviación[482].

En este destino efectuó sus primeras horas de vuelo para ser observador. Podría acceder al examen cuando hubiera demostrado estas condiciones: serenidad en las ascensiones efectuadas; preparación táctica para distinguir desde el aeroplano las diversas unidades, formaciones de marcha, despliegues; facilidad para obtener croquis y fotografías; y tener seis horas de vuelo. Además, el teniente José de Figueroa disfrutaría de una gratificación en su sueldo anual de 600 pesetas. En 1919 realizó cinco vuelos de aeroplano como observador, con una duración de una hora y cincuenta y ocho minutos[483].

En septiembre de 1920, el reglamento de Aeronáutica Militar es modificado; en la nueva disposición, la enseñanza que debe alcanzar un observador, como pretende José de Figueroa, se amplía. Al terminar el periodo de instrucción, los observadores deberán saber manejar

---

[481] Archivo General Militar de Segovia. Legajo Q-95, expediente 0. Expediente personal militar de Alfredo Kindelán y Duany; Lázaro Ávila, C. (2001). La forja de la aeronáutica militar: Marruecos (1909-1927). En Carrasco, A. (coord.), *Las campañas de Marruecos 1909-1927* (pp. 165-194). Madrid: Almena; Sánchez Méndez, J. y Kindelán Camp, A. (2011). La aviación militar española en la campaña de Marruecos (1909-1927). *AEROPLANO. Revista de Historia Aeronáutica, 29*, 68-105.
[482] Archivo General Militar de Segovia. Legajo F-1450, expediente 0. Expediente personal militar de José de Figueroa y Alonso Martínez; Archivo Histórico del Ejército del Aire. Signatura P/25327. Expediente personal militar de José de Figueroa y Alonso Martínez.
[483] Aeronáutica militar. Reglamentos. (1913, 16 de abril). *Colección Legislativa del Ejército, 33*, 66-78; Archivo General Militar de Segovia. Legajo F-1450, expediente 0. Expediente personal militar de José de Figueroa y Alonso Martínez; Archivo Histórico del Ejército del Aire. Signatura P/25327. Expediente personal militar de José de Figueroa y Alonso Martínez.

ametralladoras, lanzar bombas y recibir y transmitir con los aparatos de radiotelegrafía y radiotelefonía. Por último, pasarán un periodo de prácticas en las escuadrillas de África[484].

4.3. Acercamiento a las ligeras reformas efectuadas en el Ejército

Hasta 1912, aquellos que, como Domingo Rodríguez, León Villarín y Ángel Pradel, habían solicitado continuar en el Ejército tras realizar su servicio militar dentro de la categoría de tropa ascendían hasta el empleo de sargento. A partir de la ley de 15 de julio de 1912, se establecen dos categorías de tropa, una con los empleos de soldado, soldado de primera y cabo; y otra con los empleos de sargento, brigada y suboficial[485].

El sargento Rodríguez Somoza, que obtuvo dicho empleo el 1 de septiembre de 1911, tras la publicación de esta ley un año después, vio aumentada su paga, empezó a cobrar un sueldo mensual de 82 pesetas, y debía permanecer como mínimo cuatro años de sargento para ascender a brigada[486].

130 pesetas cobraba de sueldo mensual el brigada Pradel Cid tras su ascenso, el 26 de abril de 1913, por llevar más de diez años de servicio y debía permanecer como mínimo seis años de brigada para ascender a suboficial[487].

---

[484] Organización. (1920, 18 de septiembre). *Diario Oficial del Ministerio de la Guerra, 210*, 1023-1025.
[485] Archivo General Militar de Segovia. Legajo B-2780, expediente 0. Expediente personal militar de León Villarín Cano; Archivo General Militar de Segovia. Legajo P-2670, expediente 0. Expediente personal militar de Ángel Pradel Cid; Archivo General Militar de Segovia. Legajo R-1792, expediente 0. Expediente personal militar de Domingo Rodríguez Somoza; Ley de 15 de julio de 1912. (1912, 18 de julio). *Diario Oficial del Ministerio de la Guerra, 160*, 149-151.
[486] Archivo General Militar de Segovia. Legajo R-1792, expediente 0. Expediente personal militar de Domingo Rodríguez Somoza; Ley de 15 de julio de 1912. (1912, 18 de julio). *Diario Oficial del Ministerio de la Guerra, 160*, 149-151.
[487] Archivo General Militar de Segovia. Legajo P-2670, expediente 0. Expediente personal militar de Ángel Pradel Cid; Ley de 15 de julio de 1912. (1912, 18 de julio). *Diario Oficial del Ministerio de la Guerra, 160*, 149-151.

Cuando ascendió León Villarín a brigada en 1915, por su experiencia y larga instrucción, tenía la misión de facilitar la gestión del mando así como la de ser el enlace entre el oficial y sus subordinados[488].

En todos estos empleos, la ley daba el derecho a tener vestuario, raciones de pan y los pluses que les correspondiesen. También tenían derecho, si lo deseaban, a percibir una pensión como retiro tras cumplir los veinte años de servicio, que correspondía al 60% del sueldo[489].

El mismo día que destituyen al general Felipe Alfau por la crisis de las Juntas de Defensa, se aprueba una nueva normativa de destinos. Esto ocurre a finales de mayo de 1917. La presión ejercida por las juntas daba sus frutos y, a partir de esos momentos, pasan a cubrirse las vacantes por rigurosa antigüedad y, como indica el propio decreto, se deja a un lado la recomendación, costumbre tan enraizada en nuestra sociedad[490].

Esta normativa permitió al teniente Estévez, gracias a su antigüedad, poder irse en enero de 1918 destinado al batallón de segunda reserva de Allariz n.º 109, a cincuenta kilómetros de su lugar de nacimiento en Verín (Orense). Hasta entonces, la asignación de destinos daba origen a favoritismos y agravios[491]. Restituto Tenés nos relata cómo era la situación a las puertas del siglo:

> Cuando se produce una vacante, hay quien pisa las puertas, remueve, trabaja y agota todas las fuerzas en busca del destino que le conviene. Si la suerte es adversa, el interesado apela a cuantos medios imaginables encuentra a su alcance, y no ceja en su empeño hasta que consigue salir del atascadero; aquel destino que ninguno quiere porque a nadie conviene, suele ser cubierto por un desgraciado, llámese falto de influencias o que no cuenta con tantas como aquellos que le precedieron[492].

---

[488] Archivo General Militar de Segovia. Legajo B-2780, expediente 0. Expediente personal militar de León Villarín Cano; Ley de 15 de julio de 1912. (1912, 18 de julio). *Diario Oficial del Ministerio de la Guerra, 160*, 149-151.

[489] Ley de 15 de julio de 1912. (1912, 18 de julio). *Diario Oficial del Ministerio de la Guerra, 160*, 149-151.

[490] Gómez-Martínez, R. (2010). *Constitución y fuerza militar (1808-1978)*. Granada: Universidad de Granada; Real Decreto de 30 de mayo. (1917a, 31 de mayo). *Diario Oficial del Ministerio de la Guerra, 120*, 621; Real Decreto de 30 de mayo. (1917b, 1 de junio). *Diario Oficial del Ministerio de la Guerra, 121*, 637-639.

[491] Archivo General Militar de Segovia. Legajo E-1563, expediente 0. Expediente personal militar de Ignacio Estévez Estévez; Puell de la Villa, F. (2009). *Historia del ejército en España*. Madrid: Alianza.

[492] Tenés y Muñoz, R. (1899). El Ejército español. Vicios y virtudes. *Memorial de Artillería, tomo XII*, 59.

Tenemos la evidencia de que el capitán Augusto Condo, en marzo de 1920, envió una carta al rey Alfonso XIII solicitando evitar ir destinado a un rincón de España, estando cerca su ascenso a comandante, para que no se desaprovechasen sus conocimientos de educación física; por estos conocimientos, sería ideal que le enviasen de comisión por Europa para recorrer las principales escuelas de gimnasia, o que se crease una Sección de Educación Física dentro del Ministerio de la Guerra como la fundada en Francia. Dicha petición se hizo llegar al ministro de la Guerra, y este, en abril de 1920, contestó al rey que no era posible acceder a las peticiones del señor Condo porque, en esos momentos, los destinos se otorgaban por antigüedad y la comisión de viaje estaba prevista para los alumnos de la Escuela Central de Gimnasia[493].

Existían excepciones a esa norma; por ejemplo, los destinos de enseñanza se cubrían por concursos de méritos y por baremos específicos; y los destinos de Casa Real, del Ministerio de la Guerra, los jefes de unidad, el servicio de aeronáutica, los ayudantes de campo y de órdenes de los generales y los agregados militares en el extranjero se cubrían por elección[494]. Precisamente, aunque se salga de nuestro espacio temporal, en 1926 el oficial Antonio Bonilla (Figura 4) fue destinado, por elección, como ayudante de campo del general Marín Muslera[495].

---

[493] Archivo General de Palacio. Fondo: Alfonso XIII. Sección: Reinados. Secretaria particular de S.M. Alfonso XIII. Cartas particulares. Caja 15381.
[494] Real Decreto de 30 de mayo. (1917b, 1 de junio). *Diario Oficial del Ministerio de la Guerra, 121*, 637-639.
[495] Archivo General Militar de Segovia. Legajo GU/B-489, expediente 18. Expediente personal militar de Antonio Bonilla San Martín.

Figura 4: Antonio Bonilla San Martin, con uniforme militar[496]

Las Juntas de Defensa exigieron que el Ministerio de la Guerra fuera ocupado por un político civil. El elegido fue Juan de la Cierva, un hombre del partido conservador que siempre apoyó los intereses de las juntas. Este emprendió, por decreto, una ambiciosa reforma estructural, plasmada en la Ley de Bases para la Reorganización del Ejército, publicada el 10 de marzo de 1918[497].

La llamada ley de la Cierva dividía el territorio peninsular en ocho regiones militares y dos insulares, Baleares y Canarias. Cada una de estas regiones militares constituía una capitanía general, a cuyo frente estaba un capitán general o un teniente general. Según Figueroa[498], estas eran instituciones burocráticas y poco útiles para la guerra. La ley pretendía que el Ejército fuera una escuela permanente de mando, instrucción y preparación para la guerra; su principal objetivo era fijar las plantillas, reducir el número de oficiales, aumentar las retribuciones mediante la subida de sueldos e introducir los quinquenios[499].

---

[496] Marín y Arauna. (1924, septiembre). El Concurso Nacional de Santander. *Armas y Deportes, 3*, 8.
[497] Payne, S. G. (1986). *Los militares y la política en la España contemporánea*. Madrid: Sarpe; Real Decreto de 7 de marzo. (1918, 10 de marzo). *Diario Oficial del Ministerio de la Guerra, 56*, 663-674; Seco Serrano, C. (1984). *Militarismo y civilismo en la España contemporánea*. Madrid: Instituto de Estudios Económicos.
[498] Figueroa y Torres Sotomayor, A., conde de Romanones (1920). *El ejército y la política*. Madrid: Renacimiento.
[499] Gómez Ruiz, M. y Alonso Juanola, V. (2009). *El Ejército de los Borbones*. Tomo VIII. Madrid: Ministerio de Defensa; Real Decreto de 7 de marzo. (1918, 10 de marzo). *Diario Oficial del Ministerio de la Guerra, 56*, 663-674.

Con esta ley, el empleo de brigada desaparecía, por lo que León Villarín y Ángel Pradel fueron ascendidos al empleo de suboficial, con antigüedad para ambos de 1 de noviembre de 1918. En dicho empleo, no se producía un incremento salarial. Nuestros protagonistas cobrarían lo que señalaba la ley de 15 de julio de 1912, es decir, 185 pesetas para León y 195 pesetas para Ángel[500]. Aparte de este sueldo mensual, tenían derecho a vestuario, raciones de pan y los pluses que les correspondían[501]. A pesar de los aumentos que se produjeron en las pagas de las clases de tropa, la situación de precariedad por el escaso sueldo continuaba en esta década, evidencia confirmada por el oficial Caballero García: "... La mayoría de los sargentos, brigadas y suboficiales, con hogar creado, han de esforzarse en buscar el ingreso extraordinario..."[502].

Tanto Ángel como León, a pesar de los ascensos, conservaron sus destinos en el Regimiento de Covadonga n.º 40, en Leganés, y en la Comandancia de Artillería de Cádiz, respectivamente. Si se mantenían como clases de tropa, los suboficiales Villarín y Pradel podrían pasar a la reserva con su respectiva pensión tras 25 años de servicio o permanecer en situación de actividad hasta los 51 años[503].

A pesar de estas reformas, que buscaban contentar a todos, las medidas asentadas en la ley de 1918 estaban "destinadas a contener a las Juntas de Defensa, pero no a transformar al Ejército"[504]. Acciones enfocadas a solventar la falta de formación y de material no se abordaban en la norma, tampoco supuso la disolución de las juntas y sí en cambio se abrió más la división dentro de la milicia entre los que

---

[500] Ángel Pradel se encuentra en el cuarto periodo de reenganche, y León Villarín, en el tercer periodo de reenganche; por esa razón Ángel cobra diez pesetas más. Ver, Ley de 15 de julio de 1912. (1912, 18 de julio). *Diario Oficial del Ministerio de la Guerra, 160*, 149-151.
[501] Archivo General Militar de Segovia. Legajo B-2780, expediente 0. Expediente personal militar de León Villarín Cano; Archivo General Militar de Segovia. Legajo P-2670, expediente 0. Expediente personal militar de Ángel Pradel Cid; Real Decreto de 7 de marzo. (1918, 10 de marzo). *Diario Oficial del Ministerio de la Guerra, 56*, 663-674.
[502] Caballero Echevarría, F. (2013). *Intervencionismo español en Marruecos (1898-1928): Análisis de factores que confluyen en un desastre, "Annual"*. (Tesis doctoral inédita). Madrid: Universidad Complutense de Madrid, 278.
[503] Archivo General Militar de Segovia. Legajo B-2780, expediente 0. Expediente personal militar de León Villarín Cano; Archivo General Militar de Segovia. Legajo P-2670, expediente 0. Expediente personal militar de Ángel Pradel Cid; Real Decreto de 7 de marzo. (1918, 10 de marzo). *Diario Oficial del Ministerio de la Guerra, 56*, 663-674.
[504] Cardona Escanero, G. (1983). *El poder militar en la España contemporánea hasta la guerra civil*. Madrid: Siglo XXI España, 86.

desarrollaban su carrera militar en África y los miembros de las juntas[505].

Como nos señalaba Figueroa[506], esta reforma militar no implicaba reducción de gasto en el presupuesto, ni tampoco reducción de personal. Si nos vamos a los datos, para 1918, año en que entró en vigor la ley, se fija el contingente en algo más de 190.000 hombres; en 1919 es ligeramente superior a 192.000 hombres y en 1920, en 216.000 soldados. Si nos introducimos en el presupuesto, tenemos en 1918 poco más de 429 millones; en 1919 la cifra asciende a 480 millones y en 1920 la suma se eleva a los 581 millones de pesetas.

Con estos fundamentos, y continuando con el conde de Romanones, este señala que en el Ejército se ha producido una mejora con la ley de 1918 y, sin embargo, dicho dispendio no causa mejoras en la eficacia, y el fondo de la cuestión militar continúa igual, no hay control presupuestario…

> no disponemos de verdaderos ejércitos de reserva y territorial, no existen cantidades suficientes de armamento portátil, de arrastre y pesado, ni municiones, ni aparatos de aviación, material para puentes, de telégrafos, de ferrocarriles, de sanidad […] no hay baterías costeras, ni campos fortificados, ni buenas cartas topográficas…[507]

4.4. Participación en la campaña de la zona occidental del Protectorado español de Marruecos

El conde de Romanones exponía, que tras la firma del tratado hispano-francés de noviembre 1912, el avance determinante en la ocupación del Protectorado fue gracias a él. Sus palabras se referían a la orden dada, siendo él presidente del Gobierno, al jefe de la Comandancia de Ceuta, general Felipe Alfau, para que, sin disparar un tiro, ocupara Tetuán, desde esos momentos capital del Protectorado español. Sabía

---

[505] Fernández Bastarreche, F. (2006). El Ejército en la Restauración. En Ministerio de Defensa (ed.), *Aproximación a la historia militar de España* (pp. 511-535). Madrid: Ministerio de Defensa.
[506] Figueroa y Torres Sotomayor, A., conde de Romanones (1920). *El ejército y la política*. Madrid: Renacimiento.
[507] Figueroa y Torres Sotomayor, A., conde de Romanones (1920). *El ejército y la política*. Madrid: Renacimiento, 100.

que cualquier acción emprendida en Marruecos no tendría el apoyo de la opinión pública; sin embargo, hasta él se sorprendió de que, tras la toma pacífica de Tetuán (19 de febrero de 1913), prácticamente nadie en España le diera importancia[508].

Por el tratado de 1912, a España le había correspondido ejercer el Protectorado sobre una gran zona del norte de Marruecos, árida, rural y con pocos recursos naturales, salvo los minerales. Según este tratado, la máxima autoridad en Marruecos, el sultán, daba a España el derecho a controlar y tutelar este territorio septentrional[509].

Poco después de la toma de Tetuán, comenzaron los problemas con El Raisuni, autoridad musulmana en la Yebala; la Yebala estaba situada en la zona occidental española y precisamente su ciudad más importante era Tetuán. En numerosas ocasiones, las autoridades locales tenían mucho más poder que el propio sultán y frecuentemente azuzaban a su pueblo para rechazar violentamente a los europeos, a los que veían como un invasor cristiano en tierras musulmanas, con el temor, además, de que los españoles destruyeran sus costumbres[510].

El Raisuni se vio desautorizado por las acciones violentas que emprendía contra sus súbditos. Al intervenir el coronel Silvestre, que en un acto poco racional arrestó a la familia de El Raisuni, este se marchó a las montañas, al interior de la Yebala, y declaró la guerra santa contra los españoles. Las escaramuzas alrededor de Tetuán comenzaron en junio de 1913 y a partir de este momento las operaciones militares de los españoles para posicionarse en la zona de forma segura fueron continuas[511].

El 7 de julio de 1913, estando destinado el brigada Pradel Cid en la localidad de Alcazarquivir, donde había llegado con su compañía en octubre de 1912, esta fue atacada por cientos de cabileños[512] a caballo,

---

[508] Figueroa y Torres Sotomayor, A., conde de Romanones (1934). *Notas de una vida*. Madrid: Aguilar.
[509] Payne, S. G. (1986). *Los militares y la política en la España contemporánea*. Madrid: Sarpe.
[510] Blond Álvarez del Manzano, C. (2012). El Protectorado. Firma del convenio hispano-francés y guerra del Rif (1912-1927). *Revista de Historia Militar, Extra II*, 101-133; Muñoz Bolaños, R. (2006). Las campañas de Marruecos. En Ministerio de Defensa (ed.), *Aproximación a la historia militar de España* (pp. 599-613). Madrid: Ministerio de Defensa.
[511] Ministerio del Ejército. (1951). *Historia de las campañas de Marruecos*. Tomo II. Madrid: Servicio Histórico Militar; La Porte Fernández-Alfaro, P. (2003). *El desastre de Annual y la crisis de la Restauración en España (1921-1923)*. Madrid: Universidad Complutense de Madrid.
[512] Habitantes de las cabilas que fueron la base de la organización político-administrativa en el ámbito territorial del Protectorado español de Marruecos. Ver, Villanova Valero, J. L. (2010). La

que mantuvieron el fuego por todos los frentes durante más de tres horas, hasta que llegó la columna de caballería del teniente coronel Gonzalo Queipo de Llano y los dispersó. Tras dos años en la zona de Tetuán, Ángel Pradel regresó a la Península para incorporarse a su regimiento en Leganés[513].

Durante 1914, y a causa del estallido de la Primera Guerra Mundial, las acciones se limitaron al control de las comunicaciones. Paralelamente, de forma oficial, aunque en secreto, se buscaba una solución pacífica al conflicto, estrategia que, inicialmente, fracasó en manos del general Marina, el cual tuvo que dimitir en julio de 1915[514].

Le sustituyó el general Gómez Jordana, que continuó con las negociaciones y consiguió tener una primera entrevista con El Raisuni en mayo de 1916. Finalmente, se llegó a un compromiso con él: se le daba autoridad completa en los asuntos internos de las cabilas de la Yebala a cambio de que no sublevara a los cabileños contra los españoles[515].

El avance español en la zona continuó y el 24 de mayo de 1916 se ocupó de forma pacífica Fondak de Ain Yedida, un punto de paso obligado de las comunicaciones y uno de los tres objetivos militares fundamentales, junto a Alhucemas y el Biutz. Para alcanzar el Biutz, se preparó una operación en la que intervinieron el capitán Calvet, con su Batallón de Cazadores Llerena n.º 11, y el teniente Estévez, con su compañía perteneciente al Regimiento de Wad-Ras n.º 50; salieron el 28 de junio de 1916 hacia Laucien y al día siguiente tomaron parte en un duro combate con los rebeldes de Anyera, alcanzando el objetivo de Biutz ese mismo día. El teniente Estévez regresó el mismo 29 al campamento general de Tetuán y el capitán Calvet quedó acampado en Dar-Riffien, hasta el 19 de julio, cuando regresó a Tetuán. Ambos fueron

---

organización territorial del Protectorado español en Marruecos. *Revista de Estudios Internacionales Mediterráneos, 9*, 70-89.

[513] Archivo General Militar de Segovia. Legajo P-2670, expediente 0. Expediente personal militar de Ángel Pradel Cid; Payne, S. G. (1986). *Los militares y la política en la España contemporánea*. Madrid: Sarpe.

[514] Blond Álvarez del Manzano, C. (2012). El Protectorado. Firma del convenio hispano-francés y guerra del Rif (1912-1927). *Revista de Historia Militar*, Extra II, 101-133; Hernández Herrera, C. y García Figueras, T. (1929). *Acción de España en Marruecos*. Madrid: Imprenta Municipal.

[515] Cierva y Hoces, R. (1984). *Historia militar de España*. Tomo VIII. Madrid: Planeta; Muñoz Bolaños, R. (2006). Las campañas de Marruecos. En Ministerio de Defensa (ed.), *Aproximación a la historia militar de España* (pp. 599-613). Madrid: Ministerio de Defensa.

citados como distinguidos en la orden de la unidad por su comportamiento en el citado hecho de armas[516].

Tras la operación sobre el Biutz, no hubo ninguna acción importante en el territorio de Ceuta-Tetuán. Como resultado de estas operaciones, de la pacificación de Anyera y Wad Ras y, según el ministro de la Guerra, por las circunstancias difíciles que vivía el país[517], se repatriaron más de 20.000 soldados, entre ellos al teniente Estévez Estévez, que regresó a la Península el 4 de diciembre de 1916. La repatriación se realizó de forma periódica y terminó en mayo de 1917[518].

Ángel, Luis e Ignacio permanecieron dos años en la campaña de África. Al menos desde 1913, cuando el teniente coronel de infantería Artiñano publicó un artículo en *La Correspondencia de España*, se pedía que en el arma de infantería todos pasaran por África, porque las listas para ir estaban manipuladas y siempre iban los mismos[519]. Esta corrupción en la selección de los que iban a tierras africanas de la que nos habla el teniente coronel no es sorprendente si tenemos en cuenta que, según Maluquer de Motes[520], a partir de 1914 se incrementaron los precios en España, pero los sueldos de los oficiales no lo hicieron hasta 1918, con lo que ir destinado a Marruecos suponía percibir una mayor paga y tener la posibilidad de obtener antes un ascenso[521]. A partir de

---

[516] Archivo General Militar de Segovia. Legajo C-432, expediente 0. Expediente personal militar de Luis Calvet Sandoz; Archivo General Militar de Segovia. Legajo E-1563, expediente 0. Expediente personal militar de Ignacio Estévez Estévez; Muñoz Bolaños, R. (2001). Operaciones militares (1910-1918). En Carrasco, A. (coord.), *Las campañas de Marruecos 1909-1927* (pp. 85-128). Madrid: Almena.

[517] El general Luque envía este mensaje a través de un telegrama el 13 de julio de 1916, momento en el que hay una huelga ferroviaria que teme adquiera carácter de huelga general (Ministerio del Ejército, 1951).

[518] Archivo General Militar de Segovia. Legajo C-432, expediente 0. Expediente personal militar de Luis Calvet Sandoz; Ministerio del Ejército. (1951). *Historia de las campañas de Marruecos*. Tomo II. Madrid: Servicio Histórico Militar; Muñoz Bolaños, R. (2001). Operaciones militares (1910-1918). En Carrasco, A. (coord.), *Las campañas de Marruecos 1909-1927* (pp. 85-128). Madrid: Almena.

[519] Archivo General Militar de Segovia. Legajo C-432, expediente 0. Expediente personal militar de Luis Calvet Sandoz; Archivo General Militar de Segovia. Legajo E-1563, expediente 0. Expediente personal militar de Ignacio Estévez Estévez; Archivo General Militar de Segovia. Legajo P-2670, expediente 0. Expediente personal militar de Ángel Pradel Cid; Artiñano Pino, F. (1913, 14 de agosto). Lo de Marruecos. Temas Militares. La Infantería en África. Cambio de orientación. *La Correspondencia de España, 20.273*, 1.

[520] Maluquer de Motes, J. (2005). Consumo y precios. En Carreras de Odriozola, A. y Tafunell, X. (cords.). *Estadísticas históricas de España siglos XIX y XX* (pp. 1247-1296). Madrid: Fundación BBVA.

[521] Cardona Escanero, G. (1990). *El problema militar en España*. Madrid: Historia 16.

abril de 1914, se reguló la permanencia obligatoria por turnos de dos años en la provisión de vacantes en Marruecos[522].

El general Berenguer Fusté sustituyó al general Gómez Jordana como alto comisario en 1918, y uno de sus objetivos fue reducir a El Raisuni por la fuerza. Desde julio de 1919, la Yebala está subversiva, se nombra comandante general de Ceuta al general Fernández Silvestre y se declara rebelde a El Raisuni, se incautan sus bienes y se preparan acciones militares contra él[523].

La acción del general Manuel Fernández Silvestre en Yebala adelantó mucho el avance de las tropas españolas y permitió la toma, de forma precaria, de la ciudad de Xauen el 14 de octubre de 1920. Todo ello se llevó a cabo bajo la protección de los aviones Farman 50, Breguet XIV y DH.4 de Larache y Tetuán[524].

Precisamente, en el aeródromo de Larache se ubica en esos momentos la tercera escuadrilla del Servicio de Aeronáutica Militar. Desde el 1 de octubre de 1920 está destinado allí el teniente José de Figueroa, que se ocupa del mando y administración del destacamento y de la dirección de las obras del aeródromo. El teniente Figueroa solicita con insistencia al capitán jefe de su escuadrilla permiso para incorporarse en una Compañía de Zapadores durante las operaciones de Tefer y abrir una vía de entrada desde Larache a la ciudad de Xauen; el 15 de octubre fue autorizado para ello por el teniente coronel jefe de la Comandancia[525].

Cuatro días después, el teniente José de Figueroa marchó con la 2.ª Compañía de Zapadores, al mando del capitán Carlos Alcolea, hacia Tafersat, lugar ya ocupado, con el objetivo de establecer la posición y fortificarla. Durante la ejecución de estos trabajos, sobre las 14:00 horas

---

[522] Destinos. (1914, 29 de abril). *Diario Oficial del Ministerio de la Guerra, 94*, 273-275.
[523] Hernández Herrera, C. y García Figueras, T. (1929). *Acción de España en Marruecos*. Madrid: Imprenta Municipal; Mesa Gutiérrez, J. L. (2001). 1919-1927, casi una década de sangre. En Carrasco, A. (coord.), *Las campañas de Marruecos 1909-1927* (pp. 129-164). Madrid: Almena; Ministerio del Ejército. (1981). *Historia de las campañas de Marruecos*. Tomo III. Madrid: Servicio Histórico Militar.
[524] Flores Alonso, A. y Cicuéndez Ortega, J. M. (1990). *Guerra aérea sobre el Marruecos español (1913- 1927)*. Madrid: Museo del Aire; Gomá Orduña, J. (1951). *Historia de la aeronáutica española*. Madrid: Imprenta Prensa Española; Lázaro Ávila, C. (2001). La forja de la aeronáutica militar: Marruecos (1909 -1927). En Carrasco, A. (coord.), *Las campañas de Marruecos 1909-1927* (pp. 165-194). Madrid: Almena.
[525] Archivo General Militar de Segovia. Legajo F-1450, expediente 0. Expediente personal militar de José de Figueroa y Alonso Martínez; Archivo Histórico del Ejército del Aire. Signatura P/25327. Expediente personal militar de José de Figueroa y Alonso Martínez.

los cabileños abrieron fuego intenso y a las 15:00 horas, cuando el fuego enemigo parecía que disminuía de intensidad, el capitán Alcolea oyó gritar a los soldados "han matado al teniente de ingenieros"; cuando llegó al lugar, el teniente Figueroa estaba inconsciente, una bala le había atravesado la cabeza[526].

Fue trasladado a Tefer el 20 de octubre y a las 13:00 horas falleció mientras le operaban, tenía 22 años[527]. Naturalmente, los medios de comunicación de la época se hicieron eco del suceso, extranjeros como el *Daily Mail*, *Le Soir*, *Eclaireur de Nice*, *Le Petit Marocain* y nacionales como *La Voz* [528], que siguió la noticia paso a paso, desde el momento en que sus padres, los condes de Romanones, recogen su cuerpo en Tefer hasta su entierro el 24 de octubre en el panteón familiar en Guadalajara[529].

En el órgano oficial del ministerio, el *Diario Oficial del Ministerio de la Guerra*, figura el teniente Figueroa como fallecido en acción de guerra el 19 de octubre en Tetuán. El Ayuntamiento de Guadalajara, en homenaje al militar, le dedica una calle, que en la actualidad todavía persiste[530].

Hasta finales de 1920, y a pesar de los avances de las tropas españolas, toda la zona occidental del Protectorado español en Marruecos soportó las escaramuzas y tiroteos; hay que recordar que El Raisuni seguía libre y subvirtiendo a las cabilas contra los españoles[531].

---

[526] Archivo General Militar de Segovia. Legajo F-1450, expediente 0. Expediente personal militar de José de Figueroa y Alonso Martínez; Archivo Histórico del Ejército del Aire. Signatura P/25327. Expediente personal militar de José de Figueroa y Alonso Martínez.

[527] Archivo General Militar de Segovia. Legajo F-1450, expediente 0. Expediente personal militar de José de Figueroa y Alonso Martínez; Archivo Histórico del Ejército del Aire. Signatura P/25327. Expediente personal militar de José de Figueroa y Alonso Martínez.

[528] El tercer hijo del conde de Romanones ha sido gravísimamente herido en África. (1920, 20 de octubre). *La Voz, 96*, 1; España en Marruecos. El combate de Tarfeso. Cómo fue herido de muerte el hijo de Romanones. (1920, 22 de octubre). *La Voz, 98*, 1; La guerra en África. Un duro combate cerca de Chefchauen. En él fue herido de muerte el quinto hijo del Conde de Romanones, Cincuenta bajas. (1920, 21 de octubre). *La Voz, 97*, 1; La muerte del Teniente Figueroa. Otras noticias. (1920, 23 de octubre). *La Voz, 99*, 4.

[529] Biblioteca de la Real Academia de la Historia. Archivo conde de Romanones. Legajo 64, n.º 11; comunicación personal con Álvaro de Figueroa Fernández de Liencres, marqués de Villabragima, 7 de mayo de 2010.

[530] Ayuntamiento de Guadalajara. (2014, 23 de julio). Recuperado de http://www.guadalajara.es; Subsecretaría. Bajas. (1920, 20 de noviembre). *Diario Oficial del Ministerio de la Guerra, 262*, 610.

[531] Hernández Herrera, C. y García Figueras, T. (1929). *Acción de España en Marruecos*. Madrid: Imprenta Municipal; Mesa Gutiérrez, J. L. (2001). 1919-1927, casi una década de sangre. En Carrasco, A. (coord.), *Las campañas de Marruecos 1909-1927* (pp. 129-164). Madrid: Almena.

4.5. La evaluación militar del cadete Jaime Camps Gordon

Un ingeniero catalán, casado y afincado en Guipúzcoa, decidió a dedo el oficio de sus hijos y estableció que cuatro de ellos fueran militares, Francisco, Mariano, Ramón y Jaime, nuestro protagonista. El donostiarra Jaime Camps Gordon nació el 28 de febrero de 1896, dentro de una familia numerosa de ocho hermanos, y por decisión paterna ingresó en el Ejército[532].

Con 16 años, Jaime aprobó la oposición y entró en la Academia de Infantería situada en Toledo (Figura 5). Dicha academia, desde febrero de 1912, tenía un nuevo director, el coronel Severiano Martínez Anido, que había sustituido al coronel José Villalba Riquelme. Las instrucciones para desarrollar un nuevo plan de estudios que tenía que superar el alumno Camps Gordon había sido aprobado recientemente, en mayo del mismo año de su ingreso. Las aportaciones más importantes de dichas instrucciones eran: el establecimiento de examen y conceptuación en las llamadas asignaturas prácticas, como el dibujo, la esgrima, la gimnasia, la equitación y los ejercicios militares de cualquier tipo; solo las dos últimas materias quedaban en igualdad de importancia que el resto para aprobar o suspender curso; la institución de una escala del 0 al 10 para juzgar la conducta, de forma anexa a los correctivos existentes; y la implantación de un tipo de enseñanza teórico-práctico, donde las aplicaciones prácticas debían seguir a la teoría explicada[533].

---

[532] Archivo General Militar de Segovia. Legajo C-829, expediente 01. Expediente personal militar de Jaime Camps Gordon; comunicación personal con Mercedes Camps Alberdi, 25 de marzo de 2011.
[533] Academias. Instrucción. Organización. (1912, 15 de mayo). *Colección Legislativa del Ejército, 97*, 163-170; Academias. (1913, 26 de abril). *Diario Oficial del Ministerio de la Guerra, 93*, 305-308; Archivo General Militar de Segovia. Legajo C-829, expediente 01. Expediente personal militar de Jaime Camps Gordon.

Figura 5: Jaime Camps Gordon, con uniforme del arma de infantería[534]

Dentro de su promoción, el cadete Camps era un alumno de calificaciones normales; así, en el curso 1912-1913, encuadrado en la séptima sección, en las primeras clases, que comprendían las materias de Ordenanzas, Fusil Mauser, Tácticas de recluta, sección, compañía, batallón, regimiento y brigada, obtuvo un 6, con una conceptuación de mediano; en las segundas clases, que incluían las asignaturas de Física con nociones de Mecánica, obtuvo un 8,91, y fue considerado de bueno; y en las terceras clases, que englobaban los conocimientos de Constitución del Estado y Ley de Orden Público, Régimen interior de los cuerpos, sacó un 7,10, que incluía una designación de bueno. Aprobó este primer curso con unas notas finales que tenían un valor de 12,7, la media de su sección, compuesta por 42 hombres, estaba precisamente en 12,7[535].

Durante el segundo curso, las calificaciones que nos han llegado de dicha promoción solo abarcan las notas de las primeras y segundas clases del primer cuatrimestre. El cadete Camps obtuvo unas notas medias en las primeras y segundas clases de 7,52, que abarcaban las disciplinas de Geografía de España y de Portugal, Química. Pólvoras y explosivos, Descriptiva y Acotaciones; la nota media de dichas clases en su sección está un punto por encima. Una vez finalizados los estudios de

---

[534] Archivo familiar Camps.
[535] Archivo Biblioteca de la Academia de Infantería. Manuscrito. Jefatura de estudios. Exámenes. Curso 1912-1913. Tomo I y Tomo V; Archivo General Militar de Segovia. Legajo C-829, expediente 01. Expediente personal militar de Jaime Camps Gordon.

las asignaturas y la práctica complementaria, Jaime Camps debía realizar dos periodos de instrucción como preparación para las prácticas de conjunto: el primero, comprendido entre el 26 de abril y el 10 de mayo, dedicado a la instrucción táctica y de tiro por compañías con absoluta independencia entre sí. Dejando para el segundo periodo, desde el 11 al 18 de mayo, como preparación logística, una serie metódica de marchas ejecutadas a los pueblos próximos a Toledo, sin pernoctar fuera[536].

Durante el comienzo del último curso, debido al aumento de los precios de la comida, se estableció que los alumnos pagasen una cuota mensual; en el caso de Jaime Camps es de 3,50 pesetas por ser hijo de paisano, para garantizar una correcta alimentación. En este inicio de curso, se declaró en la academia una epidemia de escarlatina de tal virulencia que se tuvieron que suspender las clases y el alumno Camps Gordón, junto a sus compañeros de promoción, no regresó a las clases hasta mitad de noviembre. Los programas del primer cuatrimestre tuvieron que reorganizarse en un nuevo plan de estudios, centrándose en lo imprescindible[537].

Entre las prácticas, objeto de una mayor tendencia, estuvieron las relativas al estudio del combate, intentando llegar a ellas con la adecuada preparación; tanto las clases de tiro de guerra como las de dirección de fuego, fueron dadas desde el comienzo del curso, obteniendo en ellas los alumnos de tercer año hábitos de mando con grupos de pocos hombres. Normalmente eran unidades de 50-250 hombres. Las prácticas generales de final de curso se realizaron por primera vez en Ballesteros, en plenos Montes de Toledo, entre el 20 y el 29 de mayo, con 1.200 alumnos, entre ellos Jaime Camps. Gracias a los ejercicios prácticos efectuados durante este año, en Ballesteros se disputó por primera vez un concurso de tiro con fuego real por compañías[538].

---

[536] Archivo Biblioteca de la Academia de Infantería. Manuscrito. Jefatura de estudios. Exámenes. Curso 1913-1914. Tomo IV; Archivo General Militar de Segovia. Legajo C-829, expediente 01. Expediente personal militar de Jaime Camps Gordon; González González, H. (1925). *Resumen histórico de la academia de infantería*. Toledo: Imprenta-Escuela Tipografía del Colegio de M.ª Cristina para Huérfanos de la Infantería.
[537] Archivo General Militar de Segovia. Legajo C-829, expediente 01. Expediente personal militar de Jaime Camps Gordon; González González, H. (1925). *Resumen histórico de la academia de infantería*. Toledo: Imprenta-Escuela Tipografía del Colegio de M.ª Cristina para Huérfanos de la Infantería; Isabel Sánchez, J. L. (1991). *La Academia de Infantería de Toledo*. Toledo: Academia de Infantería.
[538] González González, H. (1925). *Resumen histórico de la academia de infantería*. Toledo: Imprenta Escuela Tipografía del Colegio de M.ª Cristina para Huérfanos de la Infantería; Isabel Sánchez, J. L. (1991). *La Academia de Infantería de Toledo*. Toledo: Academia de Infantería.

De tercero, en el curso de 1914-1915, solo hemos obtenido evidencias de las notas de final de curso de algunas de las materias llamadas prácticas. El alumno Camps tuvo una calificación de aprobado en Dibujo y Gimnasia, valoración que también tuvieron todos los componentes de su sección; y tuvo una designación de bueno en Esgrima, como todos los de su sección. El 26 de junio, Jaime Camps recibió su despacho como nuevo oficial del Ejército y ese mismo día la reina Victoria Eugenia entregó una nueva bandera a la Academia de Infantería. En el mismo mes de junio de 1915, el teniente Jaime Camps se incorporó a su primer destino en León, concretamente en el Regimiento de Infantería de Burgos n.º 36[539].

A pesar del espíritu de esta reforma en la enseñanza militar de los oficiales, que busca dar un carácter más práctico a los estudios, este proyecto impulsado por el gobierno dirigido por el conde de Romanones fracasa por las palabras del propio conde, que siete años después escribe el libro *El Ejército y la Política*, dedicado a su hijo José de Figueroa, recientemente fallecido en África, como hemos visto. La monografía fue considerada por un medio militar como "uno de los mejores libros que en nuestro idioma han visto la luz pública en los últimos años"[540]. En la obra afirma que a los alumnos de las academias se les impone "... una serie de estudios penosísimos y exclusivamente teóricos...", llega hasta tal punto el hastío que muchos "... no vuelven a abrir los libros; creen que con lo que aprendieron en la Academia tienen bastante para toda su vida..."[541].

Para Alonso Baquer[542], la búsqueda de una enseñanza militar más práctica en las academias fue un afán continuado durante estas primeras décadas del siglo XX, siguiendo los postulados procedentes de la enseñanza militar en Francia.

---

[539] Archivo Biblioteca de la Academia de Infantería. Manuscrito. Jefatura de estudios. Exámenes. Curso 1914-1915. Tomo V; Archivo General Militar de Segovia. Legajo C-829, expediente 01. Expediente personal militar de Jaime Camps Gordon; Isabel Sánchez, J. L. (1991). *La Academia de Infantería de Toledo*. Toledo: Academia de Infantería.
[540] El Ejército y la Política. (1921, marzo). *Memorial de Caballería, 6*, 164.
[541] Figueroa y Torres Sotomayor, A., conde de Romanones (1920). *El ejército y la política*. Madrid: Renacimiento, 174.
[542] Alonso Baquer, M. (2003). El Ejército y la formación de oficiales durante el reinado de Alfonso XIII. En *La enseñanza militar en España: 75 años de la Academia General Militar en Zaragoza*. Congreso de Historia Militar (pp. 69-80). Madrid: Ministerio de Defensa.

4.6. El servicio militar de Antonio Moreira en Infantería de Marina

La Infantería de Marina española es la más antigua del mundo. Data de 1537, cuando Carlos I une las Compañías Viejas del Mar de Nápoles a la Escuadra de Galeras del Mediterráneo. En dicho cuerpo ingresa para realizar el servicio militar Antonio Moreira Montero, que nació en Sanlúcar de Barrameda (Cádiz) el 20 de enero de 1897. Antonio pertenecía a una familia humilde de tres hermanos, cuyo padre, Ramón Moreira, era organista[543].

La Infantería de Marina es una fuerza preparada para actuar, partiendo del mar, en una costa enemiga. Cuando ingresa Antonio Moreira en junio de 1918, dicho cuerpo dependía del Ministerio de Marina[544].

La situación del Ministerio de Marina, en esta segunda década del siglo XX, es la de recibir los destructores, acorazados y torpederos construidos a consecuencia del plan del ministro del ramo, Ferrándiz, en 1908 con la intención de revitalizar una escuadra naval maltrecha desde el desastre de 1898. En 1914, gracias al plan Miranda, también se dio otro impulso y se comenzó la construcción de más buques, aunque no se entregarán hasta después de 1920. Dentro del mismo programa de Miranda se encuentra la compra de submarinos, que llegaron a España en 1917, con lo que se creaba la escuela de submarinos, ubicada en Cartagena, cuyo primer jefe de flotilla y director será el capitán de corbeta Mateo García de los Reyes. En el mismo año, el ministro Flórez Carrió creó la aeronáutica naval; su escuela se estableció en Barcelona y su primer director fue el capitán de corbeta Cardona[545].

Por otro lado, el cuerpo de Infantería de Marina estaba organizado en tres regimientos, situados en los apostaderos de Ferrol, Cartagena y

---

[543] Archivo General de la Marina Álvaro de Bazán. Artillería e Infantería de Marina. Asuntos particulares. Legajo 1826. Expediente personal militar de Antonio Moreira Montero; Archivo Naval de San Fernando. Legajo 929. Reemplazo 1918. Expediente 3070 de Antonio Moreira Montero; comunicación personal con José Antonio Moreira Mergelina, 26 de junio de 2011; O'Donnell y Duque de Estrada, H. (1999). *La Infantería de Marina española. Historia y fuentes*. Madrid: Bazán.

[544] Archivo General de la Marina Álvaro de Bazán. Artillería e Infantería de Marina. Asuntos particulares. Legajo 1826. Expediente personal militar de Antonio Moreira Montero; Archivo Naval de San Fernando. Legajo 929. Reemplazo 1918. Expediente 3070 de Antonio Moreira Montero; González Muñoz, F. (2002). La Infantería de Marina, una fuerza para el siglo XXI. *Arbor: Ciencia, pensamiento y cultura, 682*, 301-319.

[545] Cerezo Martínez, R. (1983). *Armada española, siglo XX*. Madrid: Poniente; González-Aller Hierro, J. I. (1998). *España en la mar: una historia milenaria*. Barcelona: Lunwerg.

Cádiz. Cada regimiento constaba de dos batallones, constituidos por cuatro compañías de 120 hombres cada una. Los destinados en el primer batallón se encargaban de los servicios del apostadero y atendían la instrucción de los reclutas (como el recién llegado Antonio Moreira); y los consignados en el segundo batallón equipaban los buques[546].

Desde 1908, la Infantería de Marina no tenía centros de reclutamiento y los reclutas, como Antonio Moreira, procedían del Ejército, en este caso de la Capitanía General de Sevilla. El soldado voluntario Moreira fue destinado en el primer regimiento de San Fernando (Cádiz). Para admitirlo como voluntario, el jefe de su unidad debía realizar un examen a Antonio con el fin de verificar que reunía las condiciones necesarias para ser escribiente, oficio que había desempeñado hasta su ingreso. Una vez en el destino, no podía solicitar el cambio y nuestro protagonista contraía el compromiso, como voluntario, de cuatro años, dividido en dos periodos, uno de tres años y otro de un año. Este último podría no realizarlo en función de si el jefe de su unidad consideraba que tenía las condiciones y la conducta adecuada[547].

El servicio militar obligatorio que debía realizar el soldado Moreira Montero era una nueva conscripción, normalizada tras la ley de 27 de febrero de 1912, que modificaba las erratas de la del 19 de enero del mismo año, basada en la Ley de Bases del 29 de junio de 1911. Lo más significativo de dicha legislación era la obligatoriedad para todos los hombres de 20 años de servir en las filas del Ejército o en las de Infantería de Marina[548].

---

[546] Archivo General de la Marina Álvaro de Bazán. Artillería e Infantería de Marina. Asuntos particulares. Legajo 1826. Expediente personal militar de Antonio Moreira Montero; Archivo Naval de San Fernando. Legajo 929. Reemplazo 1918. Expediente 3070 de Antonio Moreira Montero; Gómez Ruiz, M. y Alonso Juanola, V. (2009). *El Ejército de los Borbones*. Tomo VIII. Madrid: Ministerio de Defensa; Rico Sánchez, A. (2013). La Infantería de Marina en la España de Alfonso XIII: Uniformología y recompensas. *Revista General de Marina, 265*, 839-845; Rivas Fabal, J. E. (2009). *Historia de la Infantería de Marina Española*. Tomo I. Madrid: Ministerio de Defensa.

[547] Archivo General de la Marina Álvaro de Bazán. Artillería e Infantería de Marina. Asuntos particulares. Legajo 1826. Expediente personal militar de Antonio Moreira Montero; Archivo Naval de San Fernando. Legajo 929. Reemplazo 1918. Expediente 3070 de Antonio Moreira Montero; comunicación personal con José Antonio Moreira Mergelina, 26 de junio de 2011; Ministerio de la Guerra. (1918a, 20 de marzo). *Gaceta de Madrid, 79*, 813-814; Real Decreto de 16 de enero. (1908, 17 de enero). *Gaceta de Madrid, 17*, 203-206.

[548] Ley de bases para la ley de reclutamiento y reemplazo del ejército de 29 de junio de 1911. (1911, 1 de julio). *Diario Oficial del Ministerio de la Guerra, 142*, 1-11; Ley de reclutamiento y reemplazo del ejército de 19 de enero de 1912. (1912a, 20 de enero). *Diario Oficial del Ministerio de la Guerra, 15*, 179-208; Ley de reclutamiento y reemplazo del Ejército. (1912b, 28 de febrero). *Diario Oficial del*

Fue una ley muy reclamada y, tal como explica Puell de la Villa[549], la presión popular y las consecuencias de la Semana Trágica vertieron esta norma en el Congreso. Desde el Partido Liberal, que tramitó la ley, se presentaba incluso como el final de las injusticias[550]. Era cierto que se había avanzado algo al eliminar la redención a metálico. Sin embargo, para que los ricos redujeran su tiempo de permanencia en filas, los conservadores dejaron un pequeño resquicio al introducir el llamado soldado de cuota, justificando que para las clases pudientes es un sufrimiento porque "los cuarteles no reúnen las condiciones de comodidad e higiene"[551].

El soldado de cuota era aquel que, por el pago de 1.000 pesetas, tenía que permanecer en la milicia diez meses, divididos en tres periodos, de cuatro meses el primero y tres los dos siguientes. La otra alternativa era pagar 2.000 pesetas y estar en filas cinco meses, divididos en dos periodos, de tres meses el primero y dos el segundo. Para poder adherirse a cualquiera de las dos opciones, el mozo debía acreditar conocer la instrucción teórica y práctica del recluta y las obligaciones del soldado y del cabo. Las dos alternativas permitían elegir la unidad donde servir y no dormir en el cuartel[552].

En los primeros meses de estancia, mientras era soldado, Antonio Moreira cobraba 24,33 pesetas al mes, de las cuales pagaba 18 pesetas al mes por las comidas. En estos meses se crearon en su regimiento seis vacantes de cabo, a las que se presentó el soldado Moreira Montero[553].

El aspirante a cabo Moreira Montero debía superar las siguientes materias[554]: una parte teórico-práctica, que comprendía Aritmética,

---

Ministerio de la Guerra, 47, 587-616.
[549] Puell de la Villa, F. (2009). *Historia del ejército en España*. Madrid: Alianza.
[550] Figueroa y Torres Sotomayor, A., conde de Romanones (1920). *El ejército y la política*. Madrid: Renacimiento.
[551] Figueroa y Torres Sotomayor, A., conde de Romanones (1920). *El ejército y la política*. Madrid: Renacimiento, 141.
[552] Ley de reclutamiento y reemplazo del Ejército. (1912b, 28 de febrero). *Diario Oficial del Ministerio de la Guerra, 47*, 587-616.
[553] Archivo General de la Marina Álvaro de Bazán. Artillería e Infantería de Marina. Asuntos particulares. Legajo 1826. Expediente personal militar de Antonio Moreira Montero; Archivo Naval de San Fernando. Legajo 929. Reemplazo 1918. Expediente 3070 de Antonio Moreira Montero.
[554] Dichas materias, las contenidas en el tomo primero del *Manual para las clases de tropa*, por Real Orden de 10 de noviembre de 1894, se declararon reglamentarias para las escuelas regimentales de Infantería de Marina. El manual ya fue adoptado anteriormente por el Ejército, por Real Orden de 23 de junio de 1893. Ver, Cuerpo de Infantería de Marina. Academias de aspirantes a cabos. Obras de texto. Publicaciones. (1894, 10 de noviembre). *Colección Legislativa de la Armada, 246*, 611-612; Obras científicas y literarias. (1893, 25 de junio). *Diario Oficial del Ministerio de la Guerra, 185*, 914.

Obligaciones del soldado y cabo, Leyes penales, Régimen interior de los cuerpos, Detall y contabilidad, Servicio de guarnición, Distinción y posesión de empleos, Honores militares, Saludos, Tratamientos de palabra y en los escritos, Instrucción táctica, Armamento, Educación moral del soldado, Higiene (Higiene individual, Higiene colectiva, Alimentación, Bebidas estimulantes y el tabaco, Enfermedades venéreas y sifilíticas, Higiene durante las marchas, Noción del paquete de cura individual y modo de emplearlo). Una parte práctica, que comprendía caligrafía: perfeccionamiento de las aptitudes individuales a fin de que llegue a escribir el aspirante de modo claro; escritura al dictado; práctica de las funciones del cabo como auxiliar del oficial en la instrucción táctica, en la de tiro y en la de gimnasia; apreciación de distancias a simple vista; indicar sobre el terreno el valor de los accidentes y la forma de ocuparlos y avanzar de unos a otros; práctica del servicio de guardias; práctica del servicio de campaña: centinelas, escuchas y exploradores[555].

Tras realizar el examen de dicho curso, a finales de diciembre de 1918, Antonio, obtuvo una nota media de 9 y ascendió a dicho empleo a finales de enero de 1919, cobrando cuatro pesetas más al mes. En dicho empleo permaneció realizando su servicio militar hasta finales de 1920[556].

4.7. Los compromisos con el control del orden público

La utilización del Ejército como instrumento de control del orden público continúa durante toda esta segunda década; como las huelgas, manifestaciones y altercados, que se repiten en el tiempo de una forma más prolongada, y en los que Domingo Rodríguez, Ángel Pradel, José Bento y José de Figueroa se ven inmersos.

El sindicalista minero Manuel Llaneza, convencido tras su paso por Francia de que se tenían que establecer nuevas sociedades más fuertes que saltasen por encima del ámbito local, creó, el 10 de noviembre de 1910, el Sindicato de los Obreros Mineros de Asturias

---

[555] Ministerio de la Guerra. (1918a, 20 de marzo). *Gaceta de Madrid, 79,* 813-814.
[556] Archivo General de la Marina Álvaro de Bazán. Artillería e Infantería de Marina. Asuntos particulares. Legajo 1826. Expediente personal militar de Antonio Moreira Montero; Archivo General de la Marina Álvaro de Bazán. Sección Nóminas. Infantería de Marina, signatura 7563/335 (1917-1920); Archivo Naval de San Fernando. Legajo 929. Reemplazo 1918. Expediente 3070 de Antonio Moreira Montero; Cuerpo de Infantería de Marina (tropa). (1919, 29 de enero). *Diario Oficial del Ministerio de la Marina, 35,* 228-229.

(SOMA), cuyo primer presidente fue Antonio Cienfuegos. La intención era reunir a todos los trabajadores de la minería[557].

Uno de los primeros conflictos al que se enfrentó el SOMA fue contra la empresa Hulleras de Turón, que despidió a un minero por no reconocerle su derecho a sindicarse; al presentarse Manuel Llaneza como interlocutor, la empresa no lo reconoció como tal y se negó a su readmisión. El 11 de septiembre, el SOMA convocó la huelga general y consiguió paralizar las cuencas mineras. El gobernador, para mantener el orden, envió a la Guardia Civil y posteriormente, el 14 de septiembre, fueron movilizadas tropas del Ejército. En ellas estaba el sargento Rodríguez Somoza[558], que llegó a Oviedo el mismo día. El Gobierno mandó como interlocutor a Gumersindo de Azcárate, perteneciente al Instituto de Reformas Sociales[559].

Desde 1909, cualquier pugna laboral encendía las alarmas, porque la violencia surgía de forma rápida. Un puente de ferrocarril estuvo a punto de ser destruido porque había trabajadores que no habían secundado la huelga y lo estaban empleando. Los dirigentes del SOMA fueron detenidos y se suspendieron las garantías constitucionales. Tras doce días, la huelga finalizó, el minero fue readmitido y el sargento Domingo regresó a su unidad en Valladolid el 27 de septiembre. Un año después fue condecorado con la cruz de plata del mérito militar con distintivo blanco por su comportamiento en el restablecimiento del orden público con motivo de la huelga de Asturias en el mes de septiembre de 1911[560].

A partir del comienzo de la Primera Guerra Mundial, el empobrecimiento de la población se fue incrementando y las diferencias entre ricos y pobres aumentaban. Los movimientos de protesta para

---

[557] Shubert, A. (1984). *Hacia la revolución: orígenes sociales del movimiento obrero en Asturias, 1860-1934*. Barcelona: Crítica; Moradiellos García, E. (1986). *El sindicato de los obreros mineros de Asturias, 1910-1930*. Oviedo: Universidad de Oviedo.
[558] Empleo de sargento que alcanza el 1 de septiembre de 1911. Ver, Archivo General Militar de Segovia. Legajo R-1792, expediente 0. Expediente personal militar de Domingo Rodríguez Somoza.
[559] Archivo General Militar de Segovia. Legajo R-1792, expediente 0. Expediente personal militar de Domingo Rodríguez Somoza; Shubert, A. (1984). *Hacia la revolución: orígenes sociales del movimiento obrero en Asturias, 1860-1934*. Barcelona: Crítica; Ruiz González, D. (1968). *El movimiento obrero en Asturias: de la industrialización a la Segunda República*. Oviedo: Amigos de Asturias.
[560] Archivo General Militar de Segovia. Legajo R-1792, expediente 0. Expediente personal militar de Domingo Rodríguez Somoza; Moradiellos García, E. (1986). *El sindicato de los obreros mineros de Asturias, 1910-1930*. Oviedo: Universidad de Oviedo; Ruiz González, D. (1968). *El movimiento obrero en Asturias: de la industrialización a la Segunda República*. Oviedo: Amigos de Asturias.

salir de esta situación asfixiante eran continuos; en julio de 1917 las quejas contra los precios abusivos eran generalizadas en el país[561].

Las organizaciones políticas y sindicales PSOE, UGT y CNT aprovecharon esta circunstancia para convocar una huelga general indefinida en todo el país. La fijaron para el 13 de agosto de 1917 y solicitaban un cambio de régimen: que el rey se marchara, la creación de un gobierno provisional y la convocatoria de unas cortes constituyentes[562]. El político republicano Marcelino Domingo y el periódico *La Lucha*, afines a los huelguistas, hicieron un llamamiento a la solidaridad con ellos por parte de los militares, para que no los reprimieran[563].

La huelga, pese a que conducía hacia una revolución, fue planteada pacíficamente, al menos en Madrid. Sin embargo, con motivo de dicha huelga general, el mismo día 13 se movilizó al Ejército y se dio orden de que se desplazase a la capital el brigada Pradel Cid[564], destinado en el cercano pueblo de Leganés[565].

Dada la amplitud y objetivos del movimiento, las autoridades hicieron un gran despliegue del Ejército inusualmente pronto y a mediodía se había declarado ya el estado de guerra. El brigada Ángel Pradel tenía la orden de prestar el servicio de patrullas y vigilancias para que aquellos sectores que quisieran trabajar pudieran hacerlo, como los tranvías que no secundaron la huelga[566]. Ángel Pradel y sus compañeros de la milicia escuchaban a la multitud decir a gritos "soldaditos, que soy de los vuestros; no pegar; que si hoy estáis en el ejército, mañana

---

[561] Serrallonga i Urquidi, J. (1991). Motines y revolución. España, 1917. *Ayer*, 4, 169-191.
[562] Lacomba Avellán, J. A. (1970). *La crisis española de 1917*. Madrid: Ciencia Nueva.
[563] Alonso Ibáñez, A. I. (2004). *Las Juntas de Defensa Militares (1917-1922)*. Madrid: Ministerio de Defensa; Atienza Peñarrocha, A. (2012). *Africanistas y junteros: el ejército español en África y el oficial José Enrique Varela Iglesias*. (Tesis doctoral inédita). Valencia: Universidad Cardenal Herrera-CEU.
[564] Empleo al que asciende el 26 de abril de 1913. Ver, Archivo General Militar de Segovia. Legajo P-2670, expediente 0. Expediente personal militar de Ángel Pradel Cid.
[565] Archivo General Militar de Segovia. Legajo P-2670, expediente 0. Expediente personal militar de Ángel Pradel Cid; Bajatierra, M. (1918). *Desde las barricadas. Una semana de revolución en España*. Tortosa: Monclús; Ladera. (1917). *Fechas de sangre: dos semanas de anarquía en España*. Madrid: Renacimiento.
[566] Archivo General Militar de Segovia. Legajo P-2670, expediente 0. Expediente personal militar de Ángel Pradel Cid; Bajatierra, M. (1918). *Desde las barricadas. Una semana de revolución en España*. Tortosa: Monclús; Ladera. (1917). *Fechas de sangre: dos semanas de anarquía en España*. Madrid: Renacimiento.

estaréis con nosotros; acordaos de vuestros padres, hermanos y amigos"[567].

Esta huelga en la que intervino el militar Pradel se caracterizó por un elevado grado de violencia y de contundencia, hasta el punto de que el día 14 se llegó a ametrallar a la muchedumbre en Cuatro Caminos. Una gran diferencia con respecto a huelgas anteriores en Madrid, determinadas por la pasividad y la complicidad con la policía. El balance final fue de más de diez muertos en la provincia de Madrid[568].

La huelga fracasó. El día 18 ya no había ningún resquicio de ella; por falta de una preparación adecuada, el paro dejó de ser pacífico y el comité de huelga fue detenido. La población no la siguió mayoritariamente, a pesar de su situación calamitosa, porque los medios represivos habituales del Gobierno rompieron la protesta. Pero esta crisis, a largo plazo, demostró que el sistema de la Restauración estaba acabado[569].

El 22 de mayo de 1918, Ángel Pradel recibió una felicitación real, de ámbito colectivo para todo el Ejército, por la conducta leal observada en todos sus miembros ante los lamentables sucesos ocurridos con motivo de las alteraciones del orden público. Esta felicitación colectiva no era casual, los organizadores de la huelga pensaban que, tras el manifiesto de las Juntas de Defensa del 1 de junio, el Ejército se negaría a cargar contra los manifestantes, algo que evidentemente no ocurrió, como quedó plasmado en la brutalidad extrema ejercida en todo el país contra los huelguistas[570].

Ya hemos visto cómo se constituyeron las Juntas de Defensa. Pues bien, una parte del funcionariado civil también constituyó sus propias

---

[567] Bajatierra, M. (1918). *Desde las barricadas. Una semana de revolución en España*. Tortosa: Monclús, 61.
[568] Archivo General Militar de Segovia. Legajo P-2670, expediente 0. Expediente personal militar de Ángel Pradel Cid; Bajatierra, M. (1918). *Desde las barricadas. Una semana de revolución en España*. Tortosa: Monclús; González Calleja, E. (1999). *El máuser y el sufragio. Orden público, subversión y violencia política en la crisis de la Restauración (1917-1931)*. Madrid: CSIC; Lacomba Avellán, J. A. (1970). *La crisis española de 1917*. Madrid: Ciencia Nueva; Ladera. (1917). *Fechas de sangre: dos semanas de anarquía en España*. Madrid: Renacimiento; Sánchez Pérez, F. (1994, primavera-verano). De las protestas del pan a las del trabajo. Marginalidad y socialización del fenómeno huelguístico en Madrid (1910-1923). *Historia Social, 19*, 47-60.
[569] Lacomba Avellán, J. A. (1970). *La crisis española de 1917*. Madrid: Ciencia Nueva; Serrallonga i Urquidi, J. (1991). Motines y revolución. España, 1917. *Ayer, 4*, 169-191.
[570] Archivo General Militar de Segovia. Legajo P-2670, expediente 0. Expediente personal militar de Ángel Pradel Cid; Alonso Ibáñez, A. I. (2004). *Las Juntas de Defensa Militares (1917-1922)*. Madrid: Ministerio de Defensa; Puell de la Villa, F. (2009). *Historia del ejército en España*. Madrid: Alianza.

juntas, a imitación de las militares, que se agruparon en torno a la Unión Nacional de Funcionarios. Debido a la subida de precios durante la Primera Guerra Mundial, el Cuerpo de Correos y Telégrafos sufría una pérdida de poder adquisitivo constante; los Presupuestos Generales del Estado aprobados en enero de 1918 no mejoraban sus expectativas para paliar su estado de precariedad, por lo que el 20 de febrero comenzó una huelga de brazos caídos[571].

Inicialmente, el Gobierno de García Prieto no negoció y, por decreto, la Dirección General de Comunicaciones y los servicios de Correos y Telégrafos pasaron a depender del Ministerio de la Guerra. Esta militarización del servicio postal supuso la movilización, a partir del 17 de marzo, del segundo teniente de ingenieros José de Figueroa, todavía en su condición de alumno, y del capitán Bento. Sin embargo, esto no resolvió el problema, los funcionarios continuaron en huelga, animados por las sociedades obreras y apoyados por la opinión pública, que consideraban justas sus reivindicaciones[572].

Al alumno Figueroa le ordenaron prestar servicio de vigilancia y reparación de las líneas telegráficas y telefónicas entre los pueblos de Matillas, Baides, Cutamilla y Sigüenza, todos de la provincia de Guadalajara. El capitán José Bento estaba encargado de la sección de cuentas corrientes de la Caja Postal de Ahorros. Mientras, el presidente del Gobierno mandaba al subsecretario de la Presidencia, José Rosado Gil, a negociar con las Juntas de Correos y Telégrafos; esta medida provocó la renuncia del ministro de la Guerra por entender que había sido desautorizado. La dimisión provocó la caída de todo el Gobierno[573].

La situación efervescente en la que se encontraba España provocaba que nadie quisiera formar Gobierno; el 19 de marzo, el rey llamó con urgencia al conde de Romanones para buscar una solución y

---

[571] Navarro Moreno, P. (2006). Los empleados de Telégrafos. En CORREOS (ed.), *Exposición 150 aniversario del telégrafo en España* (pp. 51-64). Málaga: Universidad de Málaga-Sociedad Estatal de Correos y Telégrafos.

[572] Archivo General Militar de Segovia. Legajo B-1811, expediente 0. Expediente personal militar de José Bento López; Archivo General Militar de Segovia. Legajo F-1450, expediente 0. Expediente personal militar de José de Figueroa y Alonso Martínez; Pabón y Suárez de Urbina, J. (1952). *Cambó: 1876-1947*. Barcelona: Alpha; Real Decreto de 13 de marzo. (1918, 14 de marzo). *Gaceta de Madrid*, 73, 1.

[573] Archivo General Militar de Segovia. Legajo B-1811, expediente 0. Expediente personal militar de José Bento López; Archivo General Militar de Segovia. Legajo F-1450, expediente 0. Expediente personal militar de José de Figueroa y Alonso Martínez; Tuñón de Lara, M. (1967). *Historia y realidad del poder*. Madrid: EDICUSA.

esa misma noche se consiguió formar un Gobierno, encabezado por Maura. Este gabinete negoció, a través de Eduardo Ortega, con las Juntas de Correos y Telégrafos; acordaron derogar los decretos anteriores, aumentar los sueldos y firmar un nuevo Estatuto de Funcionarios Civiles. A cambio, las Juntas se disolvieron. Estas medidas supusieron la desmovilización, el 22 de marzo, del segundo teniente José de Figueroa y del capitán Bento, que abandonaron el servicio de vigilancia y reparación de las líneas telegráficas y telefónicas y el servicio de cuentas corrientes y regresaron a sus unidades. Posteriormente, recibirán una felicitación del rey por su actuación[574].

---

[574] Archivo General Militar de Segovia. Legajo B-1811, expediente 0. Expediente personal militar de José Bento López; Archivo General Militar de Segovia. Legajo F-1450, expediente 0. Expediente personal militar de José de Figueroa y Alonso Martínez; Figueroa y Torres Sotomayor, A., conde de Romanotes (1934). *Notas de una vida*. Madrid: Aguilar; Navarro Moreno, P. (2006). Los empleados de Telégrafos. En CORREOS (ed.), *Exposición 150 aniversario del telégrafo en España* (pp. 51-64). Málaga: Universidad de Málaga-Sociedad Estatal de Correos y Telégrafos.

5. LOS VÍNCULOS CON DIFERENTES ACTIVIDADES FÍSICO-DEPORTIVAS (1911-1920)

5.1. Posibilidades de participación deportiva de los militares debido a las subvenciones y apoyos

Las subvenciones y los apoyos a ciertos deportes durante los años 10 del pasado siglo continúan con las mismas inercias que en la primera década de la centuria. Así sucede con los apoyos legislativos del Ministerio de la Guerra a la sociedad del Tiro Nacional, entidad de la que son socios casi todos nuestros protagonistas, como veremos posteriormente. Pero además, en agosto de 1918 y en noviembre de 1920, se modifica la norma de concursos de tiro de octubre de 1910 en relación a la posibilidad de aumentar el número de tiradores por unidad de las categorías de oficiales y clases de tropa que pueden asistir a los concursos que organice el Tiro Nacional. Por ejemplo, oficiales como Antonio Bonilla[575], Luis Calvet[576] y José Bento[577] podían asistir en un número máximo de cincuenta dentro de su unidad por pertenecer a la Primera Región Militar; en casos como el de Ignacio Estévez[578], podía asistir un número máximo de veinticinco militares dentro de su unidad por estar destinado fuera de la Primera Región Militar. Las clases de tropa, como Ángel Pradel[579], podían asistir en un número máximo de

---

[575] Desde febrero de 1917, está destinado en el Regimiento de Asturias n.º 31, en Madrid, perteneciente a la Primera Región Militar. Ver, Archivo General Militar de Segovia. Legajo GU/B-489, expediente 18. Expediente personal militar de Antonio Bonilla San Martín; Ministerio de la Guerra. (1918b). *Manual para las clases de tropa*. Tomo I. Madrid: Imprenta de "Alrededor del Mundo".

[576] A partir de septiembre de 1918, es destinado al Regimiento de Infantería Saboya n.º 6, en Madrid, perteneciente a la Primera Región Militar. Ver, Archivo General Militar de Segovia. Legajo C-432, expediente 0. Expediente personal militar de Luis Calvet Sandoz; Ministerio de la Guerra. (1918b). *Manual para las clases de tropa*. Tomo I. Madrid: Imprenta de "Alrededor del Mundo".

[577] Desde octubre de 1913, está destinado en la Sección de Ajustes y Liquidación de los Cuerpos Disueltos del Ejército, en Madrid, perteneciente a la Primera Región Militar. Ver, Archivo General Militar de Segovia. Legajo B-1811, expediente 0. Expediente personal militar de José Bento López; Ministerio de la Guerra. (1918b). *Manual para las clases de tropa*. Tomo I. Madrid: Imprenta de "Alrededor del Mundo".

[578] Desde febrero de 1918, está destinado en el Batallón 2.ª Reserva de Allariz n.º 109, en la localidad de Allariz (Orense), perteneciente a la Octava Región Militar. Ver, Archivo General Militar de Segovia. Legajo E-1563, expediente 0. Expediente personal militar de Ignacio Estévez Estévez; Ministerio de la Guerra. (1918b). *Manual para las clases de tropa*. Tomo I. Madrid: Imprenta de "Alrededor del Mundo".

[579] Desde noviembre de 1914, está destinado en el Regimiento de Covadonga n.º 40, en la localidad de Leganés, perteneciente a la Primera Región Militar. Ver, Archivo General Militar de Segovia. Legajo P- 2670, expediente 0. Expediente personal militar de Ángel Pradel Cid; Ministerio de la

veinticinco militares dentro de su unidad por estar destinado en la Primera Región Militar; y, en la unidad de Domingo Rodríguez Somoza[580] y León Villarín[581], podían asistir en un número máximo de veinte militares por no estar destinados en la Primera Región Militar[582].

En 1919 el Ministerio de la Guerra concede a la sociedad del Tiro Nacional una dotación gratuita anual de 250.000 cartuchos de fusil Máuser, por los fines patrióticos que persigue y la instrucción de tiro que realiza[583]. También se ayuda en la construcción de los campos de tiro de las representaciones provinciales del Tiro Nacional, como el de San Sebastián, que lo construye en 1915 el Regimiento de Ingenieros, al mando del capitán José Piñal Azpilcueta; y en Santander, en 1917, el Ayuntamiento cede suelo de su propiedad para que se efectúe la obra de la instalación deportiva[584].

El soporte legislativo al Tiro Nacional se extendía al Ministerio de la Marina. Así, en 1911 la Armada autoriza como máximo a tres jefes u oficiales, e igual número de clases o individuos de tropa y marinería, por cada regimiento de Infantería de Marina, buque o depósito de arsenal, para asistir a los concursos que organiza dicha sociedad de tiro. Los oficiales asisten con sus dietas reglamentarias y los individuos de tropa y marinería, como el infante de Marina Antonio Moreira Montero, tienen matrícula gratuita y una gratificación diaria de dos pesetas durante los

---

Guerra. (1918b). *Manual para las clases de tropa*. Tomo I. Madrid: Imprenta de "Alrededor del Mundo".

[580] Desde abril de 1909, está destinado en el Regimiento de Isabel II n.º 32, en Valladolid, perteneciente a la Séptima Región Militar. Ver, Archivo General Militar de Segovia. Legajo R-1792, expediente 0. Expediente personal militar de Domingo Rodríguez Somoza; Ministerio de la Guerra. (1918b). *Manual para las clases de tropa*. Tomo I. Madrid: Imprenta de "Alrededor del Mundo".

[581] A partir de noviembre de 1918, le confirman su anterior destino en la Comandancia de Artillería de Cádiz, perteneciente a la Segunda Región Militar. Ver, Archivo General Militar de Segovia. Legajo B-2780, expediente 0. Expediente personal militar de León Villarín Cano; Ministerio de la Guerra. (1918b). *Manual para las clases de tropa*. Tomo I. Madrid: Imprenta de "Alrededor del Mundo".

[582] Archivo General Militar de Segovia. Legajo B-1811, expediente 0. Expediente personal militar de José Bento López; Archivo General Militar de Segovia. Legajo B-2780, expediente 0. Expediente personal militar de León Villarín Cano; Archivo General Militar de Segovia. Legajo C-432, expediente 0. Expediente personal militar de Luis Calvet Sandoz; Archivo General Militar de Segovia. Legajo E-1563, expediente 0. Expediente personal militar de Ignacio Estévez Estévez; Archivo General Militar de Segovia. Legajo GU/B-489, expediente 18. Expediente personal militar de Antonio Bonilla San Martín; Archivo General Militar de Segovia. Legajo P-2670, expediente 0. Expediente personal militar de Ángel Pradel Cid; Archivo General Militar de Segovia. Legajo R-1792, expediente 0. Expediente personal militar de Domingo Rodríguez Somoza; Concursos de tiro. (1918, 9 de agosto). *Diario Oficial del Ministerio de la Guerra, 178*, 503; Concursos de tiro. (1920, 17 de noviembre). *Colección Legislativa del Ejército, 523*, 864-865.

[583] Municiones. Sociedad del Tiro Nacional. (1919, 6 de febrero). *Colección Legislativa del Ejército, 63*, 107-108.

[584] El Tiro Nacional en Santander. (1917, 24 de abril). *La Información, 230*, 9; Tiro Nacional. (1915, 14 de agosto). *El Correo del Norte, 6.044*, 3.

días que dure el concurso, si este se celebra fuera del punto de su destino, que, recordemos, era San Fernando (Cádiz). El cabo Moreira, el resto de clases de tropa y marinería, así como los oficiales viajan a dichas competiciones de tiro deportivo por cuenta del Estado[585].

A pesar de esta legislación, los miembros de la Armada no se prodigaban en estas competiciones deportivas; por eso, en ocasiones, el presidente del Tiro Nacional remitía invitaciones al almirante jefe del Estado Mayor Central para que diera publicidad entre su personal con el fin de que asistieran a los concursos de tiro. Así ocurrió con ocasión del Concurso de Tiro de San Sebastián, celebrado entre los días 25 de agosto y 10 de septiembre de 1920, y al que asistió Antonio Moreira Montero, que consiguió el primer premio en la tirada de honor[586], obteniendo una copa (Figura 6) donada por la reina María Cristina[587].

Figura 6: Copa del primer premio de la tirada de honor en el Concurso de Tiro de Guipúzcoa de 1920, donada por S. M. la reina María Cristina[588]

---

[585] Archivo General de la Marina Álvaro de Bazán. Artillería e Infantería de Marina. Asuntos particulares. Legajo 1826. Expediente personal militar de Antonio Moreira Montero; Archivo Naval de San Fernando. Legajo 929. Reemplazo 1918. Expediente 3070 de Antonio Moreira Montero; Concursos de tiro. (1911, 6 de septiembre). *Colección legislativa de la Armada, 281*, 584-586.
[586] Tirada en la que solo pueden participar aquellos que no han conseguido primeros premios en las anteriores tiradas. Ver, Archivo General Militar de Segovia. Legajo 551a. Tiro al blanco. Tiro al blanco Nacional de Barcelona a Madrid (1900-1924).
[587] Archivo General de la Marina Álvaro de Bazán. Sección Indiferente. Asuntos particulares, legajo 4785; Desde San Sebastián. Del Concurso de Tiro. (1920, 15 de septiembre). *El Tiro Nacional de España, 160*, 5-6; El concurso del Tiro Nacional. (1920, 29 de agosto). *El Pueblo Vasco, 6.446*, 2; Representación de Guipúzcoa. Concurso de tiro. Programa. (1920, 15 de mayo). *El Tiro Nacional de España, 152*, 9-13.
[588] Archivo familiar Moreira.

La otra cara de la moneda, al igual que en la anterior década, está en las competiciones de esgrima, llegando alguna sociedad de esgrima a presentar sus quejas por ello. En abril de 1911, la Sociedad de Esgrima de San Sebastián organiza un concurso de esgrima, y su presidente solicita las mismas ayudas que se otorgan a los concursos de tiro e hípicos. Se responde que no puede asistir ningún militar de forma oficial y por cuenta del Estado. En el mismo año, la Federación Italiana de Esgrima envía una invitación al Ministerio de la Guerra para que puedan asistir oficiales del Ejército al certamen internacional organizado por dicha federación con motivo del 50.º aniversario de la unidad de Italia. Y se vuelve a denegar la asistencia de personal de la milicia a dicha competición deportiva, argumentando siempre las mismas razones: no existe partida presupuestaria para estas competiciones en el Ministerio de la Guerra[589].

Los privilegios en las competiciones hípicas continúan y se amplían; así, el Ministerio de la Guerra aprueba en 1912 el reglamento de carreras militares de caballos para poder demostrar las aptitudes y conocimientos ecuestres de nuestros jefes y oficiales. Podrán concurrir tres jefes u oficiales con hasta dos caballos cada uno, pudiendo ser estos propiedad del Estado. Los oficiales viajarán con las dietas reglamentarias y con los gastos de transporte gratuitos, tanto para ellos como para su ganado[590].

En esta década también se recibe la invitación para asistir al Congreso Internacional de Educación Física de 1913 celebrado en París. El papel de España es modesto, siendo generosos con el adjetivo. El Ministerio de la Guerra solo envía al oficial de infantería Augusto Condo González[591] y no se presentan fotografías de gimnasios, como hacen otras naciones; por supuesto, tampoco se envía un equipo de gimnastas; sin embargo, es un paso mayor que el dado con motivo de la Exposición Internacional de Gimnástica y Educación Física celebrada en Amberes (Bélgica) diez años antes[592] [593].

---

[589] Archivo General Militar de Segovia. Legajo 216. Concursos. Concursos de esgrima (1903-1912).
[590] Aprobando reglamento de carreras militares de caballos. (1912, 24 de febrero). *Colección Legislativa del Ejército, 37*, 49-53.
[591] Augusto Condo González nació en Mondoñedo (Lugo) en 1879, ingresó como alumno en la Academia de Infantería en 1896; pasó al retiro, con el empleo de comandante, en Madrid en 1943. Ver, Archivo General Militar de Segovia. Legajo C-402, expediente 11. Expediente personal militar de Augusto Condo González.
[592] Ante la invitación recibida por la Federación Belga de Gimnástica para que asistiese personal del

Por parte del Ministerio de la Guerra, también se aporta un nuevo apoyo al deporte del fútbol en 1920, al decretar la autorización para que todas las unidades del Ejército puedan formar equipos de fútbol de forma voluntaria. Los partidos se ceñirán al reglamento de la Real Federación Española de Fútbol[594]; se jugarán en los campos militares que reúnan las características reglamentarias o, en su defecto, en los pertenecientes a las sociedades civiles dedicadas al fútbol; se destinará una cantidad única de 300 pesetas para gastos de organización y vestuario en la conformación de cada equipo; a los equipos que deban salir de su residencia se les pagará su dieta y los gastos de transporte serán por cuenta del Estado. El objetivo es adquirir nuevos hábitos deportivos y fomentar la expansión de las actividades físicas en el Ejército con el fin de contribuir al mantenimiento de la salud del soldado y a la mejora de su aptitud y resistencia a la fatiga[595].

Esta reglamentación facilitará la celebración del Campeonato Militar de España de Fútbol. Un año antes, en mayo de 1919, había finalizado el primer Campeonato Militar de Fútbol en Madrid, organizado por el comandante Eduardo Suárez Souza y con la presencia de la familia real. En la final del Campeonato Militar de España de fútbol, celebrado en Madrid en 1920, participaron el Regimiento de Sicilia n.º 7 de San Sebastián, destino de Jaime Camps Gordon, y el Regimiento de Murcia n.º 37 de Vigo, que ganó la copa en presencia del rey[596] [597].

Ministerio de la Guerra, este resolvió que, por falta de tiempo, no era posible enviar representación alguna a la Exposición Internacional de Gimnástica y Educación Física. La respuesta del Ministerio de la Marina a la misma invitación fue que no existía partida presupuestaria para ese gasto y que, por lo tanto, no se podía sufragar. Ver, Archivo General del Ministerio de Asuntos Exteriores y de Cooperación. Fondo: Política. Subfondo: Política Exterior. Serie: Exposiciones y concursos. Signatura H-3204; Archivo General Militar de Segovia. Legajo 451. Exposiciones. Exposiciones en Coruña (1912-).
[593] Archivo General Militar de Segovia. Legajo 451. Exposiciones. Exposiciones en Coruña (1912-); Condo González, A. (1919, junio). Machando en hierro frío... *La Educación Física, 6*, 2.
[594] En 1913 el rey Alfonso XIII le concede el título de Real. Ver, Archivo General de Palacio. Fondo: Alfonso XIII. Sección: Reinados. Reales Deportivos. Caja 8801. Expediente 63.
[595] Juego del balompié. (1920, 6 de marzo). *Diario Oficial del Ministerio de la Guerra, 53*, 845-846.
[596] En junio de 1920, tras la finalización del Campeonato, el comandante Suárez Souza solicita al capitán general que el rey conceda al Madrid Football Club el título de Real por las facilidades y atenciones que dicho club tuvo con la organización y con los equipos militares que participaron en el Campeonato Militar de España. Dicha petición es admitida y se le concede el título de Real al Madrid Football Club. Ver, Archivo General de Palacio. Fondo: Alfonso XIII. Sección: Reinados. Reales Deportivos. Caja 8801. Expediente 44.
[597] Archivo General Militar de Segovia. Legajo C-829, expediente 01. Expediente personal militar de Jaime Camps Gordon; El primer campeonato militar de football en Madrid. (1919, mayo). *La Educación Física, 5*, 18; Juan Deportista, seudónimo de Alberto Martín Fernández. (1920a, 3 de junio). El campeonato militar. *El Mundo Deportivo, 738*, 3.

Para el doctor José Luis Pastor Pradillo, esta legislación demuestra que el Ejército acepta el deporte de forma temprana y que ejerce un control sobre él, ya que lo "utiliza como recurso para sus fines"[598]. Uno de esos fines es la orientación del deporte hacia "valores en beneficio del esfuerzo bélico"[599].

Respecto a las subvenciones, en esta segunda década del siglo XX continúan presupuestadas en el Ministerio de Marina las partidas para premios y regatas y para el fomento de asociaciones náuticas, por importe de 25.000 pesetas anuales. Además, el mismo ministerio añade, en este periodo, ayudas presupuestarias para premios de tiro al blanco, normalmente organizados por el Tiro Nacional[600], por valor de 10.000 pesetas en 1913, 5.000 pesetas en 1915 y 10.000 pesetas en 1920. En relación a las cantidades computadas en el Ministerio de la Guerra, continúan los beneficios monetarios al Real Aero Club por valor de 2.000 pesetas anuales; a la Real Sociedad Colombófila, 2.000 pesetas anuales hasta 1913 inclusive[601], y entre 1914 y 1917 se consigna un premio de 150 pesetas para el Concurso Nacional de Palomas Mensajeras[602]; y, por supuesto, a la Sociedad del Tiro Nacional por importes variables, aunque siempre aumentando, 50.000 pesetas en

---

[598] Pastor Pradillo, J. L. (1997). *El espacio profesional de la Educación Física en España: génesis y formación (1883-1961)*. Alcalá de Henares (Madrid): Universidad de Alcalá, 155.
[599] Vizuete Carrizosa, M. (2009). Los valores del deporte en España. Del regeneracionismo a la Guerra Civil. *Revista Española de Educación Física y Deportes, 11*, 28.
[600] Explicamos que son cantidades destinadas a las competiciones del Tiro Nacional, pero existe alguna excepción, como la cantidad de cien pesetas enviada a la Sociedad Tiro Federal Argentino Ella de Malabrigo, provincia de Santa Fé (Argentina), en 1920, para el concurso celebrado con motivo de la conmemoración del descubrimiento de América. Ver, Premios de tiro. (1920, 30 de junio). *Diario Oficial del Ministerio de Marina, 154*, 923.
[601] A partir de enero de 1914, el Ministerio de la Guerra se desliga de la intervención, derechos y obligaciones con la Real Federación Colombófila Española porque la telegrafía alada ha perdido gran parte de su eficacia debido a los avances de la telegrafía sin hilos y a la aerostación. El presidente de dicha federación, que coincide con la presidencia de la Junta Facultativa de Ingenieros, cesa en el cargo. Ver, Real Federación Colombófila Española. (1914, 9 de enero). *Colección Legislativa del Ejército, 3*, 6-7. Tras las acciones de guerra protagonizadas por las palomas mensajeras durante la I Guerra Mundial, hay militares españoles del arma de ingenieros que, de forma pública, ponen en tela de juicio esta decisión. Ver, Cabañas Chavarría, B. y Llave y García, J. (1920, junio). Las mensajeras y sus vuelos de noche en la última guerra. *Memorial de Ingenieros, 6*, 261-264.
[602] A pesar de la disposición legal de enero de 1914, Manuel García Prieto, marqués de Alhucemas y presidente de la Real Federación Colombófila Española, solicita ese mismo año al Ministro de la Guerra un premio en metálico para el concurso nacional de palomas mensajeras. La respuesta inicial es negativa por falta de partida presupuestaria, pero la sección de ingenieros insiste en darlo, por lo que Intendencia General le responde que se incluirá en la partida de Gastos diversos e imprevistos, pero que no podrá ser mayor de 150 pesetas. Tenemos constancia del mismo trámite en 1917. Ver, Archivo General Militar de Segovia. Legajo 18. Asuntos Generales. Asociaciones. Sociedades colombófilas.

1911 y en 1913; 75.000 pesetas en 1915 y 80.000 pesetas en 1917 y 1920[603].

Pero estas subvenciones que se asignaban no siempre eran bien vistas por los parlamentarios y en alguna ocasión fueron objeto de crítica. Así lo manifiesta, en relación a los premios para regatas, el diputado carlista Pedro Llosas, quien afirma que, si se otorga subvención a este deporte, detrás vendrán los demás (automovilismo, *lawn-tennis*, etc.) e indica que no está justificado este gasto en unos momentos en los que todos los ministerios están disminuyendo sus presupuestos. Además, en vez de destinarlo a los clubes deportivos, la Armada debería invertir ese dinero en tener algún barco de regatas y entrenar a los marineros en dichas competiciones deportivas, porque alguna vez, ante una invitación internacional, hemos quedado en evidencia[604].

Las donaciones de la Casa Real al Tiro Nacional para premios continúan en esta segunda década. Entre 1911 y 1914, ambos años inclusive, el rey dona, según Intendencia General de la Real Casa y Patrimonio, objetos de regalo por valor de 1.244 pesetas. En 1912, para el concurso de Barcelona donó unos gemelos Zeiss, comprados en Madrid en el óptico Obdulio B. Villasante, por valor de 304 pesetas. En el concurso de Madrid de 1914 también se donaron como premio unos gemelos Zeiss, comprados en la casa de fotografía Carlos Salvi, situada en la capital, por valor de 208 pesetas[605].

Otros eventos relacionados con la educación física no cuentan con el mismo beneplácito. El militar Augusto Condo organiza un Congreso Nacional de Educación Física, primer congreso de estas características en España, a celebrar en mayo de 1917. Se convocan reuniones, se alcanzan acuerdos para redactar ponencias y se establecen nueve secciones, una de ellas relacionada con el Ejército y titulada Educación

---

[603] Archivo General Militar de Segovia. Legajo 18. Asuntos Generales. Asociaciones. Sociedades colombófilas; Ministerio de Hacienda. (1911). *Presupuestos Generales del Estado para el año económico de 1911*. Madrid: Establecimiento tipográfico de los hijos de J. A. García; Ministerio de Hacienda. (1913). *Presupuestos Generales del Estado para el año económico de 1913*. Madrid: Imprenta de la Suc. de M. Minuesa de los Rios; Ministerio de Hacienda. (1915). *Presupuestos Generales del Estado para el año económico de 1915*. Madrid: Imprenta de la Suc. de M. Minuesa de los Rios; Ministerio de Hacienda. (1917). *Presupuestos Generales del Estado para el año económico de 1917*. Madrid: Imprenta de la Suc. de M. Minuesa de los Rios; Ministerio de Hacienda. (1920). *Presupuestos Generales del Estado para el año económico de 1920-21*. Madrid: Imprenta de la Suc. de M. Minuesa de los Rios.
[604] Presupuestos. (1914, 20 de noviembre). *Diario de Sesiones de las Cortes, 90*, 2595-2633.
[605] Archivo General de Palacio. Fondo: Alfonso XIII. Sección: Reinados. Donativos y Permisos. Caja 16256. Expediente 2.

física del soldado. Su presidente es Ángel Fernández Caro[606], inspector médico de la Armada. Esta iniciativa no ve la luz por falta de patrocinio gubernamental; el Ministerio de la Guerra o de la Marina no dan ni siquiera una peseta, a pesar de estar impulsado por miembros de ambos ministerios[607].

5.2. Las actividades físicas en la enseñanza militar de los aspirantes a oficiales

La comisión que estudia en Europa la gimnasia más adecuada para impartir en el Ejército, constituida por los profesores Federico González Deleito y Federico Gómez de Salazar, regresa a finales de 1910. La obra que se publica, fruto de esta experiencia, es *La educación física en Suecia*, en la que el médico militar Deleito nos señala las conclusiones más importantes. Todos los países han adoptado la gimnasia sueca con diferentes variantes y esta es la más adecuada para el Ejército en España. Ninguna iniciativa (conferencias o libros) llegará a buen puerto para propagar dicho método sueco si no se abre una escuela de gimnasia militar, porque para enseñar se necesitan maestros[608]. Para Torrebadella[609], fue la primera obra de carácter militar donde se investigaba y se contrastaba la educación física del momento. Este método sueco, como veremos a continuación, se incorporará a toda nueva iniciativa relacionada con la gimnasia en el Ejército.

En 1911, tras la reestructuración de los planes de estudios de las academias militares, cada cuerpo y arma desarrolla la actividad física con sus particularidades. Así la Academia de Intendencia Militar incluye gimnasia y esgrima de forma alterna con equitación como enseñanza complementaria. La Academia de Infantería, donde ingresa un año después Jaime Camps, como hemos visto anteriormente, incluye la

---

[606] Ángel Fernández Caro y Nouvilas nació en Barcelona en 1845, ingresó en el Cuerpo de Sanidad de la Armada como segundo ayudante en 1866; falleció, con el empleo de médico mayor, en Madrid en 1928. Ver, Archivo General de la Marina Álvaro de Bazán. Depósito Lepanto, signatura 675. Expediente personal militar de Ángel Fernández Caro y Nouvilas; Archivo General Militar de Segovia. Legajo F-256, expediente 0. Expediente personal militar de Ángel Fernández Caro.
[607] Congreso de Educación Física. (1916, 31 de octubre). *El Tiro Nacional de España, 67*, 11; El Congreso de Educación Física. (1916, 1 de noviembre). *España Sportiva, 178*, 4; El Congreso Nacional de Educación Física. (1916, 12 de julio). *España Sportiva, 162*, 4; La Redacción. (1919, enero). Nuestro propósito. *La Educación Física, 1*, 1.
[608] González Deleito, F. (1911). *La educación física en Suecia*. Toledo: Imp. viuda e hijos de J. Peláez.
[609] Torrebadella i Flix, X. (2014e). La Educación Física comparada en España (1806-1936). *Social and Education History, 3*, 25-53.

gimnasia militar, y en una nota afirma que, aunque figura de forma diaria la gimnasia en toda su amplitud, solo se practican los ejercicios de gimnasia educativa, inspirados en los principios del método sueco, incluyendo también equitación y esgrima. La Academia de Caballería incluye equitación militar, con el mayor número de horas, como no podía ser de otra manera, y también, de forma práctica, la gimnasia y la esgrima. La Academia de Artillería incluye gimnasia, durante el segundo y el tercer año no realizan ningún tipo de actividad física, en el cuarto año practican esgrima y equitación, y solo esta última actividad en el quinto año. La Academia de Ingenieros, donde ingresa un año después José de Figueroa, como hemos visto anteriormente, incluye gimnasia, equitación y esgrima. Y para finalizar, la Academia médico-militar tiene solo esgrima y equitación, actividad esta que realizan en la Escuela de Equitación Militar[610][611].

A finales de este año se declara obligatoria, por primera vez y hasta la actualidad, la realización de unas pruebas físicas para ingresar en las academias militares, llevándose así a cabo el llamamiento que efectuó, entre otros, el general Suarez Inclán en el artículo *Preparación física y moral*, visto en el punto 3.6[612].

La primera promoción que realizó el examen ante el tribunal fue la de Jaime Camps y José de Figueroa, en mayo-junio de 1912; debían superar un programa de cuatro partes: ejercicios elementales[613], marcha y carrera[614], suspensiones[615] y saltos[616], teniendo en cuenta la edad, aptitud física y desarrollo del aspirante[617].

---

[610] La Escuela de Equitación Militar se creó en 1902 con el fin de ampliar los conocimientos hípicos y fomentar la afición ecuestre de los oficiales del Ejército y alumnos del arma de caballería. Ver, Escuela de Equitación Militar. (1902, 3 de diciembre). *Colección Legislativa del Ejército, 277*, apéndice nº 19.
[611] Archivo General Militar de Segovia. Legajo C-829, expediente 01. Expediente personal militar de Jaime Camps Gordon; Archivo General Militar de Segovia. Legajo F-1450, expediente 0. Expediente personal militar de José de Figueroa y Alonso Martínez; Archivo General Militar de Segovia. Legajo 480. Planes de enseñanza y de estudio. Planes de estudio; Archivo General Militar de Segovia. Legajo 489. Planes de enseñanza y de estudio. Plan de estudios de la Academia médico-militar.
[612] Real Decreto de 6 de diciembre. (1911, 7 de diciembre). *Diario Oficial del Ministerio de la Guerra, 273*, 655-659; Suárez Inclán, J. (1907, 21 de septiembre). Preparación física y moral. *La Nación Militar, 456*, 310-312.
[613] Los ejercicios elementales comprenden: a) posiciones de piernas en la estación de pie; b) posiciones de brazos; c) movimiento de extensión de piernas; d) movimientos de flexión; e) movimientos de brazos (flexión y extensión); f) flexiones de cuello; g) flexiones de tronco adelante y atrás; h) flexiones laterales de tronco; i) torsiones de cuerpo. Ver, Real Decreto de 6 de diciembre. (1911, 7 de diciembre). *Diario Oficial del Ministerio de la Guerra, 273*, 658.
[614] Marcha y carrera: un minuto de marcha, dos o tres de carrera, según que los ejecutantes sean menores o mayores de 16 años, y otro minuto de marcha. Ver, Real Decreto de 6 de diciembre.

Sabemos que aprobaron dichas pruebas físicas e ingresaron como alumnos José de Figueroa y Jaime Camps; sin embargo, existían dudas sobre dichas pruebas en algunos profesionales que preparaban a otros aspirantes, como nos muestra Marcelo Sanz Romo[618], director del gimnasio público de la calle Prado n.º 10 de Madrid. El profesor Sanz solicitó al ministro de la Guerra, en octubre de 1912, que le aclarase qué ejercicios gimnásticos necesitaban hacer los aspirantes a ingresar en las academias militares y cómo debían realizarse, ya que eran confusos y no determinaban las posiciones desde donde debían ser ejecutados, faltaba la expresión metódica y la gradación de intensidad[619].

Juan Picasso[620], ministro de la Guerra, respondió a Marcelo Sanz unos meses después y le indicaba que lo publicado era un simple programa que no necesitaba aclaración y que los ejercicios se acomodaban a los principios del método de gimnasia sueca y eran lo suficientemente sencillos para cualquiera que supiera algo de educación física. A pesar de ello, en el examen se realizaría una demostración de los ejercicios por parte de un auxiliar[621] [622].

(1911, 7 de diciembre). *Diario Oficial del Ministerio de la Guerra, 273*, 658.

[615] Suspensiones: a) marcha lateral por la barra o viga horizontal en suspensión por las manos; b) trepar por la cuerda vertical lisa hasta alcanzar una altura igual a tres veces su talla, por lo menos. Ver, Real Decreto de 6 de diciembre. (1911, 7 de diciembre). *Diario Oficial del Ministerio de la Guerra, 273*, 658.

[616] Saltos: a) en longitud, comenzando por una distancia igual a la del individuo, con los brazos extendidos hacia arriba; b) en elevación, a partir de una altura igual a la del punto medio del muslo; c) en profundidad, con un mismo tipo para todos; d) combinación de los dos primeros saltos; e) combinación del salto en longitud y profundidad. Ver, Real Decreto de 6 de diciembre. (1911, 7 de diciembre). *Diario Oficial del Ministerio de la Guerra, 273*, 658.

[617] Archivo General Militar de Segovia. Legajo C-829, expediente 01. Expediente personal militar de Jaime Camps Gordon; Archivo General Militar de Segovia. Legajo F-1450, expediente 0. Expediente personal militar de José de Figueroa y Alonso Martínez; Real Decreto de 6 de diciembre. (1911, 7 de diciembre). *Diario Oficial del Ministerio de la Guerra, 273*, 655-659.

[618] Marcelo Sanz Romo fue uno de los primeros profesores de gimnástica de España, surgidos de la Escuela Central de Profesores y Profesoras de Gimnasia en 1888. Ver, Marín García, E. (2009). *D. Marcelo Santos Sanz Romo, iniciador y propagandista de la educación física en España: vida y obra* (Tesis doctoral inédita). Alcalá de Henares: Universidad de Alcalá; Torrebadella i Flix, X. (2014d). Los apóstoles de la educación física. Trece semblanzas profesionales en la educación física contemporánea. *Revista Española de Educación Física y Deportes, 406*, 57-76.

[619] Archivo General Militar de Segovia. Legajo C-829, expediente 01. Expediente personal militar de Jaime Camps Gordon; Archivo General Militar de Segovia. Legajo F-1450, expediente 0. Expediente personal militar de José de Figueroa y Alonso Martínez; Archivo General Militar de Segovia. Legajo 79. Academias. Escuelas de Gimnasia (1903-1931).

[620] Juan Picasso y González nació en Málaga en 1857, ingresó en el Ejército como alumno en la Academia de Estado Mayor en 1876; falleció, con el empleo de teniente general, en Madrid en 1935. Ver, Archivo General Militar de Segovia. Legajo P-1969, expediente 0. Expediente personal militar de Juan Picasso y González.

[621] Ver la comunicación de García García, J. M. (2012b). Los inicios de la evaluación física para acceder a la enseñanza militar. Libro de actas del IV Congreso Internacional de Ciencias del Deporte y la Educación Física. Recuperado de http://www.altorendimiento.net.

A mitad del primer curso, al cadete Camps le incluyeron, dentro de la asignatura de Gimnasia, la aplicación y el estudio de la obra del médico militar Federico González Deleito, titulada *Manual de gimnasia sueca*. Dicha obra está dividida en dos partes; una primera parte general y una segunda parte especial[623].

En la primera parte general, se explican los principios fundamentales de una gimnástica racional; nociones de anatomía y fisiología; la acción del movimiento sobre el organismo; aspectos del maestro; cuestiones del gimnasio; posiciones y movimientos; y, para finalizar, la división de los movimientos[624].

En la segunda parte especial, se exponen los movimientos de orden; ejercicios preparatorios; movimientos de gran extensión dorsal; movimientos de suspensión; equilibrios; movimientos para los músculos dorsales; ejercicios para los músculos abdominales; ejercicios para los músculos laterales; marcha y carrera; carrera; saltos; ejercicios respiratorios; juegos; se ponen ejemplos de lecciones de gimnasia sueca y termina la obra con los deportes en la gimnasia sueca[625].

González Deleito[626] entendía que la educación física se obtenía a través de la gimnasia y de los deportes, precediendo la gimnasia a los deportes. Precisamente respecto a la práctica deportiva en la formación militar, nos han llegado referencias de su aplicación en la Academia de Ingenieros. Desde un año antes de ingresar en dicho centro educativo militar José de Figueroa, se organizaban concursos de equitación, de esgrima, de tiro con pistola, carreras de bicicletas, motocicletas, fútbol, *lawn-tennis*, patines y regatas a remo[627].

El cadete Camps es consciente de sus posibilidades atléticas durante su estancia en la Academia de Infantería, concretamente en la

---

[622] Archivo General Militar de Segovia. Legajo 79. Academias. Escuelas de Gimnasia (1903-1931).
[623] González Deleito, F. (1912). *Manual de Gimnasia Sueca*. Toledo: Imprenta Librería y Encuadernación de Rafael G. Menor; Obras científicas y literarias. (1913, 18 de enero). *Diario del Ministerio de la Guerra, 14*, 174-175.
[624] González Deleito, F. (1912). *Manual de Gimnasia Sueca*. Toledo: Imprenta Librería y Encuadernación de Rafael G. Menor.
[625] González Deleito, F. (1912). *Manual de Gimnasia Sueca*. Toledo: Imprenta Librería y Encuadernación de Rafael G. Menor.
[626] González Deleito, F. (1912). *Manual de Gimnasia Sueca*. Toledo: Imprenta Librería y Encuadernación de Rafael G. Menor.
[627] Archivo General Militar de Segovia. Legajo F-1450, expediente 0. Expediente personal militar de José de Figueroa y Alonso Martínez; En la Academia de Ingenieros. (1911, 13 de junio). *La Correspondencia Militar, 10.222*, 1.

fase de campamento, donde se organizaban concursos deportivos y gimnásticos. Por ejemplo, cuando estaba acabando el segundo curso, en abril de 1914, tenemos constancia de la realización de pruebas de resistencia, de obstáculos, de saltos de altura, longitud y pértiga, de lanzamiento de disco, de jabalina, de fútbol y también de una de las pruebas que figuraban en dichas competiciones, las carreras de velocidad, especialidad de Jaime[628].

La inclusión del deporte en la formación militar de los oficiales es defendida por el autor del *Manual de gimnasia sueca*, porque…

> … obra el deporte de un modo más intenso sobre el elemento psíquico y desarrolla en mayor grado que la gimnasia la voluntad, la rápida percepción de las cosas, la pronta resolución de las dudas, y colocando al alumno más en contacto con la realidad de las cosas, se conocen mejor la naturaleza de los obstáculos que se han vencer[629].

5.3. Instrucción física a la tropa

La comisión que estudiaba la instrucción física de la tropa y actualizaba el reglamento de gimnasia recibió ayuda durante 1911 del capitán Federico Gómez de Salazar, que aportó datos, informaciones y opiniones sobre la gimnasia sueca. El 1 de agosto de 1911, la citada comisión terminó sus trabajos y presentó el borrador del citado reglamento al Estado Mayor Central[630] [631].

El Ministerio de la Guerra dio el visto bueno a los trabajos efectuados por la comisión y publicó el *Reglamento provisional de gimnasia para la infantería* el 15 de septiembre; con ello pretendía elevar la importancia de dicha disciplina en el Ejército, porque las necesidades del combate moderno exigían crear soldados en la paz

---

[628] Archivo General Militar de Segovia. Legajo C-829, expediente 01. Expediente personal militar de Jaime Camps Gordon; comunicación personal con Mercedes Camps Alberdi, 25 de marzo de 2011; La Academia de Infantería. (1914, 30 de abril). *El Tiro Nacional de España, 7*, 17.
[629] González Deleito, F. (1912). *Manual de Gimnasia Sueca*. Toledo: Imprenta Librería y Encuadernación de Rafael G. Menor, 120.
[630] Es el órgano asesor del Ministerio de la Guerra. Ver, Baldovín Ruiz, E. (2001). *Historia del Cuerpo y Servicio de Estado Mayor*. Madrid: Instituto de Historia y Cultura Militar.
[631] Archivo General Militar de Segovia. Legajo G-2351, expediente 03. Expediente personal militar de Federico Gómez de Salazar y Orduña; Archivo General Militar de Segovia. Legajo 79. Academias. Escuelas de Gimnasia (1903-1931).

capaces de resistir las fatigas y penalidades que habrían de sufrir en la lucha. La obra consta de una introducción[632], una primera parte, donde explica la gimnasia educativa[633], y una segunda parte centrada en la gimnasia de aplicación[634] y los juegos deportivos[635]; acaba con dos apéndices[636] [637].

En este nuevo reglamento se eliminan las voces especiales de mando, se abandonan los aparatos costosos y se relega la rigidez en los movimientos. Está fundado en el método sueco porque este está basado en el estudio del hombre como máquina, como organismo y como ser inteligente[638].

La existencia de este tratado es la justificación para no crear la escuela militar de maestros de gimnasia. Lo vemos cuando la Junta Facultativa de Infantería[639] emite un informe dirigido al Estado Mayor Central en el que expone la necesidad de crear dicho centro porque en el método sueco lo esencial es el maestro; los ejercicios físicos pueden dañar y perjudicar sin una inteligente dirección. El Estado Mayor Central desestima esta propuesta sobre la creación de la escuela argumentando que, si se observa estrictamente el reglamento de

---

[632] La introducción analiza la gimnasia militar, presenta el concepto de esta, considerada en dos aspectos, educativo y de aplicación, y define cada uno de los cinco grandes grupos de ejercicios corporales que la integran. El segundo capítulo, titulado Sistemas de instrucción, explica la progresión metódica y racional de los ejercicios. Ver, Ministerio de la Guerra. (1911). *Reglamento provisional de Gimnasia para Infantería*. Madrid: Depósito de la Guerra.

[633] La gimnasia educativa expone las posiciones fundamentales y los ejercicios de orden; los ejercicios preparatorios; los fundamentales y termina esta primera parte con los ejercicios de locomoción, marcha, carrera y natación. Ver, Ministerio de la Guerra. (1911). *Reglamento provisional de Gimnasia para Infantería*. Madrid: Depósito de la Guerra.

[634] La gimnasia de aplicación comprende los ejercicios de adiestramiento para el tiro, esgrima de fusil con bayoneta, lucha, escalada, paso y salto de obstáculos, marchas y carreras de resistencia. Ver, Ministerio de la Guerra. (1911). *Reglamento provisional de Gimnasia para Infantería*. Madrid: Depósito de la Guerra.

[635] Se describen los juegos deportivos del marro o rescate, los gavilanes, la raya, liebres y galgos. Ver, Ministerio de la Guerra. (1911). *Reglamento provisional de Gimnasia para Infantería*. Madrid: Depósito de la Guerra.

[636] El primer apéndice está formado por ocho tablas resumen de las lecciones que contiene este reglamento; el segundo incluye breves nociones de la fisiología del ejercicio. Ver, Ministerio de la Guerra. (1911). *Reglamento provisional de Gimnasia para Infantería*. Madrid: Depósito de la Guerra.

[637] Ministerio de la Guerra. (1911). *Reglamento provisional de Gimnasia para Infantería*. Madrid: Depósito de la Guerra.

[638] Gómez de Salazar y Orduña, F. (1912a). El nuevo reglamento de gimnasia para la infantería. *Memorial de Infantería, tomo I*, 66-72.

[639] Es el órgano que asesora al Estado Mayor Central en asuntos del arma de infantería. Ver, Caballería. Infantería. Juntas facultativas. Organización. (1910, 12 de mayo). *Colección Legislativa del Ejército, 71*, 86-87.

gimnasia, se asegurarán los medios para que esta pueda ser desarrollada de forma correcta en las unidades[640].

En los mismos términos se expresa un informe de 1914 de la Capitanía General de la Cuarta Región, dirigido al Ministerio de la Guerra, que expone que las unidades han practicado el método expuesto en el *Reglamento provisional de gimnasia para la infantería*, logrando alcanzar resultados aceptables en la tropa. Sin embargo, a pesar de poner los mejores deseos para desarrollar la enseñanza de la gimnasia de dicho reglamento, no se garantiza el éxito de los resultados por defecto de escuelas especiales de gimnasia como las instituidas en otros Ejércitos. En la misma notificación se propone la organización de concursos gimnásticos semestrales o anuales con premios, que constituirían un estímulo para desarrollar la afición al ejercicio físico[641].

Esta obra entra de lleno en los cuarteles y se modifican reglamentos para los reclutas y soldados. Inicialmente, como indica su título, estaba dirigida para la infantería porque la comisión que elabora el reglamento considera que no son necesarios determinados ejercicios físicos en las armas de caballería y artillería; en cambio, otros ejercicios físicos que no figuran sí son necesarios. Finalmente, la influencia del libro llega más allá de la infantería y se aplica en los reglamentos de otras armas, como en caballería, en 1915[642].

El manual para las clases de tropa se cambia para los cursos de ascenso a cabo, sargento y brigada. Así, en el segundo año del curso para ascender a brigada, los sargentos Ángel Pradel y León Villarín tuvieron que superar la asignatura llamada Instrucción de Gimnasia, basada en la gimnasia educativa, perteneciente a la primera parte del *Reglamento provisional de gimnasia para la infantería*. Los contenidos de dicha materia incluían posiciones fundamentales y ejercicios de orden; ejercicios preparatorios; ejercicios fundamentales; saltos; ejercicios respiratorios y ejercicios de locomoción. Nuestros protagonistas

---

[640] Archivo General Militar de Segovia. Legajo 79. Academias. Escuelas de Gimnasia (1903-1931).
[641] Archivo General Militar de Segovia. Legajo 79. Academias. Escuelas de Gimnasia (1903-1931).
[642] Archivo General Militar de Segovia. Legajo 79. Academias. Escuelas de Gimnasia (1903-1931); Ministerio de la Guerra. (1915). *Reglamento provisional para la instrucción táctica de las tropas de caballería*. Madrid: Talleres del Depósito de la Guerra.

superaron la asignatura y el curso; Pradel Cid ascendió a brigada el 26 de abril de 1913; Villarín Cano, el 29 de enero de 1915[643].

El *Reglamento provisional de gimnasia para la infantería* tuvo muchos defensores, como N. N.[644], que afirmaba que nos hallábamos ante una obra y una institución que habían dado la importancia que se merecía a la educación física en España, pasándola a un primer plano, y apoyada en un método racional.

Y algunos detractores, como Minervius y El Barón del Charrasco, que según su expediente personal militar son los seudónimos del oficial Augusto Condo González, profesor de Educación Física, impulsor y defensor de la educación física militar en España. Condo González afirmaba que la obra se había hecho de forma atrevida, por personas no preparadas y utilizando un método, el sueco, que servía para la gimnasia de la infancia y la vejez, pero que en el Ejército se necesitaba algo más. Añadía, sobre el mismo reglamento, que se había copiado gran parte del texto, sin fijarse que había debido escribirse una gimnasia para reclutas de infantería en vez de copiar una obra fundamental en la pedagogía física de carácter general como la escrita por el comandante belga M. Lefebure. Las tablas de lecciones que contiene el apéndice primero eran inéditas y deberían suprimirse por estar muy mal hechas. Y en las restantes tablas se observaban también algunos defectos. Los instructores no verían fácilmente el modo de confeccionar una lección completa de gimnasia sueca. Hasta ahora hemos observado que, en general, los oficiales subalternos no digirieron bien esas ocho tablas del reglamento[645].

Otra voz disconforme con el reglamento recién creado fue la del médico militar Federico Gil, quien exponía que la gimnasia sueca, tal como estaba reglamentada en el ejército español, era insuficiente porque no solo se debían realizar ejercicios físicos para la buena conservación de la salud del soldado. Como gimnasia higiénica era muy completa, pero se debía complementar con el procedimiento alemán, o

---

[643] Archivo General Militar de Segovia. Legajo B-2780, expediente 0. Expediente personal militar de León Villarín Cano; Archivo General Militar de Segovia. Legajo P-2670, expediente 0. Expediente personal militar de Ángel Pradel Cid; Ministerio de la Guerra. (1913b). *Manual para las clases de tropa*. Madrid: Imprenta del asilo de huérfanos del S. C. de Jesús.
[644] N. N. (1912, 6 de marzo). El nuevo Reglamento de gimnasia para Infantería. *La Correspondencia Militar, 10.458*, 1-2.
[645] Archivo General Militar de Segovia. Legajo C-402, expediente 11. Expediente personal militar de Augusto Condo González.

sea la gimnasia pesada, y con los deportes, que el Ejército no había hecho nada para fomentar, "no sólo los deportes exóticos, como la lucha grecorromana, el jiu-jitsu, el balón-pie, la cuerda inglesa, sino que ni aún siquiera se fomentan los deportes nacionales, como la pelota, la barra, los bolos, las carreras pedestres"[646].

El Ministerio de Marina se interesó por los movimientos de gimnasia sueca que habían practicado los organismos navales, recogidos en el *Reglamento provisional de gimnasia para la infantería*, declarado obligatorio, para, una vez reunidos los datos solicitados, confeccionar un reglamento definitivo adaptado a las características de la Armada[647].

No es algo nuevo para la Armada; la gimnasia a través del método sueco fue recomendada por el médico militar de la Marina José Monmeneu Ferrer[648] en la memoria titulada *Institución oficial y obligatoria de la gimnasia o ejercicio muscular, bajo técnica dirección, en la Marina*. Tras presentar este informe en 1904, se dispuso que sería conveniente instituir la gimnasia obligatoria para el marinero y soldado de la Armada y que debería nombrarse una comisión para formular el programa de los ejercicios que implantar. Pero cuatro años después, el propio Monmeneu expresaba en otra memoria que, tras esta medida legal, se nombró una junta para redactar el programa de ejercicios, aunque esta jamás se reunió. Y añadía que, sin disposición o mandato oficial, siempre se tropezaba con dificultades y resistencias pasivas difíciles de vencer, lo que daba lugar a no encontrar horas para los ejercicios físicos[649].

El *Reglamento provisional de gimnasia para la infantería* es declarado obligatorio por el Ministerio de Marina en septiembre de 1915, tres meses después de publicar el médico militar José Monmeneu el artículo "Prácticas de gimnasia sueca por la marinería", en la *Revista General de Marina*. En dicho texto muestra estadísticamente los avances

---

[646] Gil Acevedo, F. (1917a, 1 de abril). Los ejercicios físicos en nuestro ejército. *Revista de Sanidad Militar, 7*, 198.
[647] Gimnasia. (1915, 24 de septiembre). *Diario Oficial del Ministerio de Marina, 216*, 1408.
[648] José Monmeneu Ferrer nació en Valencia en 1872, ingresó en el Cuerpo de Sanidad de la Armada en 1898; en 1931 pasó a la reserva en Madrid con el empleo de teniente coronel (Archivo Central Cuartel General de la Armada, legajo 9429).
[649] Archivo Central Cuartel General de la Armada. Legajo 9429. Expediente personal militar de José Monmeneu Ferrer; Real Orden de 22 de diciembre. (1904, 24 de diciembre). *Boletín Oficial del Ministerio de Marina, 146*, 1531.

alcanzados con dicha gimnasia en un año de trabajo y reclama la obligatoriedad del reglamento para la Armada[650].

Condo[651], en un artículo, celebraba esta propuesta de la Marina e indicaba que era indispensable que cada arma tuviera su reglamento especial de gimnasia, porque cada uno necesitaba diferente educación física.

Hay alguna voz más que se unió a la del oficial Augusto Condo, disconforme con la realización de la gimnasia sueca en todo el Ejército. Arias[652] exponía que era conveniente que todos los individuos y clases del Ejército pudieran dedicarse a cultivar la gimnasia. Pero en algunas armas como artillería, había de dedicarse la tropa, como el suboficial Villarín, a realizar otro tipo de actividades, por ejemplo los ejercicios de fuerza; la gimnasia en esta arma, si bien era útil, no resultaba tan necesaria e imprescindible como en la infantería[653].

El capitán Condo, meses después[654], exponía que era un error creer que, una vez establecido el reglamento de gimnasia para la Armada, el problema de la gimnasia de la marinería estaba resuelto. Sucedía en el Ejército que, a pesar de tener reglamento de gimnasia para la infantería, la práctica gimnástica se realizaba de modos muy distintos en los regimientos debido a las diferentes interpretaciones de dicho reglamento. Y es que no bastaba con tener el libro: se necesitaba la escuela. La I Guerra Mundial estaba demostrando la imprescindible necesidad de trabajar la condición física del soldado.

Cuando Antonio Moreira Montero ingresó en el cuerpo de Infantería de Marina, le aplicaron dicho reglamento de infantería, oficializado por la Marina, como hemos visto. Se trataba de una gimnasia cuyos ejercicios no debían ser muy agotadores, para poder realizar los sucesivos, y aplicada en clases de una duración máxima de 50 minutos. Al recluta Moreira le marcaban una secuencia donde inicialmente realizaba movimientos articulares; a continuación, movimientos de suspensión y de equilibrio; posteriormente, marcha y carrera; después,

---

[650] Monmeneu Ferrer, J. (1915, junio). Prácticas de gimnasia sueca por la marinería. *Revista General de Marina, tomo LXXVI*, 667-700.
[651] Condo González, A. (1916a, 30 de julio). La Educación física de la Marina. *El Correo Gallego*, 1.
[652] Arias, M. (1919, junio). La gimnasia sueca en la Infantería. *La Educación Física*, 6, 31.
[653] Archivo General Militar de Segovia. Legajo B-2780, expediente 0. Expediente personal militar de León Villarín Cano.
[654] Leyendo un artículo. Para el General Luque. (1916, 6 de septiembre). *España Sportiva, 170*, 6.

realizaba movimientos laterales de rotación y flexión de tronco, movimientos de piernas y saltos; y para finalizar, movimientos de piernas suaves y respiratorios[655].

Como se ha indicado anteriormente, el soldado Antonio Moreira tenía asignadas dieciocho pesetas al mes para comer, cantidad que según el médico militar Gil Acevedo[656] era escasa, pues no permitía alcanzar las calorías necesarias para el ejercicio físico que debería desarrollar un soldado. De la misma opinión era el coronel Páez, que escribió "Lo primero, las tripas", un artículo de título revelador donde abogaba por el abaratamiento de la comida para que no se pasase tanta hambre y luego aficionar al soldado a ejercicios físicos sanos que le dieran fuerza y agilidad[657].

Otro de los aspectos que dificultaba que el cabo Moreira pudiera realizar ejercicios físicos era que la mayoría de los cuarteles carecía de instalaciones donde hacer gimnasia y practicar deportes[658]. Lo confirmaba la Capitanía General de la Cuarta Región en un informe de 1914, que hemos citado anteriormente, donde afirmaba que surgían dificultades para establecer campos hábiles en los cuarteles donde poder cumplir el reglamento de gimnasia[659].

Eran muchas las dificultades para el desarrollo de la educación física en la tropa, pero también surgieron impulsos, como el del oficial Condo González, que organizó dos grandes festivales gimnásticos: el primero en 1916, en el campo de la Real Sociedad Gimnástica Española[660], y el segundo en el Retiro en 1918, ambos con la presencia del rey. La celebración de estos dos eventos favoreció que en agosto de

---

[655] Archivo General de la Marina Álvaro de Bazán. Artillería e Infantería de Marina. Asuntos particulares.
Legajo 1826. Expediente personal militar de Antonio Moreira Montero; Archivo Naval de San Fernando. Legajo 929. Reemplazo 1918. Expediente 3070 de Antonio Moreira Montero; Gimnasia. (1915, 24 de septiembre). *Diario Oficial del Ministerio de Marina, 216,* 1408; Ministerio de la Guerra. (1911). *Reglamento provisional de Gimnasia para Infantería.* Madrid: Depósito de la Guerra.
[656] Gil Acevedo, F. (1917a, 1 de abril). Los ejercicios físicos en nuestro ejército. *Revista de Sanidad Militar, 7,* 195-200.
[657] Archivo General de la Marina Álvaro de Bazán. Artillería e Infantería de Marina. Asuntos particulares. Legajo 1826. Expediente personal militar de Antonio Moreira Montero; Archivo Naval de San Fernando. Legajo 929. Reemplazo 1918. Expediente 3070 de Antonio Moreira Montero; Páez Jaramillo, F. (1911). Lo primero, las tripas. *España Automóvil y Aeronáutica, 3,* (sin paginar).
[658] Gil Acevedo, F. (1917b, 15 de marzo). Los ejercicios físicos en nuestro ejército. *Revista de Sanidad Militar, 6,* 164-167.
[659] Archivo General Militar de Segovia. Legajo 79. Academias. Escuelas de Gimnasia (1903-1931).
[660] En 1916 el rey le concede el título de Real. Ver, Archivo General de Palacio. Fondo: Alfonso XIII. Sección: Reinados. Reales Deportivos. Caja 8801. Expediente 51.

1918 se aprobara de forma oficial la celebración anual de concursos de gimnasia en todos los cuarteles de España para estimular el celo y el interés de los jefes y oficiales[661].

Seis meses después, para complementar dicha orden, se publicó una disposición que determinaba con mayor detalle estos concursos gimnásticos. Así, se especificaba que los concursos locales deberían celebrarse en la segunda quincena del mes de abril; que los ejercicios se dividirían en tres grupos: el primero, de gimnasia educativa, donde se seguirían los artículos marcados del reglamento de gimnasia; en el segundo grupo, se realizarían ejercicios atléticos, con carreras de 100, 500 y 1.500 metros, 110 metros con vallas y relevos de 4x400 metros, saltos de altura y longitud, con y sin carrera, triple salto, lanzamiento de peso (con disco de 5 kilogramos) y granada de mano, además de trepar por una cuerda lisa y levantar 30 kilogramos con dos brazos varias veces; en el tercer grupo, se deberían encuadrar los ejercicios de aplicación militar, que serían de libre elección siempre que estuvieran comprendidos en el reglamento de gimnasia. Los equipos vencedores de las unidades locales asistirían a un concurso regional y los vencedores de cada región militar participarían en un concurso nacional de gimnasia que se celebraría en Madrid y donde el rey otorgaría un objeto de arte al primero[662].

Según Uría[663], también contribuyó, al finalizar la guerra europea, la presión que ejercieron los medios de la capital de España, demandando buenos equipos atléticos militares, siguiendo las directrices del general Petain en Francia, para mantener a la tropa con buen estado moral y físico. La celebración de estos festivales gimnásticos en la milicia fue una medida aplaudida. Un artículo en la prensa militar, firmado con el seudónimo Darío[664], afirmaba que serviría para aliviar una grave carencia que sufría la educación del soldado.

Algunos militares de la época expresaban su opinión sobre la situación de la educación física militar en España. Así, el general

---

[661] Concursos de gimnasia. (1919a, enero). *La Educación Física, 1*, 25; Reglamentos. (1918, 29 de agosto). *Diario Oficial del Ministerio de la Guerra, 195*, 762-763.
[662] Concursos de Gimnasia. (1919b, 9 de febrero). *Diario Oficial del Ministerio de la Guerra, 32*, 411-413.
[663] Uría González, J. (2008). Imágenes de la masculinidad. El fútbol español en los años veinte. *Ayer, 72*, 121-155.
[664] Darío. (1918, 10 de octubre). Apostillas a una real orden. *La Correspondencia Militar, 12.502*, 1.

Madariaga[665] afirmaba que no se podía olvidar la educación del cuerpo, la importancia de la gimnasia, algo descuidada en España, que iba despertando el interés de las gentes. El Ejército ahora estudiaba la reglamentación de procedimientos más adecuados para que la gimnasia respondiese a la orientación marcada por todos los ejércitos que habían agregado esa enseñanza como complemento de los reglamentos tácticos para convertirla, siguiendo las inspiraciones del método sueco, en plan educativo constante, práctico y progresivo. Y el general Primo de Rivera[666] manifestó que se estaban empezando a hacer esfuerzos en la instrucción gimnástica en cuerpos militares, pero que aún se estaba lejos de que el soldado lograse, por la práctica de la gimnasia, el vigor y la agilidad que le eran indispensables en la guerra.

También desde el interior de la institución armada se expresaban en el mismo sentido. Así, *La Educación Física*[667] afirmaba que en una memoria del Estado Mayor Central se indicaba que para que los jefes y oficiales pudieran encontrar los medios de adquirir los conocimientos necesarios en este arte, todavía no desarrollado suficientemente en el Ejército, era conveniente que las unidades adquirieran algunos libros dedicados a la cultura física o alguna revista profesional.

Precisamente a la revista *La Educación Física*, dirigida por Augusto Condo, llegan artículos de oficiales exponiendo los problemas y el descontento que sienten a la hora de aplicar el *Reglamento provisional de gimnasia para la Infantería* [668].

Las propuestas desde la Junta Facultativa de Infantería y la Capitanía General de la Cuarta Región sobre la necesidad de establecer una escuela de gimnasia militar y las advertencias de los oficiales González Deleito y de Condo González respecto al mismo tema son continuas por los problemas interpretativos que está ocasionando el reglamento. A pesar de publicar artículos y libros de forma prácticamente incesante, intentando poner luz donde el resto solo ve sombras, la situación no mejora porque, como explica Gómez de Salazar, "la bondad del reglamento y del método no está (con ser mucha) en la de

---

[665] Madariaga Suárez, F. (1919, enero). Educación física en el Ejército. *La educación física, 1*, 25.
[666] Primo de Rivera, M. (1919, febrero). Educación Física en el Ejército. *La Educación Física, 2*, 24.
[667] Muchas gracias. El Estado Mayor Central y La Educación Física. (1919, marzo). *La Educación Física, 3*, 8.
[668] Espartano. (1919, enero). Gimnasia de aplicación militar. *La Educación Física, 1*, 31; Un alférez. (1919, febrero). Una gran deficiencia. *La Educación Física, 2*, 26.

los ejercicios prescritos en él; la bondad está en el modo de ejecutarlos, y sobre todo y especialísimamente, en la orden de su ejecución"[669]. Estas son las razones por las que fracasa la implantación del reglamento, a pesar de los artículos "El nuevo reglamento de Gimnasia para la infantería"; "Una lección práctica de gimnasia con arreglo al nuevo reglamento de gimnasia para la infantería"; "La educación física nacional y su relación con el Ejército"; y "Sobre enseñanza de la gimnasia"; y del libro *Manual de Gimnasia Sueca* [670].

El 15 de diciembre de 1919 se nombra ministro de la Guerra a José Villalba Riquelme, profesor en la Academia de Infantería de José Bento López y Antonio Bonilla San Martín, y jefe de estudios en la Academia de Infantería cuando cursaban sus estudios Luis Calvet Sandoz e Ignacio Estévez Estévez[671]. Preocupado por las dificultades que atraviesa la implantación en el Ejército de la gimnasia basada en el método sueco y consciente de la necesidad de una adecuada educación física militar, toma como primera decisión en el cargo la creación de la Escuela Central de Educación Física; esta decisión es publicada el 29 de diciembre de 1919, aunque, por error en la denominación, días después se modifica por Escuela Central de Gimnasia[672]. El propio general de división Villalba lo expresaba así, años después, con el reglamento de gimnasia ya en vigor en 1911:

> ... la práctica fue muy deficiente, por falta de profesorado adecuado y convenientemente preparado; porque no es suficiente conocer un reglamento de gimnasia para enseñarlo,

---

[669] Gómez de Salazar y Orduña, F. (1912a). El nuevo reglamento de gimnasia para la infantería. *Memorial de Infantería, tomo I*, 69.
[670] Condo González, A. (1917a). La educación física nacional y su relación con el Ejército. *Memorial de Infantería, tomo 12*, 35-40; Gómez de Salazar y Orduña, F. (1912a). El nuevo reglamento de gimnasia para la infantería. *Memorial de Infantería, tomo I*, 66-72; Gómez de Salazar y Orduña, F. (1912b). Una lección práctica de gimnasia con arreglo al nuevo reglamento de gimnasia para la infantería. *Memorial de Infantería, tomo I*, 371-374; Gómez de Salazar y Orduña, F. (1918). Sobre enseñanza de la gimnasia. *Memorial de Infantería, tomo 2*, 466-476; González Deleito, F. (1912). *Manual de Gimnasia Sueca*. Toledo: Imprenta Librería y Encuadernación de Rafael G. Menor.
[671] Archivo General Militar de Segovia. Legajo B-1811, expediente 0. Expediente personal militar de José Bento López; Archivo General Militar de Segovia. Legajo GU/B-489, expediente 18. Expediente personal militar de Antonio Bonilla San Martín; Archivo General Militar de Segovia. Legajo C-432, expediente 0. Expediente personal militar de Luis Calvet Sandoz; Archivo General Militar de Segovia. Legajo E-1563, expediente 0. Expediente personal militar de Ignacio Estévez Estévez.
[672] Escuela Central de Gimnasia. (1920a, 3 de enero). *Diario Oficial del Ministerio de la Guerra, 2*, 28; Escuela de Educación Física. (1919, 30 de diciembre). *Diario Oficial del Ministerio de la Guerra, 292*, 1084; Real Decreto de 15 de diciembre. (1919, 17 de diciembre). *Gaceta de Madrid, 351*, 1226.

y ello lo hemos demostrado [al crear la Escuela Central de Gimnasia] que ha dado brillantes resultados[673].

Hemos explicado los motivos del porqué se abre este centro, pero Alonso Baquer[674] establece otra visión, no excluyente de la anterior, argumentando que la apertura de la Escuela Central de Gimnasia es el consecuencia lógica del resultado de la I Guerra Mundial. Es decir, la victoria de los aliados se atribuye a su mejor condición física, gracias a la práctica de actividades físicas y deportes; por lo tanto, el Estado debe asegurar y controlar que se ejercitan estas prácticas. Estos argumentos son sostenidos por el mismo José Villalba Riquelme, en la edición de su libro *Organización de la educación física e instrucción premilitar en Francia, Suecia, Alemania e Italia*:

> ... después de la Gran Guerra es cuando se ha fijado con mayor interés la atención de los gobernantes en la necesidad de proteger, coordinar, encauzar y aprovechar la educación física, y también después de ella es cuando más se ha generalizado la afición a los deportes[675].

La Escuela se ha dedicado hasta la actualidad a desarrollar la educación física militar en España, pero inicialmente la Escuela Central de Gimnasia no solo pretendía formar oficiales profesores de gimnasia e instructores para auxiliarles, sino también extender estos conocimientos a los ámbitos civiles[676].

De hecho, la memoria del curso 1920 de la Escuela Central de Gimnasia dice que "Se ha de tener en cuenta qué conocimientos teóricos y prácticos necesita el profesor de educación física para la

---

[673] Villalba Riquelme, J. (1927). *Organización de la educación física e instrucción premilitar en Francia, Suecia, Alemania e Italia*. Madrid: Talleres del Depósito de la Guerra, 45.

[674] Alonso Baquer, M. (2003). El Ejército y la formación de oficiales durante el reinado de Alfonso XIII. En *La enseñanza militar en España: 75 años de la Academia General Militar en Zaragoza*. Congreso de Historia Militar (pp. 69-80). Madrid: Ministerio de Defensa.

[675] Villalba Riquelme, J. (1927). *Organización de la educación física e instrucción premilitar en Francia, Suecia, Alemania e Italia*. Madrid: Talleres del Depósito de la Guerra, 5.

[676] Chinchilla Minguet, J. L. (1992a). *La Escuela Central de Educación Física de Toledo (1919-1981)*. Málaga: Universidad de Málaga; Chinchilla Minguet, J. L. (1992b). La Educación Física en España (1920-1930): la Escuela Central de Gimnasia de Toledo. Su creación e intentos de llevar a cabo una sección civil. En *Education, physical activities and sport in a historical perspective*. International Standing Conference for the History of Education Congress (14 th. 1992. Barcelona) (pp. 129-134). Barcelona: Secretaria General de l'Esport; Chinchilla Minguet, J. L. (2012, noviembre). Escuela Central de Gimnasia de Toledo. *ATHLOS. Revista Internacional de Ciencias Sociales de la Actividad Física, el Juego y el Deporte, 3*, 37-77; González Aja, T. (2011a, september). Sport, Nationalism and Militarism Alfonso XIII: Sportsman, Soldier, King. *The International Journal of the History of Sport, 14*, 1987-2030.

transcendental misión que ha de llevar a cabo, no sólo en el Ejército, sino en el pueblo"[677].

Dicha escuela militar fue una reivindicación para emular a las ya existentes en su género en Europa. Conocemos la existencia de la escuela sueca fundada en 1813 y la francesa en 1849, pero antes ya se habían creado la escuela militar de gimnasia de Portugal (1913), Holanda (1914) y Noruega (1914)[678].

La Escuela Central de Gimnasia se ubicó en Toledo, dentro de la Academia de Infantería, razón por la cual una comisión municipal de la capital manchega se desplazó a Madrid para felicitar al ministro Villalba. El acto de inauguración de la escuela tuvo lugar el 28 de febrero de 1920 y fue presidido por el propio ministro de la Guerra, general Villalba Riquelme, que designó director de la misma al coronel Germán Gil Yuste y primer profesor al comandante Gómez de Salazar[679].

El 30 de diciembre de 1919 y el 3 de febrero de 1920, se anunciaron los concursos para cubrir treinta plazas y diez plazas, respectivamente, para ser alumnos del primer curso de la Escuela Central de Gimnasia. Los cuarenta alumnos admitidos aparecieron en una lista provisional el 8 de marzo de 1920[680].

Las reacciones no se hacen esperar y todo son felicitaciones, por supuesto desde el interior de la milicia, a través de la revista *Memorial de Infantería*, que manifiesta que "la Escuela Central de Gimnasia marca

---

[677] Archivo de la Escuela Central de Educación Física. Memoria curso 1920 de la Escuela Central de Gimnasia, 1.

[678] Archivo General Militar de Segovia. Legajo 79. Academias. Escuelas de Gimnasia (1903-1931); Fernández Sirvent, R. (2005). *Francisco Amorós y los inicios de la educación física moderna: biografía de un funcionario al servicio de España y Francia*. Alicante: Universidad de Alicante.; Holanda. Escuela militar de gimnasia. (1914). *Memorial de Infantería, tomo 1*, 504; Noruega. Escuela militar de gimnasia. (1914). *Memorial de Infantería, tomo 2*, 171; Portugal. Escuela de gimnasia. (1913). *Memorial de Infantería, tomo 4*, 393.

[679] Archivo Municipal de Toledo. Acta del Pleno Ordinario Municipal. Sala V, estantería IV, día 7 de enero de 1920; Chinchilla Minguet, J. L. (1992a). *La Escuela Central de Educación Física de Toledo (1919-1981)*. Málaga: Universidad de Málaga; Chinchilla Minguet, J. L. (1992b). La Educación Física en España (1920-1930): la Escuela Central de Gimnasia de Toledo. Su creación e intentos de llevar a cabo una sección civil. En *Education, physical activities and sport in a historical perspective*. International Standing Conference for the History of Education Congress (14 th. 1992. Barcelona) (pp. 129-134). Barcelona: Secretaria General de l'Esport; Chinchilla Minguet, J. L. (2012, noviembre). Escuela Central de Gimnasia de Toledo. *ATHLOS. Revista Internacional de Ciencias Sociales de la Actividad Física, el Juego y el Deporte, 3*, 37-77.

[680] Concursos. (1919, 31 de diciembre). *Diario Oficial del Ministerio de la Guerra, 293*, 1117; Concursos. (1920, 4 de febrero). *Diario Oficial del Ministerio de la Guerra, 27*, 404; Destinos. (1914, 29 de abril). *Diario Oficial del Ministerio de la Guerra, 94*, 273-275.

una nueva era de progreso"[681]; pasando por medios de prensa como el diario donostiarra *La Información*, que afirma que es "un jalón más en el cambio de la educación física del Ejército"[682]; o por los diarios barceloneses *Stadium* [683] y *El Sport: Revista Deportiva Ilustrada*, donde se ensalza la figura del general Villalba al afirmar que es la "Real Orden más importante que se ha dictado en muchos años"[684]; y finalizando por miembros del Comité Olímpico Español, como Blanco y Sánchez[685], para los cuales, pese a poder poner alguna objeción en el plan de estudios y el método para formar el primer núcleo de profesores, es una iniciativa sobre la que se asentará en el futuro la educación física del Ejército.

Posteriormente, los medios destacaron cualquier acción llevada a cabo en la Escuela. Así, en la inauguración, a finales de febrero, *La Información* expuso que en el patio del Alcázar fueron realizados los honores y que posteriormente el ministro de la Guerra visitó la pista de deportes[686]. También en la marcha efectuada a Gredos, Rico de Fe[687] nos explicaba cómo iba evolucionando el curso en la Escuela, cuáles eran sus principales profesores y los pormenores de la caminata. Por último, Zamora[688] y Torres[689] publicaron sendos artículos haciendo un balance del primer curso, ya finalizado, y que terminaron satisfactoriamente 35 alumnos de los 40 iniciales. Así nos lo confirma la memoria del curso de 1920 de la Escuela Central de Gimnasia que explica: el curso finaliza el 13 de julio, un capitán médico, doce capitanes, diez tenientes y doce alféreces. Tras superar las materias de Mecánica humana y Análisis de los movimientos, Deportes, Gimnasia de aplicación militar, Natación, Anatomía, Fisiología e Higiene, Psicología, Pedagogía y Metodología, Estudio crítico del Reglamento de Gimnasia e Instrucción gimnástica[690].

---

[681] España: La Escuela Central de Gimnasia y el juego de balompié. (1920). *Memorial de Infantería, tomo 17*, 308.
[682] Escuela Central de Gimnasia. (1920b, 1 de enero). *La Información, 1.185*, 2.
[683] La educación física en el Ejército. (1920, 14 de febrero). *Stadium, 312*, 24.
[684] I.R. (1920, 10 de febrero). Al margen de una real orden. El General Villalba y la educación física del Ejército. *El Sport: revista deportiva ilustrada, 169*, 4.
[685] Blanco y Sánchez, R. (1920, 10 de enero). La Escuela Militar de Educación Física. *La Información, 1.194*, 4.
[686] La Escuela Central de Gimnasia del Ejército. (1920, 2 de marzo). *La Información, 1.240*, 10.
[687] Rico de Fe. (1920, 6 de julio). La escuela de Gimnasia en Gredos. *La Correspondencia Militar, 13.027*, 2.
[688] Zamora Moll, A. (1920, 26 de julio). Desde Toledo. La Escuela Central de Gimnasia. *La Correspondencia Militar, 13.044*, 1-2.
[689] Torres Menéndez, M. (1920, 5 de agosto). La gimnasia en el Ejército. *Heraldo Deportivo, 188*, 306.
[690] Archivo de la Escuela Central de Educación Física. Memoria curso 1920 de la Escuela Central de Gimnasia.

Al finalizar el primer curso de la Escuela Central de Gimnasia, varios de los alumnos y profesores fueron comisionados al Instituto Central de Gimnasia de Estocolmo por la propia Escuela para completar sus estudios de Educación Física. Ricardo Villalba Rubio[691], según expediente personal militar, tuvo esa posibilidad. Al regresar, ejercerá el cargo de profesor en la Escuela Central de Gimnasia[692].

5.4. Vivencias y deportes compartidos en los inicios y durante el desarrollo de los Exploradores de España

El capitán José Bento López se encontraba destinado en Madrid cuando el capitán de caballería Teodoro Iradier Herrero[693], junto con el escritor y periodista Arturo Cuyás Armengol, constituyeron en la propia capital de España, en 1911, el comité organizador de los Exploradores de España[694].

El capitán Iradier había conocido el movimiento educativo creado por el general inglés Baden Powell, cuyos principios estaban plasmados en su obra *Scouting for boys*[695]. Dichos preceptos se basaban en cuatro elementos educativos: a) equilibrada fe y confianza en la naturaleza; b) convencimiento de dirigir a los chicos hacia acciones buenas; c) participación del muchacho en su propia educación; d) adaptación a las necesidades de cada persona[696].

---

[691] Ricardo Villalba Rubio nació en Toledo en 1892, ingresó en el Ejército como alumno de infantería en 1906. Tras ejercer de profesor, llegó a ser director de la Escuela Central de Educación Física a partir de 1939 hasta 1942 y desde 1943 hasta 1950; falleció en 1994, en Madrid, con el empleo de general de división. Ver, Archivo General Militar de Segovia. Caja 1473, expediente 1. Expediente personal militar de Ricardo Villalba Rubio; Ministerio de Defensa. (2014, 28 de octubre). *Galería de antiguos directores*. Recuperado de http://www.intra.mdef.es.

[692] Archivo General Militar de Segovia. Caja 1473, expediente 1. Expediente personal militar de Ricardo Villalba Rubio; Zamora Moll, A. (1920, 26 de julio). Desde Toledo. La Escuela Central de Gimnasia. *La Correspondencia Militar, 13.044*, 1-2.

[693] Teodoro Iradier Herrero nació en Vitoria en 1868, ingresó en el Ejército como soldado voluntario de infantería en 1887; en 1923 pasó al retiro en Madrid con el empleo de teniente coronel. Ver, Archivo General Militar de Segovia. Legajo I-452, expediente 0. Expediente personal militar de Teodoro Iradier Herrero.

[694] Archivo General Militar de Segovia. Legajo B-1811, expediente 0. Expediente personal militar de José Bento López; Motilla Salas, X. (2003-2004). Estatutos y reglamento orgánico de la Asociación Nacional de los Exploradores de España y disposiciones oficiales que afectan a la misma. *Historia de la Educación, 22-23*, 431-450.

[695] *Escultismo para muchachos*. Ver Baden Powell, R. (2010). *Escultismo para muchachos*. Barcelona: Planeta. B.A.

[696] Cieza García, J. A. (2001). Educación física y escultismo. El pensamiento de Baden-Powell. En García Blanco, S. (coord.), VIII Simposium Historia de la Educación Física (pp. 115-130). Salamanca: Universidad de Salamanca.

También proponía una educación integral, que giraría en torno a cuatro objetivos pedagógicos: a) la educación de la personalidad; b) el estímulo de servicio al prójimo, a la patria y a Dios; c) la educación física por medio de prácticas saludables; d) el perfeccionamiento de habilidades y técnicas manuales[697].

El 30 de julio de 1912 se inscribió en el registro del Gobierno Civil de Madrid, villa donde estaba destinado el capitán Luis Calvet, la primera Asociación de los Exploradores de España, de la que se eligió a José Messía y Gayoso de los Cobos, duque de Tamames[698]. En su comité directivo nacional figuraban numerosos militares, entre ellos el general Antonio Tovar como vicepresidente y el capitán Iradier como secretario. Once meses más tarde salió el primer número de *El Explorador*, la revista oficial de la asociación patriótica de los Exploradores de España[699].

Los fines de la institución española, según sus estatutos, eran estimular y fomentar la creación de agrupaciones de *boy scouts* españoles con el objeto de desarrollar en la juventud el amor a Dios y a la Patria, el respeto al jefe del Estado y a las leyes de la Nación, el culto al honor, la iniciativa, el sentimiento del deber y de la responsabilidad, la disciplina, la solidaridad, el vigor y las energías físicas. Sus socios, si eran instructores o exploradores, pagaban una cuota trimestral de cincuenta céntimos, y sus socios protectores se dividían en perpetuos, tras abonar la cantidad de quinientas pesetas, o en miembros asociados, si pagaban una cuota anual mínima de cinco pesetas[700].

Desde sus inicios, el capitán Iradier obtuvo el apoyo a su idea en los medios de comunicación, que publicaban sus artículos. También fue recibido en audiencia por el rey Alfonso XIII, que mostró su adhesión al proyecto como presidente de los socios de honor y cedió sus terrenos en el monte de El Pardo y en el palacio de Riofrío para sus actividades. Instituciones públicas, como el Ministerio de la Guerra, editaron su obra *Los Exploradores de España (Boy scouts españoles)* y el Ministerio de

---

[697] Martínez Navarro, A. (1985). El escultismo en el marco de la educación física: su implantación en España. En Ruiz Berrio, J. (ed.), *La educación en la España contemporánea, cuestiones históricas: libro homenaje a Ángeles Galino* (pp. 151-162). Madrid: Sociedad Española de Pedagogía.
[698] Archivo General de la Administración. Signatura 36/3107 (1912-1915). Fondo 8 Sección 30. Libro de registro de asociaciones del Gobierno Civil en Madrid; Archivo General Militar de Segovia. Legajo C-432, expediente 0. Expediente personal militar de Luis Calvet Sandoz.
[699] Cuadro de socios de honor. (1913, 1 de junio). *El Explorador, 1*, 1.
[700] Iradier Herrero, T. (1912). *Los exploradores de España (Boy scouts españoles)*. Madrid: Talleres del Depósito de la Guerra.

Instrucción Pública y Bellas Artes subvencionó la asociación escultista que había impulsado el oficial Iradier Herrero[701].

Posteriormente, una vez fundada la primera asociación, como hemos visto en Madrid (población donde está destinado el sargento Ángel Pradel), se expande rápidamente por todo el país, con un total de 36 sociedades filiales en localidades tan dispares geográficamente como Cádiz o Valladolid, donde ven nacer dicha entidad los sargentos León Villarín y Domingo Rodríguez, respectivamente; así, será la asociación con mayor expansión en España en la segunda década del siglo XX[702]. Respecto al número de socios, los datos también nos muestran este crecimiento: en 1914 había 14.000 asociados, en 1921 la cantidad se doblaba. Los motivos de este desarrollo se deben al impulso de un militar regeneracionista (el capitán Iradier) que obtiene el respaldo solidario de sus compañeros de milicia[703], junto al apoyo real[704] e institucional; en un contexto de inestabilidad política, agitación social y actitud intervencionista de los militares[705].

---

[701] Archivo General de la Administración. Fondo 8. Sección 5. Educación. Subsecretaria. Registro General. Libro 343. Signatura 16/64; Cuadro de socios de honor. (1913, 1 de junio). *El Explorador*, *1*, 1; Cuyás Armengol, A. (1912). *Los Exploradores de España: ¿Qué son? ¿Qué hacen?*. Madrid: Julián Palacios.

[702] Fuente elaborada por el autor, según las inscripciones en los registros de los libros de asociaciones de los Gobiernos Civiles encontrados en los archivos de 28 provincias españolas de las 52 estudiadas. Los archivos de las 28 provincias son: Archivo General de la Subdelegación del Gobierno en Barcelona, Archivo Histórico Provincial de Girona, Archivo del Reino de Galicia en A Coruña, Archivo Histórico Provincial de Pontevedra, Archivo Histórico de Asturias en Oviedo, Archivo Histórico Provincial de Guipúzcoa en Oñati (Guipúzcoa), Archivo Histórico Provincial de Álava en Vitoria, Archivo Histórico Provincial de Zaragoza, Archivo Histórico Provincial de León, Archivo Histórico Provincial de Zamora, Archivo Histórico Provincial de Salamanca, Archivo Histórico Provincial de Valladolid, Archivo Histórico Provincial de Soria, Archivo Histórico Provincial de Segovia, Archivo Histórico Provincial de Ávila, Archivo Histórico Provincial de La Rioja en Logroño, Archivo General de la Administración en Alcalá de Henares (Madrid), Archivo Histórico Provincial de Cuenca, Archivo Histórico Provincial de Guadalajara, Archivo Histórico Provincial de Ciudad Real, Archivo del Reino de Valencia, Archivo Histórico Provincial de Cáceres, Archivo Histórico Provincial de Murcia, Archivo Histórico Provincial de Almería, Archivo de la Delegación del Gobierno en Andalucía en Sevilla, Archivo Histórico Provincial de Cádiz, Archivo Histórico Provincial de Huelva, Archivo Histórico Provincial de Santa Cruz de Tenerife.

[703] El colectivo mayoritario de los jefes locales de los Exploradores de España, entre 1916 y 1920, son militares, casi el 40 %. Ver, Martínez Navarro, A. (1985). El escultismo en el marco de la educación física: su implantación en España. En Ruiz Berrio, J. (ed.), *La educación en la España contemporánea, cuestiones históricas: libro homenaje a Ángeles Galino* (pp. 151-162). Madrid: Sociedad Española de Pedagogía.

[704] Al margen de los apoyos mencionados anteriormente, en febrero de 1913 el rey nombra al capitán Iradier como agregado a la Casa Militar Real y cinco meses más tarde le designa ayudante honorario del rey. Ver, Archivo General Militar de Segovia. Legajo I-452, expediente 0. Expediente personal militar de Teodoro Iradier Herrero.

[705] Archivo General Militar de Segovia. Legajo P-2670, expediente 0. Expediente personal militar de Ángel Pradel Cid; Archivo General Militar de Segovia. Legajo R-1792, expediente 0. Expediente personal militar de Domingo Rodríguez Somoza; Archivo General Militar de Segovia. Legajo B-2780,

Uno de los militares que ayuda en las actividades físicas en la naturaleza es el comandante de infantería Antonio Trucharte y Samper[706], que colabora en la elaboración de un manual sobre excursiones para los instructores. En él se explican las observaciones generales sobre excursiones ordinarias y extraordinarias que se deben enseñar a los exploradores, teniendo en cuenta la indumentaria, las botas, la mochila y el material para tiendas[707].

Otro de los militares que apoyó y aportó sus conocimientos de educación física a favor de los Exploradores de España fue el oficial Augusto Condo[708], que continuamente publicaba artículos en la revista *El Explorador* sobre las diversas tendencias en la educación física de la época y tablas de gimnasia para exploradores; además, cedía su gimnasio a los exploradores madrileños y dirigía la Sociedad Gimnástica de los Exploradores de España, fundada en 1915, entre cuyos fines estaba tener en Madrid un campo de deportes y un domicilio social para conferencias y reuniones y organizar concursos gimnásticos y deportivos. Entre los deportes que practicaban se encontraban el fútbol, el tenis, las carreras a pie y en bicicleta, los saltos, los lanzamientos de disco, peso y jabalina, la esgrima, el boxeo, la natación y el patinaje. Un ejemplo organizativo de estas competiciones deportivas fue el preparado por los Exploradores de España en Fuenterrabía (Guipúzcoa), en julio de 1920, con la participación y victoria del teniente Jaime Camps en la prueba de 100 metros[709].

---

expediente 0. Expediente personal militar de León Villarín Cano; Martínez Navarro, A. (1985). El escultismo en el marco de la educación física: su implantación en España. En Ruiz Berrio, J. (ed.), *La educación en la España contemporánea, cuestiones históricas: libro homenaje a Ángeles Galino* (pp. 151-162). Madrid: Sociedad Española de Pedagogía; Sáez Marín, J. (1982, julio-septiembre). Asociacionismo juvenil en España hasta 1936-39. *De Juventud, 7*, 33-71.

[706] Antonio Trucharte y Samper nació en Bilbao en 1875, ingresó en el Ejército como cadete de infantería en 1893; falleció en 1926 con el empleo de teniente coronel. Ver, Archivo General Militar de Segovia. Legajo T-1250, expediente 0. Expediente personal militar de Antonio Trucharte y Samper.

[707] Los Exploradores de España. (1919?). *Excursiones*. Madrid: Los Exploradores de España.

[708] Delegado oficial del Ministerio de la Guerra, enviado al Congreso Internacional de Educación Física en París en marzo de 1913. Ver, Archivo General Militar de Segovia. Legajo C-402, expediente 11. Expediente personal militar de Augusto Condo González.

[709] Condo González, A. (1914a, enero). Educación física. *El Explorador, 15* (sin paginar); Condo González, A. (1917b, agosto). Educación física. El método Hebert. *El Explorador, 59*, 7; El festival de los exploradores. (1920a, 6 de julio). *La Información, 1.969*, 5; El primer gimnasio de los exploradores madrileños. (1915, mayo). *El Explorador, 32*, 1; Los exploradores de España. (1920, 4 de julio). *La Información, 1.968*, 5; Sociedad Gimnástica de los Exploradores de España. (1915). *Proyecto de reglamento*. Madrid: Helénica.

Por último, los jóvenes exploradores eran requeridos habitualmente en las competiciones deportivas para tareas de vigilancia, control y primeros auxilios. Así, nos llegan evidencias de su intervención en estas ocupaciones en el Concurso Hípico de Santander, en 1917; en la misma ciudad y el mismo año, en el Concurso de Tiro, aprovechado por el rey Alfonso XIII para inaugurar la instalación deportiva[710]; y en el Campeonato de España de *cross-country,* celebrado en Barcelona en 1918[711].

Para Torrebadella[712], los Exploradores de España eran una prolongación, a nivel nacional, de los batallones escolares. Fueron vistos desde muchos sectores de la sociedad española como una entidad necesaria para la regeneración de los jóvenes, porque contribuía a robustecerlos física y moralmente; así lo evidenciaba, en este sentido, el título del artículo del capitán Gorgojo "Los Exploradores como medio de regeneración". Un subinspector de Sanidad Militar, dentro de las conclusiones presentadas en el Congreso de Pediatría de 1914 celebrado en Palma de Mallorca, exponía que la institución de los exploradores merecía ser protegida y fomentada en todas las ciudades en España porque sus prácticas eran necesarias para el país. El Gobierno, en su afán de darle un mayor apoyo, declaró la asociación como nacional, debiendo sus filiales acatar las decisiones de la entidad central, ubicada en Madrid. Un año antes, el Ministerio de la Guerra también había respaldado a la entidad declarando de utilidad para las bibliotecas del Ejército las publicaciones de los Exploradores. Sin embargo, una pluma muy autorizada de la época, como era Miguel de Unamuno, escribió dos artículos, uno en *Nuevo Mundo* en 1917 y otro en el *Boletín de la Institución Libre de Enseñanza* en 1921, donde arremetía contra la institución y vaticinaba su fracaso, como había ocurrido con los batallones infantiles, porque se había pretendido hacer una preparación para la milicia a través del juego y los chicos se hartaban pronto del uniforme, la fila, los saludos y la jerarquía. El intelectual español también criticaba que en los Exploradores de España no hubiera pedagogos adecuados para educar a los niños. Ambos escritos hicieron temblar los

---

[710] Alba, R. (1917). *Inauguración del Tiro Nacional en Santander.* Recuperado de http://www.abcfoto.abc.es.
[711] Alba, R. (1917). *Inauguración del Tiro Nacional en Santander.* Recuperado de http://www.abcfoto.abc.es; Artajx (1918a, marzo). Pedetrismo. *El Explorador,* 69, 7; X. (1917, septiembre). Los Exploradores en el Concurso Hípico de Santander. *El Explorador,* 60, 6.
[712] Torrebadella i Flix, X. (2014a). Regeneracionismo e impacto de la crisis de 1898 en la educación física y el deporte español. *Arbor, 769,* a173. Recuperado de http://www.arbor.revistas.csic.es.

cimientos de la institución[713]. Por último, algún miembro eclesiástico también mostró una fuerte oposición; vemos el ejemplo publicado en la revista claretiana *El Iris de Paz*, "de lo que nos quejamos los católicos es de que no se den facilidades a los muchachos para que cumplan con sus deberes religiosos"[714].

Los actuales estudios ponen de manifiesto que los Exploradores de España cumplieron su función como actividad extraescolar, a pesar de que la adaptación española del movimiento escultista tuvo, desde el principio, sesgos militaristas alejados de los planteamientos de Baden Powell que limitaron su eficacia[715].

Nuestros protagonistas, José Bento, Luis Calvet, Ángel Pradel, Jaime Camps, León Villarín y Domingo Rodríguez, vivieron el nacimiento y desarrollo de los Exploradores de España en las localidades donde residían en esos momentos, porque dicha entidad fue una organización muy conocida, de la que se hablaba en "la calle, en la tertulia, y hasta en las reuniones científicas; se escribe en los periódicos, en las revistas y en los folletos; la fotografía reproduce sus actividades y el cinematógrafo sus evoluciones", los escultistas estaban "a diestro y siniestro en las calles y plazas, paseos, jardines, arrabales y en los más apartados vericuetos"[716]. Además, los exploradores tenían vínculos con la sociedad del Tiro Nacional, ya que participaban en las competiciones infantiles de tiro al blanco que esta organizaba. Tres ejemplos de ello: en el programa del concurso de tiro de la representación de Valladolid en 1914, hay incluida una tirada para exploradores menores de 16 años organizados en Castilla la Vieja y en este concurso participó Domingo, como veremos a continuación; en el concurso de tiro de 1917 participaron algunos jóvenes exploradores cartageneros; en el programa del concurso de tiro del Campeonato de España de Santander

---

[713] Domínguez Cortelles, F. (1914). Gimnasia en la infancia. *Revista de Sanidad Militar, 11*, 1 de junio, 317-321; Gorgojo Lezcano, R. (1915). Los exploradores como medio de regeneración. *Memorial de Infantería, tomo 7*, 229-232; Primo de Rivera, M. (1916, diciembre). ¿Qué opina usted de la Asociación Exploradores de España? *El Explorador, 51*, 18-19; Publicaciones. (1919, 21 de mayo). *Diario Oficial del Ministerio de la Guerra, 113*, 598; Real Decreto de 26 de febrero. (1920, 26 de febrero). *Colección Legislativa del Ejército, 93*, 150-151; Unamuno y Jugo, M. (1917, 16 de febrero). Juego Limpio. *Nuevo Mundo, 1.206*, 6-7; Unamuno y Jugo, M. (1921). Boyscouts y footballistas. *Boletín de la Institución Libre de Enseñanza, 730*, 14-15.
[714] Lorenzo, L. (1913a). Charla semanal. Los Exploradores de España. ¡Lo estábamos esperando! *El Iris de Paz, 835*, 450.
[715] Martínez Navarro, A. (1985). El escultismo en el marco de la educación física: su implantación en España. En Ruiz Berrio, J. (ed.), *La educación en la España contemporánea, cuestiones históricas: libro homenaje a Ángeles Galino* (pp. 151-162). Madrid: Sociedad Española de Pedagogía.
[716] Lorenzo, L. (1913b). Charla semanal. Los boy-scouts en España. *El Iris de Paz, 830*, 349.

en 1918 hay una tirada para los exploradores en la que participó José Bento, como veremos más adelante[717]. Del Tiro Nacional eran socios casi todos nuestros protagonistas, como comprobaremos en el siguiente subapartado.

5.5. Las competiciones deportivas como socios del Tiro Nacional

El tiro al blanco es un tiro de precisión donde se dispara a un blanco de cartón. Inicialmente se empleaba como arma el fusil; posteriormente se incorporan las armas cortas, la pistola y el revólver. Para las competiciones se fijan distancias de tiro, unas posiciones y un procedimiento para disparar. Por último, se establece una clasificación y se otorgan unos premios. Todos estos factores se reglamentan[718] en España desde el primer concurso, celebrado en Zaragoza[719].

En la modalidad de tiro al blanco, se podían utilizar cuatro grupos de armas: en el arma libre se permitía cualquier tipo de arma; el arma de guerra, que en estos momentos era el fusil Máuser modelo 1895; la carabina, arma de longitud ligeramente menor que el fusil y con el interior del cañón liso; y la pistola o revólver, ambas armas cortas con la misma reglamentación deportiva[720].

El tiro al blanco es el deporte "más completo, más varonil, que entraña una finalidad noble y patriótica y educa a los sentidos"[721]. Con estas palabras, el entonces teniente coronel Vázquez de Aldana pretendía conseguir la adhesión de más personas al Tiro Nacional, porque consideraba que, comparando el tiro con otras actividades deportivas, esta era una práctica minoritaria en España[722] porque los

---

[717] Archivo General Militar de Segovia. Legajo 553. Tiro al blanco. Tiro al blanco Nacional de Madrid a San Sebastián (1902-1924); Archivo General Militar de Segovia. Legajo 554. Tiro al blanco. Tiro al blanco Nacional de Santander a Zaragoza (1901-1927); Artajx (1918b, enero). Tiro Nacional. *El Explorador, 64-65*, 19.
[718] Ver el artículo de José Miguel García García donde analiza los orígenes del Campeonato de España del tiro al blanco con arma larga. Ver, García García, J. M. (2014a). Orígenes del Campeonato de España de Tiro al Blanco con Fusil. *Actividad Física y Deporte: Ciencia y Profesión, 21* (Artículo aceptado y pendiente de publicación, páginas por determinar).
[719] Díaz Benzo, A. (1900b, 28 de octubre). El certamen de Zaragoza, *La Nación Militar, 96*, 774.
[720] Viada, A. (1903). *Manual de sport*. Madrid: Adrián Romo.
[721] Vázquez de Aldana, A. (1916). *Armas y defensa*. Madrid: Reus, 414.
[722] El tiro también era considerado un deporte minoritario, según las memorias de Arturo Fernández Iglesias, un gran tirador, participante en numerosos campeonatos del mundo a

precios de la cartuchería y las armas eran demasiado elevados. Tras la creación de la sociedad, se captaron muchos socios.

Casi todos nuestros protagonistas, excepto Jaime Camps Gordon, tuvieron relación con la sociedad del Tiro Nacional, que llegó a 20.000 socios en 1914 y consiguió que representaciones como la de Barcelona lograse alcanzar más de 3.500 afiliados en 1920; las facilidades que daba el Ministerio de la Guerra a sus miembros para participar en las competiciones de tiro organizadas por dicha entidad fueron fundamentales para que nuestros biografiados fueran socios. A esta circunstancia le debemos adjuntar que eran muy buenos tiradores, como advertiremos[723]. Sobre este vínculo con la sociedad deportiva de tiro de algunos de ellos ya hemos hablado en el apartado 3. Recordamos que Antonio Bonilla fue socio fundador y que Luis Calvet se hizo socio al salir de la Academia de Infantería.

El capitán Bento participó por primera vez en una competición organizada por el Tiro Nacional en 1907. Era el concurso de tiro de Madrid, disparó con fusil en dos tiradas y quedó séptimo en la primera tirada para socios, obteniendo un premio de veinte pesetas, y noveno en la segunda tirada. Un año después se casó con María de la Caridad Cabrerizo Romero, en Madrid, y serán padres de tres hijos, Caridad, José y Carmen[724].

Desde 1911 hasta su participación en los Juegos Olímpicos de Amberes, compitió, como socio, en pruebas del Tiro Nacional de forma ininterrumpida cada año. Sus mayores éxitos en 1911 fueron los primeros premios en Cádiz y Madrid en agosto y octubre, respectivamente[725]. Durante esta época, desde finales de julio hasta primeros de agosto de 1912, participó en el Concurso Internacional, correspondiente al Campeonato del Mundo[726], celebrado en Bayona-

---

principios del siglo XX y un excelente maestro armero. Ver, Fernández Iglesias, A. (1982). *Arturo. Recuerdos de mi vida*. Madrid: Luis Cárcamo.

[723] Corredisses, seudónimo de Josep Elías i Juncosa. (1920a, 9 de febrer). Tir Nacional. *La Veu de Catalunya, 7.461*, 12; Peypoch Perera, L. (1930). *Tiro*. Barcelona: Sintes; Vázquez de Aldana, A. (1916). *Armas y defensa*. Madrid: Reus.

[724] Archivo General Militar de Segovia. Legajo B-1811, expediente 0. Expediente personal militar de José Bento López; comunicación personal con Elena Ortueta Bento, 6 de marzo de 2011; Crónica. (1907, 25 de mayo). *La Nación Militar, 439*, 165; Tiro Nacional. (1907, 16 de marzo). *La Nación Militar, 429*, 85; Resultado del Concurso de tiro. (1907, 8 de junio). *La Nación Militar, 441*, 187.

[725] Archivo General Militar de Segovia. Legajo B-1811, expediente 0. Expediente personal militar de José Bento López.

[726] Ver artículo de García García, J. M. (2013a). El Campeonato del Mundo de Tiro de 1912 desde la perspectiva española. *Revista Española de Educación Física y Deportes, 403*, 81-90.

Biarritz. En la Figura 7 se ve a José Bento, en el medio, reposando tras el almuerzo en el bosque de Anglet, a las afueras de Bayona, durante este campeonato. Formó parte del equipo de fusil y de pistola, y obtuvo el premio de honor en el concurso de series ilimitadas[727] y el segundo premio con fusil en la posición de pie[728].

Figura 7: De izquierda a derecha, Luis Calvet, José Bento y Julio Castro durante el Campeonato del Mundo de 1912[729]

Antonio Bonilla, tras sus expediciones con la Sociedad Militar de Excursiones, continuó como socio del Tiro Nacional y volvió a aparecer en el deporte del tiro al blanco en 1911. Para él, es en este año cuando empieza a aprender: no obtuvo ningún premio y comprobó que sus competidores utilizaban técnicas tales como balas de prueba, marcar a cada impacto y corregir el punto; en definitiva, el tiro se había perfeccionado de tal modo que él consideró que ya no pertenecía a ese mundo. Sin embargo, se compró otro fusil, aprendió a corregir los tiros, se fijó en lo que le marcaban y en 1912 se atrevió a presentarse en Alicante; después compitió en los concursos de Barcelona y Cádiz, obteniendo en este último un primer premio que consistía en un reloj de oro en la tirada de jefes y oficiales con fusil a 200 metros, con una

---

[727] Dicha competición consistía en realizar tiradas con arma libre a 300 metros, de forma ilimitada, durante los días de competición, mientras el campo de tiro estaba abierto, en series de tres disparos por blanco, con un tiempo de cinco minutos por serie, obteniendo la puntuación en los cinco mejores blancos de las tres posiciones (de pie, de rodilla y tendido). Cada serie costaba un franco y las municiones no estaban incluidas. Ver, Archivo General Militar de Segovia. Legajo 220. Concursos. Concursos de tiro en el extranjero (1909-).

[728] Archivo General Militar de Segovia. Legajo B-1811, expediente 0. Expediente personal militar de José Bento López; Archivo General Militar de Segovia. Legajo 220. Concursos. Concursos de tiro en el extranjero (1909-); comunicación personal con Elena Ortueta Bento, 6 de marzo de 2011; España en el Concurso Internacional de Bayona-Biarritz. (1912, 10 de agosto). *La Nación Militar, 711*, 245; Tiro. (1912c, 19 de septiembre). *La Vanguardia, 14.294*, 5.

[729] Archivo familiar Bento.

puntuación de 15 impactos y 275 puntos[730]. A partir de entonces, tiraba muchos tiros, analizaba y corregía sus defectos y los del fusil, empleaba los premios en metálico en adquirir buenas armas y se prometió a sí mismo no parar hasta conseguir estar en los primeros lugares[731].

Luis Calvet consiguió numerosos premios y éxitos en el tiro, en cualquier modalidad; sin duda, su capacidad de concentración y frialdad favorecían la práctica de este deporte. Consiguió sus resultados más sobresalientes cuando se proclamó campeón de Madrid con fusil a 300 metros, en 1911; se clasificó y participó en el Campeonato del Mundo de Tiro en Bayona-Biarritz (Francia) en el verano de 1912, donde obtuvo el sexto lugar, con fusil, en la posición de tendido. Era el primer concurso internacional de tiro al que acudía España, tras la incorporación del Tiro Nacional en la Unión de Tiro Internacional, afiliación que se produjo en el mismo año[732].

Ignacio Estévez participó en muchos concursos del Tiro Nacional como socio. Hemos documentado el primero en septiembre de 1911 en Valladolid, donde obtuvo el cuarto premio en la tirada de jefes y oficiales y el sexto premio con revólver reglamentario y con pistola automática. En septiembre de 1913, participó en el concurso extraordinario de Cádiz y consiguió el segundo premio. Al año siguiente solicitó participar en el concurso de tiro celebrado en junio en Madrid y obtuvo el tercer premio en la tirada de series ilimitadas, por lo que recibió un regalo del general Azcárraga; y en septiembre de ese mismo año concurrió a competir en Valladolid, donde quedó segundo en la tirada de jefes y oficiales[733].

Domingo Rodríguez Somoza era un tirador zurdo que adquirió en el Ejército su afición deportiva. Se cuidaba, no bebía ni fumaba y, según

---

[730] Archivo General Militar de Segovia. Legajo GU/B-489, expediente 18. Expediente personal militar de Antonio Bonilla San Martín; Cádiz. Certamen Nacional Extraordinario. (1912, 3 de agosto). *La Nación Militar, 710*, 236-240; Santos Díaz, E. (1928a, 1 de mayo). Nuestra encuesta de maestros tiradores. *Armas y Deportes, 87*, 4-5.
[731] Archivo General Militar de Segovia. Legajo GU/B-489, expediente 18. Expediente personal militar de Antonio Bonilla San Martín; Santos Díaz, E. (1928a, 1 de mayo). Nuestra encuesta de maestros tiradores. *Armas y Deportes, 87*, 4-5.
[732] Archivo General Militar de Segovia. Legajo C-432, expediente 0. Expediente personal militar de Luis Calvet Sandoz; Archivo General Militar de Segovia. Legajo 220. Concursos. Concursos de tiro en el extranjero (1909-); comunicación personal con Francisco Calvet Bazán, 27 de abril de 2010; Match individuel international a l'arme de guerre. (1912, 24 de agosto). *La Nación Militar, 713*, 263.
[733] Archivo General Militar de Segovia. Legajo E-1563, expediente 0. Expediente personal militar de Ignacio Estévez Estévez; Concurso de tiro de la Representación de Cádiz. (1914, 31 de octubre). *El Tiro Nacional de España, 19*, 6-10; Concurso de tiro de la Representación de Valladolid. (1914a, 15 de agosto). *El Tiro Nacional de España, 14*, 9; Concurso de tiro de la Representación de Valladolid. (1914b, 15 de octubre). *El Tiro Nacional de España, 18*, 8-9.

tenemos constancia, en septiembre de 1914 se presentó por primera vez a un concurso de tiro, celebrado por la representación de Valladolid del Tiro Nacional, de la que era socio, y obtuvo dos segundos puestos, en la tirada de clases de tropa, con 5 disparos, 5 impactos en 5 dianas y 41 puntos, y en la tirada de socios de número, con 10 disparos, 10 impactos en diez dianas y 84 puntos[734].

La primera participación del sargento Villarín Cano, como socio del Tiro Nacional, data de 1912, en el concurso de tiro en conmemoración del Centenario de las Cortes y Sitio de Cádiz, donde consiguió el quinto lugar con fusil a 200 metros en posición libre, con 200 puntos y recibiendo un premio de 40 pesetas. También participó en la tirada de grupos militares, donde las condiciones eran fusil o carabina Máuser, 10 disparos por individuo del grupo, posición libre y 200 metros de distancia. Formó equipo con el sargento Laureano Barrera y el cabo Joaquín Luque, representando a la Comandancia de Artillería de Cádiz, y quedaron en segundo lugar por lo que consiguieron el 30% de las matrículas y diploma[735].

Compitió de forma ininterrumpida desde 1914, año de su boda con Ramona Aladro Rodríguez en Cádiz, con la que formó una familia numerosa de cinco hijos, hasta 1920. Según su hijo Ramón, era una forma de ganar un sobresueldo. Así, entre las competiciones más importantes en las que participó estaban el Concurso de Tiro de Cádiz en 1914, donde consiguió el primer puesto en la tirada, el Concurso Nacional, con fusil a 200 metros en posición libre, recibiendo un premio de 50 pesetas; primero en el certamen general, con 214 puntos y, como premio, un objeto de arte del senador Carranza; y también el primer premio en el concurso regional de grupos militares con su comandancia[736].

---

[734] comunicación personal con José Rodríguez Martín, 17 de enero de 2011; Concurso de tiro de la Representación de Valladolid. (1914a, 15 de agosto). *El Tiro Nacional de España, 14,* 9; Concurso de tiro de la Representación de Valladolid. (1914b, 15 de octubre). *El Tiro Nacional de España, 18,* 8-9.
[735] Cádiz. Certamen Nacional Extraordinario. (1912, 3 de agosto). *La Nación Militar, 710,* 236-240; Concurso Nacional. (1912, 29 de junio). *La Nación Militar, 705,* 195; Concurso Nacional extraordinario organizado en conmemoración del Centenario de las Cortes y Sitio de Cádiz. (1912, 27 de julio). *La Nación Militar, 709,* 227-228.
[736] Archivo General Militar de Segovia. Legajo B-2780, expediente 0. Expediente personal militar de León Villarín Cano; comunicación personal con Ramón Villarín Aladro, 25 de febrero de 2011; Concurso de tiro de la Representación de Cádiz. (1914, 31 de octubre). *El Tiro Nacional de España, 19,* 6-10.

Como hemos podido observar, el capitán José Bento era uno de los mejores tiradores de España, tanto con fusil como con pistola, y disfrutaba mucho de este deporte, especialmente, cuando iba al concurso de Jaén; así lo expresaba él mismo en una carta dirigida a su amigo, también tirador, Eugenio de Las Heras:

> He pasado en esta ciudad cinco días tan agradables que se me han hecho cortísimos; son ustedes tan amables y atentos, que no he tenido tiempo de aburrirme; el buen humor que les caracteriza, la unión, el buen espíritu y amistad que los une, hace que pueda afirmarse que constituyen ustedes la Sociedad más agradable entre todas las de aficionados al tiro... [737]

En el mes de septiembre de 1917 obtuvo el título de campeón de Guipúzcoa con fusil a 200 metros, y ganó la copa del Ayuntamiento de San Sebastián. Ese mismo año, pero a finales de octubre y en Valladolid, ganó y batió el récord de los campeonatos nacionales (Figura 8), con pistola Widmer en posición libre a 50 metros, y obtuvo en 60 disparos, 60 impactos y 58 dianas[738].

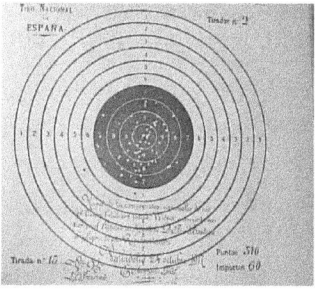

Figura 8: Diana de José Bento con el récord de los campeonatos nacionales[739]

Según la revista *El Tiro Nacional de España*, continuadora de *La Nación Militar* y órgano oficial de la sociedad el Tiro Nacional, en 1918 el capitán Bento llevaba 16 campeonatos de Madrid ganados, 12 de

---

[737] El certamen de tiro en Jaén. (1916, 15 de noviembre). *El Tiro Nacional de España, 68*, 7.
[738] Archivo General Militar de Segovia. Legajo B-1811, expediente 0. Expediente personal militar de José Bento López; El Concurso de tiro San Sebastián. (1917, 15 de octubre). *El Tiro Nacional de España, 90*, 4; García Gómez, R. (1917, 15 de noviembre). Representación de Valladolid. *El Tiro Nacional de España, 92*, 13; Record de los campeonatos nacionales. (1917, 30 de noviembre). *El Tiro Nacional de España, 93*, 7; Santos Díaz, E. (1917, 15 de junio). Representación de San Sebastián. *El Tiro Nacional de España, 82*, 6-7.
[739] Record de los campeonatos nacionales. (1917, 30 de noviembre). *El Tiro Nacional de España, 93*, 7.

pistola y 4 de fusil[740]. En agosto de ese mismo año ganó en Santander el Campeonato de España de arma corta a 50 metros[741]. Al año siguiente, el comandante Bento López[742] ganó el concurso de arma corta de guerra en San Sebastián y se proclamó campeón de Guipúzcoa[743].

Durante estos años, José Bento también tuvo responsabilidades en el ámbito de la gestión deportiva en dicha entidad, concretamente en 1912 fue delegado de la Junta Central del Tiro Nacional en la representación de Valladolid; en 1918 y 1919, delegado de la Junta Central en la representación de Santander del Tiro Nacional[744].

En 1920, año de los Juegos Olímpicos, antes de celebrarse las tiradas de clasificación, se celebró una competición en Madrid que ganó el comandante Bento, con pistola a 50 metros[745].

A partir de 1912, el capitán Bonilla solicitó y fue admitida su participación en competiciones del Tiro Nacional en diversas ciudades españolas, de forma ininterrumpida hasta el año 1920. Consiguió un campeonato de Madrid en 1915, con fusil Máuser a 200 metros, en posición libre, un campeonato de Guipúzcoa en 1916, fue autorizado para ir a San Sebastián y Madrid en 1919, donde se proclamó subcampeón de España, con fusil Máuser a 200 metros[746].

En estos años finales de la segunda década del siglo XX, empezó a involucrarse en la gestión deportiva del Tiro Nacional; en los años 1919

---

[740] El concurso de Madrid. La fiesta anual. (1918, 30 de junio). *El Tiro Nacional de España, 107*, 3-5.
[741] Archivo General Militar de Segovia. Legajo B-1811, expediente 0. Expediente personal militar de José Bento López; Aldanúa (1918, 15 de septiembre). La jornada. *El Tiro Nacional de España, 112*, 4.
[742] José Bento López asciende a comandante el 4 de abril de 1919. Ver, Archivo General Militar de Segovia. Legajo B-1811, expediente 0. Expediente personal militar de José Bento López.
[743] Archivo General Militar de Segovia. Legajo B-1811, expediente 0. Expediente personal militar de José Bento López; Del concurso de San Sebastián. (1919, 15 de septiembre). *El Tiro Nacional de España, 136*, 4; Representación de Guipúzcoa. (1919, 30 de junio). *El Tiro Nacional de España, 131*, 14-15.
[744] Junta Central. (1911, 30 de diciembre). *La Nación Militar, 679*, 401; Tiro Nacional. (1918, 15 de febrero). Tiro Nacional. Composición de la Junta Directiva. *El Tiro Nacional de España, 98*, 1-2; Tiro Nacional. (1919, 28 de febrero). Extracto de la sesión celebrada el 11 de enero de 1919. *El Tiro Nacional de España, 123*, 1-2.
[745] Desde San Sebastián. Del Concurso de Tiro. (1920, 15 de septiembre). *El Tiro Nacional de España, 160*, 5-6; Representación de Madrid. (1920, 31 de mayo). Concurso Nacional. *El Tiro Nacional de España, 153*, 3-7.
[746] Archivo General Militar de Segovia. Legajo GU/B-489, expediente 18. Expediente personal militar de Antonio Bonilla San Martín; Concurso de Madrid. (1915a, 30 de abril). *El Tiro Nacional de España, 31*, 8; Concurso de Madrid. (1915b, 15 de julio). *El Tiro Nacional de España, 36*, 2-3; Del concurso de San Sebastián. (1919, 15 de septiembre). *El Tiro Nacional de España, 136*, 4.

y 1920, es nombrado delegado del Tiro Nacional y, en 1920, vocal de la representación de Madrid[747].

Luis Calvet, como vimos, ya ejercía como gestor deportivo en el Tiro Nacional en la anterior década. A partir de 1916 desempeñó el cargo de vocal en la junta directiva central[748].

El capitán Calvet Sandoz ganó el Campeonato de España en 1919, en Madrid, con pistola (Figura 9) y fue subcampeón con fusil en el mismo concurso y año. Al año siguiente fue campeón de Madrid (Figura 10) con arma larga a 200 metros[749].

Figura 9: Tirada de Luis Calvet en el concurso de Madrid en 1919, donde se proclamó campeón de España[750]

Figura 10: José Bento (izquierda) y Luis Calvet (derecha), campeones de pistola y fusil respectivamente en el concurso de Madrid de 1920[751]

---

[747] Desde San Sebastián. Del Concurso de Tiro. (1920, 15 de septiembre). *El Tiro Nacional de España, 160*, 5-6; Miralles Salabert, M. (1919, 31 de julio). Extracto de la sesión celebrada el día 23 de junio de 1919. *El Tiro Nacional de España, 133*, 3; Representación de Madrid. (1919, 31 de diciembre). *El Tiro Nacional de España, 143*, 4.
[748] Junta Directiva. (1915, 31 de diciembre). *El Tiro Nacional de España, 47*, 10.
[749] Archivo General Militar de Segovia. Legajo C-432, expediente 0. Expediente personal militar de Luis Calvet Sandoz; Concurso de Madrid. (1920, 30 de junio). *El Tiro Nacional de España, 155*, 5; Representación de Madrid. (1919, 31 de diciembre). *El Tiro Nacional de España, 143*, 4; Representación de Madrid. (1920, 31 de mayo). Concurso Nacional. *El Tiro Nacional de España, 153*, 3-7.
[750] El Tiro Nacional. (1919, junio). *La Educación Física, 6*, 13.
[751] Salazar. (1920, 23 de junio). La distribución de premios del Tiro Nacional. *Mundo Gráfico, 451*, 21.

En cuanto al cadete José de Figueroa, no tenemos evidencias de que participase en ninguna competición de tiro. Sí tenemos constancia de su vinculación con la gestión deportiva del Tiro Nacional; concretamente, en 1915 formó parte como vocal de la junta directiva que reconstituyó la representación del Tiro Nacional en Guadalajara[752].

El capitán Ignacio Estévez era un hombre que cuidaba su alimentación, no bebía café porque conocía sus efectos estimulantes y sabía que eran perjudiciales para la práctica del tiro deportivo y continuó con sus competiciones establecidas por el Tiro Nacional. En 1917 participó en el Concurso de Tiro de San Sebastián. Consiguió en la capital de Guipúzcoa el primer premio en la tirada de jefes y oficiales, con fusil a 200 metros, obteniendo copa y diploma acreditativo; y segundo premio en la tirada de honor con fusil a 200 metros, recibiendo copa y diploma. En agosto de 1918, el capitán Estévez compitió en el Concurso de Tiro de Santander y obtuvo en la tirada con fusil del Campeonato de España el decimosegundo lugar. En septiembre, en San Sebastián, consiguió el segundo puesto en la tirada de jefes y oficiales[753].

Uno de sus mayores triunfos deportivos hasta ese momento fue en el Concurso de Tiro de Madrid, en junio 1919, donde en la tirada del Campeonato de España de fusil a 200 metros obtuvo el tercer lugar y recibió una medalla de cobre. En agosto de ese mismo año, compitió en San Sebastián; obtuvo un quinto premio en la tirada de jefes y oficiales y un séptimo puesto en el Campeonato de Guipúzcoa. Y en septiembre participa en el Concurso de Tiro de Valladolid, donde ganó el campeonato con fusil y recibió una medalla de oro y la copa de la Infanta Isabel[754].

Al cabo Antonio Moreira le gustaba mucho el tiro y al llegar a la Armada demostró sus cualidades en el tiro con fusil. Desde septiembre

---

[752] Representación de Tiro de Guadalajara. (1915a, 15 de marzo). *El Tiro Nacional de España, 28*, 8; Representación de Tiro de Guadalajara. (1915b, 30 de junio). *El Tiro Nacional de España, 35*, 15.

[753] Archivo General Militar de Segovia. Legajo E-1563, expediente 0. Expediente personal militar de Ignacio Estévez Estévez; comunicación personal con Carlos Estévez Eguiagaray, 1 de julio de 2011; El Concurso de tiro San Sebastián. (1917, 15 de octubre). *El Tiro Nacional de España, 90*, 4; Santos Díaz, E. (1917, 15 de junio). Representación de San Sebastián. *El Tiro Nacional de España, 82*, 6-7.

[754] Archivo General Militar de Segovia. Legajo E-1563, expediente 0. Expediente personal militar de Ignacio Estévez Estévez; Del concurso de San Sebastián. (1919, 15 de septiembre). *El Tiro Nacional de España, 136*, 4; El Concurso Nacional de Madrid. La fiesta final. (1919, 30 de junio). *El Tiro Nacional de España, 131*, 7; Representación de Guipúzcoa. (1919, 30 de junio). *El Tiro Nacional de España, 131*, 14 15; Representación de Tiro de Madrid. (1919, 30 de junio). Relación por el número de inscripción de los señores que han obtenido diplomas y premios en el Concurso de Tiro celebrado por esta representación del 17 al 23 de junio último. *El Tiro Nacional de España, 131*, 6-7.

de 1911, la Armada facilita la asistencia de su personal a los concursos que organiza la sociedad el Tiro Nacional con el objeto de fomentar y facilitar dicha instrucción. Por ello, al cabo Moreira Montero le permitieron participar, a principios de septiembre de 1919, en el 18.º Concurso de Tiro Regional de Cádiz, donde participa en varias tiradas; en la séptima tirada alcanzó el primer puesto y consiguió como premio un objeto de arte donado por la Infanta Isabel. También participó en la octava tirada correspondiente al Campeonato de Cádiz, donde obtuvo un quinto puesto y recibió un diploma. En la segunda tirada, para clases e individuos de tropa del Ejército y Armada, con fusil Máuser, donde había que realizar cinco disparos, en cualquier posición de las reglamentarias y siendo la matrícula de inscripción de tres pesetas (precio de matrícula que, recordemos, pagaba el ministerio), ganó un premio en metálico tras su cuarto puesto. Y con el grupo de Infantería de Marina consiguió el primer premio de grupos militares y recibió una copa de plata[755].

Con este éxito inicial, en la primavera de 1920 Antonio Moreira se presentó en el concurso de tiro en Madrid que se celebró en el polígono de la Moncloa del 5 al 15 de junio. Participó en las tiradas que establecían las categorías de maestro tirador[756], la tirada para clases e individuos de tropa, la tirada de equipos militares y la tirada de honor, todas con fusil[757].

Cuando finalizó el concurso, el cabo Moreira ganó la medalla de oro de maestro tirador a 200 metros; en la tirada de clases y soldados quedó en octavo lugar y recibió un premio de 40 pesetas; en la tirada de honor obtuvo el décimo premio, ganando una figura de bronce del conde duque de Olivares; y en la tirada de equipos militares, compuesto por un soldado y un clase, ganó la Copa del Rey, representando al equipo de Infantería de Marina de San Fernando, compuesto por el cabo Antonio

---

[755] comunicación personal con José Antonio Moreira Mergelina, 26 de junio de 2011; Concursos de tiro. (1911, 6 de septiembre). *Colección legislativa de la Armada, 281*, 584-586; Concurso del Tiro Nacional en Cádiz. (1919a, 20 de septiembre). *Deportes, 256*, 2-3; Concursos del Tiro Nacional en Cádiz. (1919b, 9 de septiembre). *Diario de Cádiz (Suplemento)*, (sin página); Concursos del Tiro Nacional en Cádiz. (1919c, 12 de septiembre). *Diario de Cádiz (Suplemento)*, (sin página); Representación de Cádiz. Premios donados para el 18º Concurso Regional. (1919, 31 de agosto). *El Tiro Nacional de España, 135*, 6-9.

[756] Para alcanzar esta categoría disparando con fusil a 200 metros en la posición de tendido sobre un blanco con diana de 50 centímetros, Antonio Moreira debía realizar cuatro impactos en la silueta de cinco disparos efectuados. Ver, Reglamento para la instrucción de tiro con fusil o carabina. (1905b, 9 de septiembre). *Colección Legislativa del Ejército, 182*, apéndice nº 7.

[757] Representación de Madrid. (1920, 31 de mayo). Concurso Nacional. *El Tiro Nacional de España, 153*, 3-7.

Moreira Montero y el soldado Joaquín Jiménez Salmerón (Figura 11); esta copa le fue entregada por el presidente de la representación de tiro de Madrid, Juan de la Cierva[758].

Figura 11: Entrega de la Copa del Rey a los ganadores de la tirada de equipos militares; el cabo de Infantería de Marina Antonio Moreira Montero recibiendo el trofeo[759]

Según Pradel Alfaro, nieto de Ángel Pradel Cid, su afición al tiro nació al incorporarse al Ejército. Así, apareció compitiendo como socio en los concursos que emprendió la representación provincial del Tiro Nacional de Madrid, en junio de 1918, obteniendo el cuarto premio en la tirada con fusil a 200 metros con posición libre, premiado con una copa y una medalla de oro; en la tirada con fusil a 200 metros, utilizando las tres posiciones reglamentarias, obtuvo el octavo lugar[760].

Al año siguiente, compitió de nuevo en el Concurso de Tiro de Madrid, donde obtuvo el segundo puesto del Campeonato de Madrid, con fusil a 300 metros en 60 disparos en seis series de 10 y recibió una medalla de plata. Fue tercero en la tirada de la junta central, recibiendo un ánfora de bronce del conde de la Mortera[761].

Desde 1914 y de forma ininterrumpida hasta 1920, el brigada Rodríguez Somoza continúo participando en competiciones de tiro al blanco como socio del Tiro Nacional, y consiguió resultados

---

[758] Concurso de Madrid. (1920, 30 de junio). *El Tiro Nacional de España, 155*, 5; Del Concurso en el campo de la Moncloa. (1920, 15 de junio). *El Tiro Nacional de España, 154*, 8; Salazar. (1920, 23 de junio). La distribución de premios del Tiro Nacional. *Mundo Gráfico, 451*, 21.
[759] Salazar. (1920, 23 de junio). La distribución de premios del Tiro Nacional. *Mundo Gráfico, 451*, 21.
[760] Archivo General Militar de Segovia. Legajo P-2670, expediente 0. Expediente personal militar de Ángel Pradel Cid; comunicación personal con Benito Pradel Alfaro, 30 de junio de 2011; Micó España, A. (1918, 15 de octubre). Representación de Madrid. *El Tiro Nacional de España, 114*, 6; Representación de Madrid. (1918, 30 de abril). *El Tiro Nacional de España, 103*, 14.
[761] Programa. (1919, 15 de mayo). *El Tiro Nacional de España, 128*, 9; Representación de Tiro de Madrid. (1919, 30 de junio). Relación por el número de inscripción de los señores que han obtenido diplomas y premios en el Concurso de Tiro celebrado por esta representación del 17 al 23 de junio último. *El Tiro Nacional de España, 131*, 6-7.

significativos: primer premio con fusil en la tirada de suboficiales, brigadas y sargentos, en Valladolid en 1915; campeón de tiro de velocidad en el concurso de Santander en 1917; en el mismo año, ganador en el concurso de grupos militares formando equipo con Juan Hernández Quintero y su hermano Juan Rodríguez Somoza (Figura 12). En 1918, en el Concurso de Tiro en San Sebastián, vencedor en la tirada de series ilimitadas la copa Gran Casino. Un mes antes, en la tirada de patrullas militares en Santander, compuesta por un oficial, un cabo o sargento y nueve soldados, ganó la copa Pombo; en el mismo concurso, fue tercero en el Campeonato de España con fusil Máuser a 200 metros, y ganó medalla de plata, diploma y doscientas cincuenta pesetas. En 1919, en el concurso de Santander, fue subcampeón de España de fusil a 200 metros y en el mismo año fue autorizado a viajar a San Sebastián, consiguiendo ser campeón de Guipúzcoa de fusil[762].

Figura 12: Hermanos Rodríguez Somoza; Domingo, el de la izquierda[763]

El brigada Villarín solicitó, y posteriormente fue autorizado, a presentarse en el concurso de tiro de San Sebastián de 1917, donde

---

[762] Archivo General Militar de Segovia. Legajo R-1792, expediente 0. Expediente personal militar de Domingo Rodríguez Somoza; Aldanúa (1918, 15 de septiembre). La jornada. *El Tiro Nacional de España, 112*, 4; Concurso de Valladolid. (1915a, 15 de agosto). *El Tiro Nacional de España, 38*, 10; Concurso de Valladolid. (1915b, 31 de octubre). *El Tiro Nacional de España, 43*, 5; Del concurso de San Sebastián. (1919, 15 de septiembre). *El Tiro Nacional de España, 136*, 4; El concurso de Santander. (1917a, 31 de octubre). *El Tiro Nacional de España, 91*, 13; El Concurso Nacional de Madrid. La fiesta final. (1919, 30 de junio). *El Tiro Nacional de España, 131*, 7; El tiro nacional. Concurso internacional, 19 de mayo. (1920, 19 de mayo). *La Información, 1.937*, 4; García Gómez, R. (1917, 15 de noviembre). Representación de Valladolid. *El Tiro Nacional de España, 92*, 13; Representación de Tiro de Madrid. (1919, 30 de junio). Relación por el número de inscripción de los señores que han obtenido diplomas y premios en el Concurso de Tiro celebrado por esta representación del 17 al 23 de junio último. *El Tiro Nacional de España, 131*, 6-7; Impacto. (1924, septiembre). El Concurso Nacional de Santander. *Armas y Deportes, 3*, 8-9; Representación de Guipúzcoa. (1918, 30 de marzo). *El Tiro Nacional de España, 101*, 4; Representación de Guipúzcoa. (1919, 30 de junio). *El Tiro Nacional de España, 131*, 14-15; Representación de Santander. (1918, 15 de julio). *El Tiro Nacional de España, 108*, 15.

[763] El Concurso Nacional de Madrid. La fiesta final. (1919, 30 de junio). *El Tiro Nacional de España, 131*, 7.

obtuvo el primer puesto en la tirada de honor, con fusil, segundo premio en la tirada de clases de tropa, con fusil, y es subcampeón del Campeonato de Guipúzcoa, con una tirada con fusil a 200 metros, realizando 30 disparos en cada una de las tres posiciones reglamentarias (de pie, de rodillas y tendido)[764].

Ese mismo año también se presentó en el Concurso de Tiro de Santander, donde lo podemos ver tirando en el campo de tiro de Albericia (Figura 13); consiguió ser campeón con arma larga y recibió una medalla de plata y 300 pesetas[765].

Figura 13: Galería de tiro para armas largas de Santander, con León Villarín Cano en primer plano[766]

En el concurso de tiro de Cádiz del otoño de 1918, el brigada Villarín Cano ganó las tiradas para los socios del Tiro Nacional, diversos premios y el campeonato de Cádiz, todos con fusil, y recibió un objeto del infante Antonio de Orleans, un objeto de la infanta, una medalla de oro y 75 pesetas respectivamente en cada tirada[767]. Al año siguiente, en el Concurso de Tiro de Cádiz que se celebró en la primera quincena de septiembre, volvió a conseguir primeros premios en las tiradas con fusil para los socios del Tiro Nacional y el campeonato de Cádiz, recibiendo una figura de bronce del Infante Antonio de Orleans, un objeto de arte de

---

[764] Archivo General Militar de Segovia. Legajo B-2780, expediente 0. Expediente personal militar de León Villarín Cano; El Concurso de tiro San Sebastián. (1917, 15 de octubre). *El Tiro Nacional de España, 90*, 4; Santos Díaz, E. (1917, 15 de junio). Representación de San Sebastián. *El Tiro Nacional de España, 82*, 6-7.
[765] Archivo General Militar de Segovia. Legajo B-2780, expediente 0. Expediente personal militar de León Villarín Cano; El concurso de Santander. (1917a, 31 de octubre). *El Tiro Nacional de España, 91*, 13.
[766] El concurso de Santander. (1917b, 15 de noviembre). *El Tiro Nacional de España, 92*, 4.
[767] Archivo General Militar de Segovia. Legajo B-2780, expediente 0. Expediente personal militar de León Villarín Cano; La Comisión ejecutiva. (1918, 30 de septiembre). Representación en Cádiz. *El Tiro Nacional de España, 113*, 4-5.

la constructora naval y una medalla de oro y 60 pesetas en las tiradas respectivas[768].

5.6. Notas sobre los inicios en España de la práctica deportiva del teniente Figueroa

El polo se empieza a practicar de forma reglamentaria en Europa, en Gran Bretaña, a partir del siglo XIX. Concretamente, los militares fueron los primeros en jugar y lo hicieron en torno a 1870. En 1872 se institucionaliza el juego creando los primeros clubs de polo ingleses, el Monmouthshire y el Hurlingham, este último considerado desde sus inicios el club de referencia del polo; su reglamento fue adaptado en numerosos países, incluido en España, por ejemplo en el Madrid Polo Club. En 1877 se creó la prestigiosa copa de Hurlingham, competición que sigue celebrándose en la actualidad y que jugó en 1920 el rey Alfonso XIII[769].

El polo llega pronto a nuestro país de la mano de Pedro Nolasco González de Soto, posteriormente marqués de Torre-Soto de Briviesca, que durante su estancia en Londres lo practicó y que, al regresar a España en 1872, formó la Sociedad Jerezana de Polo[770] junto a un grupo de amigos para poder jugar. El club tenía un carácter informal y de hecho no se legalizó como asociación en el Gobierno Civil de Cádiz. Los primeros partidos importantes con otros grupos de deportistas tuvieron lugar en 1876 con un grupo de oficiales del Ejército en Sevilla, con ocasión de la visita del príncipe de Gales a la ciudad hispalense; otros enfrentamientos deportivos, realizados sobre 1900, fueron contra la guarnición de oficiales ingleses en Gibraltar[771].

---

[768] Archivo General Militar de Segovia. Legajo B-2780, expediente 0. Expediente personal militar de León Villarín Cano; Concursos del Tiro Nacional en Cádiz. (1919a, 20 de septiembre). *Deportes, 256*, 2-3; Representación de Cádiz. Premios donados para el 18º Concurso Regional. (1919, 31 de agosto). *El Tiro Nacional de España, 135*, 6-9.
[769] Hurlingham. (2014, 28 de agosto). Recuperado de http://www.hurlinghammedia.com; Karag, A. (1958). *Diccionario de los deportes*. Vol. VI. Barcelona: Dalmau y Jover; Le Roi d'Espagne au polo. (1920, 22 juillet). *Le Miroir des sports, 3*, 48; Madrid Polo-Club. (1897). *Reglamento y reglas de juego*. Madrid: Establecimiento Tipográfico de San Francisco de Sales; Saurel, E. (1976). *El caballo: enciclopedia de la equitación y de los deportes hípicos*. Barcelona: Noguer; Vallejo-Nájera Botas, J. A. (1973). Historia del polo. En Federación Española de Polo (coord.), *El polo en España* (sin paginar). Madrid: Perfumería Gal.
[770] En 1915 el rey le concede el titulo de Real (Archivo General de Palacio, caja 8801, expediente 44).
[771] Archivo Histórico Provincial de Cádiz. Sección: Gobierno Civil. Libro 474 (1898-1933); Luque, M.

El primer club de polo de España del que tenemos constancia, inscrito en un registro del Gobierno Civil, fue el Madrid Polo-Club, en 1896, en El Pardo (Madrid). Su primer presidente fue Jacobo Fitz-James Stuart y Falcó, duque de Alba de Tormes, y tenía un fin recreativo; su órgano oficial de difusión a partir de 1903 fue la revista *Gran Vida*, y su campo de juego estaba en el Hipódromo de la Castellana[772].

Este era un club muy selectivo, según su reglamento de 1897. Para poder ser socio era necesario estar avalado por dos socios y estos votaban en comité (era obligatoria una votación con un mínimo de siete socios) la admisión del candidato. Una vez admitido, debía pagar una cuota de entrada de cincuenta pesetas y otra trimestral de treinta pesetas. Con motivo de la coronación del rey, en 1902, se celebró un partido de polo en la Castellana entre el Madrid Polo Club y el Gibraltar Garrison Polo Club. Posteriormente, las actividades del polo, el golf y el tenis se unieron, a través de sus sociedades el Madrid Polo, el Golf Club y el Madrid Lawn-Tennis Club. De esta fusión surgió la entidad Real Club de la Puerta de Hierro, inscrita en el Gobierno Civil de Madrid en febrero de 1919[773].

En Barcelona, el polo entró de la mano de Enrique Ibarrola, que, junto con un grupo de amigos de la alta burguesía barcelonesa, fundó el Polo Club Barcelona[774], siendo su primer presidente. Enrique Ibarrola había traído su afición a este deporte tras su estancia de estudios en Inglaterra. La entidad se inscribió en el registro del Gobierno Civil de la ciudad en 1901. Según sus estatutos, su objeto era proporcionar a los practicantes del polo medios saludables de distracción y recreo al mismo tiempo que desarrollar en aquellos sus cualidades de habilidad y

---

(1973). Notas sobre el origen del polo en Jerez de la Frontera. En Federación Española de Polo (coord.), *El polo en España*. (Sin paginar). Madrid: Perfumería Gal.
[772] Archivo General de la Administración. Signatura 36/3105 (1895-1905). Fondo 8 Sección 30. Libro de registro de asociaciones del Gobierno Civil en Madrid; Gran Vida. Revista Ilustrada de Sports. (1903, septiembre). *Gran Vida*, 4, 1; Palacios Buñuelos, L. y Primo Jurado, J. J. (2009). *Reyes y cortesanos. La monarquía alfonsina y los marqueses de Viana*. Logroño: San Martín.
[773] Archivo General de la Administración. Signatura 36/3105 (1895-1905). Fondo 8 Sección 30. Libro de registro de asociaciones del Gobierno Civil en Madrid; Gómez Laínez, M. (2010). *El Real Club de la Puerta de Hierro*. Madrid: Real Club Puerta de Hierro; Madrid Polo-Club. (1897). *Reglamento y reglas de juego*. Madrid: Establecimiento Tipográfico de San Francisco de Sales; Palacios Buñuelos, L. y Primo Jurado, J. J. (2009). *Reyes y cortesanos. La monarquía alfonsina y los marqueses de Viana*. Logroño: San Martín.
[774] Solicita el titulo de Real en junio de 1904 (Archivo General de Palacio, caja 8804, expediente 6).

seguridad a caballo. Sus partidos los jugaba en el hipódromo situado en la falda de la montaña de Montjuic[775].

El primer partido importante del Polo Club Barcelona fue jugado en la Ciudad Condal contra el Madrid Polo-Club, en mayo de 1899, y se saldó con victoria para los madrileños. El Polo Club Barcelona diversificó sus actividades y a partir de 1908 integró en su programa anual el Concurso Hípico Internacional, siendo su presidente Luis López y Díaz de Quijano. En 1909 estableció su sede en Can Ràbia, en la carretera de Sarriá. En 1912 se fusionó con el club hípico Barcelona Jockey Club (ambos clubes contaban con poco más de un centenar de socios) y se inscribió ese mismo año en el libro de registro de asociaciones del Gobierno Civil de Barcelona como Real Polo Jockey Club[776].

En España el polo era un deporte practicado por un reducido número de personas, aristócratas fundamentalmente; cada jugador debía disponer de dos caballos como mínimo para jugar un partido y eso no estaba al alcance de todos. Las temporadas anuales de polo estaban asentadas en Madrid[777] y en Barcelona[778], aunque también se jugaba en Jerez de la Frontera (Cádiz), Valencia, Hornachuelos (Córdoba)[779] y Santander. El rey Alfonso XIII, un asiduo[780], en ocasiones accidentado[781],

---

[775] Archivo General de la Subdelegación del Gobierno en Barcelona. Fondo: Asociaciones; Libros: Registro de Asociaciones; Tomo 2, 40; Permanyer i Lladós, L. (2006). *Un club, una ciudad: historia del Real Club de Polo de Barcelona, 1897-2005*. Barcelona: Real Club de Polo de Barcelona.

[776] Archivo General de la Subdelegación del Gobierno en Barcelona. Fondo: Asociaciones; Libros: Registro de Asociaciones; Tomo 4, 170; Permanyer i Lladós, L. (2006). *Un club, una ciudad: historia del Real Club de Polo de Barcelona, 1897-2005*. Barcelona: Real Club de Polo de Barcelona.

[777] En la temporada de polo de 1914, en la Real Casa de Campo, los partidos se celebraban los miércoles y los sábados; empezó el 28 de marzo y finalizó el 30 de mayo. Solo podían permanecer en el recinto del campo de polo los que tenían la Real Insignia. Los militares con uniforme tenían entrada libre a los partidos y los que iban de paisano no necesitaban un permiso para entrar. Ver, Archivo General de Palacio. Fondo: Alfonso XIII. Sección: Reinados. Polo. Caja 15827. Expediente 8.

[778] La temporada de polo 1916-1917 del Real Polo Jockey Club comenzó el 12 de noviembre de 1916 y finalizó la primera quincena de junio de 1917. Los partidos se disputaban los domingos y los jueves de cada semana. En 1916 dicha sociedad contaba con 700 socios. Ver, Archivo Histórico de la Ciudad de Barcelona. Real Polo-Jockey Club. Programa de la Temporada de 1916-1917. Signatura Ent 201-2 1916 17; Permanyer i Lladós, L. (2006). *Un club, una ciudad: historia del Real Club de Polo de Barcelona, 1897-2005*. Barcelona: Real Club de Polo de Barcelona.

[779] El rey jugó su primer partido de polo en 1908, en el palacio de Moratalla, en Hornachuelos (Córdoba), propiedad del marqués de Viana. Ver, Palacios Buñuelos, L. y Primo Jurado, J. J. (2009). *Reyes y cortesanos. La monarquía alfonsina y los marqueses de Viana*. Logroño: San Martín.

[780] En los primeros años del siglo XX solía dedicar dos o tres horas diarias al polo o a cualquier otro deporte. Por esta asiduidad, el jefe del Estado fue mostrado como un símbolo de modernidad, pero también recibió críticas desde algunos sectores de la opinión pública. Ver, Alfonso XIII su figura su reinado. (1972). *Historia y Vida*, 52, (sin paginar); González Aja, T. (2011a, september). Sport, Nationalism and Militarism-Alfonso XIII: Sportsman, Soldier, King. *The International Journal of the History of Sport*, 14, 1987-2030.

[781] En mayo de 1913 el rey tuvo un accidente de polo que le ocasionó lesiones leves en la cabeza y en la cara. Al presentarse el presidente del Gobierno (el padre de José de Figueroa) ante él, le dijo

y buen jugador, intentaba promover el minoritario deporte; para ello, cedió terrenos como el de Puerta de Hierro en 1912, impulsó la reapertura de la Real Casa de Campo e inauguró nuevos campos de deportes en el Palacio Real de La Granja de San Ildefonso (Segovia) en 1910 y en el Palacio de la Magdalena (Santander) en 1914[782].

El rey también promovió el deporte del polo a través de la donación de premios. En 1918 se compraron en Freddy's (número 5 de la calle Jovellanos de Madrid) cuatro bolsas de seda por valor de trescientas pesetas. En 1919 se compraron en la joyería Landuiza (cuya central estaba en Bilbao) cuatro copas de plata por valor de 530 pesetas. En 1920, en la misma casa Freddy's se compraron varios abanicos de teatro por valor de 236 pesetas. Hemos encontrado facturas que indican que, entre 1911 y 1920, ambos años inclusive, la Casa Real gastó un total de 16.549 pesetas en premios y copas para el deporte del polo[783].

Asimismo, el rey intentó impulsar el deporte en el ámbito militar: se organizó un equipo perteneciente al cuadro de profesores de la Escuela Equitación Militar del Ejército, que se estuvo entrenando desde 1915 y ya en 1916 empezó a disputar algún partido; en esta misma escuela los alumnos realizaban prácticas de polo al menos desde 1918, pero su práctica no se extendía, ya que era difícil su adaptación teniendo que disponer de un ganado tan exclusivo. Ya fuera de nuestro espacio temporal, en 1926 se aprobó el reglamento provisional para el juego del polo militar[784].

---

que no dejaría de montar a caballo ni manejar el mazo de polo. Ver, Figueroa y Torres Sotomayor, A., conde de Romanones (1934). *Notas de una vida*. Madrid: Aguilar.

[782] Bosch Valero, J. A. (2014). Los orígenes del deporte en Valencia (1850-1931). De la tradición a la modernidad. *Materiales para la Historia del Deporte, 12*, 82-93; Figueroa y Torres Sotomayor, A., conde de Romanones (1934). *Notas de una vida*. Madrid: Aguilar; Gómez Laínez, M. (2010). *El Real Club de la Puerta de Hierro*. Madrid: Real Club Puerta de Hierro; González Aja, T. (2009, otoño). Ensayo para la frustrada Olimpiada de Berlín (1916). *Ilustración de Madrid, 13*, 25-28; González Aja, T. (2011a, september). Sport, Nationalism and Militarism-Alfonso XIII: Sportsman, Soldier, King. *The Internacional Journal of the History of Sport, 14*, 1987-2030; Iturralde. (1924, 11 de febrero). El juego del polo. *Olímpica, 11*, 16; Palacios Buñuelos, L. y Primo Jurado, J. J. (2009). *Reyes y cortesanos. La monarquía alfonsina y los marqueses de Viana*. Logroño: San Martín; Permanyer i Lladós, L. (2006). *Un club, una ciudad: historia del Real Club de Polo de Barcelona, 1897-2005*. Barcelona: Real Club de Polo de Barcelona.

[783] Archivo General de Palacio. Fondo: Alfonso XIII. Sección: Reinados. Polo. Caja 15925. Expediente 9.

[784] Archivo General Militar de Segovia. Legajo 74. Escuela de Equitación; Archivo General de Palacio. Fondo: Alfonso XIII. Sección: Reinados. Polo. Caja 8886. Expediente 3; Polo. (1916, julio-diciembre). *Memorial de Caballería, tomo 1*, 128; Sánchez-Mesas y García, B. (1926). *Reglamento provisional para el juego del polo militar*. Madrid: Talleres del Depósito de la Guerra.

Al lado del rey, entusiasmado por el polo, en la corte destacaban en este deporte Manuel Escandón Barrón, marqués de Villavieja, considerado un maestro, uno de los más antiguos jugadores en España; el oficial de artillería José de Saavedra y Salamanca, marqués de Viana[785], caballerizo y montero mayor del rey, polista de gran seguridad y resistencia; Eduardo Diez de Ulzurrun y Alonso, marqués de San Miguel, cuya gran fortaleza estaba en su seguridad y serenidad en la defensa; Jacobo Fitz-James Stuart y Falcó, duque de Alba de Tormes, con la tranquilidad como mayor cualidad; su hermano Carlos Fernando Fitz-James Stuart y Falcó, duque de Peñaranda, y Leopoldo Sainz de la Maza y Gutiérrez-Solana y Gómez de la Puente, conde de la Maza, tenían un juego vibrante adquirido durante sus estancias en Inglaterra. Junto a ellos, a finales de la segunda década del siglo XX empezaban a despuntar los jóvenes Álvaro de Figueroa y Alonso Martínez, marqués de Villabragima, que fue considerado con el tiempo el mejor jugador de polo que ha dado España, y su hermano, nuestro personaje, el militar José de Figueroa y Alonso Martínez[786].

La familia Figueroa mostraba gran afición por la equitación; el abuelo de José de Figueroa, el marqués de Villamejor, era considerado un estupendo jinete y un apasionado de los caballos y llegó a tener un premio con su nombre en el concurso hípico de Madrid; su tío, Gonzalo de Figueroa, que heredó el título de marqués de Villamejor, presidente del Comité Olímpico Español desde 1912, tenía una famosa cuadra de carreras de caballos y presidió la Sociedad Hípica Española. También los hermanos del teniente Figueroa, Álvaro sobre todo, destacaron desde jóvenes en la hípica[787].

---

[785] José de Saavedra y Salamanca, marqués de Viana, nació en Madrid en 1870, ingresó en el Ejército como alumno de artillería en 1886; falleció en Madrid en 1927 con el empleo de teniente coronel. Ver, Archivo General Militar de Segovia. Legajo S-37, expediente 0. Expediente personal militar de José de Saavedra y Salamanca, marqués de Viana.

[786] Iturralde. (1924, 11 de febrero). El juego del polo. *Olímpica, 11*, 16; Gómez Laínez, M. (2010). *El Real Club de la Puerta de Hierro*. Madrid: Real Club Puerta de Hierro; Palacios Buñuelos, L. y Primo Jurado, J. J. (2009). *Reyes y cortesanos. La monarquía alfonsina y los marqueses de Viana*. Logroño: San Martín.

[787] Concurso hípico internacional. (1914, enero-junio). *Revista de Caballería, tomo 12*, 382-384; El Vizconde de Caireles. (1911, junio). Carreras de caballos. *Gran Vida, 99*, 180-182; Figueroa y Torres Sotomayor, A., conde de Romanones (1934). *Notas de una vida*. Madrid: Aguilar; García García, J. M. (2013b). *Acta de constitución oficial y miembros del Comité Olímpico Español de 1912*. Sevilla: Punto Rojo; González Aja, T. (2009, otoño). Ensayo para la frustrada Olimpiada de Berlín (1916). *Ilustración de Madrid, 13*, 25-28; González Aja, T. (2011a, september). Sport, Nationalism and Militarism-Alfonso XIII: Sportsman, Soldier, King. *The International Journal of the History of Sport, 14*, 1987-2030; Uno de la tribuna. (1908, enero-junio). Impresiones sobre el concurso hípico de Madrid de 1908. *Revista de Caballería, tomo 12*, 505-514.

El oficial Figueroa practicaba el polo en un terreno de 275 metros de largo por 180 metros de ancho, con una portería de 7,30 metros de ancho en cada extremo del campo, utilizaba una bola o bocha de 78 milímetros de diámetro y pertenecía a un equipo de cuatro jugadores[788]. Los partidos que jugaba en la Real Casa de Campo tenían una duración de algo más de una hora; se dividía el tiempo en siete periodos de ocho minutos, con descansos de tres minutos[789]. Obtenía la victoria el equipo que conseguía meter un mayor número de goles en la portería contraria[790].

Como gran jugador de polo, el teniente Figueroa tenía gran firmeza y seguridad sobre el caballo, lo que le permitía mostrar un manejo y gobierno de la montura admirables. Nuestro biografiado poseía gran decisión y excelente acometida gracias a su agilidad y flexibilidad y a la confianza en sí mismo, que le permitía vencer en todo enfrentamiento. En la práctica de cualquier deporte, se necesita un gran entrenamiento para dominarlo y estar entre los mejores. Además, en el polo también requieren una preparación especial los caballos[791]. Deben tener fuerza y habilidad para poder arrancar rápido, alcanzar gran velocidad en poco espacio, parar de golpe y realizar giros con rapidez[792].

Nuestro protagonista, que formaba parte de varios equipos, intervino en el Arion Challenge Cup en junio de 1920 y ese mismo año ganó el premio Ladies Nomination, partidos que se disputaban en la Real Casa de Campo. Consiguió sendas victorias en el Premio de S. M. la

---

[788] Federación Internacional de Polo. (1920?). *Reglas de juego*. Madrid: Federación Española de Polo.

[789] Otras fuentes dicen que en un partido de polo el tiempo se divide en un máximo de ocho periodos de siete minutos, con descansos de tres minutos. Ver, Federación Internacional de Polo. (1920?). *Reglas de juego*. Madrid: Federación Española de Polo.

[790] Archivo General de Palacio. Fondo: Alfonso XIII. Sección: Reinados. Polo. Caja 8886. Expediente 3; Archivo General de Palacio. Fondo: Alfonso XIII. Sección: Reinados. Polo. Caja 8893. Expediente 1; Archivo General Militar de Segovia. Legajo F-1450, expediente 0. Expediente personal militar de José de Figueroa y Alonso Martínez; Archivo Histórico del Ejército del Aire. Signatura P/25327. Expediente personal militar de José de Figueroa y Alonso Martínez.

[791] Los especialistas ingleses evalúan la valía del caballo de polo entre 50 y 65% del valor total del jinete. Ver, F.B. (1911, julio-diciembre). Observaciones sobre el juego del polo. *Revista de Caballería*, tomo 19, 307-310.

[792] Archivo General Militar de Segovia. Legajo F-1450, expediente 0. Expediente personal militar de José de Figueroa y Alonso Martínez; Archivo Histórico del Ejército del Aire. Signatura P/25327. Expediente personal militar de José de Figueroa y Alonso Martínez; Iturralde. (1924, 11 de febrero). El juego del polo. *Olímpica, 11*, 16; Sostres Maignón, E. (1925). *Equitación*. Barcelona: Librería Sintes.

Reina y el Premio Figueroa, ambos en el Real Club de la Puerta de Hierro, club del que era socio[793].

5.7. Aproximación al nacimiento del atletismo en España y al entrenamiento del teniente Jaime Camps

El atletismo moderno es una práctica deportiva reglamentada e institucionalizada desde la segunda mitad del siglo XIX en Inglaterra. En España, el inicio del atletismo está vinculado a otros deportes como la gimnasia, el fútbol, el excursionismo, la natación y a la existencia de contactos entre los clubes que impulsaron este deporte[794]. Hay que tener en cuenta que la mayoría de practicantes deportivos eran polifacéticos[795]; así sucede en Huelva, en Cataluña, en Madrid, en Valencia y en Guipúzcoa.

En Huelva, el Huelva Recreation Club, club deportivo creado en diciembre de 1889, tenía numerosas secciones, entre ellas una de atletismo. En la segunda reunión de la junta directiva se planteó organizar unos Juegos Atléticos, con dieciséis pruebas deportivas; el origen y la influencia inglesa en dicha sociedad fueron claves para plantear esta idea. Se aprobó la propuesta y en abril del año siguiente se celebraron dichos juegos en un terreno amplio y llano que cedió para la ocasión Guillermo Sundheim de la Cueva. Los Juegos Atléticos de España se celebrarían de forma anual durante cuarenta y cinco años[796].

En Cataluña, una de las primeras manifestaciones atléticas corrió a cargo del Athletic Club Ciclista de Barcelona, con una sección de atletismo que durante 1904 organizó carreras dominicales. En los años venideros, y sin salir de la Ciudad Condal, hubo otras entidades que apoyaron el atletismo, como el Sportmen's Club, la Sportiva Pompeya, el F. C. Barcelona, el Español y la primera entidad exclusivamente atlética, el

---

[793] Archivo General de Palacio. Fondo: Alfonso XIII. Sección: Reinados. Polo. Caja 8893. Expediente 1; Cinnamond, N. J. (1930?). *El polo*. Barcelona: Catalonia; Gómez Laínez, M. (2010). *El Real Club de la Puerta de Hierro*. Madrid: Real Club Puerta de Hierro.
[794] Pujadas i Martí, X. i Santacana Torres, C. (1995a). *Història il.lustrada de l'esport a Catalunya*. V. 1 (1870-1932). Barcelona: Diputació de Barcelona i Columna.
[795] Se creía que un buen *sportmen* era aquel que practicaba varias actividades deportivas. Ver, Santacana Torres, C. (1999b, maig-juny). L'esport, qüestió nacional per a la Mancomunitat. *Temps de joc, 21*, 42-44.
[796] Tierra Orta, J. (2007). Los primeros Juegos Atléticos en España: Huelva-1890. *Materiales para la historia del deporte, 5*, 39-51.

Sport Athletic Barcelonès, fundada en 1912. Fuera de Barcelona, durante este año el Figueres Sport y el Gimnàstic de Tarragona ya promovieron el atletismo. La necesidad de una federación catalana de atletismo comenzó a plantearse en la prensa; se arguyeron como motivos la necesidad normalizadora y el desarrollo técnico, pero también se hablaba de regeneración social. El paso definitivo lo dio el periodista deportivo Manuel Nogareda, que junto con otros compañeros de profesión pidió a las agrupaciones interesadas reunirse el 31 de marzo de 1915 en la sede del Tiro Nacional. La asistencia fue masiva y se aprobó la creación de la Federación Atlética Catalana[797]; se nombró una comisión para redactar los estatutos y, una vez aprobados, se registraron en el Gobierno Civil de Barcelona en 1916. Ese mismo año se construyó la primera pista de ceniza de Barcelona, cerrada con piedras, sobre la arena de la playa, medía 45 metros de largo y 25 de metros de ancho y fue utilizada por la federación hasta el invierno de 1920, cuando el viento y las olas la destruyeron. En noviembre de 1916 se publicó *Atlética*, el órgano oficial de la Federación Atlética Catalana. La federación, presidida por Álvaro Presta, estaba constituida por clubs afiliados, asociaciones escolares y asociaciones militares (estas no pagaban cuotas)[798].

En Madrid tenemos una de las primeras referencias atléticas en 1903 con motivo de una carrera por las calles de la capital de España organizada por el *Heraldo de Madrid* y del Athletic Club de Madrid[799], a propuesta de su socio Manuel Rodríguez Arzuaga; dicho club de fútbol, desde el año de su fundación, tenía varias secciones deportivas, una de ellas de atletismo. Esta prueba continuó celebrándose de forma anual, llegando a considerarse con el tiempo el Campeonato de Madrid, con una distancia de diez kilómetros, y con un premio consistente en una copa

---

[797] En 1916 el rey le concede el titulo de Real. Ver, Archivo General de Palacio. Fondo: Alfonso XIII. Sección: Reinados. Reales Deportivos. Caja 8801. Expediente 56.
[798] Archivo General de la Subdelegación del Gobierno en Barcelona. Fondo: Asociaciones; Libros: Registro de Asociaciones; Tomo 4, 402; Real Federación Española de Atletismo. (1992). *El atletismo olímpico español: Amberes 1920-Barcelona 1992*. Madrid: Real Federación Española de Atletismo; Pujadas i Martí, X. (2001). L'espai d'us esportiu en la Barcelona metròpoli (1870-1936). *L'Avenç, 257*, 44-47; Pujadas i Martí, X. (2012). Sport, Space and the Social Construction of the Modern City: The Urban Impact of Sports Involvement in Barcelona (1870-1923). *The International Journal of the History of Sport, 14*, 1963-1980; Santacana Torres, C. i Pujadas i Martí, X. (2012). *Història de l'atletisme a Catalunya*. Barcelona: Federació Catalana de l'Atletisme.
[799] El Athletic Club de Madrid se inscribe en el libro de registro de asociaciones del Gobierno Civil de Madrid en 1907 con el nombre de Athletic Club; estaba presidido por Ricardo de Gondra y Lazurtegui, y su fin era fomentar el fútbol; es el actual Club Atlético de Madrid. Ver, Archivo General de la Administración. Signatura 36/3106 (1905-1912). Fondo 8 Sección 30. Libro de registro de asociaciones del Gobierno Civil en Madrid.

donada por Rodríguez Arzuaga. La Sociedad Gimnástica Española tenía una sección de atletismo, que organizaba y participaba en competiciones atléticas, como las celebradas entre el 15 y el 18 de junio de 1911, donde figuraban las modalidades de carrera de 100 y 1.500 metros, salto a pie firme de altura y distancia, salto con pértiga y lanzamientos de peso y disco. En abril de 1914 se celebraron los Juegos Olímpicos Madrileños en el campo de fútbol del Athletic Club de Madrid; organizados por el Comité Olímpico Español, algunas de las entidades que se presentaron fueron la Sociedad Gimnástica Española, la Sociedad Cultural Deportiva, la Sociedad Deportiva Obrera y la Sociedad Gimnástica Alemana. Condo[800] aplaude la iniciativa llevada a cabo en el Athletic Club de Madrid, pero expresa que el nombre de "Juegos Olímpicos" era demasiado, pues esto no pasaba de ser un modesto concurso atlético, al que hay que dar más publicidad la próxima vez y repetirlo de forma anual.

En los inicios de 1917 se fundó la Federación Castellana de Atletismo en Madrid, presidida por Julian Ruete y Muniesa y sus fines eran reglamentar el atletismo. Entre sus directivos destacaban Erwin Kossak, Rafael M. de Labra Martínez, Ángel Cruz y Martín. En 1918 se celebró el Campeonato de España en pista, organizado por el Athletic Club de Madrid, y que incorporaba una nueva modalidad deportiva, el lanzamiento de granada, prueba que ganó Daniel García Tuñón[801].

En Valencia, la primera reseña atlética data de diciembre de 1907 y es la carrera entre Valencia-Massamagrell-Valencia, organizada por la Unión Velocipédica Valenciana. En mayo de 1908 se fundó el primer club atlético, la Agrupación Pedestre Valenciana, al frente del cual estaban Luis Giménez y Fermín Larrea. Ese mismo año, en el mes de julio, tenemos constancia de que se inscribió en el Gobierno Civil de Valencia

---

[800] Condo González, A. (1914b, abril). Los juegos olímpicos de Madrid. *El Explorador, 19*, 13.
[801] A.A. (1914, abril). Juegos Olímpicos en Madrid. *Gran Vida, 131*, 105-109; Archivo General de la Administración. Signatura 36/3109 (1917-1919). Fondo 8 Sección 30. Libro de registro de asociaciones del Gobierno Civil en Madrid; González Aja, T. (2009, otoño). Ensayo para la frustrada Olimpiada de Berlín (1916). *Ilustración de Madrid, 13*, 25-28; Nueva junta directiva. (1917, 1 de julio). *Gran Vida, 169*, 17; Real Federación Española de Atletismo. (1992). *El atletismo olímpico español: Amberes 1920 Barcelona 1992*. Madrid: Real Federación Española de Atletismo; Rivero Herraiz, A. (2012, julio). La Real Sociedad Gimnástica Española. *Revista Internacional de Ciencias del Deporte, 29*, 272-273; Rosón Ayuso, M. (1948). *Historia desapasionada del Athletic (hoy, Club Atlético) por un apasionado del Madrid (1903-1948)*. Madrid: Perman; Sánchez Postigo, F. (2005). *Fuentes documentales deportivas aplicadas a la historia de un club deportivo español: Historia del Club Atlético de Madrid*. (Tesis doctoral inédita). Madrid: Universidad Complutense de Madrid; Todos los deportes. (1911, 30 de junio). *España Automóvil y Aeronáutica, 12*, 142.

la Sociedad Pedestrista y Atleta, presidida por Carlos Genis Prades, cuyos fines eran deportivos. Con motivo de la Exposición Regional durante 1909, se programaron varias pruebas atléticas. En 1916 se fundó y se registró ante la máxima autoridad civil delegada del gobierno en Valencia el Club Pedestre Valenciano, impulsado por un grupo de ciclistas, que presidía Felipe Soto, siendo su vicepresidente Vicente Salvatierra, que será el futuro presidente de la Federación Valenciana de Atletismo en 1924. En 1917 se celebró la primera olimpiada en la plaza de toros de Valencia, lógicamente con varias pruebas atléticas y con destacada participación catalana. Un año después, el dirigente del gimnasio Colón, Felipe Enguinados, celebró una matinal atlética[802].

En Guipúzcoa, provincia que ve nacer al oficial Jaime Camps, una de las sociedades multideportivas llamada Jolastokieta, ubicada en Alza, fue una de las impulsoras iniciales del atletismo. Conocían las gestas en dicho deporte realizadas en los Juegos Olímpicos de 1912 en Estocolmo a través de compañeros estudiantes que estaban en el extranjero. En aquellos momentos otras sociedades de estas características eran la Real Sociedad, el Español (posteriormente Gimnástica de Ulía), el Fortuna, el Sartako y el Racing. Todos ellos participaron en el primer *cross* de San Sebastián en diciembre de 1915. El año anterior, la Real Sociedad y *Los Deportes* habían organizado el primer concurso atlético en Atocha, que ganó Félix Mendizábal, del club Jolastokieta, en la modalidad de 100 metros lisos, con una marca de 12 segundos[803].

La Federación Atlética Guipuzcoana nació por la necesidad de reglamentar las competiciones atléticas realizadas en la provincia por los clubes de dicho deporte. El 11 de marzo de 1916, en los locales del Club Fortuna, Manuel Orbea, periodista deportivo de *El Pueblo Vasco,* con el seudónimo de TACK inició las reuniones, en las que recibió a los delegados del Fortuna, Jolastokieta, Real Sociedad, Amaikak, Esperanza,

---

[802] Agulló Albuixech, R. (2008). *Un siglo de atletismo valenciano (1907-2008): de los primeros andarines al mundial de atletismo*. Valencia: Comité Organizador XII Campeonato del Mundo IAAF de Atletismo en Pista Cubierta; Bosch Valero, J. A. (2014). Los orígenes del deporte en Valencia (1850-1931). De la tradición a la modernidad. *Materiales para la Historia del Deporte, 12*, 82-93; Archivo del Reino de Valencia. Fondo: Delegación del Gobierno. Sección: Libro de Asociaciones. Sig: Libro 1 (1887-1911); Archivo del Reino de Valencia. Fondo: Delegación del Gobierno. Sección: Libro de Asociaciones. Sig: Libro 2 (1912-1924).

[803] Archivo General Militar de Segovia. Legajo C-829, expediente 01. Expediente personal militar de Jaime Camps Gordon; Atletismo. (1914, 24 de marzo). *El Pueblo Vasco, 3.965*, 4; Orbea y Biardeau, M. (1965). La prehistoria del atletismo guipuzcoano. En Federación Atlética Guipuzcoana (coord.), *Bodas de oro del atletismo guipuzcoano 1914-1964* (pp. 17-31). San Sebastián: Industrias Gráficas Valverde.

Olds Boys, Sartako, Español y Real Club Náutico. Finalmente, en junio de ese mismo año se creó dicha federación con la adhesión de diecisiete clubes; su presidente fue el doctor Julio Maeso y su órgano oficial de difusión, el semanario *Sporting*. La federación se ocupó de algunos deportes que no tenían organización como el *hockey*, la natación, el remo en yola y la tracción de cuerda. En el I Campeonato de Atletismo en pista que organizó la federación en Atocha, en abril de ese mismo año, cobró una entrada de 1 peseta en preferencia y 0,50 pesetas en general. En septiembre de 1916, según acta federativa, Mendizábal consiguió el récord de España de 100 metros con un tiempo de 11,35 segundos[804].

El teniente Camps obtuvo el traslado a su ciudad natal, San Sebastián, en junio de 1919, al ser destinado al Regimiento de Infantería de Sicilia n.º 7. Esta circunstancia supone un gran cambio para él. Aquí se encuentra con una unidad, dirigida por el coronel Carlos Tuero O'Donnell[805], donde se presta gran atención a la educación física y al deporte, como ya hemos visto anteriormente. Existe un equipo de fútbol y otro equipo de atletismo, y se compite de forma habitual. Un ejemplo de esta participación atlética se produjo un mes después de incorporarse a su destino el oficial Camps Gordon. Militares de su unidad participaron en el primer Cross Internacional, organizado por el Real Unión, siguiendo el reglamento de la Federación Atlética Guipuzcoana y con la presencia del rey Alfonso XIII, que donó una copa de plata dorada. El primer corredor del regimiento de Sicilia fue Telleria, que llegó en el puesto diecinueve[806].

El Ejército, como colectivo, también participaba en festivales deportivos organizados por asociaciones civiles como los Exploradores; el concurso que anualmente organizaba esta asociación era interesante para los atletas, decididos todos ellos a llevar a su club el preciado galardón de S. M. el rey y muy especialmente el equipo del regimiento de

---

[804] Archivo de la Federación Atlética Guipuzcoana. Libro 1. Actas de resultados en pruebas de pista (1916-1936); Los campeonatos del domingo. (1916, 28 de abril). *El Pueblo Vasco, 4.646*, 2; Orbea y Biardeau, M. (1965). La prehistoria del atletismo guipuzcoano. En Federación Atlética Guipuzcoana (coord.), *Bodas de oro del atletismo guipuzcoano 1914-1964* (pp. 17-31). San Sebastián: Industrias Gráficas Valverde.
[805] Carlos Tuero O'Donnell nació en Bayona (Francia) en 1864, ingresó en el Ejército como cadete de infantería en 1880; en 1925 pasó a la reserva con el empleo de general de brigada. Ver, Archivo General Militar de Segovia. Legajo T-1305, expediente 0. Expediente personal militar de Carlos Tuero O'Donnell.
[806] Archivo General Militar de Segovia. Legajo C-829, expediente 01. Expediente personal militar de Jaime Camps Gordon; Martínez Daguerre, B. (1919, julio). El primer cross internacional en España. *Gran Vida, 193*, 201.

Sicilia n.º 7, ganador el año anterior y que se jugaba, por tanto, la posesión definitiva de la copa. Entre otras modalidades atléticas, había una prueba de 100 metros, y terminaba con una carrera de relevos por equipos sociales. Durante la fiesta, el espectáculo fue amenizado por la banda del Regimiento de Sicilia. En el jurado de honor, entre otros, se encontraba el gobernador civil y militar y el jefe del regimiento de Sicilia, coronel Tuero[807].

Al igual que sus hermanos, Jaime era buen deportista y consciente de sus posibilidades atléticas en las pruebas de velocidad; desde su incorporación al regimiento ubicado en la localidad de la playa de la Concha, se unió al equipo de atletismo. Participó en el concurso atlético (concretamente en la prueba de 100 metros), organizado por los Exploradores, que tuvo lugar en el campo de fútbol de Amute, ya indicado anteriormente, propiedad del Real Unión Club de Irún. Cuando el teniente Camps participa en esta prueba, ya se sabe que los mejores atletas de esta modalidad tienen muy desarrollado el sistema nervioso, aunque se desconoce el porqué; para ganar, nuestro protagonista debe conseguir que, durante la carrera, los contactos de los pies sean de la forma más breve posible, realizando como máximo cincuenta pasos. Para ello, en los entrenamientos se deben dar estos pasos con las puntas de los pies, porque provoca un efecto amortiguador y una menor fatiga; el cuerpo, durante la carrera, debe estar ligeramente hacia adelante, con la cabeza erguida y los brazos coordinados de forma alternativa con las piernas[808].

La salida que efectúa el oficial Camps Gordon es la que recomiendan los americanos y en España ya la utilizan todos los grandes velocistas: una salida con cuatro apoyos, donde el peso del cuerpo debe estar hacia adelante en desequilibrio muy cerca del suelo; tras la salida, en los primeros metros, el cuerpo de nuestro protagonista debe estar inclinado hacia delante de forma exagerada hasta alcanzar la máxima velocidad. De esta forma gana la final de los 100 metros lisos con un tiempo de 12,15 segundos, por delante de Arillaga, de la Real Sociedad. A finales de la segunda década del siglo XX, se considera que un atleta como

---

[807] Los exploradores de España. (1920, 4 de julio). *La Información, 1.968*, 5.
[808] Archivo General Militar de Segovia. Legajo C-829, expediente 01. Expediente personal militar de Jaime Camps Gordon; Carrasco, J. (1918, abril). Carreras de velocidad. Cien metros. *El Explorador, 70*, 5-6; comunicación personal con Mercedes Camps Alberdi, 25 de marzo de 2011; Los exploradores de España. (1920, 4 de julio). *La Información, 1.968*, 5; Maluquer Maluquer, A. (1916). *Carreras a pie*. Barcelona: Los Sports.

Jaime Camps obtiene el éxito porque tiene un mayor control técnico de la salida que de la velocidad que posteriormente pueda desarrollar durante el resto de la prueba[809].

Tras la llegada del militar Jaime Camps, el público de Amute le aplaude con entusiasmo. Sin duda, son ovaciones que no recibiría si no realizara un entrenamiento progresivo y continuo de esta prueba, trabajando en numerosas ocasiones y con intensidad la salida y la aceleración para ejercitarse a continuación con la llegada; realizando solo dos o tres carreras de velocidad sobre distancias superiores a la prueba; no olvidando trabajar la técnica de carrera sobre las puntas de los pies en una línea recta marcada en el suelo, con rayas transversales cada dos metros; y, por último, finalizando todo entrenamiento con abluciones frías y masaje.

El entrenamiento debía hacerse con rigor, porque existían voces contrarias a cualquier ejercicio físico que no fuera moderado, incluido el atletismo; lo señalaba el doctor Mut, profesor de cardiología: "consideramos que todos los individuos son libres de destruirse el corazón y pulmones [...] pero las autoridades deberían tomar parte en ciertos concursos atléticos prohibiéndolos"[810]. Días después, la redacción de *La Información* reiteraba sus felicitaciones para Jaime, quien, en la entrega de trofeos que se produjo en la sede de los Exploradores, recibió como premio una figura de pedestrismo donada por el señor Aristeguieta[811].

---

[809] Archivo General Militar de Segovia. Legajo C-829, expediente 01. Expediente personal militar de Jaime Camps Gordon; Carrasco, J. (1918, abril). Carreras de velocidad. Cien metros. *El Explorador, 70*, 5-6; El festival de los exploradores. (1920a, 6 de julio). *La Información, 1.969*, 5; García, J. (1915, 24 de noviembre). Los Juegos Olímpicos. *España Sportiva, 129*, 2; Maluquer Maluquer, A. (1916). *Carreras a pie*. Barcelona: Los Sports.
[810] Mut Mandilego, B. A. (1914). Higiene del corazón: el ejercicio. *Revista de Higiene y Tuberculosis, 72*, 86.
[811] Archivo General Militar de Segovia. Legajo C-829, expediente 01. Expediente personal militar de Jaime Camps Gordon; Carrasco, J. (1918, abril). Carreras de velocidad. Cien metros. *El Explorador, 70*, 5-6; Condo González, A. (1916b, 13 de septiembre). La educación física y los deportes. *España Sportiva, 171*, 1; El festival de los exploradores. (1920b, 7 de julio). *La Información, 1.970*, 3; Los exploradores de España. Distribución de premios. (1920, 8 de julio). *La Información, 1.971*, 6; Maluquer Maluquer, A. (1916). *Carreras a pie*. Barcelona: Los Sports; Trabal i Sans, J. A. (1920a, 14 de febrero). El arte de entrenarse. *La Información, 1.226*, 4.

5.8. Los campeonatos de España de tiro de los capitanes Calvet, Bento y Estévez en la Ciudad Condal y el asociacionismo deportivo en la provincia de Barcelona

El capitán Bento fue autorizado para asistir al concurso del Tiro Nacional a celebrar en el campo de Montjuich en Barcelona del 8 al 30 de septiembre de 1912. Participó en casi todas las tiradas, incluida la correspondiente al Campeonato de España de Tiro de fusil Máuser, que tenía un precio de 15 pesetas para los socios del Tiro Nacional. La tirada se debía realizar a una distancia de 200 metros, efectuando 30 disparos en cada una de las posiciones reglamentarias en el Ejército, es decir, de pie, rodilla en tierra y tendido, a una diana de 40 centímetros[812].

José Bento consiguió, con 833 puntos, la máxima puntuación y, con 30 años, se proclamó por primera vez campeón de España con arma larga, por lo que obtuvo un premio de mil pesetas, diploma y medalla de oro[813].

Para el capitán Bento, esto supuso una alegría enorme, daba sus frutos no beber alcohol, ni fumar, tener unos hábitos alimenticios y de vida saludables y, sobre todo, tener un carácter con mucho sentido del humor, "podías enfadarte si no lo sabías llevar bien" afirma su nieta Elena[814]. Estas palabras las confirmaba él, años después, diciendo que los concursos de tiro "debían ser alegres, menos rígidos y militaristas, para fomentar la participación de más personas [...] las fiestas del tiro deben ser más agradables, donde el jurado te deje tranquilidad para hacer dieces y no esté encima de ti azorándote"[815].

En el mismo concurso nacional celebrado en la Ciudad Condal en 1912, Luis Calvet ganó el campeonato de España de pistola, a 60 metros,

---

[812] Archivo General Militar de Segovia. Legajo B-1811, expediente 0. Expediente personal militar de José Bento López; Barcelona. (1912, 30 de agosto). *La Nación Militar, 714*, 269-273.
[813] Archivo General Militar de Segovia. Legajo B-1811, expediente 0. Expediente personal militar de José Bento López; Barcelona. (1912, 30 de agosto). *La Nación Militar, 714*, 269-273; Concurso de Barcelona. (1912, 12 de octubre). *La Nación Militar, 720*, 315; Tiro. (1912a, 15 de septiembre). *La Vanguardia, 14.290*, 4; Tiro. (1912b, 25 de septiembre). *La Vanguardia, 14.300*, 9.
[814] Comunicación personal con Elena Ortueta Bento, 6 de marzo de 2011.
[815] Santos Díaz, E. (1926, 1 de diciembre). Los concursos de tiro ¿cómo deben organizarse? *Armas y Deportes, 53*, 1-2.

en posición libre con una puntuación de 459 puntos y con un premio de 150 pesetas, diploma y medalla de oro[816].

El capitán Calvet siguió asombrando a su familia al ganar premios sin parar. Según Francisco, hijo menor de Luis Calvet, los éxitos en casa se vivían con gran admiración, sobre todo por parte de la tía María (María Sandoz Márquez), que guardaba todos los recortes de las revistas deportivas donde aparecía su sobrino Luis[817].

Nueve años después, los capitanes Bento y Calvet regresaron a una competición de tiro, a Barcelona, donde esta vez también asistió el capitán Estévez. Y tanto José Bento como Luis Calvet se dieron cuenta de que, a nivel asociativo, el crecimiento comarcal a finales de la segunda década del siglo XX seguía siendo superior al resto de provincias españolas que visitaron por razones profesionales o deportivas. En estos últimos diez años, hasta finales de 1920, había inscritas 164 sociedades deportivas en el libro de registro del Gobierno Civil de Barcelona[818], muy por encima de las siguientes comarcas, que son Madrid[819] y Valencia[820], con 56 asociaciones deportivas inscritas en sus respectivos gobiernos civiles[821] [822].

---

[816] Archivo General Militar de Segovia. Legajo C-432, expediente 0. Expediente personal militar de Luis Calvet Sandoz; Barcelona. (1912, 30 de agosto). *La Nación Militar, 714*, 269-273; Concurso de Barcelona. (1912, 12 de octubre). *La Nación Militar, 720*, 315; Tiro. (1912c, 19 de septiembre). *La Vanguardia, 14.294*, 5.

[817] Comunicación personal con Francisco Calvet Bazán, 27 de abril de 2010.

[818] Fuente elaborada por el autor según las inscripciones en los registros del Gobierno Civil de Barcelona del Archivo General de la Subdelegación del Gobierno en Barcelona, tomo 4 y tomo 5.

[819] Fuente elaborada por el autor según las inscripciones en los registros del Gobierno Civil de Madrid del Archivo General de la Administración, signaturas 36/3106, 36/3107, 36/3108, 36/3109, 36/3110.

[820] Fuente elaborada por el autor según las inscripciones en los registros del Gobierno Civil de Barcelona del Archivo del Reino de Valencia, signatura libro 1 y libro 2.

[821] Fuente elaborada por el autor, según las inscripciones en los registros de los libros de asociaciones de los Gobiernos Civiles encontrados en los archivos de 28 provincias españolas de las 52 estudiadas. Los archivos de las 28 provincias son: Archivo General de la Subdelegación del Gobierno en Barcelona, Archivo Histórico Provincial de Girona, Archivo del Reino de Galicia en A Coruña, Archivo Histórico Provincial de Pontevedra, Archivo Histórico de Asturias en Oviedo, Archivo Histórico Provincial de Guipúzcoa en Oñati (Guipúzcoa), Archivo Histórico Provincial de Álava en Vitoria, Archivo Histórico Provincial de Zaragoza, Archivo Histórico Provincial de León, Archivo Histórico Provincial de Zamora, Archivo Histórico Provincial de Salamanca, Archivo Histórico Provincial de Valladolid, Archivo Histórico Provincial de Soria, Archivo Histórico Provincial de Segovia, Archivo Histórico Provincial de Ávila, Archivo Histórico Provincial de La Rioja en Logroño, Archivo General de la Administración en Alcalá de Henares (Madrid), Archivo Histórico Provincial de Cuenca, Archivo Histórico Provincial de Guadalajara, Archivo Histórico Provincial de Ciudad Real, Archivo del Reino de Valencia, Archivo Histórico Provincial de Cáceres, Archivo Histórico Provincial de Murcia, Archivo Histórico Provincial de Almería, Archivo de la Delegación del Gobierno en Andalucía en Sevilla, Archivo Histórico Provincial de Cádiz, Archivo Histórico Provincial de Huelva y Archivo Histórico Provincial de Santa Cruz de Tenerife.

Las razones de estas desigualdades a nivel asociativo seguían siendo las mismas que hemos explicado en el subapartado 3.10; existían unas grandes diferencias estructurales y socioeconómicas entre unas y otras zonas de España, lo que repercutía en la práctica deportiva. Pero además, en esta década existían dos factores en Barcelona que hacían de catalizador: el apoyo de la Mancomunidad de Cataluña a la red asociativa del deporte y la propuesta de presentar una candidatura para celebrar los Juegos Olímpicos en Barcelona en 1924. Como explican Pujadas y Santacana[823] y Santacana[824], la Mancomunidad de Cataluña, creada en 1914, se mostró dispuesta a ofrecer apoyos a la esfera privada del deporte mediante subvenciones, emprendió una iniciativa de difusión del deporte a través de la edición de pequeños libros de la editorial Minerva[825] y controlaba, incluso de forma económica, los contactos con el Comité Olímpico Internacional.

Durante esta visita a la capital catalana, Bento y Calvet ven una ciudad donde el fútbol está por todas partes. Es el deporte que durante la segunda década del siglo XX y hasta finales de 1920 tiene el mayor número de sociedades deportivas inscritas en el Gobierno Civil de Barcelona, cuadriplicando en número al excursionismo, que es la segunda mayor actividad deportiva registrada ante la autoridad civil barcelonesa[826][827].

Los motivos de esta efervescencia del fútbol barcelonés vienen determinados porque dejó de ser un fenómeno minoritario, sobre todo a partir de 1914, para mercantilizarse y convertirse en un espectáculo de masas. El profesionalismo empezó a entreverse en los inicios de los años 10, motivo de ello fue la multa de cincuenta pesetas puesta por la

---

[822] Archivo General Militar de Segovia. Legajo B-1811, expediente 0. Expediente personal militar de José Bento López; Archivo General Militar de Segovia. Legajo C-432, expediente 0. Expediente personal militar de Luis Calvet Sandoz; Archivo General Militar de Segovia. Legajo E-1563, expediente 0. Expediente personal militar de Ignacio Estévez Estévez.
[823] Pujadas i Martí, X. i Santacana Torres, C. (1995b). Esport, catalanisme i modernitat. La Mancomunitat de Catalunya i la incorporació de la cultura física en l'esfera pública catalana (1914-1923). *Acàcia, 4,* 101-121.
[824] Santacana Torres, C. (1999a, setembre-octubre). L'excursionisme entre la ciencia, la cultura, el lleure i l'esport. *Temps de Joc, 23,* 42-44.
[825] En 1917 y 1918 publicó los libros *Els jocs de pilota* y *Exercicis de mar*. Ver, Santacana Torres, C. (1999b, maig-juny). L'esport, qüestió nacional per a la Mancomunitat. *Temps de joc, 21,* 42-44.
[826] Fuente elaborada por el autor según las inscripciones en los registros del Gobierno Civil de Barcelona del Archivo General de la Subdelegación del Gobierno en Barcelona, tomo 4 y tomo 5.
[827] Archivo General Militar de Segovia. Legajo B-1811, expediente 0. Expediente personal militar de José Bento López; Archivo General Militar de Segovia. Legajo C-432, expediente 0. Expediente personal militar de Luis Calvet Sandoz.

federación al España Club Football por pagar sueldos a algunos de sus jugadores y fue también la razón de la escisión que sufrió el Fútbol Club Barcelona, que no quiso pagar 1.500 pesetas a la plantilla por jugar un amistoso en Valencia, creándose el Casual Football Club[828], inscrito en el libro del registro de asociaciones del Gobierno Civil de Barcelona en 1912. La profesionalización implicaba mejorar el equipo, conseguir más victorias y aumentar los seguidores, y con ello el espectáculo. Estas circunstancias se fueron cimentando de forma progresiva a lo largo de esta década[829] y se llegó al punto de tener que acoger a tantas personas que los campos se quedaban pequeños, por lo que los principales clubes de este deporte empezaron a diseñar y a construir estadios con mayor capacidad. Este fue el caso del Fútbol Club Barcelona, que inauguró el campo de las Corts en 1922, con una capacidad aproximada de 30.000 personas.

En estos años, en la capital catalana es donde se publica el mayor número de obras, sobre el fútbol, de España. El balompié también dejó de ser un deporte con poco peso asociativo porque se consolidó una prensa generalista que cada vez le daba más peso en sus rotativos y, sobre todo, una prensa especializada que pasó del dogmatismo y la atracción de seguidores a vender un producto informativo para las masas[830], generando ídolos a los que admirar[831]. Destacamos la

---

[828] Pretendían que los socios fueran a la vez jugadores. Ver, Santacana Torres, C. (1999c). El fútbol l'esport rei, o la historia d'una ascensió imparable. *Temps de joc, 19*, gener-febrer, 42-44.

[829] Primero, los jugadores dejan de pagar las cuotas de socios, luego reciben pequeños regalos y, al final de la década, la profesionalización es evidente; en 1919, Samitier recibe un sueldo de 150 pesetas mensuales por fichar por el Barcelona. Otro ejemplo ilustrativo nos lo muestra en 1920 la sección de anuncios del primer número de la revista barcelonesa *La Zancadilla:* de forma satírica, se ofrece delantero centro vasco por 400 pesetas al mes. Ver, Anuncios Económicos. (1920, 17 de abril). *La Zancadilla, 1*, 8; Pujadas i Martí, X. y Santacana Torres, C. (2001). La mercantilización del ocio deportivo en España. El caso del fútbol 1900-1928. *Historia Social, 41*, 147-167.

[830] Para la doctora Seoane, en esta época "la prensa de masas sería más bien un modelo por parte del periódico que una realidad por el lado del receptor". Ver, Seoane Couceiro, Mª C. (1996). Los grandes diarios (1880-1936): empresas y público. *Comunicación y Estudios Universitarios, 6*, 47.

[831] Uno de esos jugadores idolatrados fue Ricardo Zamora; según McFarland, es el primer ídolo del fútbol español. Al llegar a su club, el Fútbol Club Barcelona, pidió un aumento de sueldo, pues consideraba que tras obtener la medalla de plata con la selección nacional en los Juegos Olímpicos de Amberes de 1920 y ser recibidos por el público como héroes, lo merecía. El club lo colocó en una empresa trabajando ocho horas al día (sin hacer nada) y empezó a pagarle, a partir de entonces, 50 pesetas mensuales, algo que para Zamora era insuficiente y le impedía entrenar. Dos años después el Real Club Deportivo Español de Barcelona lo fichó por un sueldo de 1.000 pesetas mensuales. Ver, Zamora Martínez, R. (1931). *Recuerdos de mi vida. Diez años defendiendo la meta española*. Madrid: Prensa española. Esta medalla olímpica proporcionó al fútbol español un mayor grado de madurez; para numerosos investigadores es un punto de inflexión: antes de dicho acontecimiento, escasa repercusión mediática, predominio del amateurismo, campos pequeños; a partir de Amberes, espectáculo, seguimiento masivo en la prensa, profesionalismo y construcción de estadios para albergar a las masas. Ver, Bahamonde Magro, A. (2011). La escalada del deporte en España en

fundación de las cabeceras dedicadas en exclusiva al fútbol en Barcelona: *Fooball* en 1915, *Fútbol. Revista semanal ilustrada* en 1919, y *La Zancadilla: Revista satírico futbolera*, en 1920[832].

Otro factor no menos importante de este crecimiento asociativo en el fútbol fue que, durante esta década que estamos estudiando, casi la mitad de las sociedades inscritas no pertenecían a la ciudad de Barcelona. Se registraron clubes de fútbol en localidades como Esplugues de Llobregat, Hospitalet de Llobregat, Sant Adriá del Besós, Badalona, localidades pegadas a Barcelona y también en grandes poblaciones, más lejos de la capital de la provincia, como Manresa, Sabadell y Terrassa. Esta circunstancia coincide con los estudios de Bale[833] cuando afirma que, en las primeras etapas de difusión de un deporte, la penetración se produce por contagio[834], por cercanía a la metrópoli, en este caso a Barcelona. Y también, en los estudios a nivel regional o provincial, como en este caso, se constata una difusión jerárquica, es decir, una penetración en aquellas ciudades que, a pesar de estar alejadas de la metrópoli, tienen una concentración poblacional elevada que proporcionan un entorno económico adecuado.

La visita a la capital catalana de José, Luis e Ignacio tenía como motivo el Concurso Nacional de Tiro de 1921, donde el capitán Ignacio Estévez regresaba después del éxito obtenido el año anterior, cuando

---

los orígenes de la sociedad de masas, 1900-1936. En Pujadas, X. (coord.), *Atletas y ciudadanos* (pp. 89-123). Madrid: Alianza; McFarland, A. (2006, january). Ricardo Zamora: The First Spanish Football Idol. *Soccer and Society, 1*, 1-13; Pujadas Martí, X. (2011). Introducción. En Pujadas, X. (coord.), *Atletas y ciudadanos: historia social del deporte en España (1870-2010)* (pp. 25-52). Madrid: Alianza editorial; ; Simón Sanjurjo, J. A. (2012). Conquistando a las masas: el impacto del deporte en la prensa española, 1900-1936. *Recorde: Revista de História do Esporte, 1*, 1-40. Recuperado de http://www.sport.ifcs.br.

[832] Archivo General de la Subdelegación del Gobierno en Barcelona. Fondo: Asociaciones; Libros: Registro de Asociaciones; Tomo 4, 152; Closa Garcia, A. (2001). *Un segle de futbol català (1900-2000)*. Barcelona: Federació Catalana de Futbol; Pujadas i Martí, X. i Santacana Torres, C. (1997). *L'esport és noticia. Història de la Premsa Esportiva a Catalunya (1880-1992)*. Barcelona: Diputació de Barcelona i Col.legi de Periodistes de Catalunya; Pujadas i Martí, X. i Santacana Torres, C. (1999). De club esportiu a simbol del catalanisme. El Barça (1915-1925). *L'Avenç, 238*, 33-38; Pujadas i Martí, X. y Santacana Torres, C. (2001). La mercantilización del ocio deportivo en España. El caso del futbol 1900-1928. *Historia Social, 41*, 147-167; Santacana Torres, C. (1999c). El fútbol l'esport rei, o la historia d'una ascensió imparable. *Temps de joc, 19*, gener-febrer, 42-44; Sainz de Baranda Andújar, C. (2013). Orígenes de la prensa diaria deportiva: El Mundo Deportivo. *Materiales para la Historia del Deporte, 11*, 7-27; Simón Sanjurjo, J. A. (2012). Conquistando a las masas: el impacto del deporte en la prensa española, 1900-1936. *Recorde: Revista de História do Esporte, 1*, 1-40. Recuperado de http://www.sport.ifcs.br; Torrebadella i Flix, X. i Nomdedeu Rull, A. (2014). Repertori bibliogràfic del futbol a Espanya (1900-1936). 121 obres per interpretar l'impacte social del futbol en la historia contemporània. *Apunts. Educació Física i Esports, 115*, 7-32.
[833] Bale, J. (1978). Geographical diffusion and the adoption of professionalism in football in England and Wales. *Geography, 63*, 188-197; Bale, J. (2003). *Sports Geography*. London: Taylor & Francis.
[834] Como explica Gil en su artículo, los primeros clubes de fútbol que se crearon en Hospitalet de Llobregat imitaban a los clubes de balompié de Barcelona. Ver, Gil Meseguer, E. (2001). Societat, ideologia i esport a l'Hospitalet de Llobregat. *L'Avenç, 257*, 52-55.

ganó el Campeonato Provincial de Barcelona con fusil a 200 metros. Pero este año, aunque esté fuera de nuestro espacio temporal, el premio conseguido era más importante: ganó su primer Campeonato de España con fusil y obtuvo como premio la copa donada por el rey (Figura 14). Naturalmente, no hubiera alcanzado semejante éxito si no hubiera tenido en cuenta factores como los vientos laterales, las refracciones de la luz, el estado de la densidad del aire y el estado higrométrico, aspectos todos ellos que, mal calculados, suponen no estar en los primeros puestos en una competición de tiro al blanco[835].

Figura 14: Copa de S. M. el Rey correspondiente al campeón de España con fusil en Barcelona en 1921[836]

El capitán Bento, que había estado en la Ciudad Condal en la pasada década, como recordaremos, advierte que, en esta segunda década del siglo XX, se han institucionalizado, de una forma incipiente, nuevos deportes importados como el golf y el boxeo[837], y que Barcelona vuelve a ser la principal difusora de estos. Ya hemos indicado, que los capitanes Bento López y Calvet Sandoz observan durante su estancia que en la Ciudad Condal las asociaciones de excursionismo están muy arraigadas. Como manifestamos anteriormente, era la segunda actividad

---

[835] Archivo General Militar de Segovia. Legajo B-1811, expediente 0. Expediente personal militar de José Bento López; Archivo General Militar de Segovia. Legajo C-432, expediente 0. Expediente personal militar de Luis Calvet Sandoz; Archivo General Militar de Segovia. Legajo E-1563, expediente 0. Expediente personal militar de Ignacio Estévez Estévez; Tir Nacional. (1920, 11 de juny). *La Veu de Catalunya*, 7.566, 12; Vázquez de Aldana, A. (1916). *Armas y defensa*. Madrid: Reus.
[836] Archivo familiar Estévez.
[837] Fuente elaborada por el autor según las inscripciones en los registros del Gobierno Civil de Barcelona del Archivo General de la Subdelegación del Gobierno en Barcelona, tomo 4 y tomo 5.

deportiva con mayor número de sociedades inscritas en el Gobierno Civil de Barcelona hasta finales de 1920[838].

El motivo que explica tan elevado número de asociaciones en el excursionismo barcelonés en los años 10 del pasado siglo está relacionado con el placer de realizar ejercicio físico en la montaña, orientando este placer hacia el deporte, como hemos visto en los últimos años de la primera década del siglo XX, adoptando ya en esta segunda década estructuras más complejas como la federativa. En 1920 se registra en el Gobierno Civil de Barcelona la Federación de Excursionistas de Cataluña, presidida por César Augusto Torres, que aglutina 36 asociaciones con unos 6.000 socios. Este fenómeno coincide con los inicios de la escalada, disciplina en la que, en esta década, destaca el barcelonés Lluís Estasén i Pla, introductor de la cuerda alpina en Cataluña en 1917, con sus ascensiones al Besiberri en 1916 y al Pedraforca en 1919. Converge con los orígenes de los deportes de nieve: en 1911 el Centro Excursionista de Cataluña organiza la primera Semana de Deportes de Nieve. Y también con el nacimiento de las carreras de montaña: la primera se celebró en 1914 con el nombre de Carrera de Resistencia Copa Sant Llorenç del Munt. Además, se siguen mejorando las infraestructuras que acercan la montaña a la población en general, como demuestra la llegada del tren desde Barcelona hasta Ribes de Freser en 1919. Por último, hay que resaltar que el excursionismo era recomendado desde los sectores médico-higienistas por ser un ejercicio físico saludable y ensalzado para su práctica desde la infancia por reputados pedagogos barceloneses de la época, como Artur Martorell y Rosa Sensat[839].

---

[838] Archivo General Militar de Segovia. Legajo B-1811, expediente 0. Expediente personal militar de José Bento López; Archivo General Militar de Segovia. Legajo C-432, expediente 0. Expediente personal militar de Luis Calvet Sandoz; Bahamonde Magro, A. (2011). La escalada del deporte en España en los orígenes de la sociedad de masas, 1900-1936. En Pujadas, X. (coord.), *Atletas y ciudadanos* (pp. 89-123). Madrid: Alianza.

[839] Archivo General de la Subdelegación del Gobierno en Barcelona. Fondo: Asociaciones; Libros: Registro de Asociaciones; Tomo 4, 156; Albesa i Riba, C. (2001). *125 anys d'excursionisme a Catalunya*. Barcelona: Infiesta; Federació d'Entitats Excursionistes de Catalunya. (2014, 6 de septiembre). Recuperado de http://www.feec.cat; García Bonafé, M. (1992). Las mujeres y el deporte: del "corsé" al "chándal". *Sistema, 110-111*, 37-53; Monés Pujol-Busquets, J. y Bosom Palau, N. (1992). Apunts per a una història de l'Educació Física a Barcelona i la seva zona d'influència: 1900-1930. En Education, physical activities and sport in a historical perspective. *International Standing Conference for the History of Education Congress 14 th.* (pp. 122-134). Barcelona: Secretaria General de l'Esport; Pérez Noguera, E. (1910). Terapéutica de la obesidad. *Revista de Medicina y Cirugía, 87*, 13-15; Roma i Casanovas, F. (1996). *Història social de l'excursionisme català: dels orígens a 1936*. Barcelona: Oiko-Tau; Santacana Torres, C. (1999a, setembre-octubre). L'excursionisme entre la ciencia, la cultura, el lleure i l'esport. *Temps de Joc, 23*, 42-44.

5.9. El capitán Bonilla, el militar de clase Pradel y el asociacionismo deportivo en la provincia de Madrid

El brigada Ángel Pradel compite habitualmente en la capital de España y mantiene su destino en la provincia de Madrid durante la segunda década del siglo XX, excepto su estancia de dos años en África entre octubre de 1912 y noviembre de 1914, a la que ya hemos hecho mención anteriormente. En Madrid capital, sobre todo, observa como el deporte del fútbol se ha extendido hasta convertirse en la actividad deportiva mayoritaria, con treinta sociedades registradas ante la autoridad civil madrileña; un crecimiento que se ha multiplicado por seis con respecto a la anterior década y que triplica a la siguiente práctica deportiva con más asociaciones que es el excursionismo[840] [841].

Las razones de este elevado impacto en el deporte del fútbol, que solo sucede en Madrid, como indica González Aja[842], vienen determinadas, al igual que en la provincia de Barcelona, por el profesionalismo que se fue instalando en los equipos. Se inauguraron campos cerrados como el del Madrid Football Club[843] en la calle Narváez, en 1912, el de la Sociedad Gimnástica Española en la calle Hilarión Eslava, en 1913, y el del Athletic de Madrid en la calle O'Donnell, en el mismo año; este último, con un aforo aproximado de diez mil personas, era el mejor campo de Madrid y se incrementaron los socios de la entidad, que pagaban una cuota anual o compraban una entrada para poder ver el fútbol.

El jugador, al ser profesional, adquirió mayores responsabilidades, un elevado nivel de identidad y una presión adicional que en ocasiones se materializaba en una excesiva agresividad. Las referencias a estas extralimitaciones en el contacto corporal reglamentario son frecuentes; tenemos dos ejemplos, de dos partidos de fútbol con los mismos rivales, el Madrid Football Club contra el Athletic de Madrid. El primero

---

[840] Fuente elaborada por el autor según las inscripciones en los registros del Gobierno Civil de Madrid del Archivo General de la Administración, signaturas 36/3105, 36/3106, 36/3107, 36/3108, 36/3109, 36/3110.
[841] Archivo General Militar de Segovia. Legajo P-2670, expediente 0. Expediente personal militar de Ángel Pradel Cid.
[842] González Aja, T. (2011a, september). Sport, Nationalism and Militarism Alfonso XIII: Sportsman, Soldier, King. *The International Journal of the History of Sport, 14*, 1987-2030.
[843] Como hemos señalado anteriormente, recibe del rey Alfonso XIII el título de Real en junio de 1920. Ver, Archivo General de Palacio. Fondo: Alfonso XIII. Sección: Reinados. Reales Deportivos. Caja 8801. Expediente 44.

correspondiente al Campeonato de España de 1913, donde las diferencias con el criterio arbitral acabaron en violencia y exigieron la intervención de la policía. El segundo, perteneciente al campeonato regional de la zona centro, en noviembre de 1920, donde las agresiones produjeron muertos y heridos y se decretó la ley marcial en Madrid[844].

En 1913, el brigada Pradel Cid ve como, en la corte, se inscribe en el libro de registro de asociaciones del Gobierno Civil la Federación Regional del Centro, presidida por Adolfo Meléndez Cadarso, y cuya finalidad era fomentar el deporte del fútbol. A partir de ese momento, la Federación Regional Centro, que en aquellos momentos abarcaba las provincias de Madrid, Toledo, Ciudad Real, Cuenca, Guadalajara, Ávila, Valladolid, Soria y Segovia, organizaría su campeonato y el ganador del mismo participaría en el Campeonato de España. El primer campeonato organizado por dicha federación se celebra entre noviembre de 1913 y febrero de 1914, con los campos llenos, y lo gana la Sociedad Gimnástica Española de Madrid. Al año siguiente, muchos jugadores de la Gimnástica se pasan al Athletic de Madrid y se culpa al club, desde algunos medios de prensa, de profesionalismo. En 1917 accede a la presidencia del Racing de Madrid[845] Alejandro Miró Trepat, un conocido constructor, que colocaba en sus empresas a varios jugadores del club para que se dedicaran solo a entrenar y jugar. El campeonato regional de la temporada 1918/1919 lo gana el Racing de Madrid; Rosón[846] afirma que en 1919 el mismo Racing pagaba a sus mejores jugadores cantidades cercanas a las 300 pesetas al mes y 150 pesetas a los demás. Curiosamente, en el mismo año, el suboficial Ángel Pradel, en un campeonato de tiro celebrado en la capital, consigue varios premios, incluido el subcampeonato de España, con fusil a 200 metros, y recibe 312,58 pesetas. Un año después, Ricardo Álvarez Lobo, jugador del Racing de Madrid, fue descartado de la selección española de fútbol para

---

[844] Los deportes. (1913, 17 de febrero). *El Correo del Norte, 5.153*, 2; Polo del Barrio, J. (1986). El fútbol español hasta la guerra civil. *Revista de Occidente 62-63*, 85-101; Rosón Ayuso, M. (1948). *Historia desapasionada del Athletic (hoy, Club Atlético) por un apasionado del Madrid (1903-1948)*. Madrid: Perman; Uría González, J. (2001). Lugares para el ocio. Espacio público y espacios recreativos en la Restauración española. *Historia Social, 41*, 89-111; Uría González, J. (2008). Imágenes de la masculinidad. El fútbol español en los años veinte. *Ayer, 72*, 121-155.
[845] Entidad registrada en el libro de asociaciones de Madrid en 1914, con el nombre de Racing Football Club de Madrid, con el fin de fomentar el juego del fútbol; su primer presidente fue Ramón Teja. Ver, Archivo General de la Administración. Signatura 36/3107 (1912-1915). Fondo 8 Sección 30. Libro de registro de asociaciones del Gobierno Civil en Madrid.
[846] Rosón Ayuso, M. (1948). *Historia desapasionada del Athletic (hoy, Club Atlético) por un apasionado del Madrid (1903-1948)*. Madrid: Perman.

acudir a los Juegos Olímpicos de Amberes porque la Federación Regional Centro lo había declarado profesional[847].

El éxito del fútbol en Madrid, como decimos y hemos visto, viene vinculado al crecimiento del profesionalismo, que en esta segunda década del siglo XX, tal como indica el doctor Andrés Domínguez, es la consecuencia del "alto grado de representatividad de sentimientos e intereses grupales o territoriales [...] su grado de popularización [...] a su afianzamiento como espectáculo moderno"[848].

El oficial Antonio Bonilla pasa destinado gran parte de los años 10, en concreto desde 1911 hasta 1916, en la Reserva de Alcázar n.º 11, en Alcázar de San Juan (Ciudad Real); en esta provincia manchega, en los veintitrés años en los que se centra nuestro estudio, no se inscribe en el Gobierno Civil ninguna sociedad deportiva, salvo una sociedad de caza en el pueblo de Almadenejos en 1917[849]. Esta diferencia respecto a otras provincias españolas ya estudiadas nos demuestra la asimetría existente en este país durante las dos primeras décadas del pasado siglo en el ámbito deportivo.

Bonilla competía en tiro y viajaba mucho a la capital de España, lo que le permitía comprobar la evolución del excursionismo en la provincia de Madrid; esta práctica deportiva, como hemos indicado, era la segunda con más sociedades inscritas ante la autoridad civil en la

---

[847] Adán Revilla, T. (1997). Real-Atlético: madrilenys i rivals. *L'Avenç, 211,* 62-65; Archivo General de la Administración. Signatura 36/3107 (1912-1915). Fondo 8 Sección 30. Libro de registro de asociaciones del Gobierno Civil en Madrid; Archivo General Militar de Segovia. Legajo P-2670, expediente 0. Expediente personal militar de Ángel Pradel Cid; Concurso de selección interregional. (1913, 15 de abril). *España Automóvil y Aeronáutica, 7,* 86; Laita de la Rica, J. M. (1963). *Libro de oro de la Federación Castellana de Fútbol.* Madrid: Federación Castellana de Fútbol; Martialay Martín-Sánchez, F. (1996). *Implantación del profesionalismo y nacimiento de la Liga.* Madrid: Real Federación Española de Fútbol; Martialay Martín-Sánchez, F. (2000). *Amberes. Allí nació la furia española.* Madrid: Real Federación Española de Fútbol; Programa. (1919, 15 de mayo). *El Tiro Nacional de España, 128,* 9; Representación de Tiro de Madrid. (1919, 30 de junio). Relación por el número de inscripción de los señores que han obtenido diplomas y premios en el Concurso de Tiro celebrado por esta representación del 17 al 23 de junio último. *El Tiro Nacional de España, 131,* 6-7; Sánchez Postigo, F. (2005). *Fuentes documentales deportivas aplicadas a la historia de un club deportivo español: Historia del Club Atlético de Madrid.* (Tesis doctoral inédita). Madrid: Universidad Complutense de Madrid; Simón Sanjurjo, J. A. (2011). *La marea del deporte: fútbol y modernización en los orígenes de la sociedad de masas en España, 1900-1936.* (Tesis doctoral inédita). Madrid: Universidad Carlos III.
[848] Domínguez Almansa, A. (2011). La práctica de la modernidad: orígenes y consolidación de la cultura deportiva en España, 1870-1914. En Pujadas i Martí, X. (coord.), *Atletas y ciudadanos* (pp. 55-88). Madrid: Alianza, 86-87.
[849] Archivo General Militar de Segovia. Legajo GU/B-489, expediente 18. Expediente personal militar de Antonio Bonilla San Martín; Archivo Histórico Provincial de Ciudad Real. Fondo: Gobierno Civil; Serie: Libro registro de asociaciones. Signatura G-3216.

provincia. Antonio Bonilla, en 1911 se casó en la corte el día 18 de enero con la pacense María Rubio Beltrán; tuvieron un único hijo llamado Antonio. En enero de 1917 fue destinado al Regimiento de Asturias n.º 31, en Madrid, y en junio de 1920 compitió en el polígono de la Moncloa (Madrid), consiguiendo 50 pesetas por ganar en la tirada de velocidad con pistola a una distancia de 20 metros, en posición de pie sin apoyo, haciendo cinco disparos en seis segundos[850].

El excursionismo era un deporte que, hasta hacía poco tiempo, practicaba el capitán Bonilla San Martín con la Sociedad Militar de Excursiones; en esta década no tenemos evidencias de que continuase la relación con dicha sociedad, y tampoco tenemos constancia de ninguna actividad por parte de dicha asociación en los años 10 del pasado siglo, pero sí conocemos que la entidad se refundó con sus mismos objetivos[851] en mayo de 1920, y que recibió un crédito de diez mil pesetas para su constitución, por parte del Ministerio de la Guerra, abono justificado por el interés que tenía la entidad para la milicia. Sin embargo, nuestro protagonista observó que las nuevas sociedades excursionistas creadas no seguían estos fines; ahora se estaban afirmando las asociaciones con fines deportivos. Un ejemplo es la Sociedad Deportiva Excursionista, agrupación de carácter popular que surgió del Grupo de los Lobos, asentada en el libro de asociaciones en 1913 y presidida inicialmente por José Beteta; pero la entidad más característica de este periodo es Peñalara: Los Doce Amigos, inscrita en el registro del Gobierno Civil en el mismo año, presidida por Constancio Bernaldo de Quirós, y cuyo órgano oficial de difusión fue el boletín de la sociedad llamado *Peñalara* [852].

Inicialmente Peñalara era una sociedad deportiva cerrada, como indican sus estatutos, y solo podía estar formada por doce personas. Dos

---

[850] Archivo General Militar de Segovia. Legajo GU/B-489, expediente 18. Expediente personal militar de Antonio Bonilla San Martín; comunicación personal con María Aurora Martín Sbarbi, 24 de octubre de 2010; Del Concurso en el campo de la Moncloa. (1920, 15 de junio). *El Tiro Nacional de España, 154*, 8; Representación de Madrid. Concurso Nacional. (1920, 31 de mayo). *El Tiro Nacional de España, 153*, 3-5.

[851] La Sociedad Militar de Excursiones en su reglamento establece que tiene un carácter profesional y sus fines son el estudio de España en sus aspectos histórico, militar y topográfico (Archivo General Militar de Segovia, legajo 27).

[852] Archivo General de la Administración. Signatura 36/3107 (1912-1915). Fondo 8 Sección 30. Libro de registro de asociaciones del Gobierno Civil en Madrid; Archivo General Militar de Segovia. Legajo GU/B-489, expediente 18. Expediente personal militar de Antonio Bonilla San Martín; Asociación. (1913, octubre). *Peñalara, 1*, 1; Cayuela Fernández, J. G. (1988). La sierra del Guadarrama, ámbito deportivo de la sociedad madrileña. En Zabalza Ramos, R. (coord.), *Orígenes del deporte madrileño* (pp.81-115). Madrid: Consejería de Educación.

años después se modificaron los estatutos y se inscribieron en el Gobierno Civil de la provincia, se cambió la denominación de la sociedad por Peñalara y se establecieron tres clases de socios: fundadores, honorarios y de número; cualquier persona podía solicitar ser admitida como socio de número, pero debía ser recomendada por dos socios (uno de ellos fundador), que la junta general lo aprobara por mayoría y pagar dos pesetas el primer año, cincuenta céntimos de peseta menos el segundo año y una peseta de forma permanente[853].

La sociedad era muy activa. En diciembre de 1915 formó guías de montaña profesionales para la sierra de Madrid. En su reglamento establecía que el guía cobrase cinco pesetas por cada día de excursión. En 1916, la entidad construyó un refugio en la Pedriza. Ese mismo año se promulgó la Ley de Parques Nacionales[854] y Peñalara luchó por la declaración de la Sierra de Guadarrama como Parque Nacional[855]. Organizaba competiciones de esquí y también una carrera de fondo, en 1917, llamada Copa Peñalara, que consistía en subir a La Maliciosa desde el kilómetro 19,700 de la carretera de Navacerrada y bajar, con itinerario libre. En el mismo año terminó la construcción del refugio de la Fuenfría y en diciembre sumaba ya 682 socios, entre ellos dos hijos del pintor Joaquín Sorolla y el hijo del escultor Mariano Benlliure; en 1920 la cifra se elevó a 2.000 socios y en el mismo año participaron en el Congreso Internacional de Mónaco y en el Congreso de la Asamblea General de la Federación Pirenaica en Pau (Francia). El monarca Alfonso XIII le concedió el título de Real en 1921[856].

El capitán Bonilla vio cómo en el Club Alpino Español nació, en 1919, la idea de organizar un congreso a nivel nacional para que todas

---

[853] Archivo General de la Administración. Signatura 36/3107 (1912-1915). Fondo 8 Sección 30. Libro de registro de asociaciones del Gobierno Civil en Madrid; Asociación. (1913, octubre). *Peñalara, 1*, 1; Nuevos Estatutos. (1915, septiembre). *Peñalara, 21*, 174-177.
[854] Dicha ley establece como Parque Nacional aquellas zonas del territorio que, por la belleza natural de sus paisajes, la riqueza de su fauna y de su flora y las particularidades geológicas e hidrológicas que encierren, quiere conservar y proteger del deterioro o destrucción que causa el hombre, consignando en los presupuestos la cantidades necesarias para su sostenimiento. Ver, Ley de creación de los Parques Nacionales. (1916, 8 de diciembre). *Gaceta de Madrid, 343*, 575.
[855] La Sierra de Guadarrama fue declarada Parque Nacional en junio de 2013. Ver, Ley de declaración del Parque Nacional de la Sierra de Guadarrama. (2013, 26 de junio). *Boletín Oficial del Estado, 152*, 47795-47852.
[856] Enríquez de Salamanca y Navarro, C. (1988). *Peñalara, 75 años: 1913-1988*. Madrid: Real Sociedad Española de Alpinismo Peñalara; Fernández Sánchez, J. (2001). *Antología de textos de la revista* Peñalara. Madrid: Organismo Autónomo Parques Nacionales; Los concursos de skis para la temporada próxima. (1919, diciembre). *Peñalara, 72*, 363-364; Nuevos socios. (1917, diciembre). *Peñalara, 48*, 181-184; Reglamento de guías profesionales. (1916, julio). *Peñalara, 31*, 27-28; Reglamento para la Copa de Peñalara, para carreras de fondo. (1917, marzo). *Peñalara, 39*, 96.

las sociedades de montaña se coordinasen con el fin de exponer proyectos conjuntos y presentarlos al Estado en busca de protección y financiación. La asociación Peñalara acogió favorablemente la idea y empezó a movilizar a las asociaciones; tres años más tarde, se creó en Madrid la Federación Española de Alpinismo[857].

Otra fuerte corriente del asociacionismo deportivo en la provincia de Madrid que advierten los militares Antonio Bonilla San Martín y Ángel Pradel Cid es el motociclismo. Entró en el registro del Gobierno Civil, por primera vez, en la década de los años 10 del siglo pasado[858] [859].

Según *El Correo de Guipúzcoa*, la primera carrera de motos en Madrid se celebró en 1903, organizada por la marca Peugeot Fréres para celebrar el éxito de ventas de sus máquinas[860]. En 1910 se constituyó un club con la denominación de Moto Club, que inició su andadura con una excursión desde Madrid a San Lorenzo de El Escorial, estando representado por Federico Arroyo y Federico Gurumeta[861]. Según Herreros y Aznar[862], dicho club se llamaba Moto Club Madrid y se fundó en 1911.

Esta sociedad organizó carreras que fueron clásicas durante esta década en Madrid, como el circuito Guadarrama-Navacerrada, el kilómetro lanzado y el campeonato de Castilla, que consistía en recorrer un circuito en Galapagar[863].

En enero de 1917, el Moto Club Madrid estaba presidido por Pablo Santamaría; en abril de ese mismo año la Corona le concedió el título de Real, pasándose a llamar Real Moto Club Español. En agosto de 1917, se inscribió en el registro del Gobierno Civil de Madrid con el nombre de

---

[857] Archivo General Militar de Segovia. Legajo GU/B-489, expediente 18. Expediente personal militar de Antonio Bonilla San Martín; Muñoz, R. (1981). *Historia del montañismo en España*. Madrid: Ramón Muñoz.
[858] Fuente elaborada por el autor según las inscripciones en los registros del Gobierno Civil de Madrid del Archivo General de la Administración, signaturas 36/3105, 36/3106, 36/3107, 36/3108, 36/3109, 36/3110.
[859] Archivo General Militar de Segovia. Legajo GU/B-489, expediente 18. Expediente personal militar de Antonio Bonilla San Martín; Archivo General Militar de Segovia. Legajo P-2670, expediente 0. Expediente personal militar de Ángel Pradel Cid.
[860] Motociclismo. (1903, 23 de febrero). *El Correo de Guipúzcoa, 1.731*, 1.
[861] Moto-Club. (1910, 30 de enero). *España Automóvil, 2*, 22.
[862] Herreros Alfaro, F. y Aznar Güell, J. L. (1998). *Historia del motociclismo en España*. Barcelona: Reial Automòbil Club de Catalunya.
[863] AGA. (1917, 19 de abril). Motorismo. *Madrid-Sport, 29*, 10-11; Archivo General de Palacio. Fondo: Alfonso XIII. Sección: Reinados. Secretaria particular de S.M. Alfonso XIII. Cartas particulares. Caja 15380; Fray Nasarre, seudónimo de Juan Pérez Zúñiga. (1916, junio-julio). Motorismo. *Gran Vida, 157*, 186-188; Motorismo. (1915, 19 de octubre). *El Correo del Norte, 6.101*, 3.

Real Moto Club Español, presidida por Pablo Santamaría, con el fin de fomentar el motociclismo. *Motociclismo*, publicado a partir de enero de 1918, será el boletín oficial del Real Moto Club Español. Dicha sociedad, según sus estatutos, está afiliada al Real Automóvil Club de España[864].

En junio de 1920, se celebró en la capital de España un concurso de tiro; el suboficial Pradel participó en la tirada de velocidad de fusil con 200 metros en posición libre de las tres reglamentarias (de pie, de rodilla y tendido) y quedó en primer lugar, recibiendo por ello la medalla de oro; en la tirada de honor, fusil a 200 metros, obtuvo el segundo puesto y recibió la copa de la Infanta Isabel; y en la tirada de equipos de patrullas, formado por el suboficial Pradel y el soldado Jacobo Gómez, quedaron en segundo lugar, detrás del cabo Moreira y el soldado Jiménez. En el mismo concurso, en la tirada de patrullas militares, el regimiento de Infantería de Covadonga ganó el primer premio y recibió una copa del ministro de la Guerra. Esta patrulla fue instruida por Ángel Pradel y fue felicitado por ello[865].

Ese mismo mes de junio de 1920, a requerimiento del Real Automóvil Club de España, se fusionan los clubes madrileños Real Moto Club Español y Moto Sport Español, para gestar una sociedad denominada Real Moto Club de España[866]. Según sus estatutos, entre sus fines está el fomentar el motociclismo, organizando carreras y concursos, y homologar récords; los socios, que en esos momentos eran 262, debían pagar una cuota de cinco pesetas al mes. Presentaron la documentación en el libro de registro de asociaciones del Gobierno Civil de Madrid en septiembre de 1920, pero no fue inscrita hasta el 24 de febrero de 1923, siendo su primer presidente Ricardo Ruiz Ferry[867].

---

[864] Archivo General de la Administración. Signatura 36/3109 (1917-1919). Fondo 8 Sección 30. Libro de registro de asociaciones del Gobierno Civil en Madrid; Archivo General de Palacio. Fondo: Alfonso XIII. Sección: Reinados. Reales Deportivos. Caja 8820. Expediente 10; Moto-Club Madrid. (1917, 15 de febrero). España Automóvil y Aeronáutica, 3, 30; Real Moto Club Español. (1918, enero). *Motociclismo*, 1, 1.
[865] Archivo General Militar de Segovia. Legajo P-2670, expediente 0. Expediente personal militar de Ángel Pradel Cid; Concurso de Madrid. (1920, 30 de junio). *El Tiro Nacional de España*, 155, 5; Del Concurso en el campo de la Moncloa. (1920, 15 de junio). *El Tiro Nacional de España*, 154, 8; Representación de Madrid. (1920, 31 de mayo). Concurso Nacional. *El Tiro Nacional de España*, 153, 3-7.
[866] Se le concede el título de Real en junio de 1920. Ver, Archivo General de Palacio. Fondo: Alfonso XIII. Sección: Reinados. Reales Deportivos. Caja 8792. Expediente 68.
[867] Archivo General de la Administración. Signatura 36/3111 (1922-1924). Fondo 8 Sección 30. Libro de registro de asociaciones del Gobierno Civil en Madrid; El Real Moto Club de España. (1920, enero). *Motociclismo, número extraordinario*, 3-30.

Nuestros protagonistas perciben que, en la provincia de Madrid, el motociclismo tiene un nivel asociativo superior al ciclismo y al automovilismo[868] entre 1911 y 1920. Un artículo publicado en el órgano oficial de la Unión Velocipédica Española-Touring Club Nacional nos lo atestigua; la motocicleta conquistará el mercado como hizo anteriormente la bicicleta; y la moto "ha constituido el único medio utilizable por parte del sportman carente de grandes recursos [...] sin los gastos que reclama un automóvil"[869].

Estudios recientes confirman que la bicicleta deja de ser un símbolo de modernidad en favor de un medio de locomoción más atrayente como es la motocicleta. Se considera el motociclismo uno de los deportes más completos; y se añade que, al ser más económico que un automóvil, este se extiende con más facilidad entre las clases medias[870].

5.10. El asociacionismo deportivo en las provincias de Valladolid y Segovia y los capitanes Estévez, Calvet y el militar de clase Rodríguez Somoza

El militar Domingo Rodríguez Somoza permaneció durante esta década en el Regimiento Isabel II n.º 32, en la localidad de Valladolid, donde llegó destinado en 1907. Lugar habitual de sus competiciones de tiro, advertía que, en este periodo de tiempo, no existía una modalidad deportiva que destacase sobre las demás en el pequeño asociacionismo oficial de la provincia vallisoletana. Menos una, situada en Medina del Campo, todas las asociaciones estaban ubicadas en la ciudad de Valladolid[871]; destacando las inscripciones en el Gobierno Civil de

---

[868] Fuente elaborada por el autor según las inscripciones en los registros del Gobierno Civil de Madrid del Archivo General de la Administración, signaturas 36/3105, 36/3106, 36/3107, 36/3108, 36/3109, 36/3110.
[869] La divulgación del side-car. (1913, diciembre). *Boletín Oficial de la Unión Velocipédica Española-Touring Club Nacional, 193*, 445.
[870] Rivero Herraiz, A. (2005). *Deporte y modernización*. Sevilla: Wanceulen; Rivero Herraiz, A. and Sánchez García, R. (2011). The British influence in the birth of Spanish sport. *The International Journal of the History of Sport, 13*, 1788-1809.
[871] Fuente elaborada por el autor según las inscripciones en los registros del Gobierno Civil de Valladolid del Archivo Histórico Provincial de Valladolid, libro L-27.

Valladolid del Real Automóvil Club de Castilla en 1914 y la Unión Deportiva Castellana en 1918[872].

El Real Automóvil Club de Castilla se asentó en el libro de registro el 2 de febrero de 1914, siendo su primer presidente el Sr. Herrero y su vicepresidente el Sr. Pintó; el impulso que tienen las actividades deportivas emprendidas por dicha sociedad automovilística es escaso, porque cinco meses más tarde se inicia la Primera Guerra Mundial y, aunque España se declara neutral, el precio de la gasolina es muy elevado, y eso cuando hay, porque en muchas ocasiones la escasez en el país es un asunto grave. Durante estos años también existe el problema de las carreteras españolas: hay pocas y están mal conservadas. A estos dos factores sumamos los elevados impuestos que se gravan al automóvil y la falta de conocimientos mecánicos de la mayoría de ciudadanos[873].

Nuestro biografiado encuentra que la provincia de Valladolid, en valores absolutos, tampoco tiene un parque automovilístico excesivamente elevado, con 167 coches matriculados en 1918, superada por 22 capitales de provincia. Y provincias con menos población como Vitoria o Albacete tienen más coches matriculados por cada 100.000 habitantes. Todos estos aspectos argumentan por qué el Real Automóvil Club de Castilla tiene escasa actividad. A principios de 1920, la directiva se renueva, pasa a ser presidida por Antolín Matesanz, y es su tesorero Adolfo Delibes[874], catedrático de Derecho Mercantil[875].

El brigada Rodríguez Somoza participó en la competición de tiro al blanco organizada por la representación de Valladolid del Tiro Nacional en 1916 y, en la tirada de suboficiales, brigadas y sargentos con fusil

---

[872] Archivo General Militar de Segovia. Legajo R-1792, expediente 0. Expediente personal militar de Domingo Rodríguez Somoza; Archivo Histórico Provincial de Valladolid. Fondo: Gobierno Civil. Sección: Asociaciones. Serie: Registro de asociaciones. Caja: 1841. Libro: L-27 (1877-1965).
[873] Archivo Histórico Provincial de Valladolid. Fondo: Gobierno Civil. Sección: Asociaciones. Serie: Registro de asociaciones. Caja: 1841. Libro: L-27 (1877-1965); B. (1914, 18 de abril). Ciclismo, motociclismo y automovilismo. *Deportes, 61*, 9-10; Samaniego Gonzalo, J. M. (1919, 15 de noviembre). La capacidad automovilística de España. *España Automóvil y Aeronáutica, 21*, 231-236; Sueiro Seoane, S. (2002). El reinado de Alfonso XIII, 1902-1931. En Avilés Farré, J. (coord.), *Historia política de España, 1875-1939* (pp. 181-304). Madrid: Istmo.
[874] Meses después tendrá un hijo llamado Miguel Delibes que se convertirá en uno de los mejores escritores de España. Ver, Fundación Miguel Delibes. (2014, 15 de septiembre). Recuperado de http://www.fundacionmigueldelibes.es.
[875] Fundación Miguel Delibes. (2014, 15 de septiembre). Recuperado de http://www.fundacionmigueldelibes.es; Instituto Nacional de Estadística. (2014, 17 de octubre). *Anuario estadístico de España de 1920*. Recuperado de http://www.ine.es; Noticias. (1918, 30 de diciembre). *España Automóvil y Aeronáutica, 24*, 233.

Máuser, alcanzó el primer puesto, premiado con 40 pesetas. Ese mismo año se casó en Castromonte (Valladolid) con Irene Martín Alonso, con la que formará una familia numerosa de cinco hijos[876].

La otra sociedad relevante es la Unión Deportiva Castellana, que nace y se registra ante la autoridad civil vallisoletana en 1918 como consecuencia de la escisión que se produce en Moto Club Ciclismo, ante el descontento con el trato que se le estaba dando al ciclismo en beneficio del motociclismo. Domingo ve que la nueva sociedad, presidida por Enrique Gilardi y domiciliada en la calle Perú n.º 21, enseguida organiza carreras de ciclismo en la capital castellana y manda a sus corredores a las mejores competiciones del momento, como la carrera organizada por el fabricante de bicicletas Klein en Madrid, donde la Unión Deportiva Castellana participa con Manuel Blanco, que queda en un espléndido cuarto lugar, por lo que es recibido por bastante público en la ciudad. La asociación termina el año de forma brillante, con 200 socios, ampliando el abanico de sus prácticas deportivas, acogiendo el fútbol y el atletismo y situando dichas actividades en un campo de deportes en el Paseo Zorrilla. En los dos últimos años, la sección de ciclismo va languideciendo en pro del fútbol, que todo lo tiraniza[877].

Desde Valladolid, también en estos últimos años de la década, Domingo Rodríguez Somoza da su opinión acerca de la gestión deportiva del Tiro Nacional a través de dos artículos, uno publicado en 1917 sobre el programa del concurso de tiro de Madrid, en el que aconseja, entre otras cosas, abaratar las matrículas de las tiradas para que las unidades puedan seguir pagándoselas a las clases de tropa; y un segundo artículo de 1918, donde expresa su opinión sobre cómo deberían ser las enseñanzas del tiro, opinando que debería haber una escuela cuyo director fuera el coronel Vázquez de Aldana, y que la enseñanza la deberían impartir los Maestros Tiradores a oficiales, clases de tropa, academias regimentales y academias militares[878].

---

[876] Archivo General Militar de Segovia. Legajo R-1792, expediente 0. Expediente personal militar de Domingo Rodríguez Somoza; comunicación personal con José Rodríguez Martín, 17 de enero de 2011; Concurso de Valladolid. (1916, 31 de agosto). *El Tiro Nacional de España*, 63, 6.
[877] Archivo General Militar de Segovia. Legajo R-1792, expediente 0. Expediente personal militar de Domingo Rodríguez Somoza; Archivo Histórico Provincial de Valladolid. Fondo: Gobierno Civil. Sección: Asociaciones. Serie: Registro de asociaciones. Caja: 1841. Libro: L-27 (1877-1965); F. N. (1918, 1 de mayo). El gran premio Klein. *Gran Vida*, 179, 134-136; Pablos Aguado, A. M. (1994). *110 años de ciclismo en Valladolid*. Valladolid: Fundación Municipal de Deportes.
[878] Rodríguez Somoza, D. (1917, 31 de marzo). Notas de un tirador. *El Tiro Nacional de España*, 77, 3; Rodríguez Somoza, D. (1918, 31 de diciembre). El tiro nacional y sus enseñanzas. *El Tiro Nacional*

Cuando los capitanes Ignacio Estévez y Luis Calvet van a competir en el concurso de tiro de 1917 a Segovia, se encuentran con una pequeña capital de provincia con escaso asociacionismo deportivo. La institucionalización deportiva, durante esta segunda década del siglo XX, se circunscribía, hasta ese momento, a tres sociedades que no aumentarían hasta después de 1920[879].

Una de las sociedades que reconocieron era de caza, la Asociación de Agricultores y Cazadores de Castilla la Vieja, presidida por Juan Cataneo y registrada en el Gobierno Civil de Segovia en agosto de 1913, y cuyos fines eran la defensa de la caza. Esta sociedad tuvo delegaciones en las nueve provincias de Castilla la Vieja, las ocho actuales de Castilla y León, más Logroño; la asociación consiguió tener más de 290 guardas de campo para ejercer la vigilancia y protección de las siembras y la caza[880].

Otra de las sociedades reconocida era la representación provincial del Tiro Nacional; a principios de octubre de 1914 se constituyó una comisión para elaborar el reglamento. Una vez redactado dicho reglamento, se aprobó en junta general y se designaron los cargos de la junta directiva. La entidad fue inscrita en el Gobierno Civil de Segovia el 11 de octubre de 1914, presidida en esos momentos por Pedro Méndez García, comandante de artillería, y situó su campo de tiro en el polígono de las Baterías[881].

El evento más representativo de dicha sociedad en esta década de los años 10 fue precisamente el Concurso Nacional de Tiro de 1917, donde participaron nuestros protagonistas. El capitán Calvet en la tirada de la competición quinta, correspondiente con el Campeonato de España de arma corta celebrada el 1 de julio, tirando a un blanco circular

---

de España, 119, 2-5.
[879] Archivo General Militar de Segovia. Legajo C-432, expediente 0. Expediente personal militar de Luis Calvet Sandoz; Archivo General Militar de Segovia. Legajo E-1563, expediente 0. Expediente personal militar de Ignacio Estévez Estévez; Archivo Histórico Provincial de Segovia. Fondo: Gobierno Civil. Sección: Asociaciones. Serie: Libros de registro de asociaciones. Libro 1 (1887-1921).
[880] Archivo Histórico Provincial de Segovia. Fondo: Gobierno Civil. Sección: Asociaciones. Serie: Libros de registro de asociaciones. Libro 1 (1887-1921); Federación Provincial de Valladolid. 100 años en la historia de Valladolid. La Asociación de Cazadores y Pescadores de Valladolid cumple 100 años (2011, noviembre). *Cazadores de Castilla y León*, 1, 23.
[881] Archivo Histórico Provincial de Segovia. Fondo: Gobierno Civil. Sección: Asociaciones. Serie: Libros de registro de asociaciones. Libro 1 (1887-1921); El Tiro Nacional en Segovia. (1914a, 5 de octubre). *Diario de Avisos de Segovia*, 4.745, 1; El Tiro Nacional en Segovia. (1914b, 14 de octubre). *Diario de Avisos de Segovia*, 4.753, 1; Trabajos de organización. (1914, 9 de octubre). *Diario de Avisos de Segovia*, 4.749, 1.

de 50 centímetros, consiguió el primer puesto, y recibió como premio una medalla de oro, un diploma como campeón de España y 100 pesetas. Por su parte, el capitán Estévez, en la tirada correspondiente con el Campeonato de España de tiro con fusil Máuser, disparando a un blanco circular de 80 centímetros, se clasificó en octavo lugar, recibiendo diploma, como vemos en la Figura 15, medalla de plata y cincuenta pesetas. Los premios fueron entregados, en persona, por el rey Alfonso XIII[882].

Figura 15: Diploma acreditativo del octavo premio del Campeonato de España, Segovia, 1917[883]

Esta situación de tan poco arraigo del asociacionismo deportivo en Segovia es confirmada por un artículo de *La Tierra de Segovia*, donde explica que en estos momentos es extraña la población en España que no cuenta con algunas sociedades deportivas, sin embargo, "En Segovia, aparte de dos o tres familias que poseen campos de tennis (no permanentes) y la Academia (que tampoco es público), no se han extendido esas innovaciones"[884].

El pequeño asociacionismo vinculado al deporte que vemos en Valladolid y en Segovia se corresponde con lo que experimentaban, en esos momentos, la mayoría de las provincias interiores españolas[885]; otro ejemplo aquí tratado ha sido la provincia de Ciudad Real.

---

[882] Archivo General Militar de Segovia. Legajo C-432, expediente 0. Expediente personal militar de Luis Calvet Sandoz; Concurso Nacional. (1917a, 31 de mayo). *El Tiro Nacional de España, 81*, 6; Concurso Nacional. (1917b, 31 de julio). *El Tiro Nacional de España, 85*, 9.
[883] Archivo familiar Estévez.
[884] A. de B. (1919, 1 de agosto). De Sport. *La Tierra de Segovia, 66*, 2.
[885] Fuente elaborada por el autor, según las inscripciones en los registros de los libros de asociaciones de los Gobiernos Civiles de Valladolid, Segovia, Soria, Ciudad Real, Guadalajara, Cuenca, Logroño, León, Zamora, Salamanca, Ávila y Cáceres.

Investigaciones actuales expresan que esas provincias interiores de carácter rural, en estas primeras décadas del siglo XX, no reflejaban un asociacionismo deportivo elevado[886]. Andoni Fernández Díaz, estudiando una provincia interior como Logroño, nos corrobora y nos razona estas aseveraciones, una vez adaptadas las prácticas deportivas en las provincias costeras y en Madrid inicialmente, "se fueron extendiendo por las provincias limítrofes, paralelamente al desarrollo de las comunicaciones y los medios de transporte"[887].

---

[886] Pastor Pradillo, J. L. (1997). *El espacio profesional de la Educación Física en España: génesis y formación (1883-1961)*. Alcalá de Henares (Madrid): Universidad de Alcalá.
[887] Fernández Díaz, A. (2004). Los orígenes del sport en Logroño: notas para una historia del deporte en La Rioja. *Berceo, 146,* 222.

6. Preparación, clasificación y participación en los Juegos Olímpicos de Amberes

6.1. Breve recorrido histórico del movimiento olímpico en España hasta 1920 y su vinculación familiar con el teniente Figueroa

El barón de Coubertin, con la idea de explorar la posibilidad de lograr más avales en España para el Congreso de 1894, envió una carta a Francisco Giner de los Ríos el 21 de febrero de 1894 en la que, junto a la circular de la convocatoria, le decía lo siguiente:

> Las reuniones que han tenido lugar en Nueva York el 27 de noviembre y en Londres el 7 de febrero aseguran el carácter internacional de nuestro Congreso. Me incumbe a mí el preocuparme de que España participe.
>
> Me disculpo por dirigirme a usted en estas circunstancias para pedirle los datos siguientes:
>
> 1- Qué sociedades españolas deberían ser invitadas.
>
> 2- Cuáles son los principales periódicos deportivos o políticos a los cuales convendría comunicarles la circular de la otra página.
>
> 3- Conoce personas que por su competencia o situación podrían ser objeto de invitaciones especiales o individualizadas.
>
> Me haría un gran favor proporcionándome estos datos. Tengo a su disposición ejemplares de nuestro programa y de la circular si los desea.
>
> Estamos deseosos de acoger todas las opiniones de todos quienes se interesan por esta cuestión (la pedagogía del deporte). Estamos particularmente ansiosos de conocer la

opinión de las naciones extranjeras en lo que respecta al proyecto indicado en el párrafo octavo del programa[888].

El párrafo octavo del programa decía "Sobre la posibilidad de restaurar los Juegos Olímpicos. ¿En qué circunstancias podrían ser restaurados?"[889]. En mayo de 1894 se publica, en el *Boletín de la Institución Libre de Enseñanza*, un artículo que señala que el programa de dicho congreso, en los párrafos noveno y décimo, también habla sobre el asunto de los Juegos Olímpicos. El punto nueve indica qué condiciones deben imponerse a los participantes, qué deportes deben estar incluidos y qué periodicidad deben tener los Juegos. Y el apartado diez manifiesta la convocatoria para nombrar un comité internacional responsable de organizar la restauración de los Juegos Olímpicos[890].

Finalmente, se adhirió la Sociedad Gimnástica Española; según Martínez Gorroño y Hernández Álvarez[891] y Otero[892], estuvo el profesor Juan Uña, aunque no como delegado. La delegación española –que figuraba con el número 27– estuvo representada por la Universidad de Oviedo, y en concreto por los profesores Adolfo González Posada y Aniceto Sela Sampil[893], según las cartas de Adolfo Buylla y del Rector de la Universidad, Félix Aramburu, dirigidas a Coubertin el 2 de junio de 1894. También asistió al Congreso, a título personal, el profesor de la misma Universidad de Oviedo Adolfo Álvarez Buylla y González Alegre[894]. Los tres profesores eran discípulos de Francisco Giner de los Ríos y, según

---

[888] Otero Urtaza, E. (1996). Las relaciones entre Pierre de Coubertin y Francisco Giner de los Ríos. *Revista Complutense de Educación, 2*, 206.
[889] Coubertin, P. F. (1973). *Ideario Olímpico*. Madrid: Instituto Nacional de Educación Física, 15.
[890] X. (1894). Congreso de educación física. *Boletín de la Institución Libre de Enseñanza, 410*, 133-134.
[891] Martínez Gorroño, M. E. y Hernández Álvarez, J. L. (2014). La Institución Libre de Enseñanza y Pierre de Coubertin: la educación física para una formación en libertad. *Revista Internacional de Medicina y Ciencias de la Actividad Física y el Deporte, 54*, 243-263.
[892] Otero Urtaza, E. (1996). Las relaciones entre Pierre de Coubertin y Francisco Giner de los Ríos. *Revista Complutense de Educación, 2*, 201-210.
[893] El propio Aniceto Sela escribe una carta el 20 de junio de 1894 a Francisco Giner de los Ríos indicándole que está en París en el Congreso del Sport y que ha conocido a Coubertin. Ver, Biblioteca de la Real Academia de la Historia. Archivo Institución Libre de Enseñanza. Caja 8, carpeta 172. En una postal de Aniceto Sela del 1 de agosto de 1894 a Francisco Giner de los Ríos le pregunta si ha recibido el diploma del Congreso del Sport que por equivocación Coubertin le envió. Ver, Biblioteca de la Real Academia de la Historia. Archivo Institución Libre de Enseñanza. Caja 8, carpeta 172.
[894] Antuña Suárez, A. (2002). *Asturias y el Olimpismo*. Jornadas Olímpicas: Actas de la XXXIV Sesión de la Academia Olímpica. Oviedo: Universidad de Oviedo; Cazorla Prieto, L. M. (2004). Pasado, presente y futuro del movimiento olímpico y su relación con la Universidad. *Revista jurídica del deporte, 12*, 15-40; Uña Sarthou, J. (1894). El Congreso atlético de París. *Boletín de la Institución Libre de Enseñanza, 413*, 250-251.

Bazaco[895], participaron activamente proporcionando sus planteamientos dogmáticos, con clara influencia inglesa y humanista.

Algunos años después, Coubertin, en busca de apoyos para el movimiento olímpico y el Comité Olímpico Internacional (en adelante COI), creado en el Congreso de la Sorbona en 1894, contactó en España, a través de la casa real, con Gonzalo de Figueroa y Torres Sotomayor, conde de Mejorada del Campo y posteriormente marqués de Villamejor. Ante la insistencia del presidente del COI, Gonzalo de Figueroa, tío de José de Figueroa y Alonso Martínez, aceptó el cargo de miembro español del COI, nombramiento que se produjo el 21 de febrero de 1902, y tras el cual paso a ocupar el número 35 de dicho Comité. Sin embargo, Gonzalo de Figueroa advirtió a Coubertin de las dificultades para la creación del Comité Olímpico Español (en adelante COE), debido al escaso nivel de las distintas modalidades deportivas que se desarrollan en España[896].

Pero Coubertin ya conocía esa circunstancia, estaba al corriente del asociacionismo deportivo en nuestro país y se lo había señalado a Francisco Giner de los Ríos en una carta fechada en 1888: "cuentan con algunas sociedades de regatas [...] en cuanto a los otros deportes sé que ustedes los tienen un poco abandonados"[897].

Efectivamente, en España en 1902, la estructura deportiva era pobre, había escaso número de sociedades y la mayor parte estaban en Barcelona, Valencia y Madrid[898]. Ya lo indicamos cuando, a finales de ese

---

[895] Bazaco Belmonte, M. J. (2011). *Deporte y educación olímpica en el siglo XX*. Murcia: Diego Marín Librero.

[896] Durántez Corral, C. (2012). *El COE. Un siglo*. Madrid: Comité Olímpico Español; Figueroa y Torres Sotomayor, A., conde de Romanones (1934). *Notas de una vida*. Madrid: Aguilar; Spain an Olympism. (1976, september-october). *Olympic Review, 107-108*, 513-529.

[897] Otero Urtaza, E. (1996). Las relaciones entre Pierre de Coubertin y Francisco Giner de los Ríos. *Revista Complutense de Educación, 2*, 203.

[898] Fuente elaborada por el autor según las inscripciones en los registros de los libros de asociaciones de los gobiernos civiles encontrados en los archivos de veintiocho provincias españolas de las cincuenta y dos estudiadas. Los archivos de las veintiocho provincias son: Archivo General de la Subdelegación del Gobierno en Barcelona, Archivo Histórico Provincial de Girona, Archivo del Reino de Galicia en A Coruña, Archivo Histórico Provincial de Pontevedra, Archivo Histórico de Asturias en Oviedo, Archivo Histórico Provincial de Guipúzcoa en Oñati (Guipúzcoa), Archivo Histórico Provincial de Álava en Vitoria, Archivo Histórico Provincial de Zaragoza, Archivo Histórico Provincial de León, Archivo Histórico Provincial de Zamora, Archivo Histórico Provincial de Salamanca, Archivo Histórico Provincial de Valladolid, Archivo Histórico Provincial de Soria, Archivo Histórico Provincial de Segovia, Archivo Histórico Provincial de Ávila, Archivo Histórico Provincial de La Rioja en Logroño, Archivo General de la Administración en Alcalá de Henares (Madrid), Archivo Histórico Provincial de Cuenca, Archivo Histórico Provincial de Guadalajara, Archivo Histórico Provincial de Ciudad Real, Archivo del Reino de Valencia, Archivo Histórico Provincial de Cáceres, Archivo Histórico Provincial de Murcia, Archivo Histórico Provincial de Almería, Archivo de la Delegación del Gobierno en Andalucía en Sevilla, Archivo Histórico

año, el joven teniente Bento López llegó desde Madrid destinado al Batallón Cazadores de Alfonso XII n.º 15 ubicado en Manresa, en la provincia de Barcelona[899].

Coubertin, a través del movimiento olímpico y el olimpismo, pretendía aunar todas las tendencias y deportes para que tuvieran cabida en los modernos Juegos Olímpicos, de forma que fueran un instrumento transformador de la juventud, de carácter universal. Con esa idea contactó con las casas reales y principales autoridades europeas, para que, con la influencia que tenían en sus respectivos países, pudieran inocular los valores olímpicos en el resto de la sociedad[900].

Y así lo hizo en España el marqués de Villamejor, quien inició la "captación" de Alfonso XIII, una vez que este fue coronado rey en mayo de 1902. Esta acción fue difundida por la *Revue Olympique*[901], en febrero de 1903, con una información que hacía referencia al interés del rey de España por el olimpismo, así como a su decisión, encomendada al marqués de Villamejor, de imponer al presidente del COI la insignia de la Orden de Carlos III[902].

En reciprocidad, años después (1911), el COI otorgó al rey Alfonso XIII su Diploma Olímpico número 110. Esa situación diplomática llevó a nuevos encuentros entre el marqués de Villamejor y el barón de Coubertin, en los que se planificó la creación del COE[903]. A partir de este año, el sobrino de Gonzalo de Figueroa se instaló como interno en una academia particular de Guadalajara para preparar las oposiciones de ingreso en la Academia de Ingenieros[904].

Durante varios años, Coubertin reiteró su petición a Gonzalo de Figueroa para que en España se impulsase el olimpismo y se crease el COE. Este, cansado y con un estado de salud frágil, decidió dimitir y le propuso varios candidatos para que ocupasen su cargo o que dicha designación la realizase el oficial de artillería, el infante Carlos de

---

Provincial de Cádiz, Archivo Histórico Provincial de Huelva, Archivo Histórico Provincial de Santa Cruz de Tenerife.
[899] Archivo General Militar de Segovia. Legajo B-1811, expediente 0. Expediente personal militar de José Bento López.
[900] Bazaco Belmonte, M. J. (2011). *Deporte y educación olímpica en el siglo XX*. Murcia: Diego Marín Librero.
[901] *Revista Olímpica*.
[902] Echos et nouvelles. (1903, février). *Revue Olympique, 9*, 16.
[903] Alcoba López, A. (1992). *España en los Juegos Olímpicos*. Madrid.
[904] El Teniente de Ingenieros D. José Figueroa Alonso-Martínez. (1920, diciembre). *Memorial de Ingenieros, 12*, 412-415.

Borbón. Nada de esto sucedió, y el militar José de Saavedra, marqués de Viana y persona cercana al rey, le hizo saber que sería difícil sustituirle, por lo que el marqués de Villamejor continuó en el cargo[905], según sus palabras "por imposición del infante Carlos"[906].

En noviembre de 1912 se produjo el asesinato del presidente del Gobierno español, José Canalejas y Méndez. Le sustituyó en el cargo Álvaro de Figueroa y Torres Sotomayor, conde de Romanones, padre del cadete José de Figueroa[907], quien, a partir de este momento, dio ánimos y apoyo a su hermano Gonzalo para que trabajase en su vertiente olímpica[908].

Finalmente, el marqués de Villamejor tomó la iniciativa y el 25 de noviembre de 1912, según acta descubierta[909] por García García[910], se creó de forma oficial el COE, con sede en el domicilio del presidente Gonzalo de Figueroa; sus miembros eran Pío Suárez Inclán y González, Marcelo Rivas Mateos, Carlos Padrós y Rubio, Alejandro Sant-Aubin Bonnefon, Adolfo Díaz Enríquez, Rogelio Ferreras Berros, Valentín Menéndez San Juan, conde de la Cimera, Marcelo Santos Sanz Romo, Julio Urbina Ceballos-Escalera, marqués de Cabriñana del Monte, y Luis de Uhagón y Barrio, marqués de Laurencin[911].

El presidente del COE, en carta publicada en diciembre de 1913, afirmaba que esperaba poder enviar deportistas en representación de España a la próximos Juegos Olímpicos en Berlín en 1916 y dejar de ser la excepción en el marco deportivo internacional[912].

---

[905] Durántez Corral, C. (2012). *El COE. Un siglo*. Madrid: Comité Olímpico Español.
[906] Figueroa y Torres Sotomayor, G., marqués de Villamejor. (1913, 4 de diciembre). Los Juegos Olímpicos. *El Mundo Deportivo, 412*, 1.
[907] Recordamos que en 1912 José de Figueroa ingresa como alumno en la Academia de Ingenieros (Archivo General Militar de Segovia, legajo F-1450).
[908] Archivo General Militar de Segovia. Legajo F-1450, expediente 0. Expediente personal militar de José de Figueroa y Alonso Martínez; Durántez Corral, C. (2012). *El COE. Un siglo*. Madrid: Comité Olímpico Español; Figueroa y Torres Sotomayor, A., conde de Romanones (1934). *Notas de una vida*. Madrid: Aguilar.
[909] Dicha acta, tras ser descubierta, fue analizada a través del método filológico. Ver, García García, J. M. (2014b). Método filológico, ¿una nueva herramienta? *Retos. Nuevas tendencias en Educación Física, Deporte y Recreación, 25*, 113-116.
[910] García García, J. M. (2013b). *Acta de constitución oficial y miembros del Comité Olímpico Español de 1912*. Sevilla: Punto Rojo.
[911] Se puede ver una breve biografía de todos ellos en la obra *Acta de constitución oficial y miembros del Comité Olímpico Español de 1912*. Ver, García García, J. M. (2013b). *Acta de constitución oficial y miembros del Comité Olímpico Español de 1912*. Sevilla: Punto Rojo.
[912] Figueroa y Torres Sotomayor, G., marqués de Villamejor. (1913, 4 de diciembre). Los Juegos Olímpicos. *El Mundo Deportivo, 412*, 1.

El secretario del COE, Marcelo Sanz, asistió como delegado del Gobierno al Congreso del Comité Olímpico Internacional en Lausana en mayo de 1913. Pero la escasa actividad de la institución olímpica española provocó las quejas reiteradas de un grupo de periodistas en Barcelona, que culminaron en octubre de 1913 con la conferencia *España y los Juegos Olímpicos*, a cargo del reportero de la sección de deportes de *La Veu de Catalunya* Josep Elías i Juncosa. En dicho escrito, leído en el Instituto Higiénico Kinesiterápico del doctor Jaime García i Alsina, se denunciaba la inexistencia del COE a nivel práctico y se proponía crear subcomités olímpicos en las principales regiones españolas para que se pudiera impulsar la organización de pruebas atléticas y así poder enviar en el futuro una representación a los Juegos Olímpicos de Berlín en 1916[913].

Un mes después, el tío de José de Figueroa, el marqués de Villamejor, aceptó de forma pública la proposición de Elías sobre la creación de subcomités olímpicos en las distintas regiones. Dicho proyecto de creación se elevó al presidente del COI por parte de Elías i Juncosa el 18 de diciembre de 1913, solicitándole asesoramiento. El 24 de diciembre el barón de Coubertin contestó al periodista de *La Veu de Catalunya* afirmando que el COI veía positivamente su armonía con el COE, pero no reconocía más que un comité por país[914] [915].

A pesar de estas críticas, la institución olímpica española intentó dinamizar el deporte. Lo expresó el propio Gonzalo de Figueroa en una misiva de marzo de 1913 dirigida a Coubertin: "Aunque no escuchéis hablar de mí os aseguro que trabajo duro [...]. Tenemos por todas partes en Madrid, Bilbao, Barcelona, etc., carreras pedestres, encuentros de fútbol, etc."[916].

---

[913] Elías i Juncosa, J. (1913, 6 de noviembre). España y los Juegos Olímpicos. *El Mundo Deportivo, 408*, 1; Pujadas i Martí, X. (2006). *Catalunya i l'olimpisme: esport, identitat i jocs olímpics (1896-2006)*. Barcelona: Comitè Olímpic de Catalunya; Torrebadella i Flix, X. (2014d). Los apóstoles de la educación física. Trece semblanzas profesionales en la educación física contemporánea. *Revista Española de Educación Física y Deportes, 406*, 57-76.

[914] Según Pujadas, el COI no reconocía oficialmente el Comité Olímpico Catalán, pero lo celebraba como comité regional. Siguiendo al mismo doctor Xavier Pujadas, los objetivos que se marcó dicho comité fueron dos: tener representación deportiva en los Juegos Olímpicos y proponer la ciudad de Barcelona como sede de los Juegos Olímpicos de 1924. Ver, Pujadas i Martí, X. (2006). *Catalunya i l'olimpisme: esport, identitat i jocs olímpics (1896-2006)*. Barcelona: Comitè Olímpic de Catalunya.

[915] Durántez Corral, C. (2012). *El COE. Un siglo*. Madrid: Comité Olímpico Español; Figueroa y Torres Sotomayor, G., marqués de Villamejor. (1913, 4 de diciembre). Los Juegos Olímpicos. *El Mundo Deportivo, 412*, 1.

[916] Durántez Corral, C. (2012). *El COE. Un siglo*. Madrid: Comité Olímpico Español, 44.

Efectivamente, en estos años se organizaron varios festivales, como los Juegos Olímpicos celebrados en Madrid en 1914, de los que ya hemos hablado; la Olimpiada de Jolastokieta, en Alza en 1914, a la que estaban invitadas todas las sociedades deportivas guipuzcoanas; el Concurso Olímpico celebrado en Barcelona en julio; los Juegos Olímpicos de Zaragoza, en el campo del Sepulcro, en octubre del mismo año, con motivo de las fiestas del Pilar; la Olimpiada en Bilbao, en el mismo año, en el campo de Volantín. En referencia a los Juegos Olímpicos de Madrid, el militar Augusto Condo y la actual catedrática Teresa González Aja afirman que tenían como fin ir formando atletas para los Juegos Olímpicos de 1916 en Berlín; conocemos que alguna de las demás manifestaciones deportivas que se desarrollaron tenían el mismo objetivo. Así lo decía, en el caso de Barcelona, el periodista deportivo Corredisses[917]. La I Olimpiada Valenciana se celebró unos años más tarde, en noviembre de 1917, en la plaza de toros de la capital levantina[918].

En estas fechas, Manuel Nogareda publicó la obra *Juegos Olímpicos*, prologada por el marqués de Villamejor, que alababa el interés del autor por divulgar los Juegos Olímpicos en época clásica y por dejar a gran altura la ingente labor realizada por el restaurador de los Juegos Olímpicos modernos y le daba las gracias por trabajar en pro de la institución olímpica española[919].

En estos años, el organismo olímpico español acordó fiscalizar y homologar las marcas efectuadas en los deportes para instaurar y establecer una rigurosidad de la que hasta entonces carecían las pruebas que se realizaban. Como no existían jueces titulados, no se homologaba ninguna marca sin la presencia de un representante del COE o, en su defecto, una persona entendida y comisionada en los lugares donde no

---

[917] Atletismo. Las pruebas olímpicas de Bilbao. (1914, 28 de diciembre). *El Mundo Deportivo, 468*, 1; Bribián Castro, E. (1999). *Historia del atletismo aragonés*. Zaragoza: Federación Aragonesa de Atletismo; Concurso olímpico. (1914, 7 de julio). *La Vanguardia, 14.946*, 4; Condo González, A. (1914b, abril). Los juegos olímpicos de Madrid. *El Explorador, 19*, 13; Corredisses, seudónimo de Josep Elías i Juncosa. (1914, 7 de juliol). Sport. Concursos olimpic. *La Veu de Catalunya, 5.449*, 4; De Jolastokieta. (1914, 31 de julio). *El Pueblo Vasco, 4.094*, 3; González Aja, T. (2009, otoño). Ensayo para la frustrada Olimpiada de Berlín (1916). *Ilustración de Madrid, 13*, 25-28; Notas zaragozanas. (1914, 20 de octubre). *La Vanguardia, 15.051*, 11; Tutor Larrea, A. (1993). *Bodas de diamante de la Federación Atlética Vizcaína*. Bilbao: Diputación Foral Bizkaia.
[918] Atletismo. (1917, 2 de diciembre). *La Información, 451*, 4; Bosch Valero, J. A. (2014). Los orígenes del deporte en Valencia (1850-1931). De la tradición a la modernidad. *Materiales para la Historia del Deporte, 12*, 82-93.
[919] Nogareda Barbudo, M. (1914?). *Juegos Olímpicos*. Barcelona: Ibérica.

existía representación del Comité[920]. Así lo comprobamos en dos gacetillas de 1915 y 1916, donde se especifica que un corredor que pretende batir varios récords va a tener la intervención de un representante del Comité. Un año después, una carrera de atletismo y otra ciclista serán intervenidas por el marqués de Villamejor[921].

Pero esta medida también fue objeto de crítica. El periódico *España Sportiva* se hizo eco del malestar afirmando que el COE, que nadie sabía por quiénes estaba constituido, para dar carácter oficial a los récords y pruebas imponía que estas fueran controladas por su autoridad suprema; esta homologación de récords pedestres que hacía el COE era caprichosa y carecía de autoridad porque este organismo solo existía en Madrid[922]. En agosto de 1915, la revista *Gran Vida* también publicó un artículo en el que cargaba contra el COE en los mismos términos que el anterior[923].

El último día de marzo de 1916 se realizó una reestructuración del COE. Se formó una nueva junta, en la que mantenía la presidencia el marqués de Villamejor; era secretario Álvaro de Aguilar y Gómez-Acebo; vicesecretario, Ricardo Menéndez Rocamora; tesorero, Alberto Vivanco; y como vocales, Marcelo Santos Sanz Romo, único miembro, junto al presidente, que repetía respecto a la primera junta, José Caña, Ricardo Ruiz Ferry, Román Sánchez Arias y Ricardo G. Laforest[924].

España Sportiva y *ABC* se hicieron eco de la información y publicaron la noticia en sus rotativos. No es de extrañar si conocemos que, en esos momentos, uno de los nuevos vocales del COE, Román Sánchez Arias, de seudónimo Rubryk, era el director del periódico *España Sportiva* y escribía en la sección de deportes de *ABC*[925].

En abril de 1916, la prensa deportiva madrileña expuso algunas propuestas en las que estaba trabajando el COE, como la lista de pruebas que podían ser objeto de récord oficial y el reglamento de la Medalla Olímpica española, con el propósito de fomentar y estimular la afición

---

[920] Rubryk, seudónimo de Román Sánchez Arias. (1916, 22 de abril). Atletismo. *ABC*, 18.
[921] Carreras. (1916, 7 de abril). *ABC*, 16 ; Madrid deportivo. (1915, 6 de noviembre). *ABC*, 19.
[922] Una institución perniciosa. El Comité Olímpico Español. (1915, 25 de agosto). *España Sportiva*, 116, 1.
[923] El Comité Olímpico Español. (1915, agosto). *Gran Vida*, 147, 238.
[924] Marín García, E. (2009). *D. Marcelo Santos Sanz Romo, iniciador y propagandista de la educación física en España: vida y obra*. (Tesis doctoral inédita). Alcalá de Henares: Universidad de Alcalá.
[925] Atletismo. (1916a, 31 de marzo). *ABC*, 17 ; A.M.N. (1916, 26 de abril). La Delegación española del Comité Olímpico Internacional. *España Sportiva*, 151, 1-2.

por los deportes en general y por los olímpicos en particular; esta medalla se creó de forma equivalente a la Insignia Deportiva sueca[926], y no solo iba destinada para aquellas personas y entidades que se distinguían practicando deporte, sino también para organizadores y para escritos que apareciesen en prensa[927].

En junio de ese mismo año, Álvaro de Aguilar, secretario del COE, convocó una reunión preliminar para constituir la Federación Atlética Castellana. El poder de convocatoria fue escaso y el encuentro no tuvo éxito[928]. Como vemos, algunas iniciativas no obtuvieron resultados, a pesar de la manifiesta necesidad existente. Por eso el oficial Augusto Condo[929] le dijo al marqués de Villamejor, presidente del COE, que en España quedaban muchas cosas por hacer en materia deportiva y todavía no se había empezado.

En 1916, coincidiendo con el periodo en el que presidía el COI de forma interina, el barón Godefroy de Blonay, Coubertin[930] expresó que, durante su estancia en Madrid, tuvo ocasión de presidir una reunión del COE y admitió que el comité había ganado fuerza gracias al esfuerzo publicitario que supuso la difusión de un librillo sobre el olimpismo.

En mayo de 1917, el alcalde de la ciudad de Barcelona, Manuel Rius y Rius, cursó la petición de adjudicación para esta ciudad de los primeros Juegos Olímpicos que se celebrasen una vez acabada la guerra; esto significaba que la capital catalana presentaba una instancia oficial para organizar los Juegos Olímpicos de 1920, teniendo en consideración, añadía el alcalde Rius en su misiva, que aún no había villas candidatas y que la ciudad tenía previsto organizar una Exposición Internacional con el patrocinio del Estado, para lo que se había adjudicado una subvención de diez millones de pesetas[931] [932].

---

[926] La Insignia Deportiva sueca fue creada en 1903 y es otorgada a los atletas que realizan cinco pruebas a elegir entre cinco grupos diferentes; será de bronce si se realiza en el transcurso de un año, de plata si se realiza durante cuatro años consecutivos y de oro si se realiza durante ocho años consecutivos. Ver, Reparaz Linazasoro, F. (1924). *Concursos atléticos: el espíritu deportivo*. Madrid: Calpe.
[927] Atletismo. (1916b, 25 de abril). *Heraldo Deportivo, 34*, 133-135.
[928] Las reuniones del Comité Olímpico Internacional. (1916, 7 de junio). *España Sportiva, 157*, 3.
[929] Condo González, A. (1916b, 13 de septiembre). La educación física y los deportes. *España Sportiva, 171*, 1.
[930] Coubertin, P. F. (1997). *Olympic Memoirs*. Lausanne: IOC.
[931] Desconocemos si la iniciativa estaba vinculada al Comité Olímpico Catalán e ignoramos la respuesta a esta carta, pero los hechos históricos demuestran que el COI no adjudicó a la ciudad de Barcelona los primeros Juegos Olímpicos tras finalizar la I Guerra Mundial y Barcelona no organizó la Exposición Internacional hasta 1929. Ver, Sobreques i Callicó, J. (2008). *Historia de Barcelona*.

El 2 de julio de 1919, el presidente del Comité Belga de la VII Olimpiada, Henri de Baillet-Latour conde de Baillet-Latour, envió al marqués de Villamejor[933], desde Bruselas, una carta e impresos sobre los Juegos Olímpicos a celebrar en Amberes el año siguiente[934] [935].

Unos días antes de ofrecer al simpático y afable teniente José de Figueroa un banquete popular en Guadalajara por finalizar sus estudios en la Academia de Ingenieros y obsequiarle con un sable[936], su tío Gonzalo, al calor de los acontecimientos olímpicos desarrollados recientemente en Lausana y Bruselas, reorganizó nuevamente el COE, en el que se mantuvo como presidente. Se situó su domicilio social en el de la secretaría, en la calle Núñez de Balboa, n.º 13-15 de Madrid[937]; se nombró secretario al doctor Javier Bartrina Costa, director del Instituto de Educación Física y Quinesiterapia; como vocales, al doctor en medicina Camilo Calleja García, publicista y consejero de Sanidad; Federico Gómez de Salazar, comandante del Ejército y profesor de gimnasia en la Academia de Infantería; Álvaro de Aguilar y Gómez-Acebo, presidente del Athletic Club; Ricardo Ruiz de Ferry, director del *Heraldo Deportivo;* y Rufino Blanco y Sánchez, profesor de Pedagogía de la Escuela Superior de Magisterio. Ese 4 de julio de 1919, todos sus miembros acordaron presentar un equipo en los próximos Juegos

---

Barcelona: Plaza & Janes.
[932] Olympic Studies Centre. Reference code D-RM01-ESPAG/002. Correspondence of the NOC of Spain (ESP).
[933] Desconocemos el contenido de la carta y de los impresos porque no se conserva documentación en el archivo privado de Gonzalo de Figueroa y Torres, marqués de Villamejor, sobre el Comité Olímpico Español y sus acciones de cara a los Juegos Olímpicos de Amberes en 1920 (comunicación personal con Jaime de Figueroa y Castro, nieto de Gonzalo de Figueroa, marqués de Villamejor, 27 de octubre de 2014). Tampoco conserva documentación de dicho asunto el COE. Según Conrado Durántez Corral, presidente de la Academia Olímpica Española, el Comité Olímpico Español no dispone de archivo (comunicación personal, 26 de enero de 2011).
[934] Desde la celebración de la reunión del COI en Lausana a principios de abril de 1919, está asignada la celebración de los Juegos Olímpicos de 1920 a la ciudad de Amberes. En el comité organizador de los juegos, figura como presidente Henri de Baillet-Latour, conde de Baillet-Latour, y como secretario Alfred Verdyck. Ver, Comité Belge de la VII Olympiade. (1920b). *Programme Officiel VIIème Olympiade, Anvers 1920*. Anvers: Comité Belge de la VII Olympiade; Lyberg, W. (1994). *The History of the IOC Sessions. I. 1894-1939*. Lausanne: International Olympic Committee; Verdyck, A. (1957). *Rapport Officiel des Jeux de la VIIeme Olympiade, Anvers 1920*. Bruxelles: Comité Belge de la VII Olympiade.
[935] Archivo General de la Administración. Sección 10. Fondo 113. Embajada de España en Bruselas. Signatura: 54/15292- Juegos Olímpicos (Amberes y Sevilla); Archivo General del Ministerio de Asuntos Exteriores y de Cooperación. Fondo: Correspondencia. Subfondo: Embajadas y Legaciones. Serie: Bélgica (Bruselas). Signatura H-1399.
[936] El Teniente de Ingenieros D. José Figueroa Alonso-Martínez. (1920, diciembre). *Memorial de Ingenieros, 12*, 412-415.
[937] Este dato es confirmado por el membrete de una carta del marqués de Villamejor dirigida a Rufino Blanco y Sánchez siete meses después. Ver, Archivo de la Real Academia de Ciencias Morales y Políticas. Archivo Rufino Blanco y Sánchez. Caja 9.

Olímpicos de 1920 y realizar la suficiente propaganda a través de conferencias y escritos sobre la educación física[938].

Según el diario madrileño *La Correspondencia de España*, en enero de 1920 el COE comenzó a trabajar para preparar a los participantes españoles de cara a los Juegos Olímpicos de Amberes[939]. Gonzalo de Figueroa hizo una aportación económica que serviría para propaganda, entrenamientos y competiciones. Sin embargo, preocupaba la forma de obtener el dinero necesario para llevar a los atletas a Amberes, a pesar de las promesas de que un influyente político, el conde de Romanones, había manifestado que tomaba el asunto como suyo y que España iría dignamente representada a Amberes[940].

Esta inquietud económica provocó que los miembros del Comité tuvieran una audiencia con el rey y se entrevistasen con el presidente Allendesalazar y con su ministro de Hacienda. El marqués de Villamejor no veía vientos del todo favorables y así se lo hizo saber al presidente del Comité Belga de la VII Olimpiada, no pudiendo avalar la participación española. El conde de Baillet-Latour le envió una carta al rey Alfonso XIII el 28 de enero en la que comentaba que sentía que no existiese crédito para garantizar la participación española en los Juegos, a pesar de haber enviado la invitación al Gobierno español, y que esperaba que pudiese interceder para que el ejecutivo asignase el crédito necesario para esta participación[941].

Así era: el Sr. Verdyck, secretario del Comité Belga de la VII Olimpiada, envió una carta de invitación no fechada al Gobierno español a través de su embajador en Bélgica, Rodrigo de Saavedra y Vinent marqués de Villalobar, para que España asistiese a los Juegos Olímpicos de Amberes. En esta misiva le indicaba que en pocos días podría enviarle un programa detallado de los actos[942]. Según el *Diario de Sesiones de las Cortes*, el 16 de octubre de 1919 dicha invitación oficial llegó al Ministerio de Estado y fue dirigida al Ministerio de Instrucción Pública y

---

[938] Comité Olímpico Español. (1919, 10 de julio). *La Correspondencia de España, 22.427*, 5; Deporte. Atletismo. (1919, 5 de julio). *El Sol, 577*, 8.
[939] Vida deportiva. Atletismo. Comité Olímpico Español. (1920, 18 de enero). *La Correspondencia de España, 22.614*, 6.
[940] Ante la olimpiada de Amberes. (1920a, 7 de febrero). *La Información, 1.220*, 4.
[941] Archivo General de la Administración. Sección 10. Fondo 113. Embajada de España en Bruselas. Signatura: 54/15292- Juegos Olímpicos (Amberes y Sevilla); T. (1920, 27 de enero). Ante la Olimpiada de Amberes. La preparación española. *El Pueblo Vasco, 6.174*, 4.
[942] Archivo General de la Administración. Sección 10. Fondo 113. Embajada de España en Bruselas. Signatura: 54/15292- Juegos Olímpicos (Amberes y Sevilla).

Bellas Artes[943]. Ante la pasividad administrativa, se repitió el procedimiento, y el Ministerio de Instrucción Pública y Bellas Artes recibió de nuevo la invitación oficial para que España asistiese a los juegos de la VII Olimpiada, con fecha de 11 de febrero de 1920, procedente del Ministerio de Estado, siendo registrada en esta institución el 10 de febrero[944]. Los periódicos *El Sport* y *Heraldo Deportivo* comunicaron a finales de febrero la llegada de la invitación oficial dirigida al Gobierno español[945].

Una misiva del marqués de Villalobar, en la que hacía referencia a la carta del conde de Baillet-Latour del día 28, fechada un día más tarde y dirigida a Emilio María de Torres y González-Arnáu (años después, marqués de Torres de Mendoza), secretario particular de Alfonso XIII, le indicaba que cuando se entrevistase con el rey le hiciera saber quién era el conde de Baillet-Latour en materia deportiva. Y además exponía su opinión, manifestando que no sabía de dónde habría obtenido el presidente del Comité Belga de la VII Olimpiada la información de que el rey tenía interés en que una representación española estuviese presente en los Juegos Olímpicos de Amberes; "supongo que porque es el soberano número uno en materia deportiva", añade[946].

El catedrático y vocal del COE Rufino Blanco y Sánchez inauguró el periodo de propaganda el sábado 24 de enero con una conferencia sobre temas de educación física y atletismo en Madrid. Explicó qué era la delegación española del COI y cuál era su función, así como por qué era conveniente que España estuviese representada en los Juegos[947].

A continuación, tomó la palabra el presidente del COE, Gonzalo de Figueroa, para mencionar la buena aceptación que tenía la participación española en los Juegos Olímpicos por parte de Su Majestad el Rey y otras personalidades gubernamentales. Analizó la situación de la educación

---

[943] Memoria relativa a las concesiones de créditos extraordinarios y suplementos de crédito, acordados por el Gobierno de S.M. durante el interregno parlamentario de 28 de abril de 1920 a 22 de febrero de 1921. (1921, 29 de marzo). *Diario de las Sesiones de las Cortes, 28*, apéndice 1º, 1-8.
[944] Archivo General de la Administración. Fondo 8. Sección 5. Educación. Subsecretaria. Registro General. Libro 343. Signatura 16/64.
[945] Olimpismo. (1920a, 25 de febrero). *Heraldo Deportivo, 172*, 82; ¿S.M. el rey participará en la VII Olimpiada?. (1920, 24 de febrero). *El Sport, 171*, 1.
[946] Archivo General de la Administración. Sección 10. Fondo 113. Embajada de España en Bruselas. Signatura: 54/15292- Juegos Olímpicos (Amberes y Sevilla).
[947] Atletismo. Ante la Olimpiada de Amberes. (1920, 26 de junio). *La Información, 1.962*, 5; Delegación Española del Comité Olímpico Internacional. (1920, 25 de enero). *Heraldo Deportivo, 168*, 44; España ante la olimpiada de Amberes. (1920b, 30 de enero). *La Información, 1.213*, 4.

física en España desde el hogar hasta las sociedades deportivas y opinó que era una extraña, porque en el hogar se la desconocía, en el Magisterio apenas se estudiaba Fisiología, ni siquiera Gimnasia, con los rudimentarios ejercicios corporales existentes y manifestó que tampoco el Ejército estaba capacitado para la educación física, por los estudios vigentes en las academias, y que, en cambio se le pedía al recluta un esfuerzo y resistencia en desproporción con su ineducado organismo y para el que no estaba preparado. Y por último, destacó que tampoco la clase médica, con su terapéutica y estudios de higiene, poseía elementalmente esta especialidad, y que ni los deportistas estaban preparados pedagógicamente para sus deportes[948].

El 3 de febrero, el diario republicano *El País* publicó un artículo sin firma con un título significativo: "Olimpiada de Amberes. No puede ser". En dicho artículo, se manifestaba que un grupo de pícaros deportistas andaban merodeando por los ministerios buscando una elevada subvención para realizar un viaje a Amberes a costa del Estado y así poder acudir a la Olimpiada; que España, excepto en algún deporte, no tenía el nivel para competir en un campeonato extranjero y que solo se iba a hacer el ridículo; y que en estos tiempos de hambre, donde los ministros no podían atender a las demandas mínimas, "unos cuantos pretenden divertirse a costa de la nación para dejarla luego muy desairada"[949].

José de Figueroa vio que un sector de la sociedad estaba en contra de la participación española en los Juegos Olímpicos. Sin embargo, el articulista de *El País* dejaba un resquicio y añadía que solo algún tirador y los jinetes (aquí estarían admitidos varios de nuestros protagonistas, incluido el teniente Figueroa) deberían ir[950].

El Comité Belga de la VII Olimpiada envió a España el programa general de los Juegos Olímpicos de Amberes de 1920 a través del marqués de Villalobar. Por medio de una carta fechada el 10 de febrero, el embajador español en Bélgica le dio las gracias por haber enviado dicho programa[951]. El programa de las festividades de Amberes en la VII Olimpiada entró en el libro de registro de entrada del Ministerio de

---

[948] España ante la olimpiada de Amberes. (1920b, 30 de enero). *La Información*, 1.213, 4.
[949] Olimpiada de Amberes. No puede ser. (1920, 3 de febrero). *El País*, 11.790, 3.
[950] Olimpiada de Amberes. No puede ser. (1920, 3 de febrero). *El País*, 11.790, 3.
[951] Archivo General de la Administración. Sección 10. Fondo 113. Embajada de España en Bruselas. Signatura: 54/15292- Juegos Olímpicos (Amberes y Sevilla).

Instrucción Pública y Bellas Artes un mes y medio después, el 24 de marzo, procedente del Ministerio de Estado con fecha de 17 de marzo[952].

La Información lo publicó; el COE afirmó que había recibido del Comité Belga los programas generales por los que habían de regirse los Juegos Olímpicos de Amberes. Se había encargado su traducción para repartirse impreso a las sociedades y entidades interesadas. Por otro lado, el día 6 de febrero se celebró la segunda conferencia de las organizadas por el COE, a cargo del crítico deportivo y abogado Félix Pomés y Soler[953].

A primeros de febrero, el COE envió su primera nota oficial a los principales diarios para anunciar la organización que iba a adoptar dicha institución, dividida en cuatro secciones: primera, secretaría y publicidad; segunda, económica; tercera, deportiva; y cuarta, de expedición[954].

Los medios anteriores manifestaron, respecto a la sección deportiva, que el COE pretendía enviar representación en atletismo, tenis, fútbol, esgrima, tiro, remo, natación, equitación, polo, *hockey* y golf[955].

El 3 de marzo, el Ministerio de Instrucción Pública y Bellas Artes tramitó el expediente sobre la invitación oficial a España para asistir a los juegos de la VII Olimpiada hacia el Ministerio de Hacienda para que se propusiese a las Cortes el crédito necesario[956] [957]. Según la prensa, ese mismo mes de marzo, el COE afirmó que las acciones para

---

[952] Archivo General de la Administración. Fondo 8. Sección 5. Educación. Subsecretaria. Registro General. Libro 343. Signatura 16/64.
[953] Ante la olimpiada de Amberes. (1920a, 7 de febrero). *La Información, 1.220*, 4.
[954] Delegación Española del Comité Olímpico Internacional. (1920, 25 de enero). *Heraldo Deportivo, 168*, 44; España ante la olimpiada de Amberes. (1920b, 30 de enero). *La Información, 1.213*, 4.
[955] Delegación Española del Comité Olímpico Internacional. (1920, 25 de enero). *Heraldo Deportivo, 168*, 44; España ante la olimpiada de Amberes. (1920b, 30 de enero). *La Información, 1.213*, 4.
[956] El marqués de Villamejor envía una carta a Rufino Blanco, convocándolo para una reunión del COE para el próximo 28 de febrero en su domicilio para tratar asuntos importantes. Ver, Archivo de la Real Academia de Ciencias Morales y Políticas. Archivo Rufino Blanco y Sánchez. Caja 9. Esta reunión se produce cuatro días antes de la tramitación del expediente. Sin embargo, en estos momentos no sabemos cuáles eran estos asuntos calificados como importantes porque no se conserva documentación en el archivo privado de Gonzalo de Figueroa y Torres, marqués de Villamejor, sobre el Comité Olímpico Español y sus acciones de cara a los Juegos Olímpicos de Amberes en 1920 (comunicación personal con Jaime de Figueroa y Castro, nieto de Gonzalo de Figueroa, marqués de Villamejor, 27 de octubre de 2014). Tampoco conserva documentación de dicho asunto el COE. Según Conrado Durántez Corral, presidente de la Academia Olímpica Española, el Comité Olímpico Español no dispone de archivo (comunicación personal, 26 de enero de 2011).
[957] Archivo General de la Administración. Fondo 8. Sección 5. Educación. Subsecretaria. Registro General. Libro 343. Signatura 16/64.

conseguir una subvención del Estado iban por buen camino, manifestando que se había hablado de una cantidad de 150.000 pesetas[958]. El Consejo de Ministros había asignado dicho gasto a la cartera del Ministerio de Instrucción Pública y Bellas Artes[959].

En abril de 1920, cuando el sobrino de Gonzalo de Figueroa empezaba a desempeñar sus funciones como habilitador de la tropa, la prensa comenzó a inquietarse al ver cómo algunas naciones estaban enviando a sus atletas a Amberes, mientras aquí el COE estaba inmóvil, sin seleccionar ni preparar a sus participantes, y le reclamó que, si se quería concurrir a los Juegos, era en estos momentos cuando había que trabajar[960].

A principios de mayo, el dinero no llegaba y Ruiz Ferry[961], miembro del Comité, afirmaba que la culpa de lo sucedido era del COE, por su retraso en activarse. Tendríamos que acudir a Amberes solo con capital privado. A pesar de todo, el programa del COE no sufrió modificaciones y los concursos eliminatorios se iban a celebrar.

En el mismo mes de mayo, en la recepción militar que celebró el rey con motivo de su cumpleaños, este habló con el director de la revista *La Educación Física*, el capitán Augusto Condo, sobre cultura física y la representación que España debía llevar a los Juegos Olímpicos de Amberes[962]. Desconocemos la respuesta que le dio el oficial Condo al monarca, pero sabemos, por sus escritos, que era favorable a la participación española en los Juegos Olímpicos, como hemos indicado antes.

El 10 de mayo, el presidente del Comité Belga de la VII Olimpiada envió una carta al marqués de Villalobar, sabiendo que era amigo del marqués de Villamejor, para que intercediera ante él. Le pedía que se

---

[958] Otras fuentes hablan de 125.000 pesetas. Ver, Jocs Olímpics. (1920, 22 de març). *La Veu de Catalunya, 7.497,* 10.
[959] Ante la olimpiada de Amberes. (1920b, 11 de marzo). *La Información, 1.248,* 4; P. P. (1920, 1 de marzo). Los deportes. Desde Madrid. De la olimpiada de Amberes, *Diario de Alicante, 3.802,* 1-2; ¿Una subvención del gobierno para concurrir a Amberes?. (1920, 3 de marzo). *La Información, 1.241,* 4.
[960] Ante la olimpiada de Amberes. (1920a, 7 de febrero). *La Información, 1.220,* 4; Archivo General Militar de Segovia. Legajo F-1450, expediente 0. Expediente personal militar de José de Figueroa y Alonso Martínez; Archivo Histórico del Ejército del Aire. Signatura P/25787. Expediente personal militar de José de Figueroa y Alonso Martínez.
[961] Ruiz Ferry, R. (1920, 5 de mayo). Olimpismo. *Heraldo Deportivo, 179,* 169.
[962] Archivo General Militar de Segovia. Legajo C-402, expediente 11. Expediente personal militar de Augusto Condo González.

hiciera cargo del control de la participación española en los Juegos Olímpicos porque sería de gran ayuda para los españoles y para su Comité. Se quejaba de que las sociedades deportivas españolas, ante la ineficacia del COE, se ponían en contacto con su comité para asesorarse y que él intentaba dirigirlos a Gonzalo de Figueroa[963].

El 18 de mayo, el embajador de España en Bélgica envió un escrito a Gonzalo de Figueroa donde decía que el presidente del Comité Belga de la VII Olimpiada le tenía irritado con recados y reclamaciones con el asunto de los Juegos Olímpicos, porque, según parece, en España no se hacía nada, a pesar de que, según el conde de Baillet-Latour, el rey había manifestado su apoyo a quien se interesara por ellos[964]

El 22 de mayo, el marqués de Villamejor contesta al embajador Rodrigo de Saavedra con una carta que revela la situación preolímpica en España. Explica que no entiende las quejas del presidente del Comité Belga de la VII Olimpiada, porque constantemente se están cruzando cartas, y que el problema que tiene es que empezaron tarde y mal. En España, en estos momentos, manifiesta Gonzalo, estamos realizando los concursos de selección y buscando una subvención del Gobierno que no llega, mientras el tío de José de Figueroa explica, que lleva gastados de su bolsillo, hasta ahora, 30.000 pesetas. Y añade que "esta situación no la voy a seguir aguantando; si el Gobierno no pone el dinero, los españoles no irán"[965].

La inestabilidad política en España no ayuda a resolver los problemas económicos del COE; el Gobierno de concentración de Allendesalazar cae tras solo cinco meses, y el 5 de mayo se forma un nuevo Gobierno conservador presidido por Eduardo Dato Iradier.

El 11 de junio, el Ministerio de Hacienda devolvió al Ministerio de Instrucción Pública y Bellas Artes el expediente de la invitación oficial a España para asistir a los juegos de la VII Olimpiada y dicho asunto retornó al Ministerio de Hacienda nuevamente el 24 de junio[966].

---

[963] Archivo General de la Administración. Sección 10. Fondo 113. Embajada de España en Bruselas. Signatura: 54/15292- Juegos Olímpicos (Amberes y Sevilla).
[964] Archivo General de la Administración. Sección 10. Fondo 113. Embajada de España en Bruselas. Signatura: 54/15292- Juegos Olímpicos (Amberes y Sevilla).
[965] Archivo General de la Administración. Sección 10. Fondo 113. Embajada de España en Bruselas. Signatura: 54/15292- Juegos Olímpicos (Amberes y Sevilla).
[966] Archivo General de la Administración. Fondo 8. Sección 5. Educación. Subsecretaria. Registro General. Libro 343. Signatura 16/64; Sueiro Seoane, S. (2002). El reinado de Alfonso XIII, 1902-

El 30 de junio, procedente del Consejo de Ministros, el Consejo de Estado recibió el expediente 7.216, para conceder un crédito extraordinario de 125.000 pesetas destinado a que un equipo fuera a los Juegos Olímpicos de Amberes en representación de España. El Consejo de Estado, presidido por Rafael Andrade Navarrete, se reunió el 2 de julio y en su dictamen otorgó su conformidad al crédito, motivando su decisión en que la invitación a los Juegos Olímpicos fue del Gobierno de Bélgica al Gobierno español, invitación que no se había hecho a ningún otro país. Por tal deferencia, el Gobierno español aceptaba la invitación, pues consideraba que era su deber responder a este compromiso internacional, al estar este asunto comprendido en las excepciones previstas en la ley de Administración y Contabilidad del Estado[967]. Pero no hubo unanimidad. Tres consejeros[968] emitieron un voto particular, argumentando que no cabía llamar compromiso internacional contraído a toda invitación aceptada que dirigiera un Gobierno extranjero; y en este caso concreto, no se perfilaban aspectos de necesidad, en nombre de altos intereses de política exterior, que justificasen la concesión del crédito por medida gubernativa[969].

El 24 de julio, y a propuesta del Ministro de Hacienda[970], se aprobó un Real Decreto con el acuerdo del Consejo de Ministros[971], de

---

1931. En Avilés Farré, J. (coord.), *Historia política de España, 1875-1939* (pp. 181-304). Madrid: Istmo.

[967] En el artículo 40 de la Ley de Administración y Contabilidad de la Hacienda Pública se autoriza al Gobierno, si las Cortes no están abiertas, para conceder bajo su responsabilidad créditos extraordinarios, que son limitados en número y que habrán de acreditarse la absoluta necesidad y la imprescindible urgencia, dando cuenta a las Cortes y al Tribunal de Cuentas. Ver, Ley de Administración y Contabilidad de la Hacienda Pública. (1910, 7 de octubre). *Gaceta de Madrid, 280*, 61-71. El Tribunal de Cuentas, posteriormente, al analizar dicho crédito extraordinario, otorgado para presentar un equipo en los Juegos Olímpicos de Amberes, manifiesta su disconformidad por el creciente y abusivo empleo que realiza el Gobierno de este precepto legal. Ver, Archivo General del Tribunal de Cuentas de España. Expediente sobre la comprobación de la cuenta general del Estado del año económico 1920-21. Y eleva su parecer desfavorable a las Cortes, que en marzo de 1921 publica su justificación, explicando que se inició el expediente con muchos meses de antelación, cuando las Cortes estaban funcionando y no se remitió a ellas pudiendo haber realizado un procedimiento ordinario. Ver, Memoria relativa a las concesiones de créditos extraordinarios y suplementos de crédito, acordados por el Gobierno de S.M. durante el interregno parlamentario de 28 de abril de 1920 a 22 de febrero de 1921. (1921, 29 de marzo). *Diario de las Sesiones de las Cortes, 28*, apéndice 1º, 1-8.

[968] Los consejeros que emitieron el voto de disconformidad a conceder el crédito por vía gubernativa fueron Juan Bautista Armada y Losada, marqués de Figueroa; Baldomero Argente del Castillo y Niceto Alcalá Zamora. Ver, Archivo del Consejo de Estado. Hacienda-Créditos. Expediente 7216.

[969] Archivo del Consejo de Estado. Hacienda-Créditos. Expediente 7216.

[970] Esta propuesta del Ministro de Hacienda no se conserva porque existe poca documentación anterior a la Guerra Civil. En la década de 1960 también se transfirió mucha documentación al Archivo General de la Administración (comunicación vía correo electrónico con Rosa Martín Rey, jefa del Servicio de Archivo General del Ministerio de Hacienda, 8 de junio de 2012). En el Archivo

conformidad del Consejo de Estado para conceder un crédito extraordinario de 125.000 pesetas en los gastos del Ministerio de Instrucción Pública y Bellas Artes, para atender la preparación, envío y estancia de un equipo que representara a España en los Juegos Olímpicos de Amberes en el próximo mes de agosto[972].

Dos semanas después de concederse dicho crédito extraordinario, el semanario satírico monárquico-católico *El Mentidero* publicó una viñeta gráfica en la que, de forma explícita, llamaba "tirar el dinero" por parte del Estado a la concesión de dichos créditos excepcionales, cuyos rendimientos no ve el ciudadano[973].

Tras la aprobación del decreto, y considerando escasa la subvención de 125.000 pesetas otorgada por el Gobierno a la participación española en los Juegos, el COE decidió abrir una suscripción nacional, que se inició rápidamente en Cataluña. A ella se adhirieron personalidades de la época como el barón Güell, Norman J. Cinnamond e instituciones como el Real Polo Jockey Club, el Fútbol Club Barcelona y el Real Club Deportivo Español. Las donaciones fueron gestionadas por Josep Elías i Juncosa[974].

A mitad de agosto, *El Mentidero* volvió a arremeter contra la participación española en los Juegos Olímpicos, afirmando que habíamos perdido en nuestros enfrentamientos internacionales. Y expresaba que no podíamos salir del país porque siempre hacíamos el ridículo y además nos costaba dinero. Mejores éxitos obtendríamos en "el asalto a los tranvías, el noble juego de la rana en la Fuente de la Teja[975] y el formar cola para adquirir tabaco y aceite"[976].

General de la Administración tampoco se conserva dicha propuesta (comunicación vía correo electrónico con Ana Escribano de Eusebio, jefa de la Sección de Relaciones con las Administraciones Públicas, 22 de mayo de 2012).
[971] Las actas de Consejo de Ministros correspondientes al año de 1920 no se conservan (comunicación vía correo electrónico con Teresa de Sande Moreno, jefa de la Sección Archivo Central del Ministerio de la Presidencia, 4 de junio de 2012).
[972] Real Decreto concediendo crédito extraordinario de 125.000 pesetas, para preparación, envío y estancia de un equipo en los Juegos Olímpicos de la VII Olimpiada de 24 de julio de 1920. (1920, 31 de julio). *Gaceta de Madrid, 213*, 380-381.
[973] Tirando el dinero. (1920, 7 de agosto). *El Mentidero, 388*, 8.
[974] Ante las olimpiadas. (1920, 29 de julio). *El Mundo Deportivo, 746*, 1; Los deportes en la "Gaceta". (1920, 29 de julio). *Madrid Sport, 200*, 4; Vida deportiva. La Olimpiada de Amberes. (1920, 27 de julio). *La Vanguardia, 17.043*, 8.
[975] Fuente de la Teja es una población al sur de la Comunidad de Madrid.
[976] ¡Vaya con la Olimpiada!. (1920, 14 de agosto). *El Mentidero, 389*, 6.

6.2. Preparación, clasificación y participación del teniente Camps Gordon en los Juegos Olímpicos de Amberes

Manuel Orbea, precursor del atletismo en Guipúzcoa, como vimos en el anterior apartado, era partidario de llevar a los Juegos Olímpicos un equipo pequeño en la modalidad deportiva de atletismo bien entrenado por un preparador profesional que conociera a los atletas y supiera dirigirlos adecuadamente. Para él solo había dos que cumplieran estos requisitos en España: Erwin Kossak y Albert Berglound[977].

El COE nombró preparador nacional del equipo de atletismo al alemán Erwin Kossak, en estos momentos entrenador del Athletic de Madrid. Kossak, un alemán que pasaba de los treinta, llegó a Madrid durante la Primera Guerra Mundial y fue campeón de varias especialidades atléticas en su país. Desde que se hizo cargo de la sección de atletismo del Athletic, discípulos suyos como José Luis Grasset y Federico Reparaz empezaron a brillar[978].

El programa oficial de atletismo de los Juegos llegó a España en febrero. Las pruebas se celebraron entre el 15 y el 23 de agosto en el estadio Beerschot, que dispone de una pista con un diámetro cercano a los 390 metros y una capacidad para 25.000 personas. Las inscripciones fueron admitidas hasta el día 14 de julio inclusive. En las competiciones individuales, se admitieron seis inscripciones por nación, aunque solo participaron cuatro. En la carrera de relevos 4x100 metros, donde según algunas fuentes, como conoceremos, también participó el teniente Camps, el número máximo de sustitutos fue de dos. Cualquier información complementaria se regiría por el reglamento de la Federación Internacional de Atletismo Amateur, aprobado en el congreso de Lyon en 1914. La prensa deportiva madrileña, *Heraldo Deportivo* y la barcelonesa *Stadium* se hicieron eco de dicho programa[979].

---

[977] TACK, seudónimo de Manuel Orbea y Biardeau. (1920, 6 de enero). ¡A seis meses de la Olimpiada! *La Información, 1.189*, 4.

[978] España ante la olimpiada de Amberes. (1920b, 30 de enero). *La Información, 1.213*, 4; Rosón Ayuso, M. (1948). *Historia desapasionada del Athletic (hoy, Club Atlético) por un apasionado del Madrid (1903-1948)*. Madrid: Perman.

[979] Ante los Juegos Olímpicos Internacionales. Del programa oficial. (1920, 28 de febrero). *Stadium, 313*, 54; Comité Belge de la VII Olympiade. (1920b). *Programme Officiel VIIème Olympiade, Anvers 1920*. Anvers: Comité Belge de la VII Olympiade; La VII Olimpiada. (1920, 5 de febrero). *Heraldo Deportivo, 170*, 39-40; Lennartz, K., Reinhartdt, W. and Schlüter, R., (2013). *Die Spiele der VII. Olympiade 1920 in Antwerpen*. Kassel (Deutschland): AGON Sportvelag.

En junta, el COE decidió celebrar una serie de concursos atléticos, organizados por las federaciones, para que sirvieran de entrenamiento y para seleccionar a los atletas; estas competiciones se celebraron el 15, 16 y 17 de mayo en Barcelona; el 29, 30 y 31 de mayo en Madrid; el 12, 13 y 14 de junio en Bilbao[980]; y el 27, 28 y 29 de junio en San Sebastián. José Antonio Trabal, como médico, no veía adecuado dicho calendario porque el viaje en ferrocarril para participar en cada concurso suponía cuatro días de entrenamientos y se interrumpía el régimen alimenticio habitual de los atletas, provocando alteraciones en el ejercicio regular de todas las funciones orgánicas, lo que afectaba la preparación[981].

La necesidad de una organización estatal para poder seleccionar un equipo que pudiera participar en los Juegos Olímpicos de Amberes espoleó la creación de forma inmediata de la Federación Atlética Española, hasta entonces inexistente. En la Asamblea de Federaciones Atléticas de España, celebrada en Bilbao el 27 de marzo de 1920, donde asistieron la Federación Atlética Vizcaína, la Guipuzcoana, la Castellana, la Levantina, la Montañesa, la Catalana y la Agrupación Pedestrista Gallega, se aprobó por unanimidad la fundación de la Federación Atlética Española, siendo designado un comité provisional presidido por Gabriel María Laffitte, con sede en San Sebastián, para redactar un proyecto de reglamento[982]. El 17 de abril, el rey aceptó la presidencia honoraria de la Federación Atlética Española y le concedió a la entidad el título de Real[983].

El COE envió una nota y una subvención a la Federación Atlética Catalana en la que solicitaba la organización del primer concurso de atletismo con vistas a la selección y preparación de un equipo para participar a los Juegos. La Federación aceptó celebrar dicho evento el domingo 16 de mayo en el campo que cedía el Real Club Deportivo Español; la entrada era libre para los socios de la Federación Atlética Catalana y de una peseta para el resto. La participación se ciñó a los atletas pertenecientes a la Federación Catalana y unos pocos que

---

[980] Esta competición se suspendió a instancia de la propia Federación Atlética Vizcaína. Ver, Olimpismo. (1920b, 15 de junio). *Heraldo Deportivo, 183*, 229.

[981] Ante la Olimpiada de Amberes. (1920c, 6 de febrero). *El Pueblo Vasco, 6.185*, 2; Trabal i Sans, J. A. (1920b, 2 de marzo). Preparemos los olímpicos. *La Información, 1.240*, 7; Universitat Autònoma de Barcelona. (2014, 26 de septiembre). *Grup d'historia del parlamentarisme*. Recuperado de http://www.historia-parlamentaris.uab.cat.

[982] Orbea y Biardeau, M. (1965). La prehistoria del atletismo guipuzcoano. En Federación Atlética Guipuzcoana (coord.), *Bodas de oro del atletismo guipuzcoano 1914-1964* (pp. 17-31). San Sebastián: Industrias Gráficas Valverde.

[983] Archivo General de Palacio. Fondo: Alfonso XIII. Sección: Reinados. Reales Deportivos. Caja 8820. Expediente 42; Varias noticias. (1920, 20 de abril). *El Pueblo Vasco, 6.257*, 4.

viajaron de la Federación Castellana. Del resto de regiones no se presentó ningún participante. A pesar de las ausencias, el nivel de las marcas alcanzadas fue elevado[984].

El segundo concurso para seleccionar el equipo nacional de atletismo se celebró el 30 de mayo de 1920 en el campo del Athletic Club de Madrid, club en esos momentos presidido por el secretario del COE, Álvaro de Aguilar. A dicho concurso clasificatorio, organizado por la Federación Atlética Castellana[985], no pudo asistir ningún representante de la Federación Guipuzcoana. Sin embargo, aparece por primera vez, en la prueba de 200 metros, el oficial Jaime Camps de Guipúzcoa[986], que se clasificó en tercer lugar, tras Gonzalo Leyra y Pablo Hernández Coronado, este último ganador de la prueba con un tiempo de 23,25 segundos. También concurre a la prueba de 100 metros lisos, que ganó Rafael Casas con un tiempo de 11 segundos; Jaime obtuvo un cuarto puesto[987].

La Federación Atlética Guipuzcoana leyó una carta del COE ante su Junta General, en la que solicitaba celebrar las terceras pruebas de selección el domingo 27 de junio, dando cuenta de la concesión de 500 pesetas para el arreglo de la pista. Kossak, el seleccionador nacional de atletismo, llegó a San Sebastián para ver a los atletas en las terceras pruebas de selección. Según su opinión, se trataba de un grupo al que se le podía sacar un buen rendimiento y con el que España podría presentarse dignamente a los Juegos Olímpicos.

---

[984] Corredisses, seudónimo de Josep Elías i Juncosa. (1920b, 17 de maig). Els esports. Espanya a Anvers. *La Veu de Catalunya, 7.544*, 9; Els esports. Atletiques. (1920, 16 de maig). *La Veu de Catalunya, 7.543*, 12; España ante la Olimpiada de Amberes. (1920c, 12 de mayo). *La Información, 1.931*, 4; Pruebas atléticas. (1920, 18 de mayo). *La Vanguardia, 16.983*, 7.
[985] Desconocemos los resultados oficiales del concurso del 30 de mayo de 1920, porque en la Federación Madrileña de Atletismo (continuadora de la Federación Atlética Castellana), no se conservan y se desconoce qué ha pasado con dichos documentos (comunicación telefónica con la Federación Madrileña de Atletismo, 1 de octubre de 2014).
[986] Aunque la Federación Atlética Guipuzcoana no vaya como entidad al campeonato celebrado en Madrid, cualquier atleta de forma individual podía inscribirse. Ver, *Heraldo Deportivo, 182*. (1920, 5 de junio). (Sin título), 220-221.
[987] Atletismo. En Madrid. (1920, 30 de mayo). *La Información, 1.940*, 4; Corominas i Colet, J. (1964). *Medio siglo de atletismo español 1914-1964*. Madrid: Comité Olímpico Español; Deportes. Atletismo. (1920, 1 de junio). *El Sol, 882*, 3; Hernández Coronado, R. (1931). *Los 20 años del atletismo español a través de sus records y campeonatos*. Madrid: Imp. La Rafa; Juan Deportista, seudónimo de Alberto Martín Fernández. (1920b, 3 de junio). Cuartillas madrileñas. Atletismo. Concurso de selección. *El Mundo Deportivo, 738*, 3; La Olimpiada de Amberes. (1920, 31 de mayo). *La Acción, 1.526*, 4; Puig Aycart. (1920a, 3 de junio). Atletismo. En Madrid. El concurso de la Delegación Española del Comité Olímpico. *Madrid-Sport, 192*, 6-7.

Después de estas pruebas, el equipo seleccionado quedó concentrado para entrenarse de forma exclusiva, con precisión y coherencia, hasta su marcha a Amberes[988].

La Federación Atlética Guipuzcoana[989] aceptó la solicitud del COE y el 27 de junio se celebraron las terceras pruebas de selección en el campo de Atocha en San Sebastián. Según acta federativa guipuzcoana, en esta competición consiguieron récord de España en las pruebas de 800 metros y lanzamiento de peso dos atletas del club Sartako, Miguel García, con un tiempo de 2,01 minutos, e Ignacio Izaguirre, con un lanzamiento de 11,69 metros. El teniente Jaime Camps no figura en los resultados de las carreras de los 200 ni de los 100 metros. Tampoco está entre los 15 atletas seleccionados para concentrarse con el técnico Erwin Kossak en Fuenterrabía, en el campo de deportes de Amute, perteneciente al Real Unión Club de Irún, cedido al COE[990]. Sin embargo, Jaime no se rindió, siguió entrenando y compitiendo; el sábado 17 de julio corrió en Amute una carrera de 100 metros con los seleccionados, quedando en cuarto lugar, junto a Pajarón y por delante de Botín y Reparaz, y ganó la carrera Mendizábal con once segundos[991].

Félix Mendizábal Mendiburu tenía una excelente velocidad de reacción, una aceleración extraordinaria y su paso era el de mayor potencia que se había visto en España. Su llegada era defectuosa porque no dominaba la técnica respiratoria y le faltaba flexibilidad, algo que jamás se preocupó de trabajar. Poseedor del récord de España de 100 metros lisos desde octubre de 1918, conseguido en el campo del Athletic Club de Madrid con un tiempo de 11 segundos, fue considerado hasta

---

[988] Atletismo. Ante la Olimpiada de Amberes. (1920, 26 de junio). *La Información, 1.962,* 5; RAFFLES. (1920, 20 de junio). La asamblea de la F.A.G. *El Pueblo Vasco, 8.387,* 4.
[989] Desconocemos los resultados oficiales del concurso del 27 de junio de 1920 y del Campeonato de España del 24 y 25 de julio de 1920, porque la sede de la Federación Guipuzcoana de Atletismo (continuadora de la Federación Atlética Guipuzcoana) sufrió una inundación el 1 de junio de 1996 y se destruyó gran parte de la documentación de esos años (comunicación personal con el secretario de la Federación Guipuzcoana de Atletismo, 4 de septiembre de 2014).
[990] Archivo de la Federación Atlética Guipuzcoana. Libro 1. Actas de resultados en pruebas de pista (1916-1936); Deportes. Atletismo. (1920, 1 de junio). *El Sol, 882,* 3; HAND. (1920a, 1 de julio). En San Sebastián. *Madrid-Sport, 196,* 7; Corominas i Colet, J. (1964). *Medio siglo de atletismo español 1914- 1964.* Madrid: Comité Olímpico Español.
[991] B. A. (1920, 21 de julio). Las Olimpiadas de Amberes. La preparación española. *La Información, 1.981,* 5; Crónica deportiva. La preparación olímpica en los diferentes países. (1920, 23 de julio). *El Pueblo Vasco, 6.416,* 5.

mediados de los años 60 el mejor velocista español de todos los tiempos[992].

A finales de julio se tenía previsto celebrar los Campeonatos de España de atletismo en pista y le correspondía a la Federación Guipuzcoana organizarlos. El teniente Camps Gordon sabía que debía entrenar fuerte, porque los resultados obtenidos en esta prueba tendrían un gran valor para establecer la lista definitiva de cara a los Juegos Olímpicos. Las inscripciones estuvieron abiertas hasta el 20 de julio en la calle Fuenterrabía, 15, bajo, en San Sebastián[993].

El secretario del COE, el doctor Bartrina, había llegado en estos días de julio a la capital guipuzcoana y había instalado sus oficinas en el Hotel Arana para desde allí gestionar toda la documentación relacionada con el viaje de los atletas[994].

El 24 de julio, miembros de todas las federaciones regionales aprobaron el reglamento y quedó constituida la Real Federación Atlética Española. El primer compromiso adoptado fue efectuar, junto al COE, una selección de atletas para asistir a los Juegos Olímpicos, teniendo en cuenta los resultados de los campeonatos de España; por lo tanto, Jaime debía participar en ellos si quería ser seleccionado. La junta directiva del máximo órgano federativo atlético estaba formada por Gabriel María de Laffitte como presidente; Manuel Orbea, secretario; el capitán Julio Ortega[995], tesorero; y José María Peña y Salvador Díaz como vocales. Enviaron su adhesión a la Federación Internacional para que Real Federación Atlética Española fuera reconocida, requisito imprescindible para poder participar en Amberes[996].

El domingo 25 de julio se celebró la segunda jornada de los IV Campeonatos de España de Atletismo, en el campo de Atocha, en la

---

[992] Archivo de la Federación Atlética Guipuzcoana. Libro 1. Actas de resultados en pruebas de pista (1916-1936); Deportes. Atletismo. (1920, 1 de junio). *El Sol, 882*, 3; Corominas i Colet, J. (1964). *Medio siglo de atletismo español 1914-1964*. Madrid: Comité Olímpico Español.
[993] Los campeonatos de España. (1920, 4 de julio). *La Información, 1.968*, 5; Vida Deportiva. La Olimpiada de Amberes. Campeonatos Atléticos de España. (1920, 15 de julio). *La Vanguardia, 17.033*, 6.
[994] Atletismo. El Comité Olímpico. (1920, 10 de julio). *La Información, 1.973*, 6.
[995] Julio Ortega Tercero nació en San Sebastián en 1889, ingresó en el Ejército como cadete de infantería en 1907; pasó a la reserva en 1951 con el empleo de coronel. Ver, Archivo General Militar de Segovia. Legajo O-83, expediente 7. Expediente personal militar de Julio Ortega Tercero.
[996] Ante la Olimpiada de Amberes. Los IV campeonatos nacionales de atletismo en Atocha. (1920, 27 de julio). *La Información, 1.986*, 6; Deportes. Real Federación Atlética Española. (1920, 25 de julio). *La Información, 1.985*, 3.

localidad de San Sebastián. En la primera semifinal de 100 metros, por la mañana, participó y ganó Jaime Camps con un tiempo de 12 segundos y, en la final de 100 metros que se disputó por la tarde, quedó segundo, detrás de Mendizábal, con un tiempo de 11,8 segundos, por lo que obtuvo la medalla de plata. Esa misma tarde corrió los relevos de 4x250 metros, quedando segundo con un equipo formado por Arrillaga, Martínez, Gallostra y Camps[997].

Caro[998] analizó los malos resultados del reciente Campeonato de España de Atletismo que se celebraron en San Sebastián a finales de julio y expresó no saber dónde estaban los culpables: en la pésima labor organizadora del Comité o, como decía el COE, en las pésimas condiciones del terreno y en el hecho de haberse celebrado los campeonatos sin acabar los entrenamientos. Días después, publicó un artículo en el que arremetía contra la gestión organizativa española de los Juegos, "... es preciso que vayan para hacer acto de presencia, para aprender..."; tenía claro que en atletismo los españoles no iban a estar junto a los mejores y que, si fueran menos, el Estado se ahorraría dinero, "... aún hay tiempo de reducir el número de seleccionados [...] si se trata de organizar un viaje turista, habría salido mejor encargándoselo desde un principio a la agencia Cook's[999]"[1000].

Pero Kossak no compartía las opiniones del periodista Federico Caro. El técnico, así lo dijo en una entrevista, era partidario de llevar un número elevado de atletas, porque cuantos más fueran, más se extendería el entusiasmo de los españoles a la vuelta de los Juegos. Y añadía: "Creo que nuestra actuación será bastante buena; hay que tener en cuenta que ningún atleta en España, por muy entusiasta que sea, se ha dedicado exclusivamente a entrenarse por sus quehaceres particulares, y ahora no pensaremos en otra cosa que en el motivo por el que estamos reunidos"[1001].

---

[997] Ante la Olimpiada de Amberes. Los IV campeonatos nacionales de atletismo en Atocha. (1920, 27 de julio). *La Información, 1.986*, 6; Crónica deportiva. La preparación olímpica en los diferentes países. (1920, 23 de julio). *El Pueblo Vasco, 6.416*, 5; HAND. (1920b, 29 de julio). Atletismo. En San Sebastián. Los IV Campeonatos de España. *Madrid-Sport, 200*, 7-8.
[998] Caro, F. (1920a, 29 de julio). Del momento. Ante Amberes. *Madrid-Sport, 200*, 3.
[999] Primera agencia de viajes que se creó en Gran Bretaña, en 1845, a cargo Thomas Cook; se expandieron por Europa y América, llegando a España en 1899. Ver, Moreno Garrido, A. (2007). *Historia del turismo en España en el siglo xx*. Madrid: Síntesis.
[1000] Caro, F. (1920b, 5 de agosto). Amberes. *Madrid-Sport, 201*, 3.
[1001] Ante las olimpiadas. El Entrenador. (1920, 15 de julio). *El Mundo Deportivo, 774*, 1.

En este Campeonato de España, Jaime corría en inferioridad como atleta no seleccionado para Amberes, porque los atletas seleccionados no tenían que pasar eliminatorias. Sin embargo, nuestro protagonista tuvo que correr por la mañana para obtener la clasificación en la final de la sesión vespertina. A pesar de ello, estas últimas carreras, y sobre todo el subcampeonato de España alcanzado, dieron al joven oficial Jaime Camps el pasaporte a Amberes porque venció a todos los seleccionados menos a Mendizábal[1002]. Así lo manifestó Odanoroc[1003], quien afirmó que al terminar estas carreras se reunieron el seleccionador nacional Kossak y Álvaro de Aguilar en nombre del COE y entre otras cosas acordaron la inclusión en el equipo de la selección del buen velocista guipuzcoano Jaime Camps en la prueba de los 100 metros. También destacaba a nuestro protagonista el periodista deportivo Manuel Orbea, TACK, que publicaba en *El Pueblo Vasco*: "... Pocas líneas en el capítulo de elogios. Uno para el teniente Camps, que llega pisando los talones a Mendizábal a fuerza de constancia y entrenamiento"[1004].

El teniente Camps fue autorizado a través de un telegrama del Ministro de la Guerra, con fecha de 26 de julio de 1920, para viajar a Amberes (Bélgica) y tomar parte en la VII Olimpiada, sin derecho a indemnización, ni dietas (Anexo I). El permiso finalizaba el 26 de agosto de 1920[1005].

Los entrenamientos para Camps Gordon continuaron en el campo de Amute, en Fuenterrabía (Guipúzcoa), hasta que emprendieron el viaje a Amberes. Kossak corregía defectos de nuestro protagonista para que intentase progresar en estos últimos días. Así lo hacía Miguel García, quien, en una carrera realizada en esta concentración el 2 de agosto batió el récord de España de 400 metros lisos con un tiempo de 51 segundos[1006].

[1002] HAND. (1920b, 29 de julio). Atletismo. En San Sebastián. Los IV Campeonatos de España. *Madrid Sport, 200,* 7-8; Odanoroc. (1920, 29 de julio). Los campeonatos atléticos, por dentro. *Madrid-Sport, 200,* 6-7.
[1003] Odanoroc. (1920, 29 de julio). Los campeonatos atléticos, por dentro. *Madrid-Sport, 200,* 6-7.
[1004] TACK, seudónimo de Manuel Orbea y Biardeau. (1920, 6 de enero). ¡A seis meses de la Olimpiada! *La Información, 1.189,* 4.
[1005] Archivo General Militar de Segovia. Legajo C-829, expediente 01. Expediente personal militar de Jaime Camps Gordon; Archivo Intermedio Militar del Noroeste. Signatura ES.15402.AIMNO//02.0003.00030. Fondo: Regimiento de Infantería Sicilia n.º 7. Expediente personal militar de Jaime Camps Gordon.
[1006] Archivo de la Federación Atlética Guipuzcoana. Libro 1. Actas de resultados en pruebas de pista (1916-1936); De Irún. (1920, 29 de julio). *Madrid-Sport, 200,* 5.

El día 5 de agosto, el equipo de atletismo, compuesto por Carlos Botín Polanco, Jaime Camps Gordon, Julio Domínguez, José García Lorenzana, Miguel García Onsalo, José Luis Grasset Jamar, Ignacio Izaguirre Echaniz, Luis Meléndez Gardeñas, Félix Mendizábal Mendiburu, Juan Muguerza Sasieta, Diego Ordoñez Arcauz, Carlos María Pajarón del Álamo, Teodoro Pons Domínguez "Diodoro" y Federico Reparaz Linazaroso, emprendió el viaje en ferrocarril a Amberes desde Hendaya, vía París. A su llegada, el doctor Bartrina Costa, miembro del COE, los recibió y les proporcionó alojamiento[1007]. Alojamiento y comida que, según nos explicó A.C. y M.[1008], fueron una vergüenza: estaban mal instalados, la alimentación era deficiente y el agua, pésima. Jaime y sus compañeros se alojaron en una escuela de niñas que, según el presidente Laffitte, como hospedería no era lo mejor, pero era suficiente, porque con fina ironía afirmaba "si llegamos a tener de ministro Alcalá Zamora dormimos al raso"[1009] [1010].

El día de antes, el Comité Organizador Belga de la VII Olimpiada envió una carta al embajador español en Bélgica en la que adjuntaba cuatro invitaciones para la delegación española en la embajada. Al día siguiente, el Comité Organizador envió otra misiva al marqués de Villalobar para informarle de que el rey de Bélgica abriría los Juegos Olímpicos el 14 de agosto a las 14:00 horas; y en otra posterior, de 11 de agosto, le ampliaba los datos de los asistentes a dicha ceremonia de apertura, indicando que, además del rey, estarían la reina, los príncipes Leopold y Charles, la princesa Marie-José y el Cardenal Mercier[1011].

El sábado 14 de agosto de 1920, a las 10:00 horas, se celebró una misa a cargo del cardenal Mercier en la catedral de Amberes, en recuerdo de las víctimas de la guerra. El teniente Camps Gordon y el resto de deportistas españoles ofrecieron una enorme corona con las

---

[1007] Lennartz, K., Reinhartdt, W. and Schlüter, R., (2013). *Die Spiele der VII. Olympiade 1920 in Antwerpen*. Kassel (Deutschland): AGON Sportvelag; Los Deportes. Ante la Olimpiada. (1920, 28 de julio). *La Acción, 1.576*, 4; Mallon, B. and Bijkerk, A. (2009). *The 1920 Olympic Games*. North Carolina (EEUU): McFarland.
[1008] A.C. y M. (1920, 6 de septiembre). En Madrid. *La Voz, 58*, 4.
[1009] Hace referencia al voto particular de disconformidad con la concesión del crédito solicitado para que un equipo viajara y se alojara en Amberes para representar a España en los Juegos Olímpicos de esta ciudad. Emitido por Niceto Alcalá Zamora como consejero del Consejo de Estado, visto anteriormente.Ver, Archivo del Consejo de Estado. Hacienda-Créditos. Expediente 7216.
[1010] Gil Baré, seudónimo de Gabriel María Laffitte Ruiz. (1920a, 17 de agosto). Los grandes Juegos Olímpicos de Amberes. *El Pueblo Vasco, 6.438*, 3.
[1011] Archivo General de la Administración. Sección 10. Fondo 113. Embajada de España en Bruselas. Signatura: 54/15292- Juegos Olímpicos (Amberes y Sevilla).

palabras "Los atletas españoles a sus compañeros que murieron por la patria"[1012].

Poco después de las 13:30 horas, el rey Alberto de Bélgica, acompañado de su séquito, entra en el estadio Beerschot[1013]. Es recibido por los miembros del Comité Organizador de los Juegos y del COI y se dirigen a la tribuna, donde se encuentra el resto de autoridades. Después de cantar el himno nacional belga, comienza el desfile de los atletas (Figura 16); Jaime Camps y la delegación española, al pasar ante el rey belga, se llevan la mano al corazón. Va con un uniforme diseñado por Gonzalo de Figueroa y la representación está encabezada por el abanderado, Ignacio Izaguirre, lanzador de peso y jabalina[1014]. Al finalizar, el conde de Baillet-Latour, presidente del Comité Organizador Belga, toma la palabra y solicita al rey que inaugure los Juegos, cosa que hizo con las siguientes palabras "Declaro abiertos los Juegos Olímpicos de Amberes, la VII Olimpiada de la época moderna"[1015].

Figura 16: Desfile de los atletas españoles en el estadio de Amberes[1016]

[1012] Findling, J. E. (1996). *Historical dictionary of the modern olympic movement*. Wesport (Connecticut): Greenwood; Olympiade Van Antwerpen. (1920, 22 août). *Sport-Revue, 7*, 97-110; Verdyck, A. (1957). *Rapport Officiel des Jeux de la VIIeme Olympiade, Anvers 1920*. Bruxelles: Comité Belge de la VII Olympiade.

[1013] Dicha entrada es definida por el periodista deportivo Manuel de Castro como "monumental y muy olímpica". Ver, Castro González, M. (Handicap) (1935). *Las gestas españolas en el football olímpico de Amberes: agosto-septiembre 1920*. Sin lugar: sin editor, 15.

[1014] Desfile de los atletas. (1920, 17 de agosto). *El Pueblo Vasco, 6.438*, 3; Mallon, B. and Bijkerk, A. (2009). *The 1920 Olympic Games*. North Carolina (EEUU): McFarland; Martialay Martín-Sánchez, F. (2000). *Amberes. Allí nació la furia española*. Madrid: Real Federación Española de Fútbol; Verdyck, A. (1957). *Rapport Officiel des Jeux de la VIIeme Olympiade, Anvers 1920*. Bruxelles: Comité Belge de la VII Olympiade.

[1015] Olympiade Van Antwerpen. (1920, 22 août). *Sport-Revue, 7*, 110.

[1016] Desfile de la delegación española en los Juegos Olímpicos de Amberes en 1920, 20 de agosto de 1920. Archivo fotográfico ABC, referencia 7672541.

Posteriormente, Victor Boin, teniente belga, podio en waterpolo en los dos Juegos Olímpicos precedentes y tirador de esgrima, pronuncia el juramento, por primera vez en unos Juegos de la época moderna, con una mano sobre el pecho y otra en la bandera olímpica[1017].

La bandera olímpica ondeó por primera vez en unos Juegos Olímpicos y era tan grande su popularidad que, una noche, un grupo de atletas se la llevaron[1018] y, según Lennartz et al. [1019], fue devuelta por Harry Priester, norteamericano con más de cien años, a Samaranch, presidente del COI, en el año 2000 en los Juegos Olímpicos de Sydney.

Esa noche, nuestro biografiado supo que debía dormir entre siete y nueve horas; levantarse con un baño frío y hacer diez minutos de ligera gimnasia sueca; a continuación, tomar un ligero desayuno; y como Jaime corría por la tarde, debía comer cuatro horas antes, con alimentos donde predominasen los azucares[1020].

A las 15:15 horas, siguiendo las normas del programa oficial de atletismo, comenzó en el estadio la primera ronda de los 100 metros lisos. Solo se clasificaban los dos primeros de cada serie para los cuartos de final. En la sexta serie se encontraba el joven Jaime Camps con su camiseta corta, de color rojo, con un león rampante de color amarillo como escudo, el dorsal a la espalda y sus pantalones blancos y amplios, unos centímetros por encima de las rodillas. No podía cometer ningún error en la salida, sabía que con dos salidas en falso sería eliminado. El juez de salida dijo: "Señores, a sus marcas, preparados" y disparó la pistola. Empezó la carrera; la mayoría de sus competidores eran mucho más veloces y quedó quinto[1021], por lo que fue eliminado. Corrieron en su serie Morris Kirksey (USA), ganador con un tiempo de 11 segundos,

---

[1017] American Olympic Committee. (1920). *The 1920 United States Olympic Committee Report*. New York: American Olympic Committee; Fernández Buitrón, C. y del Riego Gordón, C. (2004). *Citius, Altius, Fortius, las Olimpiadas y sus mitos*. León: Everest.
[1018] American Olympic Committee. (1920). *The 1920 United States Olympic Committee Report*. New York: American Olympic Committee.
[1019] Lennartz, K., Reinhardtt, W. and Schlüter, R., (2013). *Die Spiele der VII. Olympiade 1920 in Antwerpen*. Kassel (Deutschland): AGON Sportvelag.
[1020] Maluquer Maluquer, A. (1916). *Carreras a pie*. Barcelona: Los Sports.
[1021] No se conservan los resultados oficiales de España en atletismo porque el COE no realizó informe oficial de la participación española en los Juegos Olímpicos de Amberes. Según Conrado Durántez Corral, presidente de la Academia Olímpica Española, el Comité Olímpico Español no dispone de archivo (comunicación personal, 26 de enero de 2011). Tampoco se conservan los resultados oficiales de España en atletismo en el Comité Olympique et Interfédéral Belge (comunicación vía correo electrónico con Sonia Paduwat, de Servicios Generales, 22 de abril de 2014). Ni se conservan los resultados oficiales de España en atletismo en el Olympic Studies Centre (comunicación personal con Patricia Eckert, del Servicio de Referencia e Investigación, 19 de abril de 2011).

Joseph Imbach (SUI), René Lorain (FRA), Johan Johansen (NOR) y Giovanni-Batlisla Orlandi (ITA)[1022].

Esta prueba de los 100 metros lisos fue ganada por el tejano Charles Paddock[1023], con un salto, metros antes de la llegada, y con un tiempo de 10,8 segundos. El mejor español en esta prueba fue Félix Mendizábal, eliminado al ser quinto en la primera semifinal[1024].

El 21 de agosto de 1920 a las 14:30 horas, se corrieron las semifinales de 4x100 metros, en las que se clasificaban para la final los dos primeros equipos; según *El Mundo Deportivo*[1025], Tharrats[1026] y Alcoba López[1027], Jaime Camps volvió a competir con el equipo español. Los relevos cortos estaban formados por Carlos Botín Polanco, Félix Mendizábal Mendiburu, Diego Ordoñez Arcauz y nuestro protagonista, el teniente Camps, y quedaron eliminados al terminar terceros en la primera serie, con un tiempo de 44,6 segundos. Otras referencias no reconocen esta participación de Jaime en los 4x100 metros[1028] [1029]. Esta prueba de relevos cortos la ganó el equipo de los Estados Unidos, compuesto por Charles Paddock, Jackson Scholz, Loren Murchison y Morris Kirksey, con un tiempo de 42,2 segundos[1030].

Al terminar cada una de las carreras, nuestro protagonista, para recuperarse del esfuerzo con mayor rapidez, se lavaba las piernas para retirar la suciedad y el sudor y procedía a darse un masaje de menor a

---

[1022] Comité Belge de la VII Olympiade. (1920b). *Programme Officiel VIIème Olympiade, Anvers 1920*. Anvers: Comité Belge de la VII Olympiade; Mallon, B. (1992). *The Unofficial Report of the 1920 olympics*. Durham (EEUU): Most; Mallon, B. and Bijkerk, A. (2009). *The 1920 Olympic Games*. North Carolina (EEUU): McFarland; Sports Reference. (2014, 27 de septiembre). *SR/Olympic Sports*. Recuperado de http://www.sports-reference.com.
[1023] Charles Paddock participó en tres Juegos Olímpicos y murió como capitán en la Segunda Guerra Mundial. Estados Unidos puso su nombre a un buque de guerra. Ver, The Associated Press. (1979). *Pursuit Excellence the Olympic Story*. Danbury (EEUU): Crolier Enterprises.
[1024] De Uitslagan dar Athletische Wedstrijden. (1920, 22 août). *Sport-Revue*, 7, 102; Mallon, B. (1992). *The Unofficial Report of the 1920 olympics*. Durham (EEUU): Most; Mallon, B. and Bijkerk, A. (2009). *The 1920 Olympic Games*. North Carolina (EEUU): McFarland; Verdyck, A. (1957). *Rapport Officiel des Jeux de la VIIeme Olympiade, Anvers 1920*. Bruxelles: Comité Belge de la VII Olympiade.
[1025] Ante la olimpiada. Los atletas a Amberes. (1920, 12 de agosto). *El Mundo Deportivo*, 748, 1.
[1026] Olympic Studies Centre. Reference code D-RM01-ESPAG/016. J. G. Tharrats (1974). *Álbum sobre los Juegos Olímpicos de 1920*. (vol. I). (Manuscrito).
[1027] Alcoba López, A. (1992). *España en los Juegos Olímpicos*. Madrid.
[1028] Según Mallon, Mallon and Bijkerk y Sports Reference, el equipo de 4x100 metros estaba compuesto por Carlos Botín Polanco, Félix Mendizábal Mendiburu, Diego Ordoñez Arcauz y Federico Reparaz Linazaroso. Ver, Mallon, B. (1992). *The Unofficial Report of the 1920 olympics*. Durham (EEUU): Most; Mallon, B. and Bijkerk, A. (2009). *The 1920 Olympic Games*. North Carolina (EEUU): McFarland; Sports Reference. (2014, 27 de septiembre). *SR/Olympic Sports*. Recuperado de http://www.sports reference.com.
[1029] Mallon, B. (1992). *The Unofficial Report of the 1920 olympics*. Durham (EEUU): Most; Mallon, B. and Bijkerk, A. (2009). *The 1920 Olympic Games*. North Carolina (EEUU): McFarland; Sports Reference. (2014, 27 de septiembre). *SR/Olympic Sports*. Recuperado de http://www.sports reference.com.
[1030] Mallon, B. (1992). *The Unofficial Report of the 1920 olympics*. Durham (EEUU): Most.

mayor intensidad y de abajo hacia arriba, en dirección al corazón. Posteriormente, sabía que debía comer hidratos de carbono para reparar las oxidaciones producidas en el organismo[1031] por la competición[1032].

Una vez terminada su participación deportiva, el teniente Camps consideró que era la hora de tener algún recuerdo de su estancia en los Juegos Olímpicos de Amberes y adquirió un bastón con la empuñadora de plata con la inscripción "Olimpiada 28-8-920" (Figura 17)[1033].

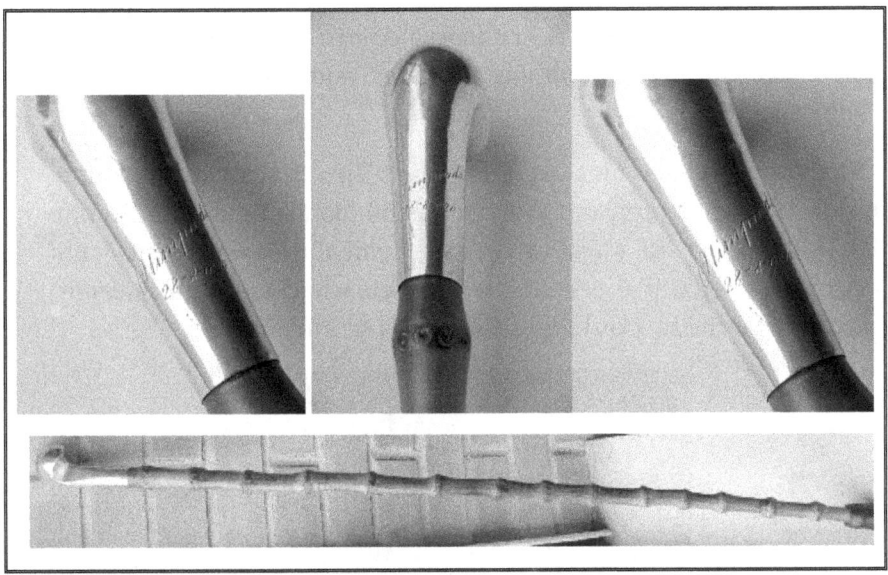

Figura 17: Bastón de Jaime Camps, con puño de plata y la inscripción "Olimpiada 28-8-920"[1034]

6.3. Preparación, clasificación y participación de los tiradores en los Juegos Olímpicos de Amberes

La situación caótica y desorganizada del COE y el desconocimiento de algunas entidades acerca de los procedimientos a seguir para participar en los Juegos Olímpicos provocaron, como hemos visto

---

[1031] Dichas oxidaciones son eliminadas a través de la piel, los pulmones y el riñón fundamentalmente y se producen a expensas de las reservas de glucógeno y de grasas. Ver, Trabal i Sans, J. A. (1920a, 14 de febrero). El arte de entrenarse. *La Información, 1.226*, 4.
[1032] Maluquer Maluquer, A. (1916). *Carreras a pie*. Barcelona: Los Sports; Trabal i Sans, J. A. (1920a, 14 de febrero). El arte de entrenarse. *La Información, 1.226*, 4.
[1033] Comunicación personal con Mercedes Camps Alberdi, 25 de marzo de 2011.
[1034] Archivo familiar Camps.

anteriormente, la queja por parte del presidente del Comité Organizador Belga hacia la institución olímpica española.

Un ejemplo de ello lo protagonizó el Tiro Nacional, para quien inicialmente el COE no existía o no conocía sus funciones. El presidente de la sociedad, el general Agustín Luque, supo por la prensa belga de la existencia de un gran evento deportivo internacional en Amberes, donde figuraban tiradas con armas de guerra. A mediados de marzo solicitó al embajador de España en Bélgica, marqués de Villalobar, que le proporcionase los programas del concurso de tiro y le facilitase datos y material concreto[1035] para que sus tiradores pudieran dejar en buen lugar a España[1036].

Mientras, en ese mes de marzo, el Tiro Nacional, mediante acuerdo de la junta central, creó una comisión, donde figuraba Antonio Bonilla (Figura 18). El objetivo de esta comisión era presentar un proyecto para preparar y estudiar lo que debía hacerse para poder ir con máximas garantías a los Juegos Olímpicos de Amberes[1037] [1038].

Figura 18: Antonio Bonilla San Martín[1039]

[1035] En cuanto al material, le pide al embajador dos blancos de las tiradas de fusil y otros dos de las tiradas con pistola. Ver, Archivo General de la Administración. Sección 10. Fondo 113. Embajada de España en Bruselas. Signatura: 54/15292- Juegos Olímpicos (Amberes y Sevilla).
[1036] Archivo General de la Administración. Sección 10. Fondo 113. Embajada de España en Bruselas. Signatura: 54/15292- Juegos Olímpicos (Amberes y Sevilla).
[1037] La Real Federación Española de Tiro Olímpico, continuadora del Tiro Nacional, expresa que dicho proyecto, desgraciadamente, no ha llegado hasta nosotros (comunicación personal con Jesús Martínez Martínez, secretario general, 7 de marzo de 2013).
[1038] Desde San Sebastián. Del Concurso de Tiro. (1920, 15 de septiembre). *El Tiro Nacional de España, 160*, 5-6; La Olimpiada de Amberes. (1920b, 31 de marzo). *El Tiro Nacional de España, 149*, 12.
[1039] Santos Díaz, E. (1928b, julio). El Concurso Nacional de Tiro en Granada. *Armas y Deportes, 91*, 7.

El 23 de marzo, Rodrigo de Saavedra y Vinent respondió a la carta del general Luque afirmando que se había puesto en contacto con el conde de Baillet-Latour, presidente de los Juegos Olímpicos, para recabar la información y que, en cuanto la tuviera, se la haría llegar. Cuatro días más tarde, el conde de Baillet-Latour le comentó al marqués de Villalobar que le haría llegar la información que le pedía, pero que sería más rápido ponerse en contacto con el presidente del COE, que tenía toda la documentación[1040].

En la misma sesión en la que el Tiro Nacional creó una comisión para estudiar la asistencia a los Juegos Olímpicos, se acordó enviar dos equipos, uno de arma larga y otro de arma corta. Para determinar quiénes formarían dichos equipos, se acordó que las representaciones provinciales hicieran pruebas a los socios y sus resultados se remitieran a la junta central. Esta designaría los tiradores que vendrían a Madrid para efectuar la prueba de selección definitiva[1041].

Nuevamente, el general Luque se puso en contacto con el marqués de Villalobar, a través de una misiva fechada el 26 de marzo, para indicarle que había interés por parte de los tiradores españoles por participar, pero que desconocía cómo se habían invitado a las naciones; además le pedía una invitación oficial que pudiera servir de punto de partida para preparar los equipos de arma larga y arma corta. El 30 de marzo el embajador español le respondió que, respecto a la invitación, ya había hablado con el presidente del Comité Organizador y que se tenía que poner en contacto con el marqués de Villamejor para que le diera todos los detalles. Tres días más tarde, le envió los programas oficiales y el reglamento sobre el tiro al blanco que le había solicitado el 15 de marzo[1042].

Según el programa oficial, el concurso de tiro se desarrolla desde el 24 de julio hasta el 31 en el campo de Beverloo, a poco más de 60 kilómetros de Amberes. Se permite inscribir en las pruebas individuales y por equipos un máximo de siete tiradores por nación aunque solo participarán cinco. El tiro con fusil será con arma libre, sin visual

---

[1040] Archivo General de la Administración. Sección 10. Fondo 113. Embajada de España en Bruselas. Signatura: 54/15292- Juegos Olímpicos (Amberes y Sevilla).
[1041] Tiro Nacional. Junta Central. Extracto de la sesión celebrada el día 14 de febrero de 1920. (1920a, 31 de marzo). *El Tiro Nacional de España, 149*, 5.
[1042] Archivo General de la Administración. Sección 10. Fondo 113. Embajada de España en Bruselas. Signatura: 54/15292- Juegos Olímpicos (Amberes y Sevilla).

telescópico, distancia 300 metros, sobre un blanco de 2x2 metros; el tiro con pistola será de guerra a una distancia de treinta metros, sobre un blanco de 50x50 centímetros[1043].

El 10 de abril, el general Luque le dio las gracias y le indicó que, a pesar del entusiasmo reinante entre los deportistas, si no recibía una invitación oficial que motivase alguna subvención por parte del Estado, los tiradores no podrían asistir porque la sociedad no se lo podía permitir. A pesar de este escrito, nueve días más tarde, conociendo ya el programa y el reglamento del tiro al blanco de los Juegos Olímpicos, el Tiro Nacional acordó encargar al capitán Ignacio Estévez una compra para la fabricación de unas armas en Suiza, pues las armas tardarían en llegar un mínimo de dos meses y había que estar preparados[1044].

Esta foto de abril de 1920 (Figura 19) es muestra del interés con el que los socios del Tiro Nacional en Madrid, como Ángel Pradel, entrenaban con pistola, de forma particular, en el campo de tiro de La Moncloa, de cara a los Juegos Olímpicos de Amberes[1045].

Figura 19: Entrenamientos para los Juegos Olímpicos de 1920, en el campo de tiro de la Moncloa[1046]

El presidente del COE se reunió con el secretario general del Tiro Nacional, Nicolás Martín, y este expuso en sesión de la junta central, el

---

[1043] Comité Belge de la VII Olympiade. (1920c). *Tir à la Cible*. Anvers: Comité Belge de la VII Olympiade.
[1044] Archivo General de la Administración. Sección 10. Fondo 113. Embajada de España en Bruselas. Signatura: 54/15292- Juegos Olímpicos (Amberes y Sevilla); Tiro Nacional. Junta Central. Extracto de la sesión celebrada el día 15 de junio de 1920. (1920b, 31 de octubre). *El Tiro Nacional de España, 163*, 4-5.
[1045] En la Moncloa preparándose para la Olimpiada de Amberes. (1920, 15 de abril). *El Tiro Nacional de España, 150*, 5; Lo de Amberes. Advertencia importante. (1920, 30 de abril). *El Tiro Nacional de España, 151*, 9.
[1046] En la Moncloa preparándose para la Olimpiada de Amberes. (1920, 15 de abril). *El Tiro Nacional de España, 150*, 5.

15 de junio, el resultado de dicha conversación. Básicamente se resumía en que el marqués de Villamejor invitaba al Tiro Nacional, por su carácter federativo nacional, a los Juegos Olímpicos, porque estaba muy interesado en la participación de los tiradores; asegurándose de que los gastos de viaje y estancia en Amberes iban por cuenta del COE, el Tiro Nacional aceptó la invitación, apuntando que habría de solicitarse al Estado que se hiciese cargo de una parte del gasto de las armas y la cartuchería[1047].

Las pruebas clasificatorias para ir a los Juegos Olímpicos se convocaron con poca anticipación; comenzaron a partir del 23 de junio, en el polígono de La Moncloa de Madrid y solo se presentaron veinticinco deportistas, ya que muchos de fuera de Madrid no podían asistir. Las tiradas de fusil consistían en disparar 120 tiros a 200 metros en las tres posiciones: de pie, rodilla en tierra y tendido, con 60 disparos de ensayo; y en las tiradas de pistola, 90 tiros, con 36 de ensayo, para determinar quiénes habían de constituir los equipos de arma larga y de arma corta, que deberían constar cada uno de siete tiradores[1048].

Según Corredisses[1049], la convocatoria para estas pruebas clasificatorias se realizó con veinticuatro horas de antelación, por telegrama, un día antes de finalizar la inscripción; y con ese aviso, en tan breve periodo de tiempo, pocos pueden acudir a la cita. Además, inicialmente, deben pagarse ellos el viaje. De Barcelona no fue nadie y es un escándalo que el COE lo haya permitido.

El capitán Bonilla San Martín y el alférez Rodríguez Somoza[1050] sabían que la selección no era un entrenamiento; el propio Antonio Bonilla ya decía que una tirada excelente de entrenamiento se convertía en notable en un concurso. Las tiradas debían ser buenas o se quedarían

---

[1047] La Olimpiada de Amberes. (1920a, 30 de junio). *El Tiro Nacional de España, 155*, 1-3; La Olimpiada de Amberes. (1920b, 31 de marzo). *El Tiro Nacional de España, 149*, 12.
[1048] España en Amberes. El equipo del Tiro Nacional. Hablando con el general Suárez Inclán. (1920, 31 de agosto). *El Tiro Nacional de España, 159*, 3-4 y 20; La Olimpiada de Amberes. (1920a, 30 de junio). *El Tiro Nacional de España, 155*, 1-3; Puig-Aycart. (1920a, 3 de junio). Atletismo. En Madrid. El concurso de la Delegación Española del Comité Olímpico. *Madrid-Sport, 192*, 6-7.
[1049] Corredisses, seudónimo de Josep Elías i Juncosa. (1920c, 28 de juny). Els esports. *La Veu de Catalunya, 7.580*, 13.
[1050] Asciende a alférez en 1919, concretamente a alférez de la escala de reserva retribuida, una injusta escala que suponía para el suboficial ascendido que su carrera terminaba con el empleo de comandante. Ver, Alpert, M. (1983). Una reforma inocente: Azaña y el Ejército. *Studia Histórica: Historia Contemporánea, 4*, 35.

fuera de los Juegos Olímpicos; la sentencia de Domingo, "Dime que tal tiras y te diré cuánto vales" [1051], adquiere todo su valor.

Terminadas las tiradas de fusil, se clasificó José Bento en primer lugar con un total de 931 puntos. El resto de seleccionados con arma larga fueron Antonio Bonilla, con 898 puntos; Domingo Rodríguez Somoza, con 876 puntos; Luis Calvet, con 876 puntos; Antonio Moreira, que con 23 años era el tirador más joven, alcanzó la última plaza titular con 869 puntos; Ángel Pradel, con 853 puntos, y León Villarín, con 838 puntos, se convirtieron en los tiradores suplentes con arma larga[1052].

El día 27 de julio terminaron las tiradas de pistola. Se clasificaron José Bento, en primer lugar, con 721 puntos; Luis Calvet, con 709 puntos; Antonio Bonilla, con 644 puntos; Antonio Vázquez de Aldana, deportista de 59 años, el más veterano de toda la delegación española, con 634 puntos; José María Miró Trepat, con 626 puntos; y como suplentes, Emilio Domínguez González, con 600 puntos e Ignacio Estévez con 581 puntos[1053].

A los tiradores de las representaciones de fuera de Madrid que se habían clasificado, como José Bento, Ignacio Estévez y Domingo Rodríguez Somoza, la junta central del Tiro Nacional les abonaba el viaje y les concedía un pago en metálico de doce pesetas por cada día que tuvieran que permanecer en la capital. El personal de clases e individuos de tropa, como el suboficial León Villarín y el cabo Antonio Moreira, sí tenían derecho a alojarse en el Depósito de Transeúntes y recibir un pago en metálico de dos pesetas diarias[1054].

Estas magníficas tiradas de los participantes pertenecientes al Ministerio de la Guerra[1055] permitieron que se les autorizase ir a los Juegos Olímpicos, según escrito del general Fernando Romero

---

[1051] Smokeless, C. (1919, 30 de junio). Máximas, pensamientos y sentencias de varios tiradores eminencias. *El Tiro Nacional de España, 131*, 19.
[1052] Deportes. Atletismo. (1920, 1 de junio). *El Sol, 882*, 3; La Olimpiada de Amberes. (1920a, 30 de junio). *El Tiro Nacional de España, 155*, 1-3; Puig-Aycart. (1920a, 3 de junio). Atletismo. En Madrid. El concurso de la Delegación Española del Comité Olímpico. *Madrid-Sport, 192*, 6-7.
[1053] Deportes. Atletismo. (1920, 1 de junio). *El Sol, 882*, 3; La Olimpiada de Amberes. (1920a, 30 de junio). *El Tiro Nacional de España, 155*, 1-3; Puig-Aycart. (1920a, 3 de junio). Atletismo. En Madrid. El concurso de la Delegación Española del Comité Olímpico. *Madrid-Sport, 192*, 6-7.
[1054] La Olimpiada de Amberes. (1920a, 30 de junio). *El Tiro Nacional de España, 155*, 1-3.
[1055] En dicha relación figuran, por orden de antigüedad, el coronel Antonio Vázquez de Aldana, el comandante José Bento López, los capitanes Luis Calvet Sandoz, Antonio Bonilla San Martín e Ignacio Estévez Estévez, el alférez Domingo Rodríguez Somoza y los suboficiales Ángel Pradel Cid y León Villarín Cano. Ver, Archivo General Militar de Segovia. Legajo 551b. Tiro al blanco. Tiro al blanco internacional (1913-1926).

Biencinto, subsecretario del Ministerio de la Guerra, fechado el 10 de julio, y que por su trascendencia mostramos en el Anexo II[1056].

El cabo Antonio Moreira Montero, perteneciente al Ministerio de Marina, fue autorizado para asistir a los Juegos, según Real Orden con fecha de 10 de julio (Anexo III), firmada por el ministro de Marina, Eduardo Dato Iradier, en esos momentos también presidente del Gobierno, como indicamos en el subapartado 6.1[1057].

Desde los primeros días de julio, tenemos constancia de que a los oficiales Bento López, Calvet Sandoz y Rodríguez Somoza se les permitió concentrarse y entrenar en Madrid para preparar de forma específica la competición hasta su marcha a Amberes[1058]. La prensa lo confirmó: "en tiro, comenzaron los entrenos..."[1059].

Según Francisco Calvet, su padre Luis era tenaz, perseverante, dedicaba mucho tiempo al entrenamiento y consideraba la participación internacional lo mejor que le podía pasar a un deportista[1060]. Además, tenía claro que participar en los Juegos Olímpicos suponía alcanzar mayor relevancia social y así lo expresaban sus palabras un año antes: "a la inmortalidad se llega tirando. Las puertas del Olimpo se abren para el que tira mucho a todo"[1061].

Con fecha de 14 de julio, el subsecretario del Ministerio de Estado envió al embajador de España en Bélgica una relación de los militares tiradores pertenecientes al Ministerio de la Guerra que participarían en los Juegos Olímpicos. Ocho días después, como ampliación de la anterior relación, se incluyó como jefe del equipo de tiro al general de brigada Pío Suárez Inclán y González. El 27 de julio, el embajador de España en Bélgica envió dicha relación a Francisco Yebra y Sáinz, cónsul español

---

[1056] Archivo General Militar de Segovia. Legajo 551b. Tiro al blanco. Tiro al blanco internacional (1913-1926).
[1057] Infantería de Marina (clases y tropa). (1920, 10 de julio). *Diario Oficial del Ministerio de Marina, 161*, 954.
[1058] Archivo General Militar de Segovia. Legajo B-1811, expediente 0. Expediente personal militar de José Bento López; Archivo General Militar de Segovia. Legajo C-432, expediente 0. Expediente personal militar de Luis Calvet Sandoz; Archivo General Militar de Segovia. Legajo R-1792, expediente 0. Expediente personal militar de Domingo Rodríguez Somoza.
[1059] Puig-Aycart. (1920b, 8 de julio). Atletismo. Camino de Amberes. *Madrid-Sport, 197*, 4.
[1060] Comunicación personal con Francisco Calvet Bazán, 27 de abril de 2010.
[1061] Smokeless, C. (1919, 30 de junio). Máximas, pensamientos y sentencias de varios tiradores eminencias. *El Tiro Nacional de España, 131*, 19.

en Amberes, y solicitaba que se les prestase la asistencia y ayuda que precisaran[1062].

El día 21 de julio, el equipo de tiro al blanco emprendió el viaje en ferrocarril a Amberes (Bélgica), desde la Estación del Norte, hoy Príncipe Pío, vía París. Durante el viaje, un miembro del equipo de pistola, José María Miró, se sintió indispuesto y tuvo que dejar al equipo a la altura de San Sebastián; fue sustituido por Emilio Domínguez, pasando Ignacio Estévez a ser el único reserva en el equipo de pistola; así lo manifestó posteriormente en una entrevista el jefe del equipo de tiro, general Pío Suárez Inclán y González. Tras su llegada, se les dio alojamiento en la ciudad de Beverloo, en un campamento militar[1063].

El equipo español viajó a Amberes con las armas procedentes de Suiza recién recibidas, por lo que no habían podido entrenar con ellas. El coste fue elevado por el cambio de moneda y fue sufragado por la sociedad el Tiro Nacional[1064].

El alojamiento con el que se encontraron el suboficial Ángel Pradel y el resto del equipo era un campamento con edificios de piedra, habitaciones muy sencillas en las que faltaba agua, toallas y jabón, las puertas no se podían cerrar y las ventanas estaban tapadas con papel. Se levantaban temprano, tomaban un café y huevos, que se agotaron los primeros días, y se dirigían al campo de tiro, situado a unos cinco kilómetros del campamento, y al que nuestros tiradores, al contrario que los de otros países con mejor gestión, iban caminando por no tener otro medio de transporte. Regresaban de tirar a media tarde, caminando por

---

[1062] Archivo General de la Administración. Sección 10. Fondo 113. Embajada de España en Bruselas. Signatura: 54/15292- Juegos Olímpicos (Amberes y Sevilla); Archivo General del Ministerio de Asuntos Exteriores y de Cooperación. Fondo: Correspondencia. Subfondo: Ministerios. Serie: Ministerio de la Guerra. Signatura H-1241.
[1063] Archivo General Militar de Segovia. Legajo 551b. Tiro al blanco. Tiro al blanco internacional (1913-1926); Deportes. A Amberes. (1920, 23 de julio). *La Información, 1.983,* 7; España en Amberes. El equipo del Tiro Nacional. Hablando con el general Suárez Inclán. (1920, 31 de agosto). *El Tiro Nacional de España, 159,* 3-4 y 20; La VII Olimpiada de Amberes. (1920, julio). *Gran Vida, 205,* 206; La Olimpiada. (1920, 5 de agosto). *Madrid-Sport, 201,* 5; Tiro Nacional. Junta Central. Extracto de la sesión celebrada el día 15 de junio de 1920. (1920b, 31 de octubre). *El Tiro Nacional de España, 163,* 4-5; Verdyck, A. (1957). *Rapport Officiel des Jeux de la VIIeme Olympiade, Anvers 1920.* Bruxelles: Comité Belge de la VII Olympiade.
[1064] España en Amberes. El equipo del Tiro Nacional. Hablando con el general Suárez Inclán. (1920, 31 de agosto). *El Tiro Nacional de España, 159,* 3-4 y 20; La VII Olimpiada. Curioso balance. (1922, 31 de marzo). *El Tiro Nacional de España, 197,* 8.

supuesto, y llegaban para la cena, una cena en la que solo dos veces, durante su estancia, comieron carne[1065].

Reunidos en el Hotel Palace en Bruselas, un grupo de españoles, entre ellos Gabriel Laffitte, el marqués de Villamejor, presidente del COE, su sobrino, nuestro protagonista el teniente José de Figueroa, y Pablo de Churruca; este último, que por ausencia del embajador de España en Bélgica ejercía su cargo, confirmó y explicó al resto el problema logístico del campamento y del campo de tiro en Beverloo, donde nuestros tiradores estaban mal alojados, sufrían una deficiente alimentación y llegaban al campo de tiro cansados[1066].

El campo de tiro estaba en una inmensa llanura en la que soplaba mucho viento, y no había refugio para los tiradores ni los jueces ni, por supuesto, para el resto del equipo que esperaba su turno. La organización, para salvar las irregularidades del terreno, habilitó unos puestos de tirador elevados (Figura 20) desde los que se pudieran ver los blancos[1067].

Figura 20: Campo de tiro en Beverloo. Puesto de tiradores del equipo de Noruega[1068]

[1065] España en Amberes. El equipo del Tiro Nacional. Hablando con el general Suárez Inclán. (1920, 31 de agosto). *El Tiro Nacional de España, 159*, 3-4 y 20; Bijkerk, A. (2003, January). Shooting Matches of the 1920 Olympics. *Journal of Olympic History, 1*, 28-34.
[1066] Gil Baré, seudónimo de Gabriel María Laffitte Ruiz. (1920b, 20 de agosto). Ante la VII Olimpiada. *El Pueblo Vasco, 6.442*, 4.
[1067] Bergvall, E. (1920). *Olympiska Spelen Antwerpen 1920*. Stockholm: Ahlen and Akerlunds Förlags A. B; Bull's Eye. (1920, 20 de septiembre). Beverloo... Morne Plaine!. *Le Vie au Grand Air, 857*, 36; Bijkerk, A. (2003, January). Shooting Matches of the 1920 Olympics. *Journal of Olympic History, 1*, 28-34.
[1068] Olympic Studies Centre. Reference code CIO JO-1920S-ARTPR. Press clippings and images scrapbook of the 1920 Antwerp Summer Olympic Games.

El cabo Antonio Moreira era el más joven de los 234 participantes en la modalidad del tiro al blanco; él y sus compañeros del equipo de fusil tenían permitido el uso de los binoculares de tirador, pero no miras telescópicas, como indicamos anteriormente. En lugar de utilizar la posición de rodilla, se podían sentar en el suelo con las piernas cruzadas y los codos apoyados sobre las rodillas. Las correas portafusil no estaban permitidas en los fusiles durante las tiradas. Los fusiles americanos tenían unos vidrios especiales que protegían de la luz del sol por dos alas curvas. No estaba permitido buscar refugio contra el aire o el viento, pero la supervisión fue mala, ni siquiera se verificaron los fusiles[1069].

El 29 de julio comenzó la tirada con fusil de guerra a 300 metros en posición tendido, que ganó Estados Unidos con 289 puntos; el equipo español[1070] obtuvo el séptimo lugar con 278 puntos. El mismo día, en la misma tirada anterior, pero en posición de pie, José Bento y sus compañeros de fusil alcanzaron el decimocuarto lugar, empatados con Checoslovaquia, con 200 puntos; ganó Dinamarca con 266 puntos. Posteriormente tiraron con fusil de guerra a 300 y 600 metros, en posición tendido; ganó Estados Unidos con 573 puntos, y los nuestros se conformaron con un duodécimo puesto y 510 puntos. Entre los días 29 y 30 de julio se celebró la tirada con fusil militar a 600 metros, en posición tendido, donde quedaron en el puesto trece, con 253 puntos. El 31 de julio se tiró con fusil libre a 300 metros en las tres posiciones (40 disparos de pie, 40 disparos de rodilla y 40 disparos tendido), el alférez Rodríguez Somoza, junto al resto del equipo, obtuvo el undécimo puesto con 4080 puntos; el primer lugar lo ocupó Estados Unidos con 4876 puntos[1071].

[1069] Bijkerk, A. (2003, January). Shooting Matches of the 1920 Olympics. *Journal of Olympic History*, 1, 28-34; Sports Reference. (2014, 27 de septiembre). *SR/Olympic Sports*. Recuperado de http://www.sports-reference.com.

[1070] El COE no conserva los resultados oficiales de España en tiro al blanco porque no realizó informe oficial de la participación española en los Juegos Olímpicos de Amberes. Según Conrado Durántez Corral, presidente de la Academia Olímpica Española, el COE no dispone de archivo (comunicación personal, 26 de enero de 2011). La Real Federación Española de Tiro Olímpico, continuadora del Tiro Nacional, expresa que dichos resultados oficiales no han llegado hasta nosotros (comunicación personal con Jesús Martínez Martínez, secretario general, 7 de marzo de 2013). Tampoco se conservan los resultados oficiales de España en tiro al blanco en el Comité Olympique et Interfédéral Belge (comunicación vía correo electrónico con Sonia Paduwat, de Servicios Generales, 22 de abril de 2014). Ni se conservan los resultados oficiales de España en tiro al blanco en el Olympic Studies Centre (comunicación personal con Patricia Eckert, del Servicio de Referencia e Investigación, 19 de abril de 2011). Evidencias de resultados individuales no oficiales prácticamente no hay; la mayoría de resultados completos del tiro al blanco de España, no oficiales, que han llegado hasta nosotros son del equipo.

[1071] American Olympic Committee. (1920). *The 1920 United States Olympic Committee Report*. New

Algunas naciones recurrían a la picaresca para obtener ventaja. En el equipo francés, un tirador utilizó una amplia banda de tela de lino colocada en el centro de su cuerpo en la posición de pie y, antes de presentar el fusil en la posición de preparado, introdujo el codo izquierdo entre la banda de lino y su cuerpo. Algunos estadounidenses tenían en el hombro derecho un relleno de cuero de alrededor de cinco centímetros de espesor y una pequeña hendidura poco profunda donde mostraban el lugar en el que el rifle debía descansar[1072].

El 2 de agosto, con carabina a 50 metros en posición de pie, el equipo español obtuvo el noveno puesto, con 1753 puntos; ganó Estados Unidos, con 1899 puntos[1073].

El equipo olímpico de fusil terminó su participación sin incidencias y los suboficiales suplentes Ángel Pradel Cid y León Villarín Cano (Figura 21) no tuvieron que competir.

Figura 21: León Villarín Cano con el uniforme en el empleo de suboficial del arma de artillería, la categoría que ostentaba cuando participó en los Juegos Olímpicos de Amberes[1074]

York: American Olympic Committee; España en Amberes. El equipo del Tiro Nacional. Hablando con el general Suárez Inclán. (1920, 31 de agosto). *El Tiro Nacional de España, 159*, 3-4 y 20; Mallon, B. (1992). *The Unofficial Report of the 1920 olympics*. Durham (EEUU): Most; Mallon, B. and Bijkerk, A. (2009). *The 1920 Olympic Games*. North Carolina (EEUU): McFarland; Sports Reference. (2014, 27 de septiembre). *SR/Olympic Sports*. Recuperado de http://www.sports reference.com.
[1072] Bijkerk, A. (2003, January). Shooting Matches of the 1920 Olympics. *Journal of Olympic History, 1*, 28-34.
[1073] American Olympic Committee. (1920). *The 1920 United States Olympic Committee Report*. New York: American Olympic Committee; España en Amberes. El equipo del Tiro Nacional. Hablando con el general Suárez Inclán. (1920, 31 de agosto). *El Tiro Nacional de España, 159*, 3-4 y 20; Mallon, B. (1992). *The Unofficial Report of the 1920 olympics*. Durham (EEUU): Most; Mallon, B. and Bijkerk, A. (2009). *The 1920 Olympic Games*. North Carolina (EEUU): McFarland; Sports Reference. (2014, 27 de septiembre). *SR/Olympic Sports*. Recuperado de http://www.sports reference.com.
[1074] Archivo familiar Villarín.

Todos nuestros protagonistas, cuando estaban en los puestos de tirador, mantenían un destacado silencio para alcanzar el más alto nivel de concentración. Así lo confirma el testimonio del tirador holandés Cornelis van Altenburg, participante en los Juegos; cuando visitaban a los españoles, a todos los tiradores les llamaba la atención el silencio absoluto que estos mantenían en los puestos de tirador[1075].

El mismo día 2 de agosto, con pistola libre a 50 metros, España alcanzó el duodécimo lugar con 2010 puntos; ganó Estados Unidos con 2372 puntos. Y al día siguiente, con pistola militar a 30 metros, el capitán Calvet, junto al resto de miembros del equipo de arma corta, consiguió un sexto puesto, con 1224 puntos; ganó Estados Unidos, con 1310 puntos. En esta modalidad y a nivel individual, Bento López se quedó en séptimo lugar entre 90 competidores, con una diferencia de 12 puntos respecto al primero[1076].

El cabo Moreira y el capitán Bonilla, al igual que el resto del equipo de tiro al blanco, cuando acababan sus tiradas y estaban en el campamento, dedicaban parte de su tiempo a limpiar las armas. Como mínimo, siempre limpiaban el cañón, la recámara y la aguja percutora, partes del arma donde, tras su uso, es habitual la acumulación de restos de pólvora que causan oxido[1077]. En el interior del cañón pasaban una baqueta con petróleo varias veces y luego la intercalaban con una tela seca. La recámara y la aguja percutora las limpiaban con un trapo con petróleo y posteriormente con un paño seco hasta que no quedaban restos de óxido. Por último, untaban el interior del mecanismo, especialmente en las zonas de rozamiento, con un poco de aceite o con grasa especial para armas[1078].

El equipo olímpico de pistola no tuvo ninguna incidencia más y el capitán Ignacio Estévez Estévez no tuvo que competir. Pero el capitán

---

[1075] Bijkerk, A. (2003, January). Shooting Matches of the 1920 Olympics. *Journal of Olympic History, 1*, 28-34.
[1076] American Olympic Committee. (1920). *The 1920 United States Olympic Committee Report*. New York: American Olympic Committee; España en Amberes. El equipo del Tiro Nacional. Hablando con el general Suárez Inclán. (1920, 31 de agosto). *El Tiro Nacional de España, 159*, 3-4 y 20; Mallon, B. (1992). *The Unofficial Report of the 1920 olympics*. Durham (EEUU): Most; Mallon, B. and Bijkerk, A. (2009). *The 1920 Olympic Games*. North Carolina (EEUU): McFarland; Sports Reference. (2014, 27 de septiembre). *SR/Olympic Sports*. Recuperado de http://www.sports reference.com.
[1077] El óxido origina el deterioro del arma y la pérdida de precisión. Ver, Peypoch Perera, L. (1930). *Tiro*. Barcelona: Sintes; Vázquez de Aldana, A. (1916). *Armas y defensa*. Madrid: Reus.
[1078] Peypoch Perera, L. (1930). *Tiro*. Barcelona: Sintes; Vázquez de Aldana, A. (1916). *Armas y defensa*. Madrid: Reus.

Estévez vio recompensado su esfuerzo con la participación olímpica, aunque fuese de suplente. Nos los confirma su hijo Carlos Estévez. Estaba muy orgulloso de sus éxitos deportivos, obtenidos gracias a un gran sacrificio de entrenamiento, que suponía levantarse cada día a las cinco de la mañana y entrenar todas las tardes varias horas, incluso durante las vacaciones[1079].

El tiro fue uno de los deportes con más modalidades diferentes, veintiuna, y según un reportero de *Echo de París*, citado por Findling[1080], ni siquiera en la batalla de Verdún, durante la I Guerra Mundial, se habían escuchado tantos disparos.

El 9 de agosto, de madrugada, llegaron a San Sebastián el delegado del equipo de tiro, el general Suárez Inclán, y algunos miembros de la expedición. José Bento y Luis Calvet se habían quedado en París para tomar parte en el concurso internacional de tiro que se celebraría en Reims[1081].

6.4. Preparación, clasificación y participación del teniente Figueroa y Alonso Martínez en los Juegos Olímpicos de Amberes

El COE quería que el deporte del polo estuviera representado en Amberes[1082]. Su presidente, el marqués de Villamejor, sabía que las personas que practicaban este deporte en España eran aristócratas, conocidos suyos, buenos jugadores y con excelentes caballos. La mayoría de ellos se concentraban en Madrid, alrededor del Real Club de la Puerta de Hierro[1083].

[1079] Comunicación personal con Carlos Estévez Eguiagaray, 1 de julio de 2011.
[1080] Findling, J. E. (1996). *Historical dictionary of the modern olympic movement*. Wesport (Connecticut): Greenwood.
[1081] España en Amberes. El equipo del Tiro Nacional. Hablando con el general Suárez Inclán. (1920, 31 de agosto). *El Tiro Nacional de España, 159*, 3-4 y 20; Notas deportivas. Concurso de tiro. (1920, 9 de agosto). *ABC*, 11.
[1082] Delegación Española del Comité Olímpico Internacional. (1920, 25 de enero). *Heraldo Deportivo, 168*, 44; España ante la olimpiada de Amberes. (1920b, 30 de enero). *La Información, 1.213*, 4.
[1083] Gómez Laínez, M. (2010). *El Real Club de la Puerta de Hierro*. Madrid: Real Club Puerta de Hierro.

La clase noble española adquirió caballos excelentes para jugar al polo durante la Primera Guerra Mundial, aprovechando la neutralidad de nuestro país[1084].

Es reconocido que la participación no le supondrá mucho gasto a la institución olímpica española[1085] dada la posición social que ocupaban sus deportistas. Así lo expresa un periodista en *El País*: "es absurdo que un aristócrata pretenda dar un "sablazo" al presupuesto pudiendo él costearse el viaje"[1086]. Años después lo corrobora Rubryk, ex miembro del COE, al afirmar que "el polo se costea él"[1087].

Cuando el programa oficial del polo llegó a España, a finales de marzo, como hemos visto, se conocieron sus particularidades. El campeonato se jugaría entre el 24 y el 31 de julio; se aceptarían las inscripciones hasta el 23 de junio; cada país podría llevar cuatro jugadores y cuatro reservas; la composición definitiva del equipo se debía comunicar al Comité Organizador antes del 8 de julio[1088].

A mitad de mayo de 1920, el secretario del rey, conocedor de su afición al polo, envió a José de Saavedra, marqués de Viana, el programa de los Juegos Olímpicos, porque en ellos estaba incluido dicho deporte. A finales de mayo, Emilio María de Torres, le envió otra carta al caballerizo mayor de Alfonso XIII en la que le adjuntaba el programa oficial del polo[1089].

No tenemos ninguna evidencia de que a nivel nacional se realizara un proceso de clasificación para seleccionar al mejor equipo de polo[1090].

[1084] Polo. Ante la VII Olimpiada. Los jugadores españoles. (1920, 6 de abril). *El Sport*, 177, 7.
[1085] Desconocemos quién financió el viaje, la estancia y la manutención de los deportistas del polo. El COE no conserva ningún informe financiero oficial de la participación española en los Juegos Olímpicos de Amberes. Según Conrado Durántez Corral, presidente de la Academia Olímpica Española, el COE no dispone de archivo (comunicación personal, 26 de enero de 2011). Tampoco se conserva documentación oficial de los posibles gastos ocasionados al Real Club de la Puerta de Hierro la participación de sus socios en los Juegos Olímpicos de Amberes (comunicación vía correo electrónico con Serafín Martín Vidriales, de Comunicación y Medio Ambiente, 31 de mayo de 2011).
[1086] Olimpiada de Amberes. No puede ser. (1920, 3 de febrero). *El País*, 11.790, 3.
[1087] Rubryk, seudónimo de Román Sánchez Arias. (1923, 12 de agosto). Ante los Juegos Olímpicos de 1924. *ABC*, 35.
[1088] Archivo General de la Administración. Fondo 8. Sección 5. Educación. Subsecretaria. Registro General. Libro 343. Signatura 16/64; Comité Belge de la VII Olympiade. (1920a). *Polo à Cheval*. Anvers: Comité Belge de la VII Olympiade.
[1089] Archivo General de Palacio. Fondo: Alfonso XIII. Sección: Reinados. Dependencias Real Casa. Caja 15836. Expediente 7.
[1090] No se conserva documentación de Gonzalo de Figueroa y Torres, marqués de Villamejor, sobre el COE y sus acciones emprendidas de cara a los Juegos Olímpicos de Amberes en 1920 (comunicación personal con Jaime de Figueroa y Castro, nieto de Gonzalo de Figueroa, marqués de Villamejor, 27 de octubre de 2014).

Sabemos por Gómez Laínez[1091] que el Real Club de la Puerta de Hierro formó un equipo, elegido entre sus afiliados, para participar en los Juegos Olímpicos de Amberes. Y conocemos la disputa de un partido entre socios del Real Club de la Puerta de Hierro, donde participaron todos los jugadores que posteriormente viajaron a Amberes.

Dicho encuentro de polo se celebró el 2 de abril de 1920 en el campo del Real Club de la Puerta de Hierro[1092]. En un equipo estaba Joaquín Santos Suárez, Luis de Figueroa y Alonso Martínez, conde de Velayos, Leopoldo Sáinz de la Maza y Gutiérrez-Solana, conde de la Maza, y José de Figueroa y Alonso Martínez. Y en el otro, Jacobo Fitz-James Stuart y Falcó, duque de Alba, Hernando Fitz-James Stuart y Falcó, duque de Peñaranda, Álvaro de Figueroa y Alonso Martínez, marqués de Villabrágima, y Carlos de Figueroa y Alonso-Martínez, marqués de San Damián[1093].

En la Figura 22 se observa a uno de los equipos que disputaron este partido. Como se puede observar, algunos jinetes se protegen las muñecas con fuertes vendajes. Los caballos deben llevar protegidas las patas, pues, de forma involuntaria, reciben muchos golpes con el mazo del jinete; además, estos vendajes activan la circulación de la sangre. Al finalizar el partido, a los caballos no se les abreva hasta que se haya calmado la respiración y se les da una ducha con efecto lluvia para recuperarlos durante unos diez minutos[1094].

[1091] Gómez Laínez, M. (2010). *El Real Club de la Puerta de Hierro*. Madrid: Real Club Puerta de Hierro.
[1092] No sabemos si fue un partido preparatorio de cara a los Juegos Olímpicos de Amberes, porque no se conserva documentación de aquellos momentos en los archivos privados del Real Club de la Puerta de Hierro (comunicación vía correo electrónico con Serafín Martín Vidriales, de Comunicación y Medio Ambiente, 31 de mayo de 2011). Tampoco se conserva documentación de aquellas fechas, por el expolio producido durante la Guerra Civil española, en el archivo privado de la Casa de Alba en el Palacio de Liria en Madrid (comunicación vía correo electrónico con José Manuel Calderón Ortega, encargado de los archivos históricos de la Fundación Casa de Alba, 16 de febrero de 2010). Hemos solicitado comunicarnos con María Eugenia Fitz-James Stuart y Gómez, nieta de Hernando Fitz-James Stuart y Falcó, duque de Peñaranda, y con Leopoldo Sainz de la Maza e Ybarra, conde de la Maza, nieto de Leopoldo Sainz de la Maza y Gutiérrez-Solana, conde de la Maza, pero no han respondido a nuestro requerimiento.
[1093] Gómez Laínez, M. (2010). *El Real Club de la Puerta de Hierro*. Madrid: Real Club Puerta de Hierro.
[1094] Iturralde. (1924, 11 de febrero). El juego del polo. *Olímpica, 11*, 16; Sostres Maignón, E. (1925). *Equitación*. Barcelona: Librería Sintes.

Figura 22: Partido de polo próximo a los Juegos Olímpicos de Amberes; José de Figueroa, el segundo por la derecha[1095]

En los primeros días de julio se enviaron las inscripciones de polo, nominalmente[1096], al Comité Organizador de los Juegos Olímpicos en Bélgica[1097]. Para algún medio de comunicación de la época[1098], en estas inscripciones para el equipo olímpico no figuraba José de Figueroa; sin embargo, en la mayoría de medios sí que aparece, como en *La Información*[1099], *La Acción*[1100], *ABC*[1101], *Olímpica*[1102] y *Velo-Sport* citado por Cinnamond[1103]; también en investigaciones actuales, como la del historiador Joan Fauria en 1993[1104], Tharrats en 1974[1105] o en las

---

[1095] Gómez Laínez, M. (2010). *El Real Club de la Puerta de Hierro*. Madrid: Real Club Puerta de Hierro.
[1096] No sabemos oficialmente quiénes constituyeron el equipo de polo, porque no se conserva documentación de aquellos momentos en los archivos privados del Real Club de la Puerta de Hierro (comunicación vía correo electrónico con Serafín Martín Vidriales, de Comunicación y Medio Ambiente, 31 de mayo de 2011). Tampoco se conserva documentación de aquellas fechas por el expolio producido durante la Guerra Civil española en el archivo privado de la Casa de Alba en el Palacio de Liria en Madrid (comunicación vía correo electrónico con José Manuel Calderón Ortega, encargado de los archivos históricos de la Fundación Casa de Alba, 16 de febrero de 2010). Hemos solicitado comunicarnos con María Eugenia Fitz-James Stuart y Gómez, nieta de Hernando Fitz-James Stuart y Falcó, duque de Peñaranda y con Leopoldo Sainz de la Maza e Ybarra, conde de la Maza, nieto de Leopoldo Sainz de la Maza y Gutiérrez-Solana, conde de la Maza, pero no han respondido a nuestro requerimiento.
[1097] Puig-Aycart. (1920b, 8 de julio). Atletismo. Camino de Amberes. *Madrid-Sport, 197*, 4-5.
[1098] Los deportes en la "Gaceta". (1920, 29 de julio). *Madrid Sport, 200*, 4.
[1099] Ante la olimpiada de Amberes. (1920b, 11 de marzo). *La Información, 1.248*, 4.
[1100] Los Deportes. Ante la Olimpiada. (1920, 28 de julio). *La Acción, 1.576*, 4.
[1101] Notas deportivas. Ante la Olimpiada. (1920, 27 de julio). *ABC*, 14.
[1102] Juegos Olímpicos. (1924, 29 de enero). *Olímpica, 9*, 16.
[1103] Cinnamond, N. J. (1930?). *El polo*. Barcelona: Catalonia.
[1104] Fauria i Garcia, J. (1993, spring). The First true Spanish Olympic medalists. *Citius, Altius, Fortius, 2* (1), 6-9.
[1105] Olympic Studies Centre. Reference code D-RM01-ESPAG/016. J. G. Tharrats (1974). *Álbum sobre los Juegos Olímpicos de 1920*. (vol. I). (Manuscrito).

páginas web del COI[1106], del COE[1107] y de Sports Reference[1108]; también existe la confirmación de este dato por parte de Álvaro de Figueroa Fernández de Liencres, hijo de Álvaro de Figueroa y Alonso Martínez, quien afirma que asistieron a los Juegos Olímpicos de Amberes su tío José y su padre Álvaro[1109].

A esto, nosotros podemos añadir que el teniente Figueroa, mediante instancia con fecha de 5 de julio de 1920, solicita (Anexo IV) dos meses de licencia por asuntos propios para viajar a Francia y Bélgica; la autorización fue concedida por la Sección y Dirección de Aeronáutica, publicada el 17 de julio por el general Fernando Romero Biencinto, subsecretario del Ministerio de la Guerra, en el *Diario Oficial del Ministerio de la Guerra* (Anexo V) y comunicada al Ministerio de Estado[1110]. Dichas fechas y lugares son coincidentes con la celebración del polo durante los Juegos Olímpicos de 1920 en Amberes.

La disparidad de nombres que figuran en este equipo de polo, según las fuentes, es muy elevado. Las investigaciones contemporáneas de Tharrats[1111], Mallon[1112], Fauria[1113] y Mallon y Bijkerk[1114] señalan que el equipo de polo español estaba compuesto por cinco personas: Leopoldo Sáinz de la Maza y Gutiérrez-Solana, conde de la Maza, Jacobo Fitz-James Stuart y Falcó, duque de Alba, Hernando Fitz-James Stuart y Falcó, duque de Peñaranda, Álvaro de Figueroa y Alonso Martínez, marqués de Villabrágima, y José de Figueroa y Alonso Martínez, este como suplente[1115].

[1106] International Olympic Committee. (2014, 11 de octubre). *Search all olympic medallists*. Recuperado de http://www.olympic.org.
[1107] Comité Olímpico Español. (2012, 21 de marzo). *Buscador de deportistas*. Recuperado de http://www.coe.es.
[1108] Sports Reference. (2014, 27 de septiembre). *SR/Olympic Sports*. Recuperado de http://www.sports reference.com.
[1109] Comunicación personal con Álvaro de Figueroa Fernández de Liencres, marqués de Villabragima, 7 de mayo de 2010.
[1110] Archivo General del Ministerio de Asuntos Exteriores y de Cooperación. Fondo: Correspondencia. Subfondo: Ministerios. Serie: Ministerio de la Guerra. Signatura H-1241; Archivo General Militar de Segovia. Legajo F-1450, expediente 0. Expediente personal militar de José de Figueroa y Alonso Martínez; Archivo Histórico del Ejército del Aire. Signatura P/25327. Expediente personal militar de José de Figueroa y Alonso Martínez; Licencias. (1920, 17 de julio). *Diario Oficial del Ministerio de la Guerra, 158*, 270.
[1111] Olympic Studies Centre. Reference code D-RM01-ESPAG/016. J. G. Tharrats (1974). *Álbum sobre los Juegos Olímpicos de 1920*. (vol. I). (Manuscrito).
[1112] Mallon, B. (1992). *The Unofficial Report of the 1920 olympics*. Durham (EEUU): Most.
[1113] Fauria i Garcia, J. (1993, spring). The First true Spanish Olympic medalists. *Citius, Altius, Fortius*, 2 (1), 6-9.
[1114] Mallon, B. and Bijkerk, A. (2009). *The 1920 Olympic Games*. North Carolina (EEUU): McFarland.
[1115] El último estudio del que tenemos constancia es el de Lennartz et al. (2013); en su reciente

El polo se jugó en la ciudad de Ostende, en la costa belga, concretamente en el hipódromo de Wellington; el torneo siguió las reglas del Club de Polo de Hurlingham, de Londres, como indicamos en el apartado 5, club de referencia en este deporte. Es decir, los partidos se jugaban entre dos equipos y estos estaban integrados por un defensa, un medio y dos delanteros. Respecto a la uniformidad, los jugadores debían llevar camiseta, pantalón blanco, botas altas de montar, salacot blanco para proteger la cabeza y un mazo con martillo grande y fuerte y mango largo. A los Juegos se presentaron cuatro equipos, Bélgica, Gran Bretaña, España y Estados Unidos; este último presentó un equipo de circunstancias con elementos del ejército americano de guarnición en el Rhin[1116].

La competición olímpica del polo comenzó el domingo 25 de julio de 1920 a las 17:30 horas; al partido de semifinales España-Estados Unidos, celebrado en una tarde soleada, asistió mucho público. El equipo estadounidense estaba compuesto por los capitanes R. Harris y Terry Allen y los coroneles Montgomery y Nilson E. Margetts. Por parte de España jugaron el marqués de Villabrágima, el duque de Peñaranda, el conde de la Maza y el duque de Alba (Figura 23), con nuestro protagonista, el teniente Figueroa, en el banquillo. España, desde el primer momento, se puso por delante en el partido. El marcador mantuvo la incertidumbre solo durante el primer periodo; a partir del segundo periodo, el equipo de nuestro país impuso su superioridad con una ventaja de cinco goles, el equipo americano estaba hundido. España fue aumentando la distancia en el marcador hasta el séptimo periodo, donde alcanzó una diferencia de once goles que el equipo americano solo recortó ligeramente al final, concluyendo el partido con un marcador de 13-3 a favor de España[1117]. La organización fue perfecta y los equipos muy aplaudidos[1118].

---

investigación no incluyen a José de Figueroa y Alonso Martínez. Los argumentos que esgrimen es que no está inscrito porque, además de existir la posibilidad de que no fuera a los Juegos, también está la opción de que fuera suplente, porque ellos solo disponen del listado de los olímpicos suplentes de Alemania, pero no del resto de países (comunicación vía correo electrónico con Wolf Reinhardt, 11 de octubre de 2014).
[1116] Cinnamond, N. J. (1930?). *El polo*. Barcelona: Catalonia; Comité Belge de la VII Olympiade. (1920a). *Polo à Cheval*. Anvers: Comité Belge de la VII Olympiade; Iturralde. (1924, 11 de febrero). El juego del polo. *Olímpica, 11*, 16.
[1117] El COE no conserva los resultados oficiales de España en polo porque no realizó informe oficial de la participación española en los Juegos Olímpicos de Amberes. Según Conrado Durántez Corral, presidente de la Academia Olímpica Española, el Comité Olímpico Español no dispone de archivo (comunicación personal, 26 de enero de 2011). El Real Club de la Puerta de Hierro expresa que

Figura 23: Equipo olímpico español de polo en el partido Estados Unidos-España[1119]

La siguiente semifinal enfrentó a Gran Bretaña y Bélgica y se jugó al día siguiente; ganaron los favoritos, los ingleses, por 8-3. La final de consolación entre Estados Unidos y Bélgica se disputó el 28 de julio; el equipo americano ganó la medalla de bronce al vencer por 11-3 al equipo anfitrión[1120].

El teniente Figueroa y su equipo sabían que, desde unos días antes de los partidos, los caballos deberían haber tomado azúcar, en solución acuosa, hasta un máximo de tres kilogramos diarios. Se ha demostrado que estimula la circulación sanguínea, los equinos se fatigan menos y obtienen una respiración más regular[1121].

El 31 de julio, con el hipódromo de Wellington lleno, se juega la final entre los equipos de Gran Bretaña y España. Por el equipo inglés participan el coronel Melvill, el mayor Barret, lord Wodehouse y el

---

dichos resultados oficiales no han llegado hasta nosotros (comunicación vía correo electrónico con Serafín Martín Vidriales, de Comunicación y Medio Ambiente, 31 de mayo de 2011). Tampoco se conservan los resultados oficiales de España en el polo en el Comité Olympique et Interfédéral Belge (comunicación vía correo electrónico con Sonia Paduwat, de Servicios Generales, 22 de abril de 2014). Tampoco se conservan los resultados oficiales de España en polo en el Olympic Studies Centre (comunicación personal con Patricia Eckert, del Servicio de Referencia e Investigación, 19 de abril de 2011).
[1118] Bergvall, E. (1920). *Olympiska Spelen Antwerpen 1920*. Stockholm: Ahlen and Akerlunds Förlags A.-B; Iturralde. (1924, 11 de febrero). El juego del polo. *Olímpica, 11*, 16; Juegos Olímpicos. (1924, 29 de enero). *Olímpica, 9*, 16; Cinnamond, N. J. (1930?). *El polo*. Barcelona: Catalonia.
[1119] Gómez Laínez, M. (2010). *El Real Club de la Puerta de Hierro*. Madrid: Real Club Puerta de Hierro.
[1120] Bergvall, E. (1920). *Olympiska Spelen Antwerpen 1920*. Stockholm: Ahlen and Akerlunds Förlags A.- B; Comité Belge de la VII Olympiade. (1920a). *Polo à Cheval*. Anvers: Comité Belge de la VII Olympiade.
[1121] Sostres Maignón, E. (1925). *Equitación*. Barcelona: Librería Sintes.

mayor Lockett. En el cuadro español aparece el conde de la Maza, el duque de Alba, el marqués de Villabrágima y el duque de Peñaranda; José de Figueroa está nuevamente en el banquillo, sin disputar el partido (Figura 24). Las fuerzas están desigualadas, porque aparentemente el equipo inglés es muy superior, con jugadores experimentados, frente a los jinetes españoles, que no alcanzan ese nivel[1122].

Figura 24: Equipo olímpico español de polo en el partido Gran Bretaña-España[1123]

No fue un partido fácil para los isleños, pues sus caballos no estaban a la misma altura que sus jinetes. Sin embargo, en España, esta circunstancia era al revés, tenían mejores caballos que los ingleses. Este hecho propició un partido trepidante, aunque Gran Bretaña siempre fue por delante en el marcador, llegando inicialmente a ser la ventaja de siete goles a su favor. Pero, a medida que avanzaba el partido, los españoles se crecían e iba disminuyendo la ventaja británica, quedando finalmente el marcador establecido en un ajustado 13-11 para los ingleses. Los españoles fueron felicitados por no rendirse y buscar en todo momento la victoria[1124].

Uno de los protagonistas del partido, el inglés lord Wodehouse, afirmaba que, sobre el papel, el equipo inglés debería haber ganado por más de diez goles de diferencia al equipo español. Pero los caballos ingleses eran pésimos, frente a los caballos con los que competían los

---

[1122] Bergvall, E. (1920). *Olympiska Spelen Antwerpen 1920*. Stockholm: Ahlen and Akerlunds Förlags A.-B; Cinnamond, N. J. (1930?). *El polo*. Barcelona: Catalonia.
[1123] Plument, M. (1920, 12 août). Le Jeu Mondain de polo est un sport complet. *Le Miroir des sports*, 6, 95.
[1124] Bergvall, E. (1920). *Olympiska Spelen Antwerpen 1920*. Stockholm: Ahlen and Akerlunds Förlags A.-B; Plument, M. (1920, 12 août). Le Jeu Mondain de polo est un sport complet. *Le Miroir des sports*, 6, 95; Cinnamond, N. J. (1930?). *El polo*. Barcelona: Catalonia.

españoles, que eran los mejores que poseían. Además, los jugadores tenían mucha calidad, estaban infravalorados[1125].

España, tras disputar este encuentro, consiguió su segunda medalla olímpica, tras la medalla de oro de la pareja Francisco Villota Baquiola y José de Amézola y Aspizúa en cesta punta, reconocida por el COI, en los Juegos Olímpicos de París en 1900. La medalla de plata que obtuvo el equipo español de polo era la primera de estos Juegos; un mes más tarde el equipo de fútbol conseguiría la segunda medalla con el mismo valor[1126].

El teniente Figueroa no recibió una medalla y un diploma conmemorativo porque, como vimos en el subapartado 4.4, falleció meses después. Dichos obsequios los recibieron los deportistas españoles que participaron en los Juegos. Fueron enviados al COE por el secretario del Comité Organizador de los Juegos Olímpicos, Albert Verdyck, a través del embajador español en Bélgica, en mayo de 1922[1127].

Al regresar de los Juegos Olímpicos, nuestros biografiados escucharon muchas voces críticas con la mala gestión y la pésima organización para asistir a este evento deportivo[1128]. Sin embargo, para ellos solo el hecho de participar fue un éxito; fue un triunfo la obtención de las medallas de plata por parte de los equipos de polo y fútbol; y fue una victoria porque fue un acontecimiento deportivo con un seguimiento mediático sin precedentes.

Esta corriente positiva que nuestros personajes, de forma pionera, contribuyeron a impulsar favoreció que en el futuro la actividad físico-deportiva en las Fuerzas Armadas continuara estructurándose. Por

---

[1125] Cinnamond, N. J. (1930?). *El polo*. Barcelona: Catalonia.
[1126] Comité Belge de la VII Olympiade. (1920a). *Polo à Cheval*. Anvers: Comité Belge de la VII Olympiade; International Olympic Committee. (2014, 11 de octubre). *Search all olympic medallists*. Recuperado de http://www.olympic.org.
[1127] Archivo General de la Administración. Sección 10. Fondo 113. Embajada de España en Bruselas. Signatura: 54/15292- Juegos Olímpicos (Amberes y Sevilla); Archivo General Militar de Segovia. Legajo F-1450, expediente 0. Expediente personal militar de José de Figueroa y Alonso Martínez; Archivo Histórico del Ejército del Aire. Signatura P/25327. Expediente personal militar de José de Figueroa y Alonso Martínez.
[1128] Caro, F. (1920c, 9 de septiembre). El fracaso más grande. *Madrid-Sport, 206*, 1. Carreras. (1916, 7 de abril). *ABC*, 16; Có de Triola, J. M. (1920, 16 de octubre). Responsabilidades. *Stadium, 328*, 571. Comité Olímpico Español. (1919, 10 de julio). *La Correspondencia de España, 22.427*, 5; Kant. (1920, 11 de septiembre). Pórtico. *Stadium, 326*, 475; Puig-Aycart. (1920c, 9 de septiembre). Pasó la olimpiada. *Madrid-Sport, 206*, 5; Una vergüenza. Nuestros atletas en Amberes. (1920, 16 de septiembre). *El Mundo Deportivo, 753*, 1.

ejemplo, en la siguiente década se aprueba por primera vez la normativa en el Ministerio de Marina sobre las prácticas de cultura física general, donde se establece la obligatoriedad de realizar educación física y deportes en todas las capitales de los departamentos, academias, escuelas profesionales y buques. Auspicia que el asociacionismo deportivo en España aumente de forma considerable. Dos muestras de ello: en la siguiente década, en el Gobierno Civil de Pontevedra se inscribirán diez sociedades deportivas más que en el anterior decenio; y en la autoridad civil de Valladolid se multiplicarán por tres el número de asociaciones deportivas asentadas en los libros de registro, con respecto a la anterior década. Por otro lado, ayuda a que, en las siguientes citas olímpicas, nuestro país esté representado[1129].

En la actualidad, para muchos investigadores la participación española en los Juegos Olímpicos de Amberes es un punto de inflexión en la modernización del deporte en nuestro país, porque a partir de este momento se favoreció su desarrollo y expansión, convirtiéndose, en algunos casos, en un espectáculo de masas[1130].

[1129] Archivo Histórico Provincial de Pontevedra. Sección Hacienda, libro L 10052; Archivo Histórico Provincial de Valladolid. Fondo: Gobierno Civil. Sección: Asociaciones. Serie: Registro de asociaciones. Caja: 1841. Libro: L-27 (1877-1965); Comité Olympique Français. (1924). *Rapport Officiel. Les Jeux de la VIII Olympiade*. Paris: Librairie de France; Cultura Física General. (1921, 20 de octubre). *Diario Oficial del Ministerio de la Marina, 240*, 1425-1426; The Netherlands Olympic Committee. (1928). *Official Report of the Olympic Games of 1928 celebrated at Amsterdam*. Amsterdam (Netherlands): Amsterdam J.H. de Bussy, Ltd.

[1130] Pujadas Martí, X. (2011). Introducción. En Pujadas, X. (coord.), *Atletas y ciudadanos: historia social del deporte en España (1870-2010)* (pp. 25-52). Madrid: Alianza editorial; Rivero Herraiz, A. (2005). *Deporte y modernización*. Sevilla: Wanceulen; Rivero Herraiz, A. (2009). Los valores del regeneracionismo en la educación española (1898-1936). *Revista Española de Educación Física y Deportes, 11*, 13-24; Simón Sanjurjo, J. A. (2012). Conquistando a las masas: el impacto del deporte en la prensa española, 1900-1936. *Recorde: Revista de História do Esporte, 1*, 1-40. Recuperado de http://www.sport.ifcs.br; Torrebadella i Flix, X. (2014a). Regeneracionismo e impacto de la crisis de 1898 en la educación física y el deporte español. *Arbor, 769*, a173. Recuperado de http://www.arbor.revistas.csic.es; Uría González, J. (2008). Imágenes de la masculinidad. El fútbol español en los años veinte. *Ayer, 72*, 121-155.

7. REFERENCIAS

7.1. Documentales

- Archivo Biblioteca de la Academia de Infantería. Manuscrito. Jefatura de estudios. Exámenes. Curso 1904-1905. Tomo I.
- Archivo Biblioteca de la Academia de Infantería. Manuscrito. Jefatura de estudios. Exámenes. Curso 1904-1905. Tomo II.
- Archivo Biblioteca de la Academia de Infantería. Manuscrito. Jefatura de estudios. Exámenes. Curso 1912-1913. Tomo I.
- Archivo Biblioteca de la Academia de Infantería. Manuscrito. Jefatura de estudios. Exámenes. Curso 1912-1913. Tomo V.
- Archivo Biblioteca de la Academia de Infantería. Manuscrito. Jefatura de estudios. Exámenes. Curso 1913-1914. Tomo IV.
- Archivo Biblioteca de la Academia de Infantería. Manuscrito. Jefatura de estudios. Exámenes. Curso 1914-1915. Tomo V.
- Archivo Central Cuartel General de la Armada. Legajo 347. Expediente personal militar de Rafael Fernández de Henestrosa y Salabert.
- Archivo Central Cuartel General de la Armada. Legajo 9429. Expediente personal militar de José Monmeneu Ferrer.
- Archivo del Consejo de Estado. Hacienda-Créditos. Expediente 7216.
- Archivo Delegación del Gobierno en Andalucía. Libro de registro de asociaciones (1887-1930).
- Archivo de la Escuela Central de Educación Física. Memoria curso 1920 de la Escuela Central de Gimnasia.
- Archivo de la Federación Atlética Guipuzcoana. Libro 1. Actas de resultados en pruebas de pista (1916-1936).
- Archivo General de la Administración. Sección 10. Fondo 113. Embajada de España en Bruselas. Signatura: 54/15292- Juegos Olímpicos (Amberes y Sevilla).
- Archivo General de la Administración. Signatura 36/3104 (1887-1895). Fondo 8 Sección 30. Libro de registro de asociaciones del Gobierno Civil en Madrid.
- Archivo General de la Administración. Signatura 36/3105 (1895-1905). Fondo 8 Sección 30. Libro de registro de asociaciones del Gobierno Civil en Madrid.
- Archivo General de la Administración. Signatura 36/3106 (1905-1912). Fondo 8 Sección 30. Libro de registro de asociaciones del Gobierno Civil en Madrid.
- Archivo General de la Administración. Signatura 36/3107 (1912-1915). Fondo 8 Sección 30. Libro de registro de asociaciones del Gobierno Civil en Madrid.

- Archivo General de la Administración. Signatura 36/3108 (1915-1917). Fondo 8 Sección 30. Libro de registro de asociaciones del Gobierno Civil en Madrid.
- Archivo General de la Administración. Signatura 36/3109 (1917-1919). Fondo 8 Sección 30. Libro de registro de asociaciones del Gobierno Civil en Madrid.
- Archivo General de la Administración. Signatura 36/3110 (1920-1922). Fondo 8 Sección 30. Libro de registro de asociaciones del Gobierno Civil en Madrid.
- Archivo General de la Administración. Signatura 36/3111 (1922-1924). Fondo 8 Sección 30. Libro de registro de asociaciones del Gobierno Civil en Madrid.
- Archivo General de la Administración. Fondo 8. Sección 5. Educación. Subsecretaria. Registro General. Libro 343. Signatura 16/64.
- Archivo General de la Marina Álvaro de Bazán. Artillería e Infantería de Marina. Asuntos particulares. Legajo 1826. Expediente personal militar de Antonio Moreira Montero.
- Archivo General de la Marina Álvaro de Bazán. Depósito Lepanto, signatura 675. Expediente personal militar de Ángel Fernández Caro y Nouvilas.
- Archivo General de la Marina Álvaro de Bazán. Sección Deportes, legajo 1142.
- Archivo General de la Marina Álvaro de Bazán. Sección Indiferente. Asuntos particulares, legajo 4785.
- Archivo General de la Marina Álvaro de Bazán. Sección Nóminas. Infantería de Marina, signatura 7563/335 (1917-1920).
- Archivo General del Ministerio de Asuntos Exteriores y de Cooperación. Fondo: Correspondencia. Subfondo: Embajadas y Legaciones. Serie: Bélgica (Bruselas). Signatura H-1399.
- Archivo General del Ministerio de Asuntos Exteriores y de Cooperación. Fondo: Correspondencia. Subfondo: Ministerios. Serie: Ministerio de la Guerra. Signatura H-1241.
- Archivo General del Ministerio de Asuntos Exteriores y de Cooperación. Fondo: Política. Subfondo: Política Exterior. Serie: Exposiciones y concursos. Signatura H-3204.
- Archivo General Militar de Segovia. Caja 1473, expediente 1. Expediente personal militar de Ricardo Villalba Rubio.
- Archivo General Militar de Segovia. Legajo 18. Asuntos Generales. Asociaciones. Sociedades colombófilas.
- Archivo General Militar de Segovia. Legajo 27. Asuntos generales. Asociaciones. Sociedades varias (1786-1938).
- Archivo General Militar de Segovia. Legajo 35a. Academias. Academias de esgrima.
- Archivo General Militar de Segovia. Legajo 35b. Higiene. Higiene (1903-).
- Archivo General Militar de Segovia. Legajo 38. Higiene. Higiene (1905-

1905).
- Archivo General Militar de Segovia. Legajo 39. Aerostación. Aerostación militar.
- Archivo General Militar de Segovia. Legajo 40. Higiene. Higiene (1906-1907).
- Archivo General Militar de Segovia. Legajo 55. Asuntos generales. Asociaciones. Comisiones al extranjero.
- Archivo General Militar de Segovia. Legajo 74. Escuela de Equitación.
- Archivo General Militar de Segovia. Legajo 79. Academias. Escuelas de Gimnasia (1903-1931).
- Archivo General Militar de Segovia. Legajo 84. Armamento. Entrega de armas a los Cuerpos, Centros y Dependencias; a unidades, a entidades y a particulares (1910-1911).
- Archivo General Militar de Segovia. Legajo 212. Concursos.
- Archivo General Militar de Segovia. Legajo 215. Concursos. Concursos de aerostación.
- Archivo General Militar de Segovia. Legajo 216. Concursos. Concursos de esgrima (1903-1912).
- Archivo General Militar de Segovia. Legajo 220. Concursos. Concursos de tiro en el extranjero (1909-).
- Archivo General Militar de Segovia. Legajo 295. Organización. Palomas mensajeras.
- Archivo General Militar de Segovia. Legajo 296. Organización. Palomas mensajeras.
- Archivo General Militar de Segovia. Legajo 316. Velocipedismo. Bicicletas (1901-1907).
- Archivo General Militar de Segovia. Legajo 317. Velocipedismo. Ciclistas (1902-1907).
- Archivo General Militar de Segovia. Legajo 451. Exposiciones. Exposiciones en Coruña (1912-).
- Archivo General Militar de Segovia. Legajo 480. Planes de enseñanza y de estudio. Planes de estudio.
- Archivo General Militar de Segovia. Legajo 489. Planes de enseñanza y de estudio. Plan de estudios de la Academia médico-militar.
- Archivo General Militar de Segovia. Legajo 551a. Tiro al blanco. Tiro al blanco Nacional de Barcelona a Madrid (1900-1924).
- Archivo General Militar de Segovia. Legajo 551b. Tiro al blanco. Tiro al blanco internacional (1913-1926).
- Archivo General Militar de Segovia. Legajo 553. Tiro al blanco. Tiro al blanco Nacional de Madrid a San Sebastián (1902-1924).
- Archivo General Militar de Segovia. Legajo 554. Tiro al blanco. Tiro al blanco Nacional de Santander a Zaragoza (1901-1927).
- Archivo General Militar de Segovia. Legajo 1551. Contabilidad (sueldos). Sueldos en general (1858-1932).

- Archivo General Militar de Segovia. Legajo A-474, expediente 0. Expediente personal militar de Joaquín Agulla Ramos.
- Archivo General Militar de Segovia. Legajo A-1925, expediente 0. Expediente personal militar de José Aparici Biedma.
- Archivo General Militar de Segovia. Legajo B-184, expediente 20. Expediente personal militar de Jesús de Bartolomé Relimpio.
- Archivo General Militar de Segovia. Legajo B-208, expediente 0. Expediente personal militar de Juan Valdés Rubio.
- Archivo General Militar de Segovia. Legajo B-1159, expediente 0. Expediente personal militar de Antonio Vázquez de Aldana Fernández.
- Archivo General Militar de Segovia. Legajo B-1811, expediente 0. Expediente personal militar de José Bento López.
- Archivo General Militar de Segovia. Legajo B-2292, expediente 0. Expediente personal militar de Pedro Vives y Vich.
- Archivo General Militar de Segovia. Legajo B-2780, expediente 0. Expediente personal militar de León Villarín Cano.
- Archivo General Militar de Segovia. Legajo C-402, expediente 11. Expediente personal militar de Augusto Condo González.
- Archivo General Militar de Segovia. Legajo C-432, expediente 0. Expediente personal militar de Luis Calvet Sandoz.
- Archivo General Militar de Segovia. Legajo C-829, expediente 01. Expediente personal militar de Jaime Camps Gordon.
- Archivo General Militar de Segovia. Legajo C-1417, expediente 0. Expediente personal militar de Luis Carniago Martínez.
- Archivo General Militar de Segovia. Legajo célebre, caja 20, expediente 13. Expediente personal militar de Carlos de Borbón y Borbón.
- Archivo General Militar de Segovia. Legajo célebre, caja 138, expediente 3. Expediente personal militar de Miguel Primo de Rivera y Orbaneja.
- Archivo General Militar de Segovia. Legajo célebre, caja 172, expediente 1. Expediente personal militar de José Villalba Riquelme.
- Archivo General Militar de Segovia. Legajo E-953, expediente 0. Expediente personal militar de Emilio Herrera Linares.
- Archivo General Militar de Segovia. Legajo E-1563, expediente 0. Expediente personal militar de Ignacio Estévez Estévez.
- Archivo General Militar de Segovia. Legajo F-256, expediente 0. Expediente personal militar de Ángel Fernández Caro.
- Archivo General Militar de Segovia. Legajo F-1450, expediente 0. Expediente personal militar de José de Figueroa y Alonso Martínez.
- Archivo General Militar de Segovia. Legajo G-2351, expediente 03. Expediente personal militar de Federico Gómez de Salazar y Orduña.
- Archivo General Militar de Segovia. Legajo G-2963, expediente 0. Expediente personal militar de Emilio González y Pérez Villamil.
- Archivo General Militar de Segovia. Legajo GU/B-489, expediente 18. Expediente personal militar de Antonio Bonilla San Martín.

- Archivo General Militar de Segovia. Legajo GU/F-73, expediente 13. Expediente personal militar de Álvaro de Figueroa y Alonso Martínez.
- Archivo General Militar de Segovia. Legajo I-452, expediente 0. Expediente personal militar de Teodoro Iradier Herrero.
- Archivo General Militar de Segovia. Legajo LL-7, expediente 0. Expediente personal militar de Joaquín de la Llave y García.
- Archivo General Militar de Segovia. Legajo M-62, expediente 19. Expediente personal militar de Emilio March y López del Castillo.
- Archivo General Militar de Segovia. Legajo O-83, expediente 7. Expediente personal militar de Julio Ortega Tercero.
- Archivo General Militar de Segovia. Legajo P-1969, expediente 0. Expediente personal militar de Juan Picasso y González.
- Archivo General Militar de Segovia. Legajo P-2670, expediente 0. Expediente personal militar de Ángel Pradel Cid.
- Archivo General Militar de Segovia. Legajo Q-95, expediente 0. Expediente personal militar de Alfredo Kindelán y Duany.
- Archivo General Militar de Segovia. Legajo R-1792, expediente 0. Expediente personal militar de Domingo Rodríguez Somoza.
- Archivo General Militar de Segovia. Legajo R-3459, expediente 0. Expediente personal militar de Enrique Ruiz Fornells.
- Archivo General Militar de Segovia. Legajo S-37, expediente 0. Expediente personal militar de José de Saavedra y Salamanca, marqués de Viana.
- Archivo General Militar de Segovia. Legajo S-218, expediente 0. Expediente personal militar de Leopoldo Sainz de la Maza y Gutiérrez-Solana y Gómez de la Puente, conde de la Maza.
- Archivo General Militar de Segovia. Legajo S-564, expediente 03. Expediente personal militar de José María Samaniego Gonzalo.
- Archivo General Militar de Segovia. Legajo S-3558, expediente 0. Expediente personal militar de Julián Suárez Inclán y González.
- Archivo General Militar de Segovia. Legajo T-1250, expediente 0. Expediente personal militar de Antonio Trucharte y Samper.
- Archivo General Militar de Segovia. Legajo T-1305, expediente 0. Expediente personal militar de Carlos Tuero O'Donnell.
- Archivo General de Palacio. Fondo: Alfonso XIII. Sección: Reinados. Dependencias Real Casa. Caja 15836. Expediente 7.
- Archivo General de Palacio. Fondo: Alfonso XIII. Sección: Reinados. Donativos y Permisos. Caja 16256. Expediente 2.
- Archivo General de Palacio. Fondo: Alfonso XIII. Sección: Reinados. Polo. Caja 8886. Expediente 3.
- Archivo General de Palacio. Fondo: Alfonso XIII. Sección: Reinados. Polo. Caja 8893. Expediente 1.
- Archivo General de Palacio. Fondo: Alfonso XIII. Sección: Reinados. Polo. Caja 15827. Expediente 8.
- Archivo General de Palacio. Fondo: Alfonso XIII. Sección: Reinados. Polo.

Caja 15925. Expediente 9.
- Archivo General de Palacio. Fondo: Alfonso XIII. Sección: Reinados. Reales Deportivos. Caja 8792. Expediente 68.
- Archivo General de Palacio. Fondo: Alfonso XIII. Sección: Reinados. Reales Deportivos. Caja 8801. Expediente 11.
- Archivo General de Palacio. Fondo: Alfonso XIII. Sección: Reinados. Reales Deportivos. Caja 8801. Expediente 44.
- Archivo General de Palacio. Fondo: Alfonso XIII. Sección: Reinados. Reales Deportivos. Caja 8801. Expediente 51.
- Archivo General de Palacio. Fondo: Alfonso XIII. Sección: Reinados. Reales Deportivos. Caja 8801. Expediente 56.
- Archivo General de Palacio. Fondo: Alfonso XIII. Sección: Reinados. Reales Deportivos. Caja 8801. Expediente 63.
- Archivo General de Palacio. Fondo: Alfonso XIII. Sección: Reinados. Reales Deportivos. Caja 8804. Expediente 6.
- Archivo General de Palacio. Fondo: Alfonso XIII. Sección: Reinados. Reales Deportivos. Caja 8820. Expediente 10.
- Archivo General de Palacio. Fondo: Alfonso XIII. Sección: Reinados. Reales Deportivos. Caja 8820. Expediente 42.
- Archivo General de Palacio. Fondo: Alfonso XIII. Sección: Reinados. Reales Deportivos. Caja 8820. Expediente 44.
- Archivo General de Palacio. Fondo: Alfonso XIII. Sección: Reinados. Secretaria particular de S.M. Alfonso XIII. Cartas particulares. Caja 15380.
- Archivo General de Palacio. Fondo: Alfonso XIII. Sección: Reinados. Secretaria particular de S.M. Alfonso XIII. Cartas particulares. Caja 15381.
- Archivo General de la Subdelegación del Gobierno en Barcelona. Fondo: Asociaciones; Libros: Registro de Asociaciones; Tomo 1; pp. 1, 13, 34, 154.
- Archivo General de la Subdelegación del Gobierno en Barcelona. Fondo: Asociaciones; Libros: Registro de Asociaciones; Tomo 2; pp. 40, 44, 72, 189.
- Archivo General de la Subdelegación del Gobierno en Barcelona. Fondo: Asociaciones; Libros: Registro de Asociaciones; Tomo 3; p. 203.
- Archivo General de la Subdelegación del Gobierno en Barcelona. Fondo: Asociaciones; Libros: Registro de Asociaciones; Tomo 4; pp. 16, 152, 156, 170, 402.
- Archivo General del Tribunal de Cuentas de España. Expediente sobre la comprobación de la cuenta general del Estado del año económico 1920-21.
- Archivo Histórico de la Ciudad de Barcelona. Real Polo-Jockey Club. Programa de la Temporada de 1916-1917. Signatura Ent 201-2 1916-17.
- Archivo Histórico del Ejército del Aire. Signatura P/25327. Expediente personal militar de José de Figueroa y Alonso Martínez.
- Archivo Histórico Provincial de Cádiz. Sección: Gobierno Civil. Libro 474 (1898-1933).
- Archivo Histórico Provincial de Ciudad Real. Fondo: Gobierno Civil; Serie: Libro registro de asociaciones. Signatura G-3216.

- Archivo Histórico Provincial de La Rioja. Fondo: Gobierno Civil. Sig: GC-Libros/35/3, (1888-1934).
- Archivo Histórico Provincial de Murcia. Fondo: Gobierno Civil de Murcia; Serie: Asociaciones y orden público. Registro de asociaciones (188-1927), signatura: GOB, 6580.
- Archivo Histórico Provincial de Pontevedra. Sección Hacienda, libro L 10052.
- Archivo Histórico Provincial de Segovia. Fondo: Gobierno Civil. Sección: Asociaciones. Serie: Libros de registro de asociaciones. Libro 1 (1887-1921).
- Archivo Histórico Provincial de Valladolid. Fondo: Gobierno Civil. Sección: Asociaciones. Serie: Registro de asociaciones. Caja: 1841. Libro: L-27 (1877-1965).
- Archivo Histórico Provincial de Zaragoza. Fondo: Gobierno Civil; Sección: Registro de Asociaciones; Signatura: A 16182 (Tomo I) (1878-1937).
- Archivo Intermedio Militar del Noroeste. Signatura ES.15402.AIMNO//02.0003.00030. Fondo: Regimiento de Infantería Sicilia n.º 7. Expediente personal militar de Jaime Camps Gordon.
- Archivo Municipal de Toledo. Acta del Pleno Ordinario Municipal. Sala V, estantería IV, día 7 de enero de 1920.
- Archivo Naval de San Fernando. Legajo 929. Reemplazo 1918. Expediente 3070 de Antonio Moreira Montero.
- Archivo de la Real Academia de Ciencias Morales y Políticas. Archivo Rufino Blanco y Sánchez. Caja 9.
- Archivo del Reino de Galicia. Libro Registro General de Asociaciones, signatura L-5125.
- Archivo del Reino de Valencia. Fondo: Delegación del Gobierno. Sección: Libro de Asociaciones. Sig: Libro 1 (1887-1911).
- Archivo del Reino de Valencia. Fondo: Delegación del Gobierno. Sección: Libro de Asociaciones. Sig: Libro 2 (1912-1924).
- Biblioteca de la Real Academia de la Historia. Archivo conde de Romanones. Legajo 64, n.º 11.
- Biblioteca de la Real Academia de la Historia. Archivo Institución Libre de Enseñanza. Caja 8, carpeta 172.
- García Pérez, J. y Palacios Domingo, M. (1904). *Manual de las clases e individuos de tropa*. (Manuscrito). Segovia.
- Lacoste y Sicre, L. (1903). *Educación física militar*. (Manuscrito).
- Macedo y Cotrina, M. (1904). *Velocipedia militar*. (Manuscrito). Figueras.
- Marín y Foronda, J. (1903). *Memoria general sobre la importancia de la colombofilia en sus aplicaciones al Ejército*. (Manuscrito).
- Olympic Studies Centre. Reference code D-RM01-ESPAG/002. Correspondence of the NOC of Spain (ESP).

- Olympic Studies Centre. Reference code CIO JO-1920S-ARTPR. Press clippings and images scrapbook of the 1920 Antwerp Summer Olympic Games.
- Olympic Studies Centre. Reference code D-RM01-ESPAG/016. J. G. Tharrats (1974). *Álbum sobre los Juegos Olímpicos de 1920*. (vol. I). (Manuscrito).
- Quintana Palacios, C. (1911). *El ciclismo militar en Italia y Francia/Estudio sobre la organización de los batallones ciclistas en España*. (Manuscrito). Burgos.
- Suárez Torres, E. (1902). *Estudio sobre la gimnasia cívico-militar*. (Manuscrito). Sevilla.
- Tamarit y Llopis, L. (1903). *Cartilla de instrucción militar para el soldado de infantería*. (Manuscrito). Figueras.

7.2. Orales

Las referencias orales proceden de la transcripción de las entrevistas realizadas a lo largo de quince meses (27 de abril de 2010-1 de julio de 2011) a estas diez personas (una por familia):

- Álvaro de Figueroa y Fernández de Liencres, marqués de Villabragima, sobrino de José de Figueroa y Alonso Martínez.
- Benito Pradel Alfaro, nieto de Ángel Pradel Cid.
- Carlos Estévez Eguiagaray, hijo de Ignacio Estévez Estévez.
- Elena Ortueta Bento, nieta de José Bento López.
- Francisco Calvet Bazán, hijo de Luis Calvet Sandoz.
- José Antonio Moreira Mergelina, nieto de Antonio Moreira Montero.
- José Rodríguez Martín, hijo de Domingo Rodríguez Somoza.
- María Aurora Martín Sbarbi, prima política de Antonio Bonilla San Martín.
- Mercedes Camps Alberdi, sobrina de Jaime Camps Gordon.
- Ramón Villarín Aladro, hijo de León Villarín Cano.

7.3. Bibliográficas

- ✓ A. Q. (1893, 15 de agosto). La marcha bajo el punto de vista higiénico-militar. *Revista de Sanidad Militar, 148*, 254-256.
- ✓ Abella y Blave, F. (1903). *Manual del derecho de caza y del uso de armas*. Madrid: El Consultor.
- ✓ Abrir expediente para quien no mantenga una adecuada aptitud física. (1906, 20 de noviembre). *Diario Oficial del Ministerio de la Guerra, 252*, 393-394.
- ✓ Academias. (1893, 28 de febrero). *Diario Oficial del Ministerio de la Guerra, 44*, 505-509.

- Academias. (1913, 26 de abril). *Diario Oficial del Ministerio de la Guerra, 93*, 305-308.
- Academias. Esgrima. Obras de textos. (1904, 2 de enero). *Colección Legislativa del Ejército, 5*, 57-59.
- Academias. Instrucción. Organización. (1912, 15 de mayo). *Colección Legislativa del Ejército, 97*, 163-170.
- Academias. Reglamentos. (1897, 27 de octubre). *Colección Legislativa del Ejército, 281*, 367-368.
- Adán Revilla, T. (1997). Real-Atlético: madrilenys i rivals. *L'Avenç, 211*, 62-65.
- Aeronáutica militar. Reglamentos. (1913, 16 de abril). *Colección Legislativa del Ejército, 33*, 66-78.
- Aerostación militar. (1902, 30 de octubre). *Diario Oficial del Ministerio de la Guerra, 244*, 316.
- Aerostación Militar. (1910, 6 de abril). *Diario Oficial del Ministerio de la Guerra, 73*, 35.
- Aerostación Militar. (1911, 9 de marzo). *Diario Oficial del Ministerio de la Guerra, 54*, 640.
- Aerostación Militar. Establecimiento Central de Ingenieros. Ingenieros. Organización. (1896, 17 de diciembre). *Colección Legislativa del Ejército, 355*, 572-575.
- Aguilera González, J. L. y Rosell Pradas, J. (2009). Fabián Vicente del Valle: estudio histórico sobre un olímpico cabal del siglo XX. *Citius, altius, fortius: humanismo, sociedad y deporte: investigaciones y ensayos, 2* (2), 46-69.
- Agulló Albuixech, R. (2003). *Diccionario de términos deportivos*. Madrid: Espasa.
- Agulló Albuixech, R. (2008). *Un siglo de atletismo valenciano (1907-2008): de los primeros andarines al mundial de atletismo*. Valencia: Comité Organizador XII Campeonato del Mundo IAAF de Atletismo en Pista Cubierta.
- Albesa i Riba, C. (2001). *125 anys d'excursionisme a Catalunya*. Barcelona: Infiesta.
- Alcoba López, A. (1992). *España en los Juegos Olímpicos*. Madrid.
- Aldanúa (1918, 15 de septiembre). La jornada. *El Tiro Nacional de España, 112*, 4.
- Alfonso XIII su figura su reinado. (1972). *Historia y Vida, 52*, (sin paginar).
- Almeida Aguiar, A. S. (1999). Intento de establecer un batallón escolar en Las Palmas de Gran Canaria a principios del siglo XX. *Boletín Millares Carlo, 18*, 73-86.
- Almeida Aguiar, A. S. (2005). *Británicos, deporte y burguesía en una ciudad atlántica (Las Palmas de Gran Canaria, 1880-1914)*. Las Palmas de Gran Canaria: Ayuntamiento de Las Palmas de Gran Canaria-Universidad de Las Palmas de Gran Canaria.
- Alonso Baquer, M. (1971). *El ejército en la sociedad española*. Madrid: Movimiento.

- Alonso Baquer, M. (1999). El fin de la guerra hispano-cubano-norteamericana. Consecuencias para el ejército español. En *El Ejército y la Armada en 1898: Cuba, Puerto Rico y Filipinas*. Congreso Internacional de Historia Militar (pp. 387-397). Madrid: Ministerio de Defensa.
- Alonso Baquer, M. (2003). El Ejército y la formación de oficiales durante el reinado de Alfonso XIII. En *La enseñanza militar en España: 75 años de la Academia General Militar en Zaragoza*. Congreso de Historia Militar (pp. 69-80). Madrid: Ministerio de Defensa.
- Alonso Ibáñez, A. I. (2004). *Las Juntas de Defensa Militares (1917-1922)*. Madrid: Ministerio de Defensa.
- Alpert, M. (1983). Una reforma inocente: Azaña y el Ejército. *Studia Histórica: Historia Contemporánea, 4*, 35.
- Álvarez García, A. (1889). *Manual de gimnasia militar*. Granada: Imprenta y librería de Paulino V. Sabatel.
- Amat Cansino, S. (1958, junio). El Real Club Marítimo de Barcelona. *Vela: deporte del mar, 18*, 18-19.
- American Olympic Committee. (1920). *The 1920 United States Olympic Committee Report*. New York: American Olympic Committee.
- Antuña Suárez, A. (2002). *Asturias y el Olimpismo*. Jornadas Olímpicas: Actas de la XXXIV Sesión de la Academia Olímpica. Oviedo: Universidad de Oviedo.
- Aparici Biedma, J. M. (1852). *Instrucción para la enseñanza de la gimnástica en los cuerpos y establecimientos militares*. Madrid: M. Rivadeneyra.
- Aprobando reglamento de carreras militares de caballos. (1912, 24 de febrero). *Colección Legislativa del Ejército, 37*, 49-53.
- Arias, M. (1919, junio). La gimnasia sueca en la Infantería. *La Educación Física, 6*, 31.
- Armamento y municiones. (1905, 7 de septiembre). *Diario Oficial del Ministerio de la Guerra, 197*, 622.
- Armamento. Carabina Máuser española. (1896, 7 de mayo). *Colección Legislativa del Ejército, 117*, 177.
- Armonía entre las aptitudes físicas y las necesidades del servicio. (1906, 17 de mayo). *Diario Oficial del Ministerio de la Guerra, 105*, 369.
- Arnaud, P. (1995). La trama i l'ordit. La xarxa de societats gimnàstiques d'instrucció militar a França (1870-1890). *Acàcia, 4*, 11-46.
- Artajx (1918a, marzo). Pedetrismo. *El Explorador, 69*, 7.
- Artajx (1918b, enero). Tiro Nacional. *El Explorador, 64-65*, 19.
- Asociación Española para la Investigación y Desarrollo de la Historia del Deporte. (1988). *Estatutos*. Madrid: Asociación Española para la Investigación y Desarrollo de la Historia del Deporte.
- Asociación. (1913, octubre). *Peñalara, 1*, 1.
- Atienza Peñarrocha, A. (2012). *Africanistas y junteros: el ejército español en África y el oficial José Enrique Varela Iglesias*. (Tesis doctoral inédita). Valencia: Universidad Cardenal Herrera-CEU.
- Atienza Rivero, E. (1994). *El general Herrera: aeronáutica, milicia y política en la España contemporánea*. Madrid: AENA.

- Autorizaciones. Batallones infantiles. (1914, 20 de noviembre). *Colección Legislativa del Ejército, 215,* 224.
- Avilés Farré, J. (2008). Contra Alfonso XIII: atentados frustrados y conspiración revolucionaria. En Avilés Farré, J. y Herrerín López, A. (eds.), *El nacimiento del terrorismo en Occidente: anarquía, nihilismo y violencia revolucionaria* (pp.141-158). Madrid: Siglo XXI.
- Ayuntamiento de Guadalajara. (2014, 23 de julio). Recuperado de http://www.guadalajara.es
- B. (1907, 1 de enero). La instrucción física en el Ejército. *Revista Técnica de Infantería y Caballería, 1,* 41-44.
- Bachoud, A. (2004). L'armée d'Afrique. Composition. Actions et réactions. En Elisabeth Delrue (ed.), *Autour de l'armée espagnole, 1808-1939* (pp. 61-87). Paris: Indigo.
- Baden Powell, R. (2010). *Escultismo para muchachos.* Barcelona: Planeta. B.A.
- Bahamonde Magro, A. (2002). *El Real Madrid en la historia de España.* Madrid: Taurus.
- Bahamonde Magro, A. (2011). La escalada del deporte en España en los orígenes de la sociedad de masas, 1900-1936. En Pujadas, X. (coord.), *Atletas y ciudadanos* (pp. 89-123). Madrid: Alianza.
- Bajatierra, M. (1918). *Desde las barricadas. Una semana de revolución en España.* Tortosa: Monclús.
- Baldovín Ruiz, E. (2001). *Historia del Cuerpo y Servicio de Estado Mayor.* Madrid: Instituto de Historia y Cultura Militar.
- Bale, J. (1978). Geographical diffusion and the adoption of professionalism in football in England and Wales. *Geography, 63,* 188-197.
- Bale, J. (2003). *Sports Geography.* London: Taylor & Francis.
- Ballbé Mallol, M. (1985). *Orden público y militarismo en la España constitucional (1812-1983).* Madrid: Alianza.
- Banderas de embarcaciones de recreo. Federación Española de los Clubs Náuticos. (1909, 21 de junio). *Colección Legislativa de la Armada, 187,* 374.
- Banderas. Insignias. Sporting Club. Bandera Nacional. (1907, 17 de abril). *Colección Legislativa de la Armada, 163,* 355-356.
- Barcelona. (1912, 30 de agosto). *La Nación Militar, 714,* 269-273.
- Bartolomé Cossío, M. (1888). Contra la introducción de los ejercicios militares y batallones escolares. *Boletín de la Institución Libre de Enseñanza, 272,* 145-147.
- Bartolomé y Relimpio, J. (1902a). La tuberculosis en el ejército. Sanatorios militares para tuberculosos. *La Medicina Militar Española, 146,* 183-186.
- Bartolomé y Relimpio, J. (1902b). La tuberculosis en el ejército. Sanatorios militares para tuberculosos. *La Medicina Militar Española, 147,* 197-199.
- Bartolomé y Relimpio, J. (1902c). La tuberculosis en el ejército. Sanatorios militares para tuberculosos. *La Medicina Militar Española, 150,* 262-265.
- Bartolomé y Relimpio, J. (1902d). La tuberculosis en el ejército. Sanatorios militares para tuberculosos. *La Medicina Militar Española, 153,* 309.

- Bartolomé y Relimpio, J. (1902e). La tuberculosis en el ejército. Sanatorios militares para tuberculosos. *La Medicina Militar Española, 155*, 337-339.
- Bartolomé Relimpio, J. (1909a, 15 de mayo). La instrucción gimnástica militar: crítica de sus procedimientos y método que debe seguirse. *Revista de Sanidad Militar y la Medicina Militar Española, 10*, 297-305.
- Bartolomé Relimpio, J. (1909b, 1 de mayo). La instrucción gimnástica militar: crítica de sus procedimientos y método que debe seguirse. *Revista de Sanidad Militar y la Medicina Militar Española, 9*, 269-279.
- Bazaco Belmonte, M. J. (2011). *Deporte y educación olímpica en el siglo XX*. Murcia: Diego Marín Librero.
- Bergvall, E. (1920). *Olympiska Spelen Antwerpen 1920*. Stockholm: Ahlen and Akerlunds Förlags A.-B.
- Bibliografía. (1901, 12 de mayo). *La Nación Militar, 124*, 143.
- Bijkerk, A. (2003, January). Shooting Matches of the 1920 Olympics. *Journal of Olympic History, 1*, 28-34.
- Blanco Paradela, I. (1903). Opiniones médicas. En Lacoste y Sicre, L. (ed.), *Educación física militar* (pp. 71-81). Sin ciudad: sin editor.
- Blanco Suárez, P. (1894). Los ejercicios y los juegos corporales en España. *Boletín de la Institución Libre de Enseñanza, 413*, 227-234.
- Blond Álvarez del Manzano, C. (2012). El Protectorado. Firma del convenio hispano-francés y guerra del Rif (1912-1927). *Revista de Historia Militar, Extra II*, 101-133.
- Borreguero Beltrán, C. (2000). *Diccionario de historia militar. Desde los reinos medievales hasta nuestros días*. Barcelona: Ariel.
- Bosch Valero, J. A. (2014). Los orígenes del deporte en Valencia (1850-1931). De la tradición a la modernidad. *Materiales para la Historia del Deporte, 12*, 82-93.
- Bribián Castro, E. (1999). *Historia del atletismo aragonés*. Zaragoza: Federación Aragonesa de Atletismo.
- Brigada automovilista de artillería. Organización. (1909, 16 de febrero). *Colección Legislativa del Ejército, 41*, 76.
- Broutin, Claudio L. (1893). *El arte de la esgrima*. Madrid: Tipografía Ricardo Fé.
- Bru Sánchez-Fortún, A. (2006). Padrino y patrón. Alfonso XIII y sus oficiales (1902-1923). *HISPANIA NOVA. Revista de Historia Contemporánea, 6*, (sin paginar).
- Bull's Eye. (1920, 20 de septiembre). Beverloo... Morne Plaine!. *Le Vie au Grand Air, 857*, 36.
- Burdiel Bueno, I. (2014). Presentación. *Ayer, 93*, 13-18.
- Burke, P. (1992). *History and Social Theory, Ithaca*. New York: Cornell University Press.
- Caballería. Infantería. Juntas facultativas. Organización. (1910, 12 de mayo). *Colección Legislativa del Ejército, 71*, 86-87.

- ✓ Caballero Echevarría, F. (2013). *Intervencionismo español en Marruecos (1898-1928): Análisis de factores que confluyen en un desastre, "Annual".* (Tesis doctoral inédita). Madrid: Universidad Complutense de Madrid.
- ✓ Cabañas Chavarría, B. y Llave y García, J. (1920, junio). Las mensajeras y sus vuelos de noche en la última guerra. *Memorial de Ingenieros, 6*, 261-264.
- ✓ Cádiz. Certamen Nacional Extraordinario. (1912, 3 de agosto). *La Nación Militar, 710*, 236-240.
- ✓ Caine, B. (2010). *Biography and history.* New York: Palgrave Macmillan.
- ✓ Cano y León, M. (1879). Palomas correos. *Revista científico-militar, 16*, 245-247.
- ✓ Canosa Zamora, E. y Mollá Ruiz-Gómez, M. (2009). Otras valoraciones del paisaje: el excursionismo militar. En Martínez de Pisón, E. y Ortega Cantero, N. (eds.), *Los valores del paisaje* (pp. 167-198). Madrid: Universidad Autónoma de Madrid / Fundación Duques de Soria.
- ✓ Canto y Arroyo, F. (1925?). *Ciclismo.* Barcelona: Librería Sintes.
- ✓ Carbonell y Bueno, P. (1900). *Teoría y práctica de la esgrima.* Madrid: Sucesores de Rivadeneyra.
- ✓ Cardona Escanero, G. (1983). *El poder militar en la España contemporánea hasta la guerra civil.* Madrid: Siglo XXI España.
- ✓ Cardona Escanero, G. (1990). *El problema militar en España.* Madrid: Historia 16.
- ✓ Carrasco, J. (1918, abril). Carreras de velocidad. Cien metros. *El Explorador, 70*, 5-6.
- ✓ Castelló y Carreras, S. (1892). La Sociedad Colombófila de Cataluña en las maniobras militares de Aragón. *La Paloma Mensajera, 23*, 2-4.
- ✓ Castelló y Carreras, S. (1894). *Colombofilia. Estudio completo de las palomas mensajeras.* Barcelona: Durán y Compañía.
- ✓ Castillo Domper, J. (1909). Educación física del soldado. En Cabeza Pereiro, A. (dir.). *Higiene militar* (pp. 431-471). Guadalajara: Taller Tipográfico del Colegio de Huérfanos de la Guerra.
- ✓ Castillo Puche, J. L. (1960). *Diario íntimo de Alfonso XIII.* Madrid: Biblioteca Nueva.
- ✓ Castro Alfin, D. (1997). Historia general e historia del Ejército. Esbozo de algunos estudios de caso desde una perspectiva no especialista. *Revista Cultural Militar, 9*, 49-64.
- ✓ Castro González, M. (Handicap) (1935). *Las gestas españolas en el football olímpico de Amberes: agosto-septiembre 1920.* Sin lugar: sin editor.
- ✓ Cayuela Fernández, J. G. (1988). La sierra del Guadarrama, ámbito deportivo de la sociedad madrileña. En Zabalza Ramos, R. (coord.), *Orígenes del deporte madrileño* (pp. 81-115). Madrid: Consejería de Educación.
- ✓ Cazorla Prieto, L. M. (2004). Pasado, presente y futuro del movimiento olímpico y su relación con la Universidad. *Revista jurídica del deporte, 12*, 15-40.
- ✓ Cepeda, F. (1910, 7 de enero). Actas del XII Congreso de la U.V.E. *Boletín Oficial de la Unión Velocipédica Española-Touring Club Nacional, 145*, 3-10.

- ✓ Cerezo Martínez, R. (1983). *Armada española, siglo xx*. Madrid: Poniente.
- ✓ Chinchilla Minguet, J. L. (1992a). *La Escuela Central de Educación Física de Toledo (1919-1981)*. Málaga: Universidad de Málaga.
- ✓ Chinchilla Minguet, J. L. (1992b). La Educación Física en España (1920-1930): la Escuela Central de Gimnasia de Toledo. Su creación e intentos de llevar a cabo una sección civil. En *Education, physical activities and sport in a historical perspective*. International Standing Conference for the History of Education Congress (14 th. 1992. Barcelona) (pp. 129-134). Barcelona: Secretaria General de l'Esport.
- ✓ Chinchilla Minguet, J. L. (2012, noviembre). Escuela Central de Gimnasia de Toledo. *ATHLOS. Revista Internacional de Ciencias Sociales de la Actividad Física, el Juego y el Deporte, 3*, 37-77.
- ✓ Ciclismo. Reglamento provisional para el servicio e instrucción del ciclismo en el ejército. (1906, 16 de noviembre). *Diario Oficial del Ministerio de la Guerra, 249*, 362-363.
- ✓ Cierva y Hoces, R. (1984). *Historia militar de España*. Tomo VIII. Madrid: Planeta.
- ✓ Cierva y Peñafiel, J. (1955). *Notas de mi vida*. Madrid: Reus.
- ✓ Cieza García, J. A. (2001). Educación física y escultismo. El pensamiento de Baden-Powell. En García Blanco, S. (coord.), VIII Simposium Historia de la Educación Física (pp. 115-130). Salamanca: Universidad de Salamanca.
- ✓ Cinnamond, N. J. (1930?). *El polo*. Barcelona: Catalonia.
- ✓ Circular de la Dirección General de Instrucción Pública. (1894, 15 de julio). *Gaceta de Instrucción Pública, 188*, 1399-1400.
- ✓ Ciuró, J. (1970). *Historia del automóvil en España*. Barcelona: CEAC.
- ✓ Clavero Benitoa, J. (1909). Aseo personal. En Cabeza Pereiro, A. (dir.). *Higiene militar* (pp. 309-320). Guadalajara: Taller Tipográfico del Colegio de Huérfanos de la Guerra.
- ✓ Closa Garcia, A. (2001). *Un segle de futbol català (1900-2000)*. Barcelona: Federació Catalana de Futbol.
- ✓ Cochard, N. (2012). Le sport et la marine française (fin du xix siècle-début xx siècle). En Robène, L. (dir.), *Le Sport et la Guerre xix-xx siècles* (pp. 73-80). Rennes: Presses Universitaires de Rennes.
- ✓ Codina Castellví, J. (1893). *El Velocípedo. Sus aplicaciones higiénicas y terapéuticas*. Madrid: Viuda de Hernando y Compañía.
- ✓ Comisiones. (1910, 8 de noviembre). *Diario Oficial del Ministerio de la Guerra, 244*, 354.
- ✓ Comité Belge de la VII Olympiade. (1920a). *Polo à Cheval*. Anvers: Comité Belge de la VII Olympiade.
- ✓ Comité Belge de la VII Olympiade. (1920b). *Programme Officiel VIIème Olympiade, Anvers 1920*. Anvers: Comité Belge de la VII Olympiade.
- ✓ Comité Belge de la VII Olympiade. (1920c). *Tir à la Cible*. Anvers: Comité Belge de la VII Olympiade.
- ✓ Comité Olímpico Español. (2012, 21 de marzo). *Buscador de deportistas*. Recuperado de http://www.coe.es

- Comité Olympique Français. (1924). *Rapport Officiel. Les Jeux de la VIII Olympiade*. Paris: Librairie de France.
- Comunicaciones militares. Palomas mensajeras. (1899, 12 de julio). *Colección Legislativa del Ejército, 144*. Apéndice n.º 5.
- Concesión de pensiones de 50 céntimos de peseta diarios a las esposas e hijos huérfanos de madre de los reservistas llamados a filas. (1909, 23 de julio). *Gaceta de Madrid, 204*, 199-200.
- Concurso de Barcelona. (1912, 12 de octubre). *La Nación Militar, 720*, 315.
- Concurso de Madrid. (1915a, 30 de abril). *El Tiro Nacional de España, 31*, 8.
- Concurso de Madrid. (1915b, 15 de julio). *El Tiro Nacional de España, 36*, 2-3.
- Concurso de Madrid. (1920, 30 de junio). *El Tiro Nacional de España, 155*, 5.
- Concurso de selección interregional. (1913, 15 de abril). *España Automóvil y Aeronáutica, 7*, 86.
- Concurso de tiro de la Representación de Cádiz. (1914, 31 de octubre). *El Tiro Nacional de España, 19*, 6-10.
- Concurso de tiro de la representación de Madrid. (1914, 15 de julio). *El Tiro Nacional de España, 12*, 4-5.
- Concurso de tiro de la Representación de Valladolid. (1914a, 15 de agosto). *El Tiro Nacional de España, 14*, 9.
- Concurso de tiro de la Representación de Valladolid. (1914b, 15 de octubre). *El Tiro Nacional de España, 18*, 8-9.
- Concurso de Valladolid. (1915a, 15 de agosto). *El Tiro Nacional de España, 38*, 10.
- Concurso de Valladolid. (1915b, 31 de octubre). *El Tiro Nacional de España, 43*, 5.
- Concurso de Valladolid. (1916, 31 de agosto). *El Tiro Nacional de España, 63*, 6.
- Concurso hípico internacional. (1914, enero-junio). *Revista de Caballería, tomo 12*, 382-384.
- Concurso Nacional extraordinario organizado en conmemoración del Centenario de las Cortes y Sitio de Cádiz. (1912, 27 de julio). *La Nación Militar, 709*, 227-228.
- Concurso Nacional. (1912, 29 de junio). *La Nación Militar, 705*, 195.
- Concurso Nacional. (1917a, 31 de mayo). *El Tiro Nacional de España, 81*, 6.
- Concurso Nacional. (1917b, 31 de julio). *El Tiro Nacional de España, 85*, 9.
- Concurso preparatorio provincial. (1909a, 8 de mayo). *La Nación Militar, 541*, 141.
- Concurso preparatorio provincial. (1909b, 10 de julio). *La Nación Militar, 550*, 213.
- Concursos de gimnasia. (1919a, enero). *La Educación Física, 1*, 25.
- Concursos de Gimnasia. (1919b, 9 de febrero). *Diario Oficial del Ministerio de la Guerra, 32*, 411-413.
- Concursos de tiro. (1905, 30 de junio). *Diario Oficial del Ministerio de la Guerra, 144*, 22.

- ✓ Concursos de tiro. (1910, 19 de octubre). *Diario Oficial del Ministerio de la Guerra, 231*, 201.
- ✓ Concursos de tiro. (1911, 6 de septiembre). *Colección legislativa de la Armada, 281*, 584-586.
- ✓ Concursos de tiro. (1918, 9 de agosto). *Diario Oficial del Ministerio de la Guerra, 178*, 503.
- ✓ Concursos de tiro. (1920, 17 de noviembre). *Colección Legislativa del Ejército, 523*, 864-865.
- ✓ Concursos hípicos. Reglamentos. (1905, 22 de febrero). *Colección Legislativa del Ejército, 33*, 2-51.
- ✓ Concursos. (1902, 26 de abril). *Diario Oficial del Ministerio de la Guerra, 92*, 326.
- ✓ Concursos. (1919, 31 de diciembre). *Diario Oficial del Ministerio de la Guerra, 293*, 1117.
- ✓ Concursos. (1920, 4 de febrero). *Diario Oficial del Ministerio de la Guerra, 27*, 404.
- ✓ Condeminas Mascaró, F. (1930). *La Marina militar española*. Barcelona: Tipografía La Académica de Herederos de Serra y Rusell.
- ✓ Condo González, A. (1914a, enero). Educación física. *El Explorador, 15* (sin paginar).
- ✓ Condo González, A. (1914b, abril). Los juegos olímpicos de Madrid. *El Explorador, 19*, 13.
- ✓ Condo González, A. (1917a). La educación física nacional y su relación con el Ejército. *Memorial de Infantería,* tomo 12, 35-40.
- ✓ Condo González, A. (1917b, agosto). Educación física. El método Hebert. *El Explorador, 59*, 7.
- ✓ Condo González, A. (1919, junio). Machando en hierro frío… *La Educación Física, 6*, 2.
- ✓ Conejos, A. (1902, 20 de abril). La nueva ley de caza. *La Caza Ilustrada, 11*, 164-165.
- ✓ Conferencias. (1903, 6 de julio). *Colección Legislativa del Ejército, 109*, 142.
- ✓ Congreso de Educación Física. (1916, 31 de octubre). *El Tiro Nacional de España, 67*, 11.
- ✓ Constitución Española de 27 de diciembre de 1978. (1978, 29 de diciembre). *Boletín Oficial del Estado, 311*, 29315-29339.
- ✓ Corominas i Colet, J. (1964). *Medio siglo de atletismo español 1914-1964*. Madrid: Comité Olímpico Español.
- ✓ Coubertin, P. F. (1973). *Ideario Olímpico*. Madrid: Instituto Nacional de Educación Física.
- ✓ Coubertin, P. F. (1997). *Olympic Memoirs.* Lausanne: IOC.
- ✓ Crespo Cordonié, E. (1912). La gimnasia sueca. *Memorial de Infantería,* tomo 2, 149-150.
- ✓ Crónica. (1901, 31 de marzo). *La Nación Militar, 118*, 95.
- ✓ Crónica. (1907, 25 de mayo). *La Nación Militar, 439*, 165.
- ✓ Crónica. Madrid. (1911a, 22 de abril). *La Nación Militar, 643*, 118.

- Crónica. Madrid. (1911b, 22 de julio). *La Nación Militar, 656*, 219.
- Cuadro de socios de honor. (1913, 1 de junio). *El Explorador, 1*, 1.
- Cuerpo de Infantería de Marina (tropa). (1919, 29 de enero). *Diario Oficial del Ministerio de la Marina, 35*, 228-229.
- Cuerpo de Infantería de Marina. Academias de aspirantes a cabos. Obras de texto. Publicaciones. (1894, 10 de noviembre). *Colección Legislativa de la Armada, 246*, 611-612.
- Cullen y Verdugo, S. (1900). *Nociones de colombofilia y estudio de telegrafía alada: aplicaciones a las Islas Canarias*. Las Palmas: Martínez y Franchy.
- Cultura Física General. (1921, 20 de octubre). *Diario Oficial del Ministerio de la Marina, 240*, 1425-1426.
- Cuyás Armengol, A. (1912). *Los Exploradores de España: ¿Qué son? ¿Qué hacen?* Madrid: Julián Palacios.
- D'Hurcourt, L., baron d'Hurcourt. (1899). La guerre et les sports. En Leudet, M. (dir.). *L'Almanach des sports*. (pp. 31-37). Paris: Librairie Paul Ollendorff.
- De sports. (1909a, 15 de junio). *España Automóvil, 11*, 4.
- De sports. (1909b, 15 de abril). *España Automóvil, 7*, 83.
- De Uitslagan dar Athletische Wedstrijden. (1920, 22 août). *Sport-Revue, 7*, 102.
- Del concurso de San Sebastián. (1919, 15 de septiembre). *El Tiro Nacional de España, 136*, 4.
- Del Concurso en el campo de la Moncloa. (1920, 15 de junio). *El Tiro Nacional de España, 154*, 8.
- Desde San Sebastián. Del Concurso de Tiro. (1920, 15 de septiembre). *El Tiro Nacional de España, 160*, 5-6.
- Destinos. (1914, 29 de abril). *Diario Oficial del Ministerio de la Guerra, 94*, 273-275.
- Destinos. (1920, 9 de marzo). *Diario Oficial del Ministerio de la Guerra, 55*, 869.
- Detall y régimen interior de los cuerpos. Reglamentos. (1896, 1 de julio). *Colección Legislativa del Ejército, 154*, 222-223.
- Díaz Benzo, A. (1900a, 1 de abril). El Tiro Nacional. *La Nación Militar, 66*, 528-529.
- Díaz Benzo, A. (1900b, 28 de octubre). El certamen de Zaragoza, *La Nación Militar, 96*, 774.
- Díaz Martínez, Y. (1996). Un episodio español poco conocido. La evacuación militar de Cuba en 1898. En Fusi Aizpurúa, J. P. y Niño Rodríguez, A. (eds.). *Antes del "desastre": orígenes y antecedentes de la crisis del 98* (pp. 143-150). Madrid: Universidad Complutense de Madrid.
- Díaz Vallés, L. (1899). Asociación General de Cazadores. Comisión de propaganda. En Evero, F. (ed.), *Páginas de caza española y americanas* (p. 320). Madrid: Establecimiento Tipográfico de Ricardo Fé.
- Dictamen de la Comisión sobre la proposición de ley autorizando la cesión en usufructo de terrenos de la granja central del Instituto del Alfonso XII a la representación provincial en Madrid de la Sociedad "Tiro Nacional".

(1900, 19 de diciembre). *Diario de las Sesiones de las Cortes, 25*, apéndice 3º, 1.

✓ Domínguez Almansa, A. (1997). *Civilizar o corpo e modernizar a vida: ximnasia, sport e mentalidades burguesa ua fin dun século. Galicia, 1875-1900*. Santiago de Compostela: Universidad de Santiago de Compostela.

✓ Domínguez Almansa, A. (2009). *Historia social do deporte en Galicia: cultura e modernidade, 1850-1920*. Vigo: Galaxia.

✓ Domínguez Almansa, A. (2011). La práctica de la modernidad: orígenes y consolidación de la cultura deportiva en España, 1870-1914. En Pujadas i Martí, X. (coord.), *Atletas y ciudadanos* (pp. 55-88). Madrid: Alianza.

✓ Domínguez Cortelles, F. (1914). Gimnasia en la infancia. *Revista de Sanidad Militar, 11*, 1 de junio, 317-321.

✓ Don Luis Calvet, campeón de tiro. (1911). *Caza y Pesca, 15*, 8-9.

✓ Dunning, E. (2003). *El fenómeno deportivo. Estudios sociológicos en torno al deporte, la violencia y la civilización*. Barcelona: Paidotribo.

✓ Durán Arriaza, A. (1896). *Reglamento provisional para el detall y régimen interior de los cuerpos del ejército*. Madrid: Talleres del Depósito de la Guerra.

✓ Durántez Corral, C. (2012). *El COE. Un siglo*. Madrid: Comité Olímpico Español.

✓ Echos et nouvelles. (1903, février). *Revue Olympique, 9*, 16.

✓ El certamen de tiro en Jaén. (1916, 15 de noviembre). *El Tiro Nacional de España, 68*, 7.

✓ El concurso de Madrid. La fiesta anual. (1918, 30 de junio). *El Tiro Nacional de España, 107*, 3-5.

✓ El concurso de Santander. (1917a, 31 de octubre). *El Tiro Nacional de España, 91*, 13.

✓ El concurso de Santander. (1917b, 15 de noviembre). *El Tiro Nacional de España, 92*, 4.

✓ El Concurso de tiro San Sebastián. (1917, 15 de octubre). *El Tiro Nacional de España, 90*, 4.

✓ El Concurso Nacional de Madrid. La fiesta final. (1919, 30 de junio). *El Tiro Nacional de España, 131*, 7.

✓ El Ejército y la Política. (1921, marzo). *Memorial de Caballería, 6*, 155-164.

✓ El primer campeonato militar de football en Madrid. (1919, mayo). *La Educación Física, 5*, 18.

✓ El primer gimnasio de los exploradores madrileños. (1915, mayo). *El Explorador, 32*, 1.

✓ El Real Moto Club de España. (1920, enero). *Motociclismo, número extraordinario*, 3-30.

✓ El Teniente de Ingenieros D. José Figueroa Alonso-Martínez. (1920, diciembre). *Memorial de Ingenieros, 12*, 412-415.

✓ El Tiro Nacional. (1919, junio). *La Educación Física, 6*, 13.

✓ Engelberg, E. and Schleier, H. (1992). The contribution made by historical biographies of the 19th and 20th century towards deepening historical

biography. En Benito Ruano, E. y Espadas Burgos, M. (coord.), *Metodología: la biografía histórica* (pp. 1105-1109). Actas 17º Congreso de Ciencias Históricas, tomo II. Madrid: Comité International des sciences historiques.
- ✓ En la Moncloa preparándose para la Olimpiada de Amberes. (1920, 15 de abril). *El Tiro Nacional de España, 150*, 5.
- ✓ Enríquez de Salamanca y Navarro, C. (1988). *Peñalara, 75 años: 1913-1988*. Madrid: Real Sociedad Española de Alpinismo Peñalara.
- ✓ Escuder, J. M. (1899). Educación Física. En Evero, F. (ed.), *Páginas de caza española y americanas* (pp. 199-203). Madrid: Establecimiento Tipográfico de Ricardo Fé.
- ✓ Escuela Central de Gimnasia. (1920a, 3 de enero). *Diario Oficial del Ministerio de la Guerra, 2*, 28.
- ✓ Escuela de Educación Física. (1919, 30 de diciembre). *Diario Oficial del Ministerio de la Guerra, 292*, 1084.
- ✓ Escuela de Equitación Militar. (1902, 3 de diciembre). *Colección Legislativa del Ejército, 277*, apéndice nº 19.
- ✓ Espadas Burgos, M. (1996). Ejército y "cuestión social" en la España de fin de siglo. *Torre de los Lujanes, 31*, 57-64.
- ✓ España en Amberes. El equipo del Tiro Nacional. Hablando con el general Suárez Inclán. (1920, 31 de agosto). *El Tiro Nacional de España, 159*, 3-4 y 20.
- ✓ España en el Concurso Internacional de Bayona-Biarritz. (1912, 10 de agosto). *La Nación Militar, 711*, 245.
- ✓ España: La Escuela Central de Gimnasia y el juego de balompié. (1920). *Memorial de Infantería, tomo 17*, 308-309.
- ✓ Espartano. (1919, enero). Gimnasia de aplicación militar. *La Educación Física, 1*, 31.
- ✓ F.B. (1911, julio-diciembre). Observaciones sobre el juego del polo. *Revista de Caballería,* tomo 19, 307-310.
- ✓ Fauria i Garcia, J. (1993, spring). The First true Spanish Olympic medalists. *Citius, Altius, Fortius, 2* (1), 6-9.
- ✓ Federació d'Entitats Excursionistes de Catalunya. (2014, 6 de septiembre). Recuperado de http://www.feec.cat
- ✓ Federación Colombófila Española. (1894, junio y julio). *La Paloma Mensajera, 42 y 43*, 45.
- ✓ Federación Internacional de Polo. (1920?). *Reglas de juego*. Madrid: Federación Española de Polo.
- ✓ Federación Provincial de Valladolid. 100 años en la historia de Valladolid. La Asociación de Cazadores y Pescadores de Valladolid cumple 100 años (2011, noviembre). *Cazadores de Castilla y León, 1*, 23.
- ✓ Fernández Aceytuno Gavarrón, F. (2009). Cien años del combate del Barranco del Lobo. *Ejército de tierra español, 818*, 114-119.
- ✓ Fernández Almagro, M. (1970). *Historia política de la España contemporánea*. Volumen III. Madrid: Alianza.

- Fernández Bastarreche, F. (1988). The Spanish Military from the Age of Disasters to the Civil War. En Bañón Martínez, R. and Barker, T. M. (eds.), *Armed forces and society in Spain: past and present* (pp. 213-247). Boulder: Social Science Monographs.
- Fernández Bastarreche, F. (2006). El Ejército en la Restauración. En Ministerio de Defensa (ed.), *Aproximación a la historia militar de España* (pp. 511-535). Madrid: Ministerio de Defensa.
- Fernández Buitrón, C. y del Riego Gordón, C. (2004). *Citius, Altius, Fortius, las Olimpiadas y sus mitos*. León: Everest.
- Fernández de la Reguera, R. (1998). *La boda de Alfonso XIII*. Barcelona: Planeta.
- Fernández de la Torre, R. (1985, noviembre). Los globos en la conquista del aire. Notas para la historia de la Aerostación en España. *Aeroplano. Revista de Historia Aeronáutica, 3*, 18-29.
- Fernández Díaz, A. (2004). Los orígenes del sport en Logroño: notas para una historia del deporte en La Rioja. *Berceo, 146*, 221-236.
- Fernández Fernández, L. (1906, 1 de diciembre). De la enseñanza militar. *Revista Técnica de Infantería y Caballería, 11*, 495-508.
- Fernández Iglesias, A. (1982). *Arturo. Recuerdos de mi vida*. Madrid: Luis Cárcamo.
- Fernández López, J. (2003). *Militares contra el Estado. España: siglos XIX y XX*. Madrid: Taurus.
- Fernández Palacios, J. A. (2001). *Historia de las cuatro marinas españolas. Marina deportiva*. Volumen 4. Madrid: Silex.
- Fernández Sánchez, J. (2001). *Antología de textos de la revista* Peñalara. Madrid: Organismo Autónomo Parques Nacionales.
- Fernández Sirvent, R. (2005). *Francisco Amorós y los inicios de la educación física moderna: biografía de un funcionario al servicio de España y Francia*. Alicante: Universidad de Alicante.
- Fernández Truan, J. C. (2011). Génesis del excursionismo en España. En Loudcher, J. F.; Hasse, M. e Neto, C. (eds.), *CESH XVI International Congress: Sport and tourism* (p. 10). Cruz Quebrada (Portugal): Facultade de Motricidade Humana.
- Ferrer Sequera, J. (1985). *La Academia General Militar*. Barcelona: Plaza & Janés.
- Figueroa y Torres Sotomayor, A., conde de Romanones (1898). Estatutos y reglamento de la Asociación General de Cazadores. En Evero, F. (ed.), *Páginas de caza española y americanas* (pp. 321-322). Madrid: Establecimiento Tipográfico de Ricardo Fé.
- Figueroa y Torres Sotomayor, A., conde de Romanones (1920). *El ejército y la política*. Madrid: Renacimiento.
- Figueroa y Torres Sotomayor, A., conde de Romanones (1929). *Notas de una vida: 1901-1912*. Madrid: Renacimiento.
- Figueroa y Torres Sotomayor, A., conde de Romanones (1934). *Notas de una vida*. Madrid: Aguilar.

- Findling, J. E. (1996). *Historical dictionary of the modern olympic movement.* Wesport (Connecticut): Greenwood.
- Fischer, D. H. (1970). *Historians' fallacies: toward a logic of historical thought.* London: Routledge & Kegan Paul.
- Flores Alonso, A. y Cicuéndez Ortega, J. M. (1990). *Guerra aérea sobre el Marruecos español (1913-1927).* Madrid: Museo del Aire.
- Formulando un pregunta al ministro de Agricultura sobre la ley de Caza. (1903, 26 de junio). *Diario de Sesiones de las Cortes, 33,* 567.
- Fundación Miguel Delibes. (2014, 15 de septiembre). Recuperado de http://www.fundacionmigueldelibes.es
- Fuster García, F. (2012). *Azorín ¿Qué es la historia?* Madrid: Fórcola.
- G. de Anserna, M. (1910, 30 de diciembre). Club Alpino Español. *España Automóvil, 24,* 295-298.
- Gálvez Carmona, G. (1940). *El Padre Manjón. Antología.* Madrid: Magisterio Español.
- García Benítez, J. (1908, 15 de marzo). Editorial. *España Automóvil, 5,* 49.
- García Bonafé, M. (1992). Las mujeres y el deporte: del "corsé" al "chándal". *Sistema, 110-111,* 37-53.
- García de Quevedo, E. (1899). *Excursiones por la provincia de Burgos: conferencia de la serie organizada por la Sociedad Española de Excursiones dada en el Ateneo de Madrid el 17 de marzo de 1899.* Madrid: San Francisco de Sales.
- García García, J. M. (2012a, mayo-junio). Análisis de la evolución histórica de la evaluación de la aptitud física en el Ejército de Tierra español. *Emásf, revista digital de educación física, 16,* 46-54.
- García García, J. M. (2012b). Los inicios de la evaluación física para acceder a la enseñanza militar. Libro de actas del IV Congreso Internacional de Ciencias del Deporte y la Educación Física. Recuperado de http://www.altorendimiento.net
- García García, J. M. (2013a). El Campeonato del Mundo de Tiro de 1912 desde la perspectiva española. *Revista Española de Educación Física y Deportes, 403,* 81-90.
- García García, J. M. (2013b). *Acta de constitución oficial y miembros del Comité Olímpico Español de 1912.* Sevilla: Punto Rojo.
- García García, J. M. (2014a). Orígenes del Campeonato de España de Tiro al Blanco con Fusil. *Actividad Física y Deporte: Ciencia y Profesión, 21* (Artículo aceptado y pendiente de publicación, páginas por determinar).
- García García, J. M. (2014b). Método filológico, ¿una nueva herramienta? *Retos. Nuevas tendencias en Educación Física, Deporte y Recreación, 25,* 113-116.
- García Gómez, R. (1917, 15 de noviembre). Representación de Valladolid. *El Tiro Nacional de España, 92,* 13.
- García Sierra, E. A. (1901). Las prácticas higiénicas en los cuarteles. *La Medicina Militar Española, 131,* 362-364.
- Génova e Iturbe, J. (1901). *Armas de guerra.* Barcelona: Manuel Soler.

- ✓ Gil Acevedo, F. (1917a, 1 de abril). Los ejercicios físicos en nuestro ejército. *Revista de Sanidad Militar, 7*, 195-200.
- ✓ Gil Acevedo, F. (1917b, 15 de marzo). Los ejercicios físicos en nuestro ejército. *Revista de Sanidad Militar, 6*, 164-167.
- ✓ Gil Meseguer, E. (2001). Societat, ideologia i esport a l'Hospitalet de Llobregat. *L'Avenç, 257*, 52-55.
- ✓ Gimnasia. (1915, 24 de septiembre). *Diario Oficial del Ministerio de Marina, 216*, 1408.
- ✓ Gimnasios. Obras de textos. (1885, 16 de diciembre). *Colección Legislativa del Ejército, 483*, 269-271.
- ✓ Gomá Orduña, J. (1946). *Historia de la aeronáutica española*. Madrid: Imprenta Prensa Española.
- ✓ Gomá Orduña, J. (1951). *Historia de la aeronáutica española*. Madrid: Imprenta Prensa Española.
- ✓ Gómez de Salazar y Orduña, F. (1912a). El nuevo reglamento de gimnasia para la infantería. *Memorial de Infantería, tomo I*, 66-72.
- ✓ Gómez de Salazar y Orduña, F. (1912b). Una lección práctica de gimnasia con arreglo al nuevo reglamento de gimnasia para la infantería. *Memorial de Infantería, tomo I*, 371-374.
- ✓ Gómez de Salazar y Orduña, F. (1918). Sobre enseñanza de la gimnasia. *Memorial de Infantería, tomo 2*, 466-476.
- ✓ Gómez Díaz, D. y Martínez López, J. M. (2001). *El deporte en Almería, 1880-1939*. Almería: Universidad de Almería.
- ✓ Gómez Laínez, M. (2010). *El Real Club de la Puerta de Hierro*. Madrid: Real Club Puerta de Hierro.
- ✓ Gómez Plana, B. (1909, 1 de diciembre). El ejercicio en los niños. *Boletín Oficial de la Unión Velocipédica Española-Touring Club Nacional, 144*, 269-270.
- ✓ Gómez Ruiz, M. y Alonso Juanola, V. (2009). *El Ejército de los Borbones*. Tomo VIII. Madrid: Ministerio de Defensa.
- ✓ Gómez Santos, M. (1983). De la aerostación a la aeronáutica. Entrevista con el teniente general Vives. *Aeroplano. Revista de Historia Aeronáutica, 1*, 4-13.
- ✓ Gómez-Martínez, R. (2010). *Constitución y fuerza militar (1808-1978)*. Granada: Universidad de Granada.
- ✓ González Aja, T. (1990). El deporte militar en España (1878-1914). En Teja, A. e Tolleneer, J. (coord.), *Lo sport in uniforme cinquant'anni di storia in Europa (1870-1914)*. Atti del Convegno Internazionale di Studi sulla Storia dello sport militare, Roma, Salone d'Onore del CONI, 7-8 novembre 1997 (pp. 36-43). Roma: Minisiero della Difesa e Comitato Olimpico Nazionale Italiano.
- ✓ González Aja, T. (2002). La política deportiva en España durante la República y el Franquismo. En González Aja, T. (ed.), *Sport y autoritarismos* (pp. 169-201). Madrid: Alianza editorial.
- ✓ González Aja, T. (2003). *Introducción del deporte en España. Su repercusión en el arte*. Madrid: Edilupa ediciones.

- ✓ González Aja, T. (2009, otoño). Ensayo para la frustrada Olimpiada de Berlín (1916). *Ilustración de Madrid, 13*, 25-28.
- ✓ González Aja, T. (2011a, september). Sport, Nationalism and Militarism-Alfonso XIII: Sportsman, Soldier, King. *The International Journal of the History of Sport, 14*, 1987-2030.
- ✓ González Aja, T. (2011b). *El arte y la imagen como fuentes de investigación del deporte*. Ponencia. Máster en Programas Deportivos: Gestión, Alto Rendimiento y Desarrollo Social. Madrid: Universidad Camilo José Cela.
- ✓ González Barrés, E. (2010). *La columbofilia catalana a través del temps*. Barcelona: Graficas Rimont.
- ✓ González Calleja, E. (1999). *El máuser y el sufragio. Orden público, subversión y violencia política en la crisis de la Restauración (1917-1931)*. Madrid: CSIC.
- ✓ González de Segovia, M. (1903). Prólogo. En Lacoste y Sicre, L. (ed.), *Educación física militar* (pp. I-VII). Sin ciudad: sin editor.
- ✓ González Deleito Domínguez, N. (1989). Bosquejo histórico-legislativo del cuerpo jurídico militar. *Revista Española de Derecho Militar, 54*, 249-257.
- ✓ González Deleito, F. (1901). Algunas reflexiones sobre el problema de los tuberculosos en los ejércitos. *La Medicina Militar Española, 135*, 430-432.
- ✓ González Deleito, F. (1903). *Apuntes de higiene social en el ejército*. Madrid: Imprenta de Administración Militar.
- ✓ González Deleito, F. (1909). Alimentación del soldado. En Cabeza Pereiro, A. (dir.), *Higiene militar* (pp. 247-308). Guadalajara: Taller Tipográfico del Colegio de Huérfanos de la Guerra.
- ✓ González Deleito, F. (1911). *La educación física en Suecia*. Toledo: Imp. viuda e hijos de J. Peláez.
- ✓ González Deleito, F. (1912). *Manual de Gimnasia Sueca*. Toledo: Imprenta Librería y Encuadernación de Rafael G. Menor.
- ✓ González González, H. (1925). *Resumen histórico de la academia de infantería*. Toledo: Imprenta-Escuela Tipografía del Colegio de M.ª Cristina para Huérfanos de la Infantería.
- ✓ González Muñoz, F. (2002). La Infantería de Marina, una fuerza para el siglo XXI. *Arbor: Ciencia, pensamiento y cultura, 682*, 301-319.
- ✓ González Redondo, F. A. (2013). La contribución de Leonardo Torres Quevedo a la historia mundial de la Aeronáutica. *Aeroplano. Revista de Historia Aeronáutica, 31*, 22-37.
- ✓ González Velilla, M. C. y González-Loureiro, M. B. (1996). La crisis de Melilla de 1893-1894. En Fusi Aizpurúa, J. P. y Niño Rodríguez, A. (eds.), *Antes del "desastre": orígenes y antecedentes de la crisis del 98* (pp. 323-336). Madrid: Universidad Complutense de Madrid.
- ✓ González-Aller Hierro, J. I. (1998). *España en la mar: una historia milenaria*. Barcelona: Lunwerg.
- ✓ González-Pola de la Granja, P. (1997). Polavieja: un general para una crisis. El polaviejismo en torno a 1898. *Revista de Historia Militar, 83*, 161-200.
- ✓ González-Pola de la Granja, P. (2003). *La configuración de la mentalidad militar contemporánea (1868-1909)*. Madrid: Ministerio de Defensa.

- González-Pola de la Granja, P. (2006). La incidencia de Madrid desde la historia social militar (1813-1931). En Fernández Vargas, V. (dir.), *El Madrid Militar. Tomo II. El Ejército en Madrid y su territorio (1813-1931)* (pp. 103-133). Madrid: Ministerio de Defensa.
- Gorgojo Lezcano, R. (1915). Los exploradores como medio de regeneración. *Memorial de Infantería, tomo 7*, 229-232.
- Graells y Agüera, M. P. (1873). *Aplicaciones de la historia natural al arte militar.* Madrid: Carlos Bailly-Baillere.
- Guereña, J. L. (2003). *Armée, société et politique dans l'Espagne contemporaine (1808-1939)*. Nantes (France): Éditions du temps.
- Guereña, J. L. (2004). Violence militaire, violence d'État. L'armée et l'ordre public en Espagne (1820-1923). En Delrue, E. (ed.), *Autour de l'armée espagnole, 1808-1939* (pp. 37-59). Paris: Indigo.
- Hernández Coronado, R. (1931). *Los 20 años del atletismo español a través de sus records y campeonatos.* Madrid: Imp. La Rafa.
- Hernández del Pozo, L. (1983). La Infantería. En Aguilar Olivencia, M. y Cepeda Gómez, J. (coords.), *Historia de las Fuerzas Armadas* (pp. 15-55). Tomo II. Zaragoza: Palafox.
- Hernández Herrera, C. y García Figueras, T. (1929). *Acción de España en Marruecos.* Madrid: Imprenta Municipal.
- Hernández Vázquez, M. y Ruiz Vicente, D. B. (2006). Tiro Nacional: preparación para la Guerra. En Aquesolo Vegas, J. A. (coord.), *Sport and violence.* Actas del X Congreso de Historia del Deporte (pp. 56-62). Sevilla: CESH-Universidad Pablo de Olavide.
- Herrera Linares, E. (2009). *Ciencia aeronáutica.* Madrid: Fundación Aena.
- Herrera Rodríguez, F. (1998). Enfermedad y guerra colonial en Cuba y Puerto Rico. *El Médico, 683*, 82-88.
- Herrero y Díez Ulzurrum, V. F. (1909). Vestuario y equipo. En Cabeza Pereiro, A. (dir.), *Higiene militar* (pp. 321-429). Guadalajara: Taller Tipográfico del Colegio de Huérfanos de la Guerra.
- Herreros Alfaro, F. y Aznar Güell, J. L. (1998). *Historia del motociclismo en España.* Barcelona: Reial Automòbil Club de Catalunya.
- Hobsbawm, E. J. (2002). *Sobre la historia.* Barcelona: Crítica.
- Holanda. Escuela militar de gimnasia. (1914). *Memorial de Infantería, tomo 1*, 504.
- Humbert, H. et Terret, T. (2002). *Entre France et Italie: l'échec des bataillons scolaires de Nice (1880-1890).* Actas V Congreso de Historia del Deporte en Europa. Madrid 15-19 noviembre de 2000. Madrid: Universidad Politécnica de Madrid.
- Hurlingham. (2014, 28 de agosto). Recuperado de http://www.hurlinghammedia.com
- Ibáñez Marín, J. (1899). *La educación militar.* Madrid: El Trabajo.
- Ibáñez Marín, J. (1909). *El mariscal Soult en Portugal.* Madrid: Imprenta Revista Técnica de Infantería y Caballería.
- Ibáñez Marín, J. y Angulo Escobar, L. (1903). *Los cadetes.* Madrid: El Trabajo.

- Impacto. (1924, septiembre). El Concurso Nacional de Santander. *Armas y Deportes, 3*, 8-9.
- Infantería de Marina (clases y tropa). (1920, 10 de julio). *Diario Oficial del Ministerio de Marina, 161*, 954.
- Ingenieros. Organización. (1884, 15 de diciembre). *Colección Legislativa del Ejército, 413*, 726-746.
- Instituto Nacional de Estadística. (2014, 17 de octubre). *Anuario estadístico de España de 1920*. Recuperado de http://www.ine.es
- Instrucción militar. (1903, 22 de febrero). *Diario Oficial del Ministerio de la Guerra, 41*, 450-453.
- International Olympic Committee. (2014, 11 de octubre). *Search all olympic medallists.* Recuperado de http://www.olympic.org
- Intervención en contra de los presupuestos generales del Estado de 1908. (1907, 12 de noviembre). *Diario de Sesiones de las Cortes, 91*, 2460-2464.
- Iradier Herrero, T. (1912). *Los exploradores de España (Boy scouts españoles)*. Madrid: Talleres del Depósito de la Guerra.
- Isabel Sánchez, J. L. (1991). *La Academia de Infantería de Toledo*. Toledo: Academia de Infantería.
- Iturralde. (1924, 11 de febrero). El juego del polo. *Olímpica, 11*, 16.
- Izquierdo Macon, E. y Gómez Alonso, M. T. (2003). Los orígenes del ciclismo en España: la expansión velocipédica de finales del siglo XIX. *Apunts. Educació Física i Esports, 71*, 6-13.
- Jáudenes de la Cavada, J. (1903). Opiniones médicas. En Lacoste y Sicre, L. (ed.), *Educación física militar* (pp. 71-81). Sin ciudad: sin editor.
- Juego del balompié. (1920, 6 de marzo). *Diario Oficial del Ministerio de la Guerra, 53*, 845-846.
- Juegos Olímpicos. (1924, 29 de enero). *Olímpica, 9*, 16.
- Junta Central. (1911, 30 de diciembre). *La Nación Militar, 679*, 401.
- Junta Directiva. (1915, 31 de diciembre). *El Tiro Nacional de España, 47*, 10.
- Karag, A. (1958). *Diccionario de los deportes*. Vol. VI. Barcelona: Dalmau y Jover.
- Keller, T. et Raphaël, F. (2001). Le projet de recherche "Biographies interculturelles". En Keller, T. et Raphaël, F. (comps.). *Biographies au pluriel* (pp. 7-12). Strasbourg: Presses Universitaires Strasbourg.
- Kindelán Duani, A. (1907). Un viaje aero-marítimo. *Memorial de Ingenieros, 7*, 264-273.
- Kindelán Duani, A. (1908). Real Aero-Club de España. Estatutos. *España Automóvil, 21*, 245-246.
- La Academia de Infantería. (1914, 30 de abril). *El Tiro Nacional de España, 7*, 17.
- La Comisión ejecutiva. (1918, 30 de septiembre). Representación en Cádiz. *El Tiro Nacional de España, 113*, 4-5.
- La divulgación del side-car. (1913, diciembre). *Boletín Oficial de la Unión Velocipédica Española-Touring Club Nacional, 193*, 445-446.

- La Olimpiada de Amberes. (1920a, 30 de junio). *El Tiro Nacional de España, 155*, 1-3.
- La Olimpiada de Amberes. (1920b, 31 de marzo). *El Tiro Nacional de España, 149*, 12.
- La Porte Fernández-Alfaro, P. (2003). *El desastre de Annual y la crisis de la Restauración en España (1921-1923)*. Madrid: Universidad Complutense de Madrid.
- La Redacción. (1919, enero). Nuestro propósito. *La Educación Física, 1*, 1.
- La VII Olimpiada. Curioso balance. (1922, 31 de marzo). *El Tiro Nacional de España, 197*, 8.
- Lacomba Avellán, J. A. (1970). *La crisis española de 1917*. Madrid: Ciencia Nueva.
- Ladera. (1917). *Fechas de sangre: dos semanas de anarquía en España*. Madrid: Renacimiento.
- Lagardera Otero, F. (1992a, noviembre). De la aristócrata gimnástica al deporte de masas: un siglo de deporte en España. *Sistema, 110-111*, 9-36.
- Lagardera Otero, F. (1992b). Introducción de la *Gimnástica* en el Sistema Educativo Español. En *Education, physical activities and sport in a historical perspective*. International Standing Conference for the History of Education Congress 14 th. (pp. 82-93). Barcelona: Secretaria General de l'Esport.
- Lagardera Otero, F. (1995). Historia social del deporte en España. En García Blanco, S. (coord.), *Simposium de Historia de la educación física* (pp. 39-69). Salamanca: Universidad de Salamanca.
- Lagardera Otero, F. (1995-1996). Notas para una historia social del deporte en España. *Historia de la Educación. Revista Interuniversitaria, 14-15*, 151-172.
- Laita de la Rica, J. M. (1963). *Libro de oro de la Federación Castellana de Fútbol*. Madrid: Federación Castellana de Fútbol.
- Larra y Cerezo, A. (1901). La alimentación del soldado en los cuerpos de la guarnición de Madrid. *La Medicina Militar Española, 136*, 12-14.
- Larra y Cerezo, A. (1902). *Discursos leídos en la Real Academia de Medicina para la recepción pública del académico electo D. Ángel de Larra y Cerezo el día 9 de noviembre de 1902*. Madrid: Imprenta de la sucesora de M. Minuesa de los Ríos.
- Larra y Cerezo, A. (1909). El Hogar del soldado. En Cabeza Pereiro, A. (dir.), *Higiene militar* (pp. 123-246). Guadalajara: Taller Tipográfico del Colegio de Huérfanos de la Guerra.
- Lázaro Ávila, C. (2001). La forja de la aeronáutica militar: Marruecos (1909-1927). En Carrasco, A. (coord.), *Las campañas de Marruecos 1909-1927* (pp. 165-194). Madrid: Almena.
- Lázaro Lorente, L. M. (1983). *Crisis del 98 y regeneracionismo conservador: los batallones escolares en Valencia 1904-1910*. Valencia: Rubio Esteban.
- Lennartz, K., Reinhartdt, W. and Schlüter, R., (2013). *Die Spiele der VII. Olympiade 1920 in Antwerpen*. Kassel (Deutschland): AGON Sportvelag.

- Leseduarte Gil, P. (1988). *La conflictividad laboral en torno a la jornada de trabajo en las minas de Vizcaya: la huelga de 1910, dimensiones sociales y políticas*. Congreso de Historia de Euskal Herria, volumen 6, 121-132.
- Leseduarte Gil, P. (2006). *Los pueblos mineros. Conflictividad social y política municipal en la cuenca minera vizcaína*. Bilbao: Beta.
- Ley 10/1990 de 15 de octubre, del Deporte. (1990, 17 de octubre). *Boletín Oficial del Estado, 249*, 30397-30411.
- Ley 19/1989 de reforma parcial y adaptación de la legislación mercantil a las Directivas de la Comunidad Económica Europea (CEE) en materia de Sociedades de 25 de julio de 1989. (1989, 27 de julio). *Boletín Oficial del Estado, 178*, 24085-24110.
- Ley 58/2003 General Tributaria de 17 de diciembre de 2003. (2003, 18 de diciembre). *Boletín Oficial del Estado, 302*, 44987-45065.
- Ley 77/1961, de 23 de diciembre, sobre Educación Física. (1961, 27 de diciembre). *Boletín Oficial del Estado, 309*, 18125-18129.
- Ley cediendo en usufructo por término de diez años a la Junta directiva Central del Tiro Nacional los terrenos del Estado en la Moncloa para ejercicios de tiro de 13 de marzo de 1908. (1908, 14 de marzo). *Gaceta de Madrid, 74*, 1082.
- Ley de 15 de julio de 1912. (1912, 18 de julio). *Diario Oficial del Ministerio de la Guerra, 160*, 149-151.
- Ley de 7 de octubre de 1939 fijando las normas para la organización y funcionamiento del Ejército del Aire. (1939, 19 de octubre). *Boletín Oficial del Estado, 292*, 5832.
- Ley de Administración y Contabilidad de la Hacienda Pública. (1910, 7 de octubre). *Gaceta de Madrid, 280*, 61-71.
- Ley de bases para la ley de reclutamiento y reemplazo del ejército de 29 de junio de 1911. (1911, 1 de julio). *Diario Oficial del Ministerio de la Guerra, 142*, 1-11.
- Ley de Bases para la Reorganización del Ejército de 29 de junio de 1918. (1918, 1 de julio). *Diario Oficial del Ministerio de la Guerra, 145*, 3-19.
- Ley de caza. (1879, 10 de enero). *Gaceta de Madrid, 13*, 118-119.
- Ley de caza. (1902, 16 de mayo). *Gaceta de Madrid, 138*, 788-789.
- Ley de creación de los Parques Nacionales. (1916, 8 de diciembre). *Gaceta de Madrid, 343*, 575.
- Ley de declaración del Parque Nacional de la Sierra de Guadarrama. (2013, 26 de junio). *Boletín Oficial del Estado, 152*, 47795-47852.
- Ley de presupuestos. Real Orden de 31 de diciembre de 1906. (1906, 1 de enero). *Gaceta de Madrid, 1*, 1-2.
- Ley de reclutamiento y reemplazo del ejército de 19 de enero de 1912. (1912a, 20 de enero). *Diario Oficial del Ministerio de la Guerra, 15*, 179-208.
- Ley de reclutamiento y reemplazo del Ejército. (1912b, 28 de febrero). *Diario Oficial del Ministerio de la Guerra, 47*, 587-616.
- Ley del derecho de asociación de 30 de junio. (1887, 12 de julio). *Gaceta de Madrid, 193*, 105-106.

- Ley sobre la jornada máxima en las minas. (1910, 31 de diciembre). *Gaceta de Madrid, 365*, 795-796.
- Licencias. (1920, 17 de julio). *Diario Oficial del Ministerio de la Guerra, 158*, 270.
- Lo de Amberes. Advertencia importante. (1920, 30 de abril). *El Tiro Nacional de España, 151*, 9.
- López Serra, F. (1998). *Historia de la educación física de 1876 a 1898. La Institución Libre de Enseñanza*. Madrid: Gymnos.
- López-Barajas Zayas, E. (1998). *Las historias de vida y la investigación biográfica*. Madrid: Universidad Nacional de Educación a Distancia.
- Lorca-Díez, R. (1915). *La esgrima de florete, espada y sable*. Barcelona: B. Bouza.
- Los concursos de skis para la temporada próxima. (1919, diciembre). *Peñalara, 72*, 363-364.
- Los Exploradores de España. (1919?). *Excursiones*. Madrid: Los Exploradores de España.
- Luque, M. (1973). Notas sobre el origen del polo en Jerez de la Frontera. En Federación Española de Polo (coord.), *El polo en España*. (Sin paginar). Madrid: Perfumería Gal.
- Lyberg, W. (1994). *The History of the IOC Sessions. I. 1894-1939*. Lausanne: International Olympic Committee.
- Macías Fernández, D. (2013). Las campañas de Marruecos (1909-1927). *Revista Universitaria de Historia Militar, 3*, 58-71.
- Madariaga Álvarez-Prida, M. R. (2011). *En el barranco del lobo*. Madrid: Alianza.
- Madariaga Suárez, F. (1919, enero). Educación física en el Ejército. *La educación física, 1*, 25.
- Madrid Polo-Club. (1897). *Reglamento y reglas de juego*. Madrid: Establecimiento Tipográfico de San Francisco de Sales.
- Mallon, B. (1992). *The Unofficial Report of the 1920 olympics*. Durham (EEUU): Most.
- Mallon, B. and Bijkerk, A. (2009). *The 1920 Olympic Games*. North Carolina (EEUU): McFarland.
- Maluquer de Motes, J. (2005). Consumo y precios. En Carreras de Odriozola, A. y Tafunell, X. (cords.). *Estadísticas históricas de España siglos XIX y XX* (pp. 1247-1296). Madrid: Fundación BBVA.
- Maluquer de Motes, J. y Llonch, M. (2005). Trabajo y relaciones laborales. En Carreras de Odriozola, A. y Tafunell, X. (cords.), *Estadísticas históricas de España: siglos XIX y XX* (pp. 1155-1245). Madrid: Fundación BBVA.
- Maluquer Maluquer, A. (1916). *Carreras a pie*. Barcelona: Los Sports.
- Margarit y Calvet, A. (1920). *Remo*. Barcelona: Seix Barral.
- Marín García, E. (2009). *D. Marcelo Santos Sanz Romo, iniciador y propagandista de la educación física en España: vida y obra*. (Tesis doctoral inédita). Alcalá de Henares: Universidad de Alcalá.

- Marín y Arauna. (1924, septiembre). El Concurso Nacional de Santander. *Armas y Deportes, 3*, 8.
- Márquez Martínez, B. y Capo Argudo, J. M. (1923). *Las Juntas Militares de Defensa*. Barcelona: Síntesis.
- Martí Ventosa, J. (1901). A propósito de las infecciones en los cuarteles. *La Medicina Militar Española, 124*, 217-219.
- Martialay Martín-Sánchez, F. (1996). *Implantación del profesionalismo y nacimiento de la Liga*. Madrid: Real Federación Española de Fútbol.
- Martialay Martín-Sánchez, F. (2000). *Amberes. Allí nació la furia española*. Madrid: Real Federación Española de Fútbol.
- Martí-Henneberg, J. (1996, noviembre). El excursionismo, entre la ciencia y la estética. *Mundo Científico, 173*, 962-969.
- Martín Salazar, M. (1900). La desinfección en los cuarteles. *La Medicina Militar Española, 100*, 206-209.
- Martínez Gorroño, M. E. y Hernández Álvarez, J. L. (2014). La Institución Libre de Enseñanza y Pierre de Coubertin: la educación física para una formación en libertad. *Revista Internacional de Medicina y Ciencias de la Actividad Física y el Deporte, 54*, 243-263.
- Martínez Navarro, A. (1985). El escultismo en el marco de la educación física: su implantación en España. En Ruiz Berrio, J. (ed.), *La educación en la España contemporánea, cuestiones históricas: libro homenaje a Ángeles Galino* (pp. 151-162). Madrid: Sociedad Española de Pedagogía.
- Martínez-Vasseur, P. (2003). *L'armée espagnole (XIXe et XXe siècles)*. Paris: Ellipses.
- Masó Garcés, V. y Escrig Tirado, E. (1896). *Manual práctico de quintas*. Castellón: Imp. y lib. de G. Amengot.
- Mason, T. and Riedi, E. (2010). *Sport and the military*. Cambridge (United Kingdom): Cambridge University Press.
- Match individuel international a l'arme de guerre. (1912, 24 de agosto). *La Nación Militar, 713*, 263.
- McFarland, A. (2006, january). Ricardo Zamora: The First Spanish Football Idol. *Soccer and Society, 1*, 1-13.
- Mediavilla Saldaña, L. y García García, J. M. (2013). Diseño, creación y validación de una entrevista para obtener datos biográficos, de carácter deportivo-militar, de los militares que participaron en unos juegos olímpicos. *Journal of Sport and Health* Research. *5*, (2), 157-166.
- Memoria relativa a las concesiones de créditos extraordinarios y suplementos de crédito, acordados por el Gobierno de S.M. durante el interregno parlamentario de 28 de abril de 1920 a 22 de febrero de 1921. (1921, 29 de marzo). *Diario de las Sesiones de las Cortes, 28*, apéndice 1º, 1-8.
- Mesa Gutiérrez, J. L. (2001). 1919-1927, casi una década de sangre. En Carrasco, A. (coord.), *Las campañas de Marruecos 1909-1927* (pp. 129-164). Madrid: Almena.

- Mexía y Algar, J. I. (2013, julio). Alfonso XIII y los inicios de la aviación española. *Memorial del Arma de Ingenieros, 90*, 112-124.
- Micó España, A. (1918, 15 de octubre). Representación de Madrid. *El Tiro Nacional de España, 114*, 6.
- Ministerio de Defensa. (2014, 28 de octubre). *Galería de antiguos directores.* Recuperado de http://www.intra.mdef.es
- Ministerio de Hacienda. (1902). *Presupuestos Generales del Estado para el año económico de 1902*. Madrid: Establecimiento tipográfico de los hijos de J.A. García.
- Ministerio de Hacienda. (1904). *Presupuestos Generales del Estado para el año económico de 1904.* Madrid: Establecimiento tipográfico de los hijos de J.A. García.
- Ministerio de Hacienda. (1906). *Presupuestos Generales del Estado para el año económico de 1906*. Madrid: Establecimiento tipográfico de los hijos de J.A. García.
- Ministerio de Hacienda. (1907). *Presupuestos Generales del Estado para el año económico de 1907*. Madrid: Establecimiento tipográfico de los hijos de J.A. García.
- Ministerio de Hacienda. (1908). *Presupuestos Generales del Estado para el año económico de 1908*. Madrid: Establecimiento tipográfico de los hijos de J.A. García.
- Ministerio de Hacienda. (1909). *Presupuestos Generales del Estado para el año económico de 1909*. Madrid: Establecimiento tipográfico de los hijos de J.A. García.
- Ministerio de Hacienda. (1911). *Presupuestos Generales del Estado para el año económico de 1911*. Madrid: Establecimiento tipográfico de los hijos de J.A. García.
- Ministerio de Hacienda. (1913). *Presupuestos Generales del Estado para el año económico de 1913*. Madrid: Imprenta de la Suc. de M. Minuesa de los Rios.
- Ministerio de Hacienda. (1915). *Presupuestos Generales del Estado para el año económico de 1915*. Madrid: Imprenta de la Suc. de M. Minuesa de los Rios.
- Ministerio de Hacienda. (1917). *Presupuestos Generales del Estado para el año económico de 1917*. Madrid: Imprenta de la Suc. de M. Minuesa de los Rios.
- Ministerio de Hacienda. (1920). *Presupuestos Generales del Estado para el año económico de 1920-21*. Madrid: Imprenta de la Suc. de M. Minuesa de los Rios.
- Ministerio de la Guerra. (1886). *Reglamento para el servicio de los palomares.* Guadalajara: Imprenta Encuadernación Provincial.
- Ministerio de la Guerra (1899). *Reglamento para la instrucción táctica de las tropas de infantería*. Madrid: Depósito de la Guerra.
- Ministerio de la Guerra. (1891). *Proyecto de ejercicios gimnásticos para las tres armas*. Madrid: Depósito de la Guerra.

- Ministerio de la Guerra. (1902). *Reglamento para la instrucción táctica de las tropas de artillería*. Tomo I. Madrid: Imprenta y Litografía del Depósito de la Guerra.
- Ministerio de la Guerra. (1906a). *Reglamento provisional para el servicio e instrucción del ciclismo en el ejército*. Madrid: Talleres del Depósito de la Guerra.
- Ministerio de la Guerra. (1906b). *Reglamento para las relaciones entre el Ministerio de la Guerra y el Real Aero-Club de España*. Madrid: Talleres del Depósito de la Guerra.
- Ministerio de la Guerra. (1909). *Reglamento provisional para la instrucción táctica de de las tropas de infantería*. Madrid: Talleres del Depósito de la Guerra.
- Ministerio de la Guerra. (1911). *Reglamento provisional de Gimnasia para Infantería*. Madrid: Depósito de la Guerra.
- Ministerio de la Guerra. (1913a). *Anuario militar de España*. Madrid: Talleres del Depósito de la Guerra.
- Ministerio de la Guerra. (1913b). *Manual para las clases de tropa*. Madrid: Imprenta del asilo de huérfanos del S. C. de Jesús.
- Ministerio de la Guerra. (1915). *Reglamento provisional para la instrucción táctica de las tropas de caballería*. Madrid: Talleres del Depósito de la Guerra.
- Ministerio de la Guerra. (1918a, 20 de marzo). *Gaceta de Madrid, 79*, 813-814.
- Ministerio de la Guerra. (1918b). *Manual para las clases de tropa*. Tomo I. Madrid: Imprenta de "Alrededor del Mundo".
- Ministerio de la Guerra. (1918c). *Anuario Militar de España*. Madrid: Talleres del Depósito de la Guerra.
- Ministerio de la Marina. (1888). *Código Penal de la Marina de Guerra*. Madrid: Imprenta del Cuerpo de Infantería de Marina.
- Ministerio del Ejército. (1951). *Historia de las campañas de Marruecos*. Tomo II. Madrid: Servicio Histórico Militar.
- Ministerio del Ejército. (1981). *Historia de las campañas de Marruecos*. Tomo III. Madrid: Servicio Histórico Militar.
- Miralles Salabert, M. (1902, 30 de octubre). La caza y el Tiro Nacional. *La Caza Ilustrada, 30*, 467-468.
- Miralles Salabert, M. (1919, 31 de julio). Extracto de la sesión celebrada el día 23 de junio de 1919. *El Tiro Nacional de España, 133*, 3.
- Mola Vidal, E. (1940). *Obras completas*. Valladolid: Librería Santarén.
- Mollá Ruiz-Gómez, M. (2006). El excursionismo militar en España y la visión del paisaje. Scripta Nova. *Revista electrónica de Geografía y Ciencias Sociales, 218*, (sin paginar).
- Monés Pujol-Busquets, J. y Bosom Palau, N. (1992). Apunts per a una història de l'Educació Física a Barcelona i la seva zona d'influència: 1900-1930. En Education, physical activities and sport in a historical perspective.

International Standing Conference for the History of Education Congress 14 th. (pp. 122-134). Barcelona: Secretaria General de l'Esport.
- Monmeneu Ferrer, J. (1915, junio). Prácticas de gimnasia sueca por la marinería. *Revista General de Marina, tomo LXXVI,* 667-700.
- Monte-Vinart. (1901, 9 de junio). *La Nación Militar, 128,* 175-176.
- Montoto y de Simón, J. (2008). Alfonso XIII y la aviación militar española en 1913 (I). AEROPLANO. *Revista de Historia Aeronáutica, 26,* 4-19.
- Moradiellos García, E. (1986). *El sindicato de los obreros mineros de Asturias, 1910-1930.* Oviedo: Universidad de Oviedo.
- Moreno Garrido, A. (2007). *Historia del turismo en España en el siglo xx.* Madrid: Síntesis.
- Motilla Salas, X. (2003-2004). Estatutos y reglamento orgánico de la Asociación Nacional de los Exploradores de España y disposiciones oficiales que afectan a la misma. *Historia de la Educación, 22-23,* 431-450.
- Moto-Club Madrid. (1917, 15 de febrero). España Automóvil y Aeronáutica, 3, 30.
- Moto-Club. (1910, 30 de enero). *España Automóvil, 2,* 22.
- Muchas gracias. El Estado Mayor Central y La Educación Física. (1919, marzo). *La Educación Física, 3,* 8.
- Municiones. Sociedad del Tiro Nacional. (1919, 6 de febrero). *Colección Legislativa del Ejército, 63,* 107-108.
- Muñoz Bolaños, R. (2001). Operaciones militares (1910-1918). En Carrasco, A. (coord.), *Las campañas de Marruecos 1909-1927* (pp. 85-128). Madrid: Almena.
- Muñoz Bolaños, R. (2006). Las campañas de Marruecos. En Ministerio de Defensa (ed.), *Aproximación a la historia militar de España* (pp. 599-613). Madrid: Ministerio de Defensa.
- Muñoz, R. (1981). *Historia del montañismo en España.* Madrid: Ramón Muñoz.
- Mut Mandilego, B. A. (1914). Higiene del corazón: el ejercicio. *Revista de Higiene y Tuberculosis, 72,* 84-88.
- Navarra Contreras, A. (1893). *Reglamento higiénico-militar para las grandes maniobras.* Barcelona: Imprenta Militar de Calzada e Hijo.
- Navarrete y de Alcázar, A. (1917). *El problema marítimo de España.* Madrid: Sociedad Española de Artes Gráficas.
- Navarro Moreno, P. (2006). Los empleados de Telégrafos. En CORREOS (ed.), *Exposición 150 aniversario del telégrafo en España* (pp. 51-64). Málaga: Universidad de Málaga-Sociedad Estatal de Correos y Telégrafos.
- Navarro, E. (1916). *Álbum histórico de las sociedades deportivas en Barcelona.* Barcelona: José Ortega.
- Neva Editions. (2012, 26 de marzo). *La saga franco-espagnole des 3 maîtres d'armes BROUTIN.* Recuperado de http://www.emmanuelbroutin.e-monsite.com
- Nogareda Barbudo, M. (1914?). *Juegos Olímpicos.* Barcelona: Ibérica.

- Nogués Sardá, A. (1899). La educación militar en la escuela. *La escuela moderna, 94*, 36-38.
- Noruega. Escuela militar de gimnasia. (1914). *Memorial de Infantería, tomo 2*, 171.
- Noticias. (1918, 30 de diciembre). *España Automóvil y Aeronáutica, 24*, 233.
- Nuevos Estatutos. (1915, septiembre). *Peñalara, 21*, 174-177.
- Nuevos socios. (1917, diciembre). *Peñalara, 48*, 181-184.
- Núñez Florencio, R. (1997). *El ejército español en el desastre de 1898*. Madrid: Arco Libros.
- Núñez Pérez, M. G. (1997). La biografía en la actual historiografía contemporánea española. *Espacio, Tiempo y Forma, tomo 10*, 407-439.
- Obras científicas y literarias. (1893, 25 de junio). *Diario Oficial del Ministerio de la Guerra, 185*, 914.
- Obras científicas y literarias. (1913, 18 de enero). *Diario del Ministerio de la Guerra, 14*, 174-175.
- O'Donnell y Duque de Estrada, H. (1999). *La Infantería de Marina española. Historia y fuentes*. Madrid: Bazán.
- Olábarri Gortázar, I. (1989). Canalejas ante la conflictividad laboral: la huelga minera de Vizcaya de 1910. En Facultad de Ciencias de la Información y Facultad de Geografía e Historia (ed.), *Haciendo historia: homenaje al profesor Carlos Seco* (pp. 449-456). Madrid: Universidad Complutense.
- Olympiade Van Antwerpen. (1920, 22 août). *Sport-Revue, 7*, 97-110.
- Orbea y Biardeau, M. (1965). La prehistoria del atletismo guipuzcoano. En Federación Atlética Guipuzcoana (coord.), *Bodas de oro del atletismo guipuzcoano 1914-1964* (pp. 17-31). San Sebastián: Industrias Gráficas Valverde.
- Organización. (1896, 4 de octubre). *Diario Oficial del Ministerio de la Guerra, 222*, 78.
- Organización. (1910, 29 de octubre). *Diario Oficial del Ministerio de la Guerra, 162*, 312-313.
- Organización. (1919, 2 de julio). *Diario Oficial del Ministerio de la Guerra, 146*, 27-29.
- Organización. (1920, 18 de septiembre). *Diario Oficial del Ministerio de la Guerra, 210*, 1023-1025.
- Organización. Instrucción militar. Escuelas. Academias. Colegios. (1893, 8 de febrero). *Colección Legislativa del Ejército, 33*, 105-120.
- Organización. Sargentos. Clases de tropa. Reenganches. Ascensos. Clasificaciones. Retiros. Jubilaciones. Matrimonios. (1889, 17 de octubre). *Colección Legislativa del Ejército, 497*, 743-757.
- Ortiz de Zárate y Ortiz de Zárate, J. R. y Aparicio Cámara, A. (2003). Antecedentes históricos de la enseñanza general militar en España (2.ª parte). En Congreso de Historia Militar (ed.), *La enseñanza militar en España: 75 años de la Academia General Militar en Zaragoza* (pp. 56-68). Madrid: Ministerio de Defensa.

- Otero Urtaza, E. (1996). Las relaciones entre Pierre de Coubertin y Francisco Giner de los Ríos. *Revista Complutense de Educación, 2*, 201-210.
- Otero Urtaza, E. M. (1998). Batallones escolares, sentimientos patrióticos y educación en el siglo XIX. En Belenguer Calpe, E. J. (coord.), *Educación popular* (pp. 361-376). VIII Coloquio Nacional Historia de la Educación.
- P. (1902, 15 de agosto). La natación en el Ejército. *Revista Técnica de Infantería y Caballería, 4*, 185-188.
- Pablos Aguado, A. M. (1994). *110 años de ciclismo en Valladolid*. Valladolid: Fundación Municipal de Deportes.
- Pabón y Suárez de Urbina, J. (1952). *Cambó: 1876-1947*. Barcelona: Alpha.
- Páez Jaramillo, F. (1911). Lo primero, las tripas. *España Automóvil y Aeronáutica, 3*, (sin paginar).
- Palacios Buñuelos, L. y Primo Jurado, J. J. (2009). *Reyes y cortesanos. La monarquía alfonsina y los marqueses de Viana*. Logroño: San Martín.
- Palomas mensajeras. (1879, 17 de enero). *Colección Legislativa del Ejército, 25*, 47.
- Pastor Pradillo, J. L. (1997). *El espacio profesional de la Educación Física en España: génesis y formación (1883-1961)*. Alcalá de Henares (Madrid): Universidad de Alcalá.
- Patiño Iglesias, M. (1905, enero-junio). La sociedad y el Ejército. *Revista de Caballería, tomo 6*, 450-454.
- Payne, S. G. (1986). *Los militares y la política en la España contemporánea*. Madrid: Sarpe.
- Paz Sabugo, S. (1910, 30 de noviembre). El Ejército francés y los deportes. *España Automóvil, 22*, 264.
- Pérez de Tudela, C. (otoño, 2009). Deporte y cultura en la Sierra del Guadarrama. *Ilustración de Madrid, 13*, 41-46.
- Pérez Frías, P. L. (2006). Malagueños en la élite militar de poder durante el reinado de Alfonso XIII. *Ámbitos. Revista de estudios de ciencias sociales y humanidades, 15*, 11-23.
- Pérez Noguera, E. (1901a). La alimentación del soldado. *La Medicina Militar Española, 104*, 287-290.
- Pérez Noguera, E. (1901b). La alimentación del soldado. *La Medicina Militar Española, 106*, 321.
- Pérez Noguera, E. (1901c). La alimentación del soldado. *La Medicina Militar Española, 112*, 11-12.
- Pérez Noguera, E. (1901d). La alimentación del soldado. *La Medicina Militar Española, 117*, 94-97.
- Pérez Noguera, E. (1901e). La alimentación del soldado. *La Medicina Militar Española, 122*, 181-186.
- Pérez Noguera, E. (1910). Terapéutica de la obesidad. *Revista de Medicina y Cirugía, 87*, 13-15.
- Pérez Samper, M. A. (2011). De historia, de biografías, de validos y de validos de validos. *Cuadernos de Historia Moderna, 36*, 197-205.

- Permanyer i Lladós, L. (2006). *Un club, una ciudad: historia del Real Club de Polo de Barcelona, 1897-2005*. Barcelona: Real Club de Polo de Barcelona.
- Peypoch Perera, L. (1930). *Tiro*. Barcelona: Sintes.
- Piqueras Arenas, J. A. (1994). De la biografía tradicional a la historia individual, grupal y masiva. En Carasa Soto, P. (ed.), *Elites, prosopografía contemporánea* (pp. 53-62). Valladolid: Universidad de Valladolid.
- Pita Espelosín, F. (1909). *Manual de precauciones en las marchas*. Barcelona: Avilés-Castillo.
- Polo. (1916, julio-diciembre). *Memorial de Caballería, tomo 1*, 128.
- Polo del Barrio, J. (1986). El fútbol español hasta la guerra civil. *Revista de Occidente 62-63*, 85-101.
- Polo del Barrio, J. (1988). Regeneracionismo y deporte. En Zabalza Ramos, R. (coord.), *Orígenes del deporte madrileño* (pp. 47-68). Madrid: Consejería de Educación.
- Portugal. Escuela de gimnasia. (1913). *Memorial de Infantería, tomo 4*, 393.
- Premios de tiro. (1920, 30 de junio). *Diario Oficial del Ministerio de Marina, 154*, 923.
- Presupuestos. (1914, 20 de noviembre). *Diario de Sesiones de las Cortes, 90*, 2595-2633.
- Prieto Marugán, J. (2007, marzo). Marina. *Opusmúsica, 13*, (sin paginar).
- Primer concurso provincial de la representación de Madrid. (1901, 23 de junio). *La Nación Militar, 130*, 191.
- Primo de Rivera, M. (1916, diciembre). ¿Qué opina usted de la Asociación Exploradores de España? *El Explorador, 51*, 18-19.
- Primo de Rivera, M. (1919, febrero). Educación Física en el Ejército. *La Educación Física, 2*, 24.
- Programa del concurso provincial y 13º Concurso Nacional que ha de celebrarse en la Representación de Guadalajara. (1910, 9 de abril). *La Nación Militar, 589*, 117-118.
- Programa del concurso provincial de tiro que ha de celebrarse en el Campo de la Moncloa durante el mes de octubre de 1911. (1911, 9 de septiembre). *La Nación Militar, 663*, 276.
- Programa. (1919, 15 de mayo). *El Tiro Nacional de España, 128*, 9.
- Proyecto de ley de presupuestos generales del Estado de gastos e ingresos para el año 1901, presentado por el Sr. Ministro de Hacienda. (1900, 22 de noviembre). *Diario de las Sesiones de las Cortes, 3*, apéndice 45º, 1-147.
- Publicaciones. (1919, 21 de mayo). *Diario Oficial del Ministerio de la Guerra, 113*, 598.
- Puell de la Villa, F. (1978). El general Cassola, reformista militar de la Restauración. *Revista de Historia Militar, 45*, 173-196.
- Puell de la Villa, F. (1996). *El soldado desconocido: de la leva a la mili: (1700-1912)*. Madrid: Biblioteca Nueva.
- Puell de la Villa, F. (2009). *Historia del ejército en España*. Madrid: Alianza.
- Pujadas i Martí, X. (1998, juliol-agost,). El Tour de França, la historia d'un negoci a dues rodes. *Temps de joc, 16*, 42-44.

- Pujadas i Martí, X. (1999, novembre-decembre). Motorisme esportiu una historia d'alta velocitat. *Temps de joc, 24*, 42-44.
- Pujadas i Martí, X. (2001). L'espai d'us esportiu en la Barcelona metrópoli (1870-1936). *L'Avenç, 257*, 44-47.
- Pujadas i Martí, X. (2006). *Catalunya i l'olimpisme: esport, identitat i jocs olímpics (1896-2006)*. Barcelona: Comitè Olímpic de Catalunya.
- Pujadas i Martí, X. (2012). Sport, Space and the Social Construction of the Modern City: The Urban Impact of Sports Involvement in Barcelona (1870-1923). *The International Journal of the History of Sport, 14*, 1963-1980.
- Pujadas i Martí, X. i Santacana Torres, C. (1995a). *Història il.lustrada de l'esport a Catalunya*. V. 1 (1870-1932). Barcelona: Diputació de Barcelona i Columna.
- Pujadas i Martí, X. i Santacana Torres, C. (1995b). Esport, catalanisme i modernitat. La Mancomunitat de Catalunya i la incorporació de la cultura física en l'esfera pública catalana (1914-1923). *Acàcia, 4*, 101-121.
- Pujadas i Martí, X. i Santacana Torres, C. (1997). *L'esport és noticia. Història de la Premsa Esportiva a Catalunya (1880-1992)*. Barcelona: Diputació de Barcelona i Col.legi de Periodistes de Catalunya.
- Pujadas i Martí, X. i Santacana Torres, C. (1999). De club esportiu a simbol del catalanisme. El Barça (1915-1925). *L'Avenç, 238*, 33-38.
- Pujadas i Martí, X. y Santacana Torres, C. (2001). La mercantilización del ocio deportivo en España. El caso del fútbol 1900-1928. *Historia Social, 41*, 147-167.
- Pujadas Martí, X. (2011). Introducción. En Pujadas, X. (coord.), *Atletas y ciudadanos: historia social del deporte en España (1870-2010)* (pp. 25-52). Madrid: Alianza editorial.
- Queipo de Llano y Sierra, G. (1907, enero-junio). El aumento de sueldos y el Arma de Caballería. *Revista de Caballería, tomo 10*, 144-152.
- Quesada Gómez, A. (1997). *Historia del arma de ingenieros: abriendo camino*. Vol. 3. Madrid: Ministerio de Defensa.
- Quevedo y Queipo del Llano, A. (2001). *Queipo del Llano. Gloria e infortunio de un general*. Barcelona: Planeta.
- Quirós Linares, F. y Fernández García, F. (1996). Los orígenes de la fotografía aérea en España. El Servicio de Aerostación Militar (1896-1913). *Ería, 41*, 173-188.
- Rabaté, J. C. (2004). Service militaire et culture populaire dans l'Espagne de la Restauration. En Delrue, E. (ed.), *Autour de l'armée espagnole, 1808-1939* (pp. 9-36). Paris: Indigo.
- Real Aero Club de España. (1918). Homenaje al Comandante Herrera. *Boletín Oficial Real Aero Club de España, diciembre*, 29.
- Real Decreto concediendo crédito extraordinario de 125.000 pesetas, para preparación, envío y estancia de un equipo en los Juegos Olímpicos de la VII Olimpiada de 24 de julio de 1920. (1920, 31 de julio). *Gaceta de Madrid, 213*, 380-381.
- Real Decreto de 13 de marzo. (1918, 14 de marzo). *Gaceta de Madrid, 73*, 1.

- Real Decreto de 15 de diciembre. (1919, 17 de diciembre). *Gaceta de Madrid, 351*, 1226.
- Real Decreto de 16 de enero. (1908, 17 de enero). *Gaceta de Madrid, 17*, 203-206.
- Real Decreto de 26 de febrero. (1920, 26 de febrero). *Colección Legislativa del Ejército, 93*, 150-151.
- Real Decreto de 28 de febrero. (1913, 1 de marzo). *Diario Oficial del Ministerio de la Guerra, 48*, 642-643.
- Real Decreto de 30 de mayo. (1917a, 31 de mayo). *Diario Oficial del Ministerio de la Guerra, 120*, 621.
- Real Decreto de 30 de mayo. (1917b, 1 de junio). *Diario Oficial del Ministerio de la Guerra, 121*, 637-639.
- Real Decreto de 4 de enero. (1916, 6 de enero). *Diario Oficial del Ministerio de la Guerra, 4*, 53-54.
- Real Decreto de 6 de diciembre. (1911, 7 de diciembre). *Diario Oficial del Ministerio de la Guerra, 273*, 655-659.
- Real Decreto de 7 de marzo. (1918, 10 de marzo). *Diario Oficial del Ministerio de la Guerra, 56*, 663-674.
- Real Federación Colombófila Española. (1914, 9 de enero). *Colección Legislativa del Ejército, 3*, 6-7.
- Real Federación Española de Atletismo. (1992). *El atletismo olímpico español: Amberes 1920-Barcelona 1992*. Madrid: Real Federación Española de Atletismo.
- Real Moto Club Español. (1918, enero). *Motociclismo, 1*, 1.
- Real Orden de 22 de diciembre. (1904, 24 de diciembre). *Boletín Oficial del Ministerio de Marina, 146*, 1531.
- Real Orden de 3 de diciembre sobre organización del uso del velocípedo y sus aplicaciones en el Ejército. (1890, 5 de diciembre). *Diario Oficial del Ministerio de la Guerra, 272*, 2757.
- Real Orden de 30 de marzo de 1895 sobre palomas mensajeras. (1895, 2 de abril). *Diario Oficial del Ministerio de la Guerra, 73*, 3.
- Real Orden de 7 de enero sobre aumentar el servicio del velocípedo en el Ejército. (1892, 9 de enero). *Diario Oficial del Ministerio de la Guerra, 4*, 34-35.
- Real Sociedad Hípica Española Club de Campo. (2011, 22 de enero). *Historia*. Recuperado de http://www.rshecc.es
- Reales Clubs Náuticos. (1910, 5 de enero). *Colección Legislativa de la Armada, 3*, 10.
- Recompensas. (1913, 8 de febrero). *Diario Oficial del Ministerio de la Guerra, 30*, 385-388.
- Record de los campeonatos nacionales. (1917, 30 de noviembre). *El Tiro Nacional de España, 93*, 7.
- Reglamento de guías profesionales. (1916, julio). *Peñalara, 31*, 27-28.
- Reglamento de la Real Federación Colombófila Española. (1904, 8 de junio). *Colección Legislativa del Ejército, 87*, apéndice nº 3.

- Reglamento orgánico del cuerpo eclesiástico del Ejército. (1889, 18 de abril). *Diario Oficial del Ministerio de la Guerra, 88*, 193-200.
- *Reglamento para el régimen interior y servicio de la academia de infantería* (1910). Toledo: Rafael G. Menor.
- Reglamento para la Copa de Peñalara, para carreras de fondo. (1917, marzo). *Peñalara, 39*, 96.
- Reglamento para la ejecución de la ley de caza. (1903, 9 de julio). *Gaceta de Madrid, 190*, 1411-1414.
- Reglamento para la instrucción de tiro con fusil o carabina. (1905a, 12 de septiembre). *Diario Oficial del Ministerio de la Guerra, 200*, 603-604.
- Reglamento para la instrucción de tiro con fusil o carabina. (1905b, 9 de septiembre). *Colección Legislativa del Ejército, 182*, apéndice nº 7.
- Reglamentos. (1918, 29 de agosto). *Diario Oficial del Ministerio de la Guerra, 195*, 762-763.
- Reglamentos. Reglamento para las relaciones entre el ministerio de la Guerra y el Real Aero-Club de España. (1906, 4 de octubre). *Diario Oficial del Ministerio de la Guerra, 214*, 18.
- Reparaz Linazasoro, F. (1924). *Concursos atléticos: el espíritu deportivo.* Madrid: Calpe.
- Representación de Cádiz. Premios donados para el 18º Concurso Regional. (1919, 31 de agosto). *El Tiro Nacional de España, 135*, 6-9.
- Representación de Guipúzcoa. (1918, 30 de marzo). *El Tiro Nacional de España, 101*, 4.
- Representación de Guipúzcoa. (1919, 30 de junio). *El Tiro Nacional de España, 131*, 14-15.
- Representación de Guipúzcoa. Concurso de tiro. Programa. (1920, 15 de mayo). *El Tiro Nacional de España, 152*, 9-13.
- Representación de Madrid. (1918, 30 de abril). *El Tiro Nacional de España, 103*, 14.
- Representación de Madrid. (1919, 31 de diciembre). *El Tiro Nacional de España, 143*, 4.
- Representación de Madrid. (1920, 31 de mayo). Concurso Nacional. *El Tiro Nacional de España, 153*, 3-7.
- Representación de Madrid. Concurso Nacional. (1920, 31 de mayo). *El Tiro Nacional de España, 153*, 3-5.
- Representación de Santander. (1918, 15 de julio). *El Tiro Nacional de España, 108*, 15.
- Representación de Tiro de Guadalajara. (1915a, 15 de marzo). *El Tiro Nacional de España, 28*, 8.
- Representación de Tiro de Guadalajara. (1915b, 30 de junio). *El Tiro Nacional de España, 35*, 15.
- Representación de Tiro de Madrid. (1919, 30 de junio). Relación por el número de inscripción de los señores que han obtenido diplomas y premios en el Concurso de Tiro celebrado por esta representación del 17 al 23 de junio último. *El Tiro Nacional de España, 131*, 6-7.

- Requena Martínez, C. (1909). *Manual de gimnasia militar*. Barcelona: Imprenta Revista Científico-Militar.
- Resultado del Concurso de tiro. (1907, 8 de junio). *La Nación Militar, 441*, 187.
- Resumen de los resultados obtenidos en la rama de aviación, desde los primeros ensayos hasta la fecha. (1914, septiembre). *Memorial de Ingenieros, 9*, 3
- Rico Sánchez, A. (2013). La Infantería de Marina en la España de Alfonso XIII: Uniformología y recompensas. *Revista General de Marina, 265*, 839-845.
- Rio Joan, F. (1912). *Ciclismo militar: aportaciones para un reglamento de campaña*. Madrid: Revista Técnica de Infantería y Caballería.
- Rivas Fabal, J. E. (2009). *Historia de la Infantería de Marina Española*. Tomo I. Madrid: Ministerio de Defensa.
- Rivero Herraiz, A. (2004). Los orígenes del deporte español: el desarrollo de un nuevo componente cultural urbano. *Kronos, 6*, 29-33.
- Rivero Herraiz, A. (2005). *Deporte y modernización*. Sevilla: Wanceulen.
- Rivero Herraiz, A. (2009). Los valores del regeneracionismo en la educación española (1898-1936). *Revista Española de Educación Física y Deportes, 11*, 13-24.
- Rivero Herraiz, A. (2012, julio). La Real Sociedad Gimnástica Española. *Revista Internacional de Ciencias del Deporte, 29*, 272-273.
- Rivero Herraiz, A. and Sánchez García, R. (2011). The British influence in the birth of Spanish sport. *The International Journal of the History of Sport, 13*, 1788-1809.
- Rodríguez García, L. (1902). *Pedagogía militar*. Vitoria: Imprenta de los Hijos de Pujol.
- Rodríguez Ruiz, R. (1902). *Estudio de la gimnástica desde el punto de vista de la higiene pública*. (Tesis doctoral). Barcelona: Tipográfica La Académica.
- Rodríguez Somoza, D. (1917, 31 de marzo). Notas de un tirador. *El Tiro Nacional de España, 77*, 3.
- Rodríguez Somoza, D. (1918, 31 de diciembre). El tiro nacional y sus enseñanzas. *El Tiro Nacional de España, 119*, 2-5.
- Roma i Casanovas, F. (1996). *Història social de l'excursionisme català: dels origens a 1936*. Barcelona: Oiko-Tau.
- Rosón Ayuso, M. (1948). *Historia desapasionada del Athletic (hoy, Club Atlético) por un apasionado del Madrid (1903-1948)*. Madrid: Perman.
- Rubio, R. (1893). Los juegos corporales en la educación. *Boletín de la Institución Libre de Enseñanza, 391*, 145-150.
- Ruiz Ferry, R. (1910, 30 de noviembre). La esgrima y el duelo. *España Automóvil, 22*, (sin paginar).
- Ruiz Fornells, E. (1918). *La educación moral del soldado*. Toledo: Imprenta, Librería y Encuadernación de Rafael Gómez-Menor.
- Ruiz Fornells, E. y Melgar Mata, A. (1904). *Organización militar de España*. Toledo: Gómez Menor.

- Ruiz González, D. (1968). *El movimiento obrero en Asturias: de la industrialización a la Segunda República*. Oviedo: Amigos de Asturias.
- Ruiz Torres, P. (1993). Los discursos del método histórico. *Ayer, 12*, 47-77.
- Ruiz Torres, P. (2010). Biografía e historia. *II Reunión de la Red Europea sobre Teoría y Práctica de la Biografía: Le singulier et le collectif à l'épreuve de la biographie, 9-10 de febrero, 1-16*. Recuperado de www.uv.es
- Ruiz Vicente, D. (2007). La Sociedad de Tiro Nacional (I). *Tiro Olímpico, 65*, 20-22.
- Ruiz Vicente, D. (2008-2009). La Sociedad de Tiro Nacional (IV). *Tiro Olímpico, 68*, 34-36.
- Ruiz Vicente, D. (2008a). La Sociedad de Tiro Nacional (II). *Tiro Olímpico, 66*, 24-26.
- Ruiz Vicente, D. (2008b). La Sociedad de Tiro Nacional (III). *Tiro Olímpico, 67*, 14-17.
- Ruiz Vicente, D. (2009). 1º Concurso Nacional de Tiro: Zaragoza 1900. *Tiro Olímpico, 69*, 16-18.
- Ruiz Vicente, D. (2009-2010). El II Concurso Nacional (I parte). *Tiro Olímpico, 72*, 4-7.
- Ruiz Vicente, D. (2010). El II Concurso Nacional (II parte). *Tiro Olímpico, 73*, 4-7.
- Sáez Marín, J. (1982, julio-septiembre). Asociacionismo juvenil en España hasta 1936-39. *De Juventud, 7*, 33-71.
- Saint-Aubin, A. (1911, 15 de enero). La esgrima y el duelo. *España Automóvil, 1*, suplemento España Deportiva (sin paginar).
- Sainz de Baranda Andújar, C. (2013). Orígenes de la prensa diaria deportiva: El Mundo Deportivo. *Materiales para la Historia del Deporte, 11*, 7-27.
- Salas Larrazábal, R. (1983). Los primeros tiempos de nuestra aviación. Aeroplano. *Revista de Historia Aeronáutica, 1*, 14-33.
- Salas Larrazábal, R. (1988). Las últimas guerras coloniales. En Congreso de Historia Militar (ed.), *Temas de historia militar* (pp. 569-612). Madrid: EME.
- Salvatore, N. (2005). Biography and Social History: An Intimate Relationship. *Labour History, 87*, 187-192.
- Samaniego Gonzalo, J. M. (1919, 15 de noviembre). La capacidad automovilística de España. *España Automóvil y Aeronáutica, 21*, 231-236.
- Sánchez Gascón, A. (2007). *Leyes históricas de caza: tratado del derecho de caza en las comunidades autónomas*. Madrid: Exlibris Ediciones.
- Sánchez Méndez, J. (2002). La aviación militar española: una historia corta pero de gran intensidad. *Arbor: Ciencia, pensamiento y cultura, 674*, 187-216.
- Sánchez Méndez, J. y Kindelán Camp, A. (2011). La aviación militar española en la campaña de Marruecos (1909-1927). *AEROPLANO. Revista de Historia Aeronáutica, 29*, 68-105.
- Sánchez Pérez, F. (1994, primavera-verano). De las protestas del pan a las del trabajo. Marginalidad y socialización del fenómeno huelguístico en Madrid (1910-1923). *Historia Social, 19*, 47-60.

- Sánchez Postigo, F. (2005). *Fuentes documentales deportivas aplicadas a la historia de un club deportivo español: Historia del Club Atlético de Madrid.* (Tesis doctoral inédita). Madrid: Universidad Complutense de Madrid.
- Sánchez-Mesas y García, B. (1926). *Reglamento provisional para el juego del polo militar.* Madrid: Talleres del Depósito de la Guerra.
- Santacana Torres, C. (1999a, setembre-octubre). L'excursionisme entre la ciencia, la cultura, el lleure i l'esport. *Temps de Joc, 23,* 42-44.
- Santacana Torres, C. (1999b, maig-juny). L'esport, qüestió nacional per a la Mancomunitat. *Temps de joc, 21,* 42-44.
- Santacana Torres, C. (1999c). El fútbol l'esport rei, o la historia d'una ascensió imparable. *Temps de joc, 19,* gener-febrer, 42-44.
- Santacana Torres, C. i Pujadas i Martí, X. (2006). *L'altra olimpiada. Barcelona'36.* Barcelona: Llibres de l'index.
- Santacana Torres, C. i Pujadas i Martí, X. (2012). *Història de l'atletisme a Catalunya.* Barcelona: Federació Catalana de l'Atletisme.
- Santaló Sors, L. A. (1946). *Historia de la aeronáutica.* Buenos Aires: Espasa Calpe.
- Santos Díaz, E. (1917, 15 de junio). Representación de San Sebastián. *El Tiro Nacional de España, 82,* 6-7.
- Santos Díaz, E. (1926, 1 de diciembre). Los concursos de tiro ¿cómo deben organizarse? *Armas y Deportes, 53,* 1-2.
- Santos Díaz, E. (1928a, 1 de mayo). Nuestra encuesta de maestros tiradores. *Armas y Deportes, 87,* 4-5.
- Santos Díaz, E. (1928b, julio). El Concurso Nacional de Tiro en Granada. *Armas y Deportes, 91,* 7.
- Sardà i Llorens, R. (1982). *80 anys d'esport a la mar. Reial Club Marítim de Barcelona.* Barcelona: Gea.
- Saro y Marín, L. (1900a, 1 de diciembre). Excursiones militares. *Revista Técnica de Infantería y Caballería, 11,* 517-520.
- Saro y Marín, L. (1900b, 15 de diciembre). La instrucción de tiro en la infantería. *Revista Técnica de Infantería y Caballería, 13,* 557-560.
- Saro y Marín, L. (1907). *Excursiones militares. Granada, Sierra Nevada y la Alpujarra.* Madrid: Estudio Tipográfico "El Trabajo".
- Saurel, E. (1976). *El caballo: enciclopedia de la equitación y de los deportes hípicos.* Barcelona: Noguer.
- Seco Serrano, C. (1984). *Militarismo y civilismo en la España contemporánea.* Madrid: Instituto de Estudios Económicos.
- Seoane Couceiro, Mª C. (1996). Los grandes diarios (1880-1936): empresas y público. *Comunicación y Estudios Universitarios, 6,* 47-57.
- Serrallonga i Urquidi, J. (1991). Motines y revolución. España, 1917. *Ayer, 4,* 169-191.
- Shubert, A. (1984). *Hacia la revolución: orígenes sociales del movimiento obrero en Asturias, 1860-1934.* Barcelona: Crítica.

- ✓ Simón Sanjurjo, J. A. (2011). *La marea del deporte: fútbol y modernización en los orígenes de la sociedad de masas en España, 1900-1936*. (Tesis doctoral inédita). Madrid: Universidad Carlos III.
- ✓ Simón Sanjurjo, J. A. (2012). Conquistando a las masas: el impacto del deporte en la prensa española, 1900-1936. *Recorde: Revista de História do Esporte, 1*, 1-40. Recuperado de http://www.sport.ifcs.br
- ✓ Smokeless, C. (1919, 30 de junio). Máximas, pensamientos y sentencias de varios tiradores eminencias. *El Tiro Nacional de España, 131*, 19.
- ✓ Sobreques i Callicó, J. (2008). *Historia de Barcelona*. Barcelona: Plaza & Janes.
- ✓ Sociedad Colombófila de Cataluña. (1890). *Estatutos de la Sociedad Colombófila de Cataluña de palomas mensajeras: fundada el 16 de febrero de 1890 bajo el patronato del Ministerio de la Guerra*. Barcelona: Imprenta Hormiga de oro.
- ✓ Sociedad Gimnástica de los Exploradores de España. (1915). *Proyecto de reglamento*. Madrid: Helénica.
- ✓ Sociedad Protectora de Caza y Pesca de Santiago. (1902-1903). *Memoria anual*. Santiago de Compostela: Sociedad Protectora de Caza y Pesca de Santiago.
- ✓ Soldevilla y Ruiz, F. (1907). *El año político*. Madrid: Imprenta de Enrique Fernández de Rojas.
- ✓ Sostres Maignón, E. (1925). *Equitación*. Barcelona: Librería Sintes.
- ✓ Soto Barrera, J. (1930). *Historia del fútbol en España*. Madrid: Compañía Iberoamericana.
- ✓ Spain an Olympism. (1976, september-october). *Olympic Review, 107-108*, 513-529.
- ✓ Spivak, M. (1990). La preparación militar en Francia, un fracaso del régimen republicano. En González Aja, T. y Hernández Vázquez, J. L. (comps.), *Seminario Francisco Amorós: su obra entre dos culturas: Madrid, 20-21 de octubre de 1988* (pp. 175-206). Madrid: Instituto Nacional de Educación Física.
- ✓ Sports Reference. (2014, 27 de septiembre). *SR/Olympic Sports*. Recuperado de http://www.sports-reference.com
- ✓ Suárez Inclán, J. (1907, 21 de septiembre). Preparación física y moral. *La Nación Militar, 456*, 310-312.
- ✓ Subirats i Torredabell, O. (2004). Modernitat i Renaixença. Els origens de l'excursionisme català. *Afers, 49*, 623-640.
- ✓ Subsecretaría. Bajas. (1920, 20 de noviembre). *Diario Oficial del Ministerio de la Guerra, 262*, 610.
- ✓ Sueiro Seoane, S. (2002). El reinado de Alfonso XIII, 1902-1931. En Avilés Farré, J. (coord.), *Historia política de España, 1875-1939* (pp. 181-304). Madrid: Istmo.
- ✓ Tamames Gómez, R. y Casals Messeguer, X. (2004). *Miguel Primo de Rivera*. Barcelona: Ediciones B.

- Tatjer Mir, M. (1996). La construcción del espacio costero, siglos xix-xx. Del mundo portuario al mundo del ocio. El caso del puerto de Barcelona, 1856-1936. En Guimerá Ravina, A. y Romero, D. (eds.), *Puertos y sistema portuarios (siglos xvi - xx)* (pp. 371-391). Actas del Coloquio Internacional El sistema portuario español (Madrid, 19-21 octubre, 1995). Madrid: CEHOPU-Ministerio de Fomento-CSIC.
- Tejera y Magnín, L. (1890). *Las palomas mensajeras y los palomares militares.* Barcelona: Redacción y Administración de la Revista Científica-Militar y Biblioteca Militar.
- Tenés y Muñoz, R. (1899). El Ejército español. Vicios y virtudes. *Memorial de Artillería, tomo XII*, 55-64.
- Terol Gómez, R. (2004). La intervención pública sobre el asociacionismo deportivo en España. 1869-1978. *Revista Jurídica del Deporte, 11*, 27-44.
- The Associated Press. (1979). *Pursuit Excellence the Olympic Story*. Danbury (EEUU): Crolier Enterprises.
- The Netherlands Olympic Committee. (1928). *Official Report of the Olympic Games of 1928 celebrated at Amsterdam.* Amsterdam (Netherlands): Amsterdam J.H. de Bussy, Ltd.
- Tierra Orta, J. (2007). Los primeros Juegos Atléticos en España: Huelva-1890. *Materiales para la historia del deporte, 5*, 39-51.
- Tiro Nacional. (1900, 25 de noviembre). Programa oficial del segundo concurso Nacional de Tiro. *La Nación Militar, 100*, 813.
- Tiro Nacional. (1902, 27 de julio). Tiro Nacional. Madrid. *La Nación Militar, 187*, 326.
- Tiro Nacional. (1907, 16 de marzo). *La Nación Militar, 429*, 85.
- Tiro Nacional. (1918, 15 de febrero). Tiro Nacional. Composición de la Junta Directiva. *El Tiro Nacional de España, 98*, 1-2.
- Tiro Nacional. (1919, 28 de febrero). Extracto de la sesión celebrada el 11 de enero de 1919. *El Tiro Nacional de España, 123*, 1-2.
- Tiro Nacional. Junta Central. Extracto de la sesión celebrada el día 14 de febrero de 1920. (1920a, 31 de marzo). *El Tiro Nacional de España, 149*, 5.
- Tiro Nacional. Junta Central. Extracto de la sesión celebrada el día 15 de junio de 1920. (1920b, 31 de octubre). *El Tiro Nacional de España, 163*, 4-5.
- Todos los deportes. (1911, 30 de junio). *España Automóvil y Aeronáutica, 12*, 142.
- Togores Sánchez, L. E. (2006). Guerra en Cuba y Filipinas (1895-1898). En Ministerio de Defensa (ed.), *Aproximación a la historia militar de España* (pp. 563-581). Madrid: Ministerio de Defensa.
- Torrebadella i Flix, X. (2012). Antecedentes en la institucionalización de la gimnástica militar española (1800-1852). *Revista de Historia Militar, 111*, 185-244.
- Torrebadella i Flix, X. (2013). Cuerpos abandonados y rescatados. La educación física en los orfanatos españoles del siglo xix. *Cabás. Patrimonio Histórico Educativo, 10*, 11-28.

- Torrebadella i Flix, X. (2014a). Regeneracionismo e impacto de la crisis de 1898 en la educación física y el deporte español. *Arbor, 769*, a173. Recuperado de http://www.arbor.revistas.csic.es
- Torrebadella i Flix, X. (2014b). Aventura, espectáculo y deporte en los inicios de la aerostación en España (1784-1905). *Recorde: Revista de História do Esporte, 1*, 1-35.
- Torrebadella i Flix, X. (2014c). La influencia de la profesión médica en la educación física española del siglo xix y principios del xx: análisis social del Manual popular de gimnasia de sala médica e higiénica del Dr. Schreber. *Cultura_Ciencia_Deporte, 26*, 163-176.
- Torrebadella i Flix, X. (2014d). Los apóstoles de la educación física. Trece semblanzas profesionales en la educación física contemporánea. *Revista Española de Educación Física y Deportes, 406*, 57-76.
- Torrebadella i Flix, X. (2014e). La Educación Física comparada en España (1806-1936). *Social and Education History, 3*, 25-53.
- Torrebadella i Flix, X. and Olivera Betrán, J. (2013). The Birth of the Sports Press in Spain Within the Regenerationist Context of the Late Nineteenth Century. *The International Journal of the History of Sport, 18*, 2164-2196.
- Torrebadella i Flix, X. i Nomdedeu Rull, A. (2014). Repertori bibliogràfic del futbol a Espanya (1900-1936). 121 obres per interpretar l'impacte social del futbol en la història contemporània. *Apunts. Educació Física i Esports, 115*, 7-32.
- Torrón Durán, R. (2006). El Taller de Precisión y Centro Electrotécnico de Artillería. En Fernández Vargas, V. (dir.), *El Madrid Militar. Tomo II. El Ejército en Madrid y su territorio (1813-1931)* (pp. 217-237). Madrid: Ministerio de Defensa.
- Tuñón de Lara, M. (1967). *Historia y realidad del poder*. Madrid: EDICUSA.
- Tuñón de Lara, M. (1985). *Por qué la Historia*. Barcelona: Aula Abierta Salvat.
- Tuñón de Lara, M. (2009). *Metodología de la historia social de España*. Madrid: Siglo XXI de España.
- Turia, J. (1920). *Homenaje de Valencia que ofrece el Excelentísimo Ayuntamiento a los futbolistas españoles olímpicos de Amberes*. Valencia: Imp. La Semana Gráfica.
- Tutor Larrea, A. (1993). *Bodas de diamante de la Federación Atlética Vizcaína*. Bilbao: Diputación Foral Bizkaia.
- Un alférez. (1919, febrero). Una gran deficiencia. *La Educación Física, 2*, 26.
- Una institución perniciosa. El Comité Olímpico Español. (1915, 25 de agosto). *España Sportiva, 116*, 1.
- Unamuno y Jugo, M. (1921). Boyscouts y footballistas. *Boletín de la Institución Libre de Enseñanza, 730*, 14-15.
- Universitat Autònoma de Barcelona. (2014, 26 de septiembre). *Grup d'historia del parlamentarisme*. Recuperado de http:/www.historia-parlamentaris.uab.cat

- Uno de la tribuna. (1908, enero-junio). Impresiones sobre el concurso hípico de Madrid de 1908. *Revista de Caballería, tomo 12*, 505-514.
- Uña Sarthou, J. (1894). El Congreso atlético de París. *Boletín de la Institución Libre de Enseñanza, 413*, 250-251.
- Uría González, J. (2001). Lugares para el ocio. Espacio público y espacios recreativos en la Restauración española. *Historia Social, 41*, 89-111.
- Uría González, J. (2008). Imágenes de la masculinidad. El fútbol español en los años veinte. *Ayer, 72*, 121-155.
- Valera, E. (1903, julio-diciembre). Empleo de las mensajeras en las maniobras de Carmona. *Revista de Caballería, tomo 3*, 470-471.
- Vallejo-Nájera Botas, J. A. (1973). Historia del polo. En Federación Española de Polo (coord.), *El polo en España* (sin paginar). Madrid: Perfumería Gal.
- Vanaclocha Bellver, F. J. (1988). The Military Press of the Restoration: Political Thought, Ideology, and Attitudes. En Bañón Martínez, R. and Barker, T. M. (ed.), *Armed forces and society in Spain: past and present* (pp. 177-212). Boulder: Social Science Monographs.
- Vázquez de Aldana, A. (1916). *Armas y defensa*. Madrid: Reus.
- Vega Rey, L. (1895). El velocipedismo. *El Siglo Médico, 2181*, 646-650.
- Verdyck, A. (1957). *Rapport Officiel des Jeux de la VIIeme Olympiade, Anvers 1920*. Bruxelles: Comité Belge de la VII Olympiade.
- Viada, A. (1903). *Manual de sport*. Madrid: Adrián Romo.
- Viajes de instrucción. (1910, 2 de agosto). *Diario Oficial del Ministerio de la Guerra, 165*, 360.
- Villalba Riquelme, J. (1901). *Tiro Nacional. Cartilla del tirador*. Toledo: Imprenta, librería y encuadernación de Rafael Gómez Menor.
- Villalba Riquelme, J. (1909). *Elementos de logística*. Toledo: Imprenta, librería y encuadernación de Rafael Gómez Menor.
- Villalba Riquelme, J. (1927). *Organización de la educación física e instrucción premilitar en Francia, Suecia, Alemania e Italia*. Madrid: Talleres del Depósito de la Guerra.
- Villanova Valero, J. L. (2010). La organización territorial del Protectorado español en Marruecos. *Revista de Estudios Internacionales Mediterráneos, 9*, 70-89.
- Vives y Vich, P. (1892). Máximas distancias recorridas por palomas mensajeras. *La Paloma Mensajera, 14*, 3-5.
- Vives y Vich, P. (1894). Federación Colombófila Española. Premios para los concursos de pichones. *La Paloma Mensajera, 46*, 72.
- Vives y Vich, P. (1905). El Real Aéreo-Club de España. *Memorial de Ingenieros, 5*, 129-137.
- Vives y Vich, P. (1908). *Instalación y régimen de los palomares de mensajeras*. Barcelona: La Paloma Mensajera.
- Vizuete Carrizosa, M. (2009). Los valores del deporte en España. Del regeneracionismo a la Guerra Civil. *Revista Española de Educación Física y Deportes, 11*, 25-46.

- ✓ X. (1917, septiembre). Los Exploradores en el Concurso Hípico de Santander. *El Explorador, 60*, 6.
- ✓ X. (1894). Congreso de educación física. *Boletín de la Institución Libre de Enseñanza, 410*, 133-134.
- ✓ Yusta Viñas, C. (2011). La aviación militar española, nacimiento y desarrollo inicial. *AEROPLANO. Revista de Historia Aeronáutica, 29*, 18-65.
- ✓ Yveja, M. (1889). *La milicia y sus excesos: cuadros de costumbres militares contemporáneas.* Valladolid: Mariano del Olmo.
- ✓ Zamora Martínez, R. (1931). *Recuerdos de mi vida. Diez años defendiendo la meta española.* Madrid: Prensa española.
- ✓ Zorrilla Sanz, P. P. (2002). School Battalions in Spain. En González Aja, T.; Irureta-Goyena, P.; Ruehl, J. K.; Teja, A. y Terret, T. (eds.), Actas V Congreso de Historia del Deporte en Europa. Madrid 15-19 noviembre 2000 (pp. 605-614). Madrid: Universidad Politécnica de Madrid.

7.4. Medios de comunicación escritos

- A. de B. (1919, 1 de agosto). De Sport. *La Tierra de Segovia, 66*, 2.
- A.A. (1914, abril). Juegos Olímpicos en Madrid. *Gran Vida, 131*, 105-109.
- A.C. y M. (1920, 6 de septiembre). En Madrid. *La Voz, 58*, 4.
- A.M.N. (1916, 26 de abril). La Delegación española del Comité Olímpico Internacional. *España Sportiva, 151*, 1-2.
- AGA. (1917, 19 de abril). Motorismo. *Madrid-Sport, 29*, 10-11.
- Alba, R. (1917). *Inauguración del Tiro Nacional en Santander.* Recuperado de http://www.abcfoto.abc.es
- Ante la olimpiada de Amberes. (1920a, 7 de febrero). *La Información, 1.220*, 4.
- Ante la olimpiada de Amberes. (1920b, 11 de marzo). *La Información, 1.248*, 4.
- Ante la Olimpiada de Amberes. (1920c, 6 de febrero). *El Pueblo Vasco, 6.185*, 2.
- Ante la Olimpiada de Amberes. Los IV campeonatos nacionales de atletismo en Atocha. (1920, 27 de julio). *La Información, 1.986*, 6.
- Ante la olimpiada. Los atletas a Amberes. (1920, 12 de agosto). *El Mundo Deportivo, 748*, 1.
- Ante las olimpiadas. (1920, 29 de julio). *El Mundo Deportivo, 746*, 1.
- Ante las olimpiadas. El Entrenador. (1920, 15 de julio). *El Mundo Deportivo, 774*, 1.
- Ante los Juegos Olímpicos Internacionales. Del programa oficial. (1920, 28 de febrero). *Stadium, 313*, 54.
- Anuncios Económicos. (1920, 17 de abril). *La Zancadilla, 1*, 8.

- Artiñano Pino, F. (1913, 14 de agosto). Lo de Marruecos. Temas Militares. La Infantería en África. Cambio de orientación. *La Correspondencia de España, 20.273*, 1.
- Atletismo. (1914, 24 de marzo). *El Pueblo Vasco, 3.965*, 4.
- Atletismo. (1916a, 31 de marzo). *ABC*, 17.
- Atletismo. (1916b, 25 de abril). *Heraldo Deportivo, 34*, 133-135.
- Atletismo. (1917, 2 de diciembre). *La Información, 451*, 4.
- Atletismo. Ante la Olimpiada de Amberes. (1920, 26 de junio). *La Información, 1.962*, 5.
- Atletismo. Ante la Olimpiada de Amberes. El Comité Olímpico Español. (1920, 18 de enero). *La Información, 1.202*, 4.
- Atletismo. El Comité Olímpico. (1920, 10 de julio). *La Información, 1.973*, 6.
- Atletismo. En Madrid. (1920, 30 de mayo). *La Información, 1.940*, 4.
- Atletismo. Las pruebas olímpicas de Bilbao. (1914, 28 de diciembre). *El Mundo Deportivo, 468*, 1.
- Atletismo. Polo. (1920, 27 de julio). *La Acción, 1575*, 2.
- B. (1914, 18 de abril). Ciclismo, motociclismo y automovilismo. *Deportes, 61*, 9-10.
- B. A. (1920, 21 de julio). Las Olimpiadas de Amberes. La preparación española. *La Información, 1.981*, 5.
- Benito, R. de (1932, 19 de julio). Nuestros tiradores van a Los Ángeles. *As: Revista semanal deportiva, 7*, 21.
- Blanco y Sánchez, R. (1920, 10 de enero). La Escuela Militar de Educación Física. *La Información, 1.194*, 4.
- Caro, F. (1920a, 29 de julio). Del momento. Ante Amberes. *Madrid-Sport, 200*, 3.
- Caro, F. (1920b, 5 de agosto). Amberes. *Madrid-Sport, 201*, 3.
- Caro, F. (1920c, 9 de septiembre). El fracaso más grande. *Madrid-Sport, 206*, 1.
- Carreras. (1916, 7 de abril). *ABC*, 16.
- Có de Triola, J. M. (1920, 16 de octubre). Responsabilidades. *Stadium, 328*, 571.
- Comité Olímpico Español. (1919, 10 de julio). *La Correspondencia de España, 22.427*, 5.
- Concurso olímpico. (1914, 7 de julio). *La Vanguardia, 14.946*, 4.
- Concursos del Tiro Nacional en Cádiz. (1919a, 20 de septiembre). *Deportes, 256*, 2-3.
- Concursos del Tiro Nacional en Cádiz. (1919b, 9 de septiembre). *Diario de Cádiz (Suplemento)*, (sin página).
- Concursos del Tiro Nacional en Cádiz. (1919c, 12 de septiembre). *Diario de Cádiz (Suplemento)*, (sin página).
- Condo González, A. (1916a, 30 de julio). La Educación física de la Marina. *El Correo Gallego*, 1.

- Condo González, A. (1916b, 13 de septiembre). La educación física y los deportes. *España Sportiva, 171*, 1.
- Corredisses, seudónimo de Josep Elías i Juncosa. (1914, 7 de juliol). Sport. Concursos olimpic. *La Veu de Catalunya, 5.449*, 4.
- Corredisses, seudónimo de Josep Elías i Juncosa. (1920a, 9 de febrer). Tir Nacional. *La Veu de Catalunya, 7.461*, 12.
- Corredisses, seudónimo de Josep Elías i Juncosa. (1920b, 17 de maig). Els esports. Espanya a Anvers. *La Veu de Catalunya, 7.544*, 9.
- Corredisses, seudónimo de Josep Elías i Juncosa. (1920c, 28 de juny). Els esports. *La Veu de Catalunya, 7.580*, 13.
- Crónica deportiva. La preparación olímpica en los diferentes países. (1920, 23 de julio). *El Pueblo Vasco, 6.416*, 5.
- Darío. (1918, 10 de octubre). Apostillas a una real orden. *La Correspondencia Militar, 12.502*, 1.
- De Irún. (1920, 29 de julio). *Madrid-Sport, 200*, 5.
- De Jolastokieta. (1914, 31 de julio). *El Pueblo Vasco, 4.094*, 3.
- Delegación Española del Comité Olímpico Internacional. (1920, 25 de enero). *Heraldo Deportivo, 168*, 44.
- Deporte. Atletismo. (1919, 5 de julio). *El Sol, 577*, 8.
- Deportes. A Amberes. (1920, 23 de julio). *La Información, 1.983*, 7.
- Deportes. Atletismo. (1920, 1 de junio). *El Sol, 882*, 3.
- Deportes. Real Federación Atlética Española. (1920, 25 de julio). *La Información, 1.985*, 3.
- Desfile de los atletas. (1920, 17 de agosto). *El Pueblo Vasco, 6.438*, 3.
- El Comité Olímpico Español. (1915, agosto). *Gran Vida, 147*, 238.
- El concurso del Tiro Nacional. (1920, 29 de agosto). *El Pueblo Vasco, 6.446*, 2.
- El Congreso de Educación Física. (1916, 1 de noviembre). *España Sportiva, 178*, 4.
- El Congreso Nacional de Educación Física. (1916, 12 de julio). *España Sportiva, 162*, 4.
- El festival de los exploradores. (1920a, 6 de julio). *La Información, 1.969*, 5.
- El festival de los exploradores. (1920b, 7 de julio). *La Información, 1.970*, 3.
- El tercer hijo del conde de Romanones ha sido gravísimamente herido en África. (1920, 20 de octubre). *La Voz, 96*, 1.
- El tiro de pichón. (1912, 16 de marzo) *ABC*, 14.
- El Tiro Nacional de Madrid. (1900, 16 de diciembre). *Los Deportes, 50*, 791-794.
- El Tiro Nacional en Santander. (1917, 24 de abril). *La Información, 230*, 9.
- El Tiro Nacional en Segovia. (1914a, 5 de octubre). *Diario de Avisos de Segovia, 4.745*, 1.
- El Tiro Nacional en Segovia. (1914b, 14 de octubre). *Diario de Avisos de Segovia, 4.753*, 1.

- El tiro nacional. Concurso internacional, 19 de mayo. (1920, 19 de mayo). *La Información, 1.937*, 4.
- El Vizconde de Caireles. (1911, junio). Carreras de caballos. *Gran Vida, 99*, 180-182.
- Elías i Juncosa, J. (1913, 6 de noviembre). España y los Juegos Olímpicos. *El Mundo Deportivo, 408*, 1.
- Els esports. Atletiques. (1920, 16 de maig). *La Veu de Catalunya, 7.543*, 12.
- En la Academia de Ingenieros. (1911, 13 de junio). *La Correspondencia Militar, 10.222*, 1.
- Escuela Central de Gimnasia. (1920b, 1 de enero). *La Información, 1.185*, 2.
- España ante la Olimpiada de Amberes. (1920a, 28 de julio). *La Información, 1.987*, 5.
- España ante la olimpiada de Amberes. (1920b, 30 de enero). *La Información, 1.213*, 4.
- España ante la Olimpiada de Amberes. (1920c, 12 de mayo). *La Información, 1.931*, 4.
- España en Marruecos. El combate de Tarfeso. Cómo fue herido de muerte el hijo de Romanones. (1920, 22 de octubre). *La Voz, 98*, 1.
- Figueroa y Torres Sotomayor, G., marqués de Villamejor. (1913, 4 de diciembre). Los Juegos Olímpicos. *El Mundo Deportivo, 412*, 1.
- F. N. (1918, 1 de mayo). El gran premio Klein. *Gran Vida, 179*, 134-136.
- Fray Nasarre, seudónimo de Juan Pérez Zúñiga. (1916, junio-julio). Motorismo. *Gran Vida, 157*, 186-188.
- García, J. (1915, 24 de noviembre). Los Juegos Olímpicos. *España Sportiva, 129*, 2.
- Gil Baré, seudónimo de Gabriel María Laffitte Ruiz. (1920a, 17 de agosto). Los grandes Juegos Olímpicos de Amberes. *El Pueblo Vasco, 6.438*, 3.
- Gil Baré, seudónimo de Gabriel María Laffitte Ruiz. (1920b, 20 de agosto). Ante la VII Olimpiada. *El Pueblo Vasco, 6.442*, 4.
- Gran Vida. Revista Ilustrada de Sports. (1903, septiembre). *Gran Vida, 4*, 1.
- HAND. (1920a, 1 de julio). En San Sebastián. *Madrid-Sport, 196*, 7.
- HAND. (1920b, 29 de julio). Atletismo. En San Sebastián. Los IV Campeonatos de España. *Madrid-Sport, 200*, 7-8.
- *Heraldo Deportivo, 182*. (1920, 5 de junio). (Sin título), 220-221.
- I.R. (1920, 10 de febrero). Al margen de una real orden. El General Villalba y la educación física del Ejército. *El Sport: revista deportiva ilustrada, 169*, 4.
- Jocs Olímpics. (1920, 22 de març). *La Veu de Catalunya, 7.497*, 10.
- Juan Deportista, seudónimo de Alberto Martín Fernández. (1920a, 3 de junio). El campeonato militar. *El Mundo Deportivo, 738*, 3.
- Juan Deportista, seudónimo de Alberto Martín Fernández. (1920b, 3 de junio). Cuartillas madrileñas. Atletismo. Concurso de selección. *El Mundo Deportivo, 738*, 3.
- Kant. (1920, 11 de septiembre). Pórtico. *Stadium, 326*, 475.
- La educación física en el Ejército. (1920, 14 de febrero). *Stadium, 312*, 24.

- La Escuela Central de Gimnasia del Ejército. (1920, 2 de marzo). *La Información, 1.240*, 10.
- La guerra en África. Un duro combate cerca de Chefchauen. En él fue herido de muerte el quinto hijo del Conde de Romanones, Cincuenta bajas. (1920, 21 de octubre). *La Voz, 97*, 1.
- La muerte del Teniente Figueroa. Otras noticias. (1920, 23 de octubre). *La Voz, 99*, 4.
- La Olimpiada de Amberes. (1920, 31 de mayo). *La Acción, 1.526*, 4.
- La Olimpiada. (1920, 5 de agosto). *Madrid-Sport, 201*, 5.
- La VII Olimpiada de Amberes. (1920, julio). *Gran Vida, 205*, 206.
- La VII Olimpiada. (1920, 5 de febrero). *Heraldo Deportivo, 170*, 39-40.
- Las reuniones del Comité Olímpico Internacional. (1916, 7 de junio). *España Sportiva, 157*, 3.
- Le Roi d'Espagne au polo. (1920, 22 juillet). *Le Miroir des sports, 3*, 48.
- Leyendo un artículo. Para el General Luque. (1916, 6 de septiembre). *España Sportiva, 170*, 6.
- Lorenzo, L. (1913a). Charla semanal. Los Exploradores de España. ¡Lo estábamos esperando! *El Iris de Paz, 835*, 449-451.
- Lorenzo, L. (1913b). Charla semanal. Los boy-scouts en España. *El Iris de Paz, 830*, 349-352.
- Los campeonatos de España. (1920, 4 de julio). *La Información, 1.968*, 5.
- Los campeonatos del domingo. (1916, 28 de abril). *El Pueblo Vasco, 4.646*, 2.
- Los deportes en la "Gaceta". (1920, 29 de julio). *Madrid Sport, 200*, 4.
- Los deportes. (1913, 17 de febrero). *El Correo del Norte, 5.153*, 2.
- Los Deportes. Ante la Olimpiada. (1920, 28 de julio). *La Acción, 1.576*, 4.
- Los exploradores de España. (1920, 4 de julio). *La Información, 1.968*, 5.
- Los exploradores de España. Distribución de premios. (1920, 8 de julio). *La Información, 1.971*, 6.
- Madrid deportivo. (1915, 6 de noviembre). *ABC*, 19.
- Martínez Daguerre, B. (1919, julio). El primer cross internacional en España. *Gran Vida, 193*, 201.
- Motociclismo. (1903, 23 de febrero). *El Correo de Guipúzcoa, 1.731*, 1.
- Motorismo. (1915, 19 de octubre). *El Correo del Norte, 6.101*, 3.
- N. N. (1912, 6 de marzo). El nuevo Reglamento de gimnasia para Infantería. *La Correspondencia Militar, 10.458*, 1-2.
- Notas deportivas. Ante la Olimpiada. (1920, 27 de julio). *ABC*, 14.
- Notas deportivas. Concurso de tiro. (1920, 9 de agosto). *ABC*, 11.
- Notas zaragozanas. (1914, 20 de octubre). *La Vanguardia, 15.051*, 11.
- Noticias deportivas. Ante la Olimpiada. (1920, 27 de julio). *ABC*, 14.
- Nueva junta directiva. (1917, 1 de julio). *Gran Vida, 169*, 17.
- Odanoroc. (1920, 29 de julio). Los campeonatos atléticos, por dentro. *Madrid-Sport, 200*, 6-7.
- Olimpiada de Amberes. No puede ser. (1920, 3 de febrero). *El País, 11.790*, 3.
- Olimpismo. (1920a, 25 de febrero). *Heraldo Deportivo, 172*, 82.

- Olimpismo. (1920b, 15 de junio). *Heraldo Deportivo, 183*, 229.
- P. P. (1920, 1 de marzo). Los deportes. Desde Madrid. De la olimpiada de Amberes, *Diario de Alicante, 3.802*, 1-2.
- Plument, M. (1920, 12 août). Le Jeu Mondain de polo est un sport complet. *Le Miroir des sports, 6*, 95.
- Polo. Ante la VII Olimpiada. Los jugadores españoles. (1920, 6 de abril). *El Sport, 177*, 7.
- Pruebas atléticas. (1920, 18 de mayo). *La Vanguardia, 16.983*, 7.
- Puig-Aycart. (1920a, 3 de junio). Atletismo. En Madrid. El concurso de la Delegación Española del Comité Olímpico. *Madrid-Sport, 192*, 6-7.
- Puig-Aycart. (1920b, 8 de julio). Atletismo. Camino de Amberes. *Madrid-Sport, 197*, 4-5.
- Puig-Aycart. (1920c, 9 de septiembre). Pasó la olimpiada. *Madrid-Sport, 206*, 5.
- RAFFLES. (1920, 20 de junio). La asamblea de la F.A.G. *El Pueblo Vasco, 8.387*, 4.
- Rico de Fe. (1920, 6 de julio). La escuela de Gimnasia en Gredos. *La Correspondencia Militar, 13.027*, 2.
- Rubryk, seudónimo de Román Sánchez Arias. (1916, 22 de abril). Atletismo. *ABC*, 18.
- Rubryk, seudónimo de Román Sánchez Arias. (1923, 12 de agosto). Ante los Juegos Olímpicos de 1924. *ABC*, 35.
- Ruiz Ferry, R. (1920, 5 de mayo). Olimpismo. *Heraldo Deportivo, 179*, 169.
- Salazar. (1920, 23 de junio). La distribución de premios del Tiro Nacional. *Mundo Gráfico, 451*, 21.
- ¿S.M. el rey participará en la VII Olimpiada?. (1920, 24 de febrero). *El Sport, 171*, 1.
- T. (1920, 27 de enero). Ante la Olimpiada de Amberes. La preparación española. *El Pueblo Vasco, 6.174*, 4.
- TACK, seudónimo de Manuel Orbea y Biardeau. (1920, 6 de enero). ¡A seis meses de la Olimpiada! *La Información, 1.189*, 4.
- Tir Nacional. (1920, 11 de juny). *La Veu de Catalunya, 7.566*, 12.
- Tirando el dinero. (1920, 7 de agosto). *El Mentidero, 388*, 8.
- Tiro Nacional. (1915, 14 de agosto). *El Correo del Norte, 6.044*, 3.
- Tiro. (1912a, 15 de septiembre). *La Vanguardia, 14.290*, 4.
- Tiro. (1912b, 25 de septiembre). *La Vanguardia, 14.300*, 9.
- Tiro. (1912c, 19 de septiembre). *La Vanguardia, 14.294*, 5.
- Torres Menéndez, M. (1920, 5 de agosto). La gimnasia en el Ejército. *Heraldo Deportivo, 188*, 306.
- Trabajos de organización. (1914, 9 de octubre). *Diario de Avisos de Segovia, 4.749*, 1.
- Trabal i Sans, J. A. (1920a, 14 de febrero). El arte de entrenarse. *La Información, 1.226*, 4.

- Trabal i Sans, J. A. (1920b, 2 de marzo). Preparemos los olímpicos. *La Información, 1.240*, 7.
- ¿Una subvención del gobierno para concurrir a Amberes?. (1920, 3 de marzo). *La Información, 1.241*, 4.
- Una vergüenza. Nuestros atletas en Amberes. (1920, 16 de septiembre). *El Mundo Deportivo, 753*, 1.
- Unamuno y Jugo, M. (1917, 16 de febrero). Juego Limpio. *Nuevo Mundo, 1.206*, 6-7.
- Varias noticias. (1920, 20 de abril). *El Pueblo Vasco, 6.257*, 4.
- ¡Vaya con la Olimpiada!. (1920, 14 de agosto). *El Mentidero, 389*, 6.
- Vida deportiva. Atletismo. Comité Olímpico Español. (1920, 18 de enero). *La Correspondencia de España, 22.614*, 6.
- Vida deportiva. La Olimpiada de Amberes. (1920, 27 de julio). *La Vanguardia, 17.043*, 8.
- Vida Deportiva. La Olimpiada de Amberes. Campeonatos Atléticos de España. (1920, 15 de julio). *La Vanguardia, 17.033*, 6.
- Zamora Moll, A. (1920, 26 de julio). Desde Toledo. La Escuela Central de Gimnasia. *La Correspondencia Militar, 13.044*, 1-2.

8. Anexos

Anexo 1. Telegrama autorizando a viajar a Amberes al teniente Jaime Camps

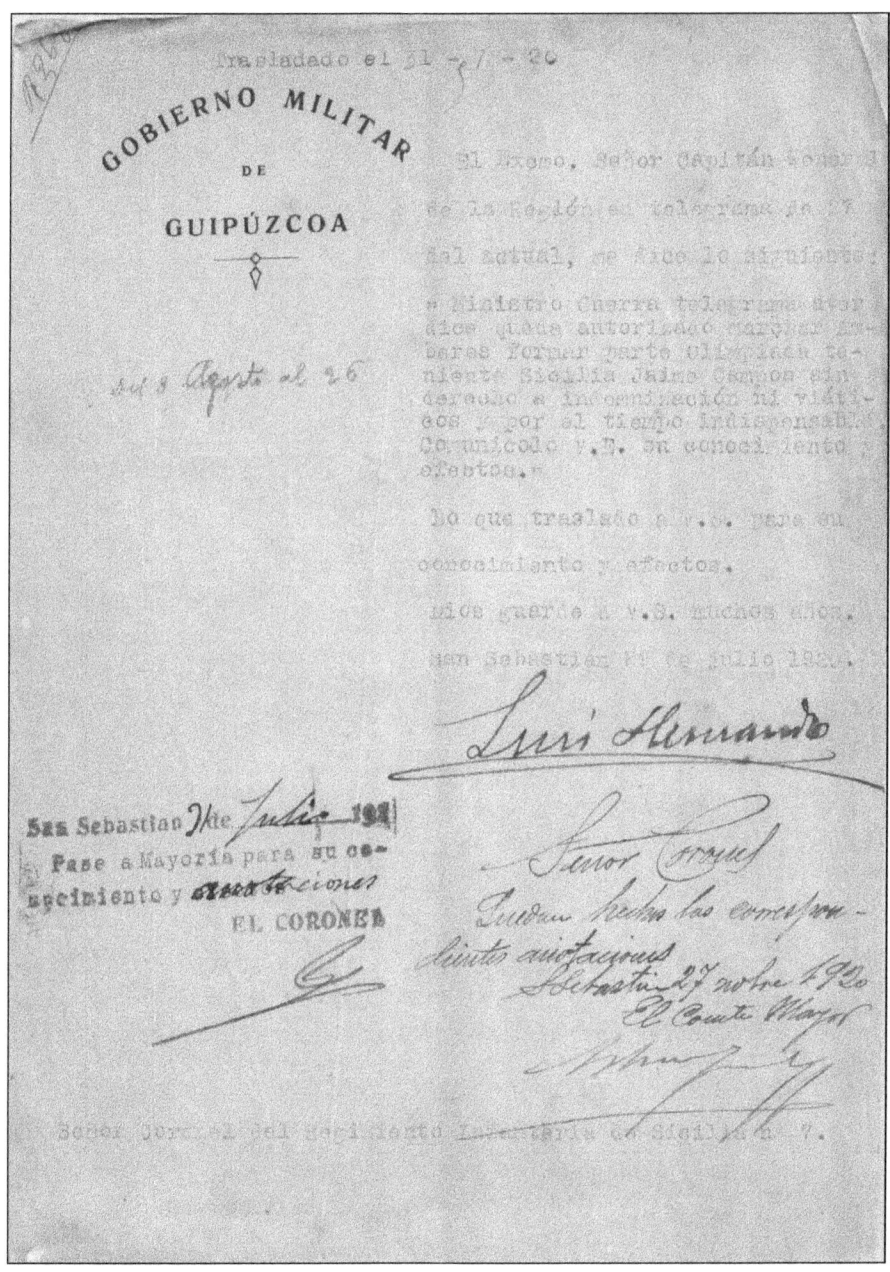

Anexo II. Autorización para ir a los Juegos Olímpicos al comandante José Bento, capitanes Luis Calvet, Antonio Bonilla e Ignacio Estévez, alférez Domingo Rodríguez y suboficiales Ángel Pradel y León Villarín

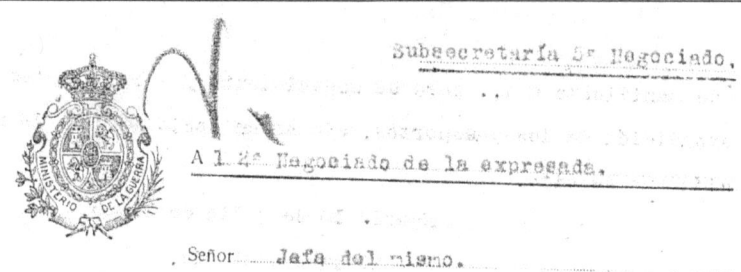

que manifiesto a V.. para su conocimiento y a los efectos de expedición de los pasaportes, siendo en copia adjunta la relación que se cita.

Madrid 10 de julio de 1.920.

El Subsecretario,

MINISTERIO DE LA GUERRA.

Relación que se cita en la real orden, que con esta fecha se dirije al Capitan General de la primera región.

Coronel.-Don Antonio Vázquez Aldama, en situación de reserva, agregado a la Zona número 1.

Comandante.-Don José Bento López, Demarcación reserva de Infantería de Cangas de Onís número 110.

Capitán.-Don Luis Calvet Sandoz, Regimiento de Infantería Saboya número 6.

Capitán.-Don Antonio Bonilla San Martín, Regimiento de Infantería de Asturias número 31.

Capitán.-Don Ignacio Estevez Estevez, Regimiento de Infantería Burgos número 36.

Alferez.-Don Domingo Rodriguez Somoza, Regimiento de Infantería Valencia número 23.

Suboficial.-Don Angel Pradel, Regimiento de Infantería Covadonga número 40.

Suboficial.-Don León Villarín, Comandancia de Artillería de Cádiz.

Madrid diez de julio de 1.920.

Es copia.

ANEXO III. AUTORIZACIÓN PARA QUE EL CABO ANTONIO MOREIRA MONTERO PUEDA ASISTIR A LOS JUEGOS OLÍMPICOS

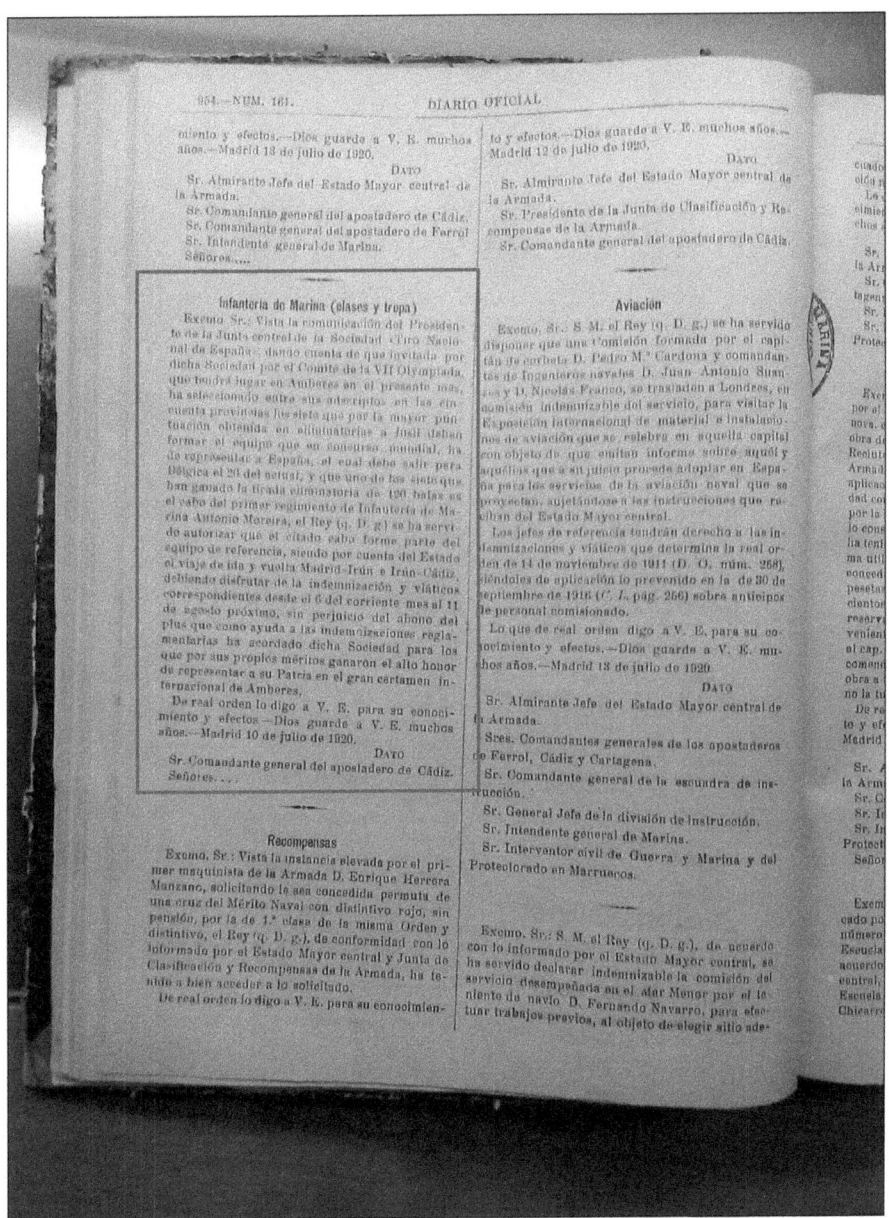

Anexo IV. Solicitud del teniente José de Figueroa de dos meses de licencia por asuntos propios para viajar a Francia y Bélgica

Señor.

El Teniente de Ingenieros con destino en este servicio Don José Figueroa y Alonso Martinez, acude a V. M. en súplica de que se le concedan dos meses de licencia por asuntos propios para Francia y Bélgica.

Y creyéndole con derecho a lo que solicita, permitiéndolo además las necesidades del servicio, doy curso a la presente instancia para la resolución que V. M. estime justa.

Madrid cinco de julio de mil novecientos veinte.

Señor
A L. R. P. de V. M.
El Coronel 1er Jefe

Señor.

Don José de Figueroa y Alonso Martinez, Teniente de Ingenieros con destino en el Servicio de Aeronáutica Militar á V.M. respetuosamente expone:

Que teniendo necesidad de dos meses de licencia por asuntos propios para Francia y Belgica, á V.M. suplica se digne concederle dicha licencia.

Gracia que no duda alcanzar de V.M. cuya vida guarde Dios muchos años para bien de la Nación. Madrid cinco de Julio de mil novecientos veinte.

Señor
Al L. R. P. de V. M.

José Figueroa

Anexo V. Concesión al teniente José de Figueroa de dos meses de licencia por asuntos propios para viajar a Francia y Bélgica

Sección y Dirección de Aeronáutica
DESTINOS

Excmo. Sr.: De acuerdo con lo propuesto por el General Director del Servicio de Aeronáutica Militar, el Rey (q. D. g.) se ha servido disponer que el capitán de Ingenieros D. Julio de Rentería y Fernández de Velasco, con destino en el cuarto regimiento de Zapadores Minadores y en comisión en el Servicio de Aeronáutica Militar, quede disponible en la primera región, continuando en la referida comisión.

De real orden lo digo a V. E. para su conocimiento y demás efectos. Dios guarde a V. E. muchos años. Madrid 15 de julio de 1920.

El General encargado del despacho,
FERNANDO ROMERO

Señores Capitanes generales de la primera y cuarta regiones.
Señor Interventor civil de Guerra y Marina y del Protectorado en Marruecos.

LICENCIAS

Excmo. Sr.: Conforme a lo solicitado por el teniente de Ingenieros, con destino en el Servicio de Aeronáutica Militar, D. José de Figueroa y Alonso Martínez, el Rey (q. D. g.) ha tenido a bien concederle dos meses de licencia, por asuntos propios, para Francia y Bélgica, con arreglo a lo prevenido en la real orden circular de 5 de junio de 1905 (C. L. núm. 101).

De real orden lo digo a V. E. para su conocimiento y demás efectos. Dios guarde a V. E. muchos años. Madrid 15 de julio de 1920.

El General encargado del despacho,
FERNANDO ROMERO

Señor Capitán general de la primera región.
Señor Interventor civil de Guerra y Marina y del Protectorado en Marruecos.